Das Fehlerrisiko
eines handelsrechtlichen Jahresabschlusses

Europäische Hochschulschriften
Publications Universitaires Européennes
European University Studies

Reihe V
Volks- und Betriebswirtschaft

Série V Series V
Sciences économiques, gestion d'entreprise
Economics and Management

Bd./Vol. 2437

PETER LANG
Frankfurt am Main · Berlin · Bern · New York · Paris · Wien

Susanne Piotrowski-Allert

Das Fehlerrisiko eines handelsrechtlichen Jahresabschlusses

Eine empirische Analyse des Zusammenhangs zwischen Geschäfts- und Prüfungsrisiko

PETER LANG
Europäischer Verlag der Wissenschaften

Die Deutsche Bibliothek - CIP-Einheitsaufnahme

Piotrowski-Allert, Susanne:

Das Fehlerrisiko eines handelsrechtlichen Jahresabschlusses : eine empirische Analyse des Zusammenhangs zwischen Geschäfts- und Prüfungsrisiko / Susanne Piotrowski-Allert. - Frankfurt am Main ; Berlin ; Bern ; New York ; Paris ; Wien : Lang, 1999

(Europäische Hochschulschriften : Reihe 5, Volks- und Betriebswirtschaft ; Bd. 2437)
Zugl.: Mannheim, Univ., Diss., 1998
ISBN 3-631-34597-6

D 180
ISSN 0531-7339
ISBN 3-631-34597-6

Meinen Eltern

in Liebe und Dankbarkeit

Inhaltsverzeichnis

Abbildungsverzeichnis

Tabellenverzeichnis

Abkürzungsverzeichnis

a.F.	alte Fassung
Abs.	Absatz
Abs´intensität	Abschreibungsintensität (Risikomerkmal)
Abt.	Abteilung
AG	Die Aktiengesellschaft (Zeitschrift)
AICPA	American Institute of Certified Public Accountants
AktG	Aktiengesetz
Anbieterkonz.	Anbieterkonzentration (Risikomerkmal)
AR	Audit Risk
ARR	Analytical Review Risk oder Risiko aus analytischen Prüfungshandlungen
AU	Auditing
B.Bl.	Betriebswirtschaftliche Blätter (Zeitschrift)
BB	Betriebs-Berater (Zeitschrift)
BBK	Buchführung, Bilanz, Kostenrechnung (Zeitschrift)
Bd.	Band
BetrAVG	Gesetz zur Verbesserung der betrieblichen Altersversorgung
BFuP	Betriebswirtschaftliche Forschung und Praxis (Zeitschrift)
BR-Drucksache	Bundesratsdrucksache
BT-Drucksache	Bundestagsdrucksache
bzw.	beziehungsweise
CICA	Canadian Institute of Chartered Accountants
CR	Control Risk oder Kontrollrisiko
d.h.	das heißt
DB	Der Betrieb (Zeitschrift)

DBW	Die Betriebswirtschaft (Zeitschrift)
Distrib´fehler	Fehler in der Distribution (Risikomerkmal)
Distrib´kosten	Distributionskosten (Risikomerkmal)
DM	Deutsche Mark
DStR	Deutsches Steuerrecht (Zeitschrift)
EGHGB	Ergänzungsgesetz zum HGB
F+E	Forschung und Entwicklung
Fn.	Fußnote
GmbH	Gesellschaft mit beschränkter Haftung
GmbHG	GmbH-Gesetz
GoA	Grundsätze ordnungsmäßiger Abschlußprüfung
GoB	Grundsätze ordnungsmäßiger Buchführung
HFA	Hauptfachausschuß des Instituts der Wirtschaftsprüfer in Deutschland e.V.
HGB	Handelsgesetzbuch
HJfWGP	Hamburger Jahrbuch für Wirtschafts- und Gesellschaftspolitik
Hrsg.	Herausgeber
IAG	International Auditing Guidelines
IDW	Institut der Wirtschaftsprüfer in Deutschland e.V.
IEEE	Institute of Electrical and Electronics Engineers
IFAC	International Federation of Accountants
IKB	Industriekreditbank AG - Deutsche Industriebank
Int´grad	Integrationsgrad (Risikomerkmal)
Invest´intensität (SAV)	Investmentintensität im Sachanlagevermögen (Risikomerkmal)

IR	Inherent Risk oder Inhärentes Risiko
JA	Jahresabschluß
JAP	Jahresabschlußposition
JfB	Journal für Betriebswirtschaft (Zeitschrift)
JoA	Journal of Accountancy (Zeitschrift)
JoAR	Journal of Accounting Research (Zeitschrift)
KonTraG	Gesetz zur Kontrolle und Transparenz im Unternehmensbereich
Kundenkonz.	Kundenkonzentration (Risikomerkmal)
Lieferantenkonz.	Lieferantenkonzentration (Risikomerkmal)
MAB	Maandblad voor Accountancy en Bedrijfseconomie (Zeitschrift)
Marketingaufwend.	Aufwendungen für Marketing (Risikomerkmal)
Mat´intensität	Materialintensität (Risikomerkmal)
No.	Number
o.V.	ohne Verfasser
ÖBA	Österreichisches Bank-Archiv (Zeitschrift)
PIMS	Profit Impact of Market Strategies
Prod´bedeutung	Produktbedeutung (Risikomerkmal)
Prod´variation	Häufigkeit von Produktänderungen (Risikomerkmal)
PublG	Publizitätsgesetz
rel. Innovation	Relative Innovationstätigkeit (Risikomerkmal)
rel. Marktant.	Relativer Marktanteil (Risikomerkmal)

rel. Preis	Relativer Preis (Risikomerkmal)
Rn.	Randnummer
S.	Seite
SAP	Statement on Auditing Procedure
SAS	Statement on Auditing Standards
SAV	Sachanlagevermögen
Sec.	Section
Sp.	Spalte
Spez´fehler	Anteil fehlerhafter Spezifikationen (Risikomerkmal)
SzU	Schriften zur Unternehmensführung (Zeitschrift)
TD	Substantive Detail Test Risk oder mit Einzelfall-prüfungen verknüpftes Risiko
Typ. Auftrag	Typische Auftragsgröße (Risikomerkmal)
Tz.	Textziffer
u.a.	unter anderem
Umsatzglied.	Umsatzaufgliederung nach Leistungen (Risikomerkmal)
usw.	und so weiter
v.H.	von Hundert
VOP	Verwaltungsführung, Organisation, Personalwesen (Zeitschrift)
WC	Working Capital
WiSt	Wirtschaftswissenschaftliches Studium (Zeitschrift)
WISU	Das Wirtschaftsstudium (Zeitschrift)
WPg	Die Wirtschaftsprüfung (Zeitschrift)

WPK	Wirtschaftsprüferkammer
WPO	Wirtschaftsprüferordnung
z.B.	zum Beispiel
ZfB	Zeitschrift für Betriebswirtschaft (Zeitschrift)
ZfbF	Schmalenbachs Zeitschrift für betriebswirtschaftliche Forschung (Zeitschrift)
ZfO	Zeitschrift für Organisation (Zeitschrift)
ZIR	Zeitschrift Interne Revision (Zeitschrift)

I. Einführung

A. Problemstellung

Im Rahmen der handelsrechtlichen Jahresabschlußprüfung ist die formelle Gesetz- und Ordnungsmäßigkeit des Jahresabschlusses und des Lageberichts mittelgroßer und großer Kapitalgesellschaften zu prüfen[1]. Demnach ist in der Abschlußprüfung festzustellen, ob die Vorschriften des HGB, die Bestimmungen des Gesellschaftsvertrags oder der Satzung und gegebenenfalls Spezialvorschriften für einzelne Rechtsformen und Branchen sowie ergänzend die GoB bei der Erstellung des Jahresabschlusses und des Lageberichts beachtet wurden und ob in diesem Rahmen ein den tatsächlichen Verhältnissen entsprechendes Bild der Vermögens-, Finanz- und Ertragslage vermittelt wird. Es ist daher zu untersuchen, ob sich alle buchungspflichtigen Geschäftsvorfälle in den Belegen und Büchern sowie im Jahresabschluß des zu prüfenden Unternehmens richtig niedergeschlagen haben und ob keine fiktiven Geschäftsvorfälle verarbeitet wurden.

Traditionell handelt es sich um eine Belegprüfung, bei der progressiv die Erfassung von Geschäftsvorfällen im Jahresabschluß oder retrograd die wirtschaftliche Begründung einer Jahresabschlußposition geprüft werden[2]. Dabei müssen die Geschäftsvorfälle jedoch nicht alle einzeln geprüft werden. Vielmehr genügt es, sich auf die Vorgänge zu beschränken, von denen zu erwarten ist, daß sie ein wesentliches Fehlerrisiko enthalten[3]. Die Ermittlung der riskanten Geschäftsvorgänge basiert auf einer Einschätzung der jeweiligen Bedeutung, die das wirtschaftliche Umfeld der betrachteten Unternehmung, ihre strategische Position

---

1 Vgl. § 316 Abs. 1 HGB.

2 Vgl. *Dörner*, DB 1998, S. 2; *Dörner*, Blick durch die Wirtschaft 1996, S. 9.

3 Vgl. *Diehl,* Abschlußprüfung 1993, S. 1116; *Wiedmann,* WPg 1993, S. 14; *Wysocki*, Wirtschaftlichkeit 1992.

sowie das Interne Kontrollsystem für die Anfälligkeit eines Jahresabschlußpostens gegenüber Fehlern haben. Zu diesem Zweck werden Risikofaktoren wie Branche, Unternehmensgröße oder Grad der Diversifikation untersucht. Maßgrößen sind zum Beispiel die Anzahl und Bedeutung von Berichtigungen und Prüfungsdifferenzen im Vorjahr, die Komplexität zugrunde liegender Berechnungen oder die Zusammensetzung und Größe der einzelnen Posten im Konto.

Der Erhebung der wirtschaftlichen Grundlagen eines Unternehmens kommt für die Planung und Durchführung einer handelsrechtlichen Jahresabschlußprüfung große Bedeutung zu. Durch die Beschäftigung mit dem Geschäftsfeld und den unternehmerischen Aktivitäten soll der Abschlußprüfer spezielle Risiken erkennen können und für die speziellen Umstände und Erfordernisse der Branche sensibilisiert werden.

Die Erkenntnis des Stellenwerts der wirtschaftlichen Grundlagen des zu prüfenden Unternehmens ist im Grunde nicht neu. Bereits in der Einleitung zum „Deutschen Revisoren-Spiegel" führte *Meltzer* im Jahr 1929 aus: „Wie Verwaltung und Buchhaltung wohlgeordneter Großbetriebe ... durch den Gedanken der Kontrolle bestimmt und geregelt sind, so konnte die auf solchem Felde gewachsene Erfahrung, auf das Feld des Berufsrevisors verpflanzt, sich nicht nur an der mit dem Momentbilde einer Jahresbilanz bedeckten Oberfläche auswirken, sondern sie mußte mit fachkundiger Kritik in das Gefüge der Organisation und die Funktionen der Organe eindringen"[4].

Im Jahre 1991 hat das Audit Practice Committee des *IFAC* den Grundsatz des „Knowledge of the Client´s Business" als internationalen Standard übernommen, dessen Ziele wie folgt umschrieben werden: „In performing an audit of financial statetements, the auditor should obtain a knowledge of the client´s business sufficient to enable the auditor to identify and understand the events,

---

4 *Meltzer*, Deutscher Revisoren-Spiegel 1929, S. 1.

transactions and practices that, in his or her judgement, may have a significant effect on the financial statements or on the examination or report. For example, such knowledge is used by the auditor to assess inherent and control risk and in determinig the nature, timing and extent of audit procedures“[5]. Erst durch das Verständnis für die Tätigkeit des zu prüfenden Unternehmens ist eine sachgerechte Prüfung möglich: „A knowledge and understanding of the client's business is the overall context (a frame of reference) within which the auditor exercises professional judgement. Understanding the client's business and using this information appropriately assists the auditor in planning and performing the audit effectively and efficiently, marking a more meaningful evaluation of audit evidence, increasing the likelihood of identifying problems and risks and providing better service to the client“[6].

Bei aller Bedeutung für den Prüfungsprozeß darf der Detaillierungsgrad der Kenntnisse jedoch nicht zu hoch angesetzt werden. Der Prüfer soll die Geschäfte des Unternehmens zwar verstehen, muß sie aber nicht selbst führen können: „The auditors level knowledge for an engagement should include a general knowledge of the economy and the industry within which the entity operates and a more particular knowledge of how the entity operates. The level of knowledge would, however usually be less than that possessed by the management“[7]. Die Kenntnis der wirtschaftlichen Grundlagen soll den Prüfer lediglich in die Lage versetzen, die Bestimmungsfaktoren der Unternehmenssituation zu erkennen[8].

---

5 *IFAC*, Handbook 1997, S. 310. Zwar verpflichten die Verlautbarungen des *IFAC* den deutschen Abschlußprüfer nach Fachgutachten 1/ 1988 nicht unmittelbar. Als Angehöriger einer internationalen Organisation, die multinationale Unternehmen prüft, kann er diese Grundsätze aber auch nicht unbeachtet lassen.

6 *IFAC*, WPg 1991, S. 310.

7 *IFAC*, WPg 1991, S. 310.

8 Vgl. *Leffson*, Wirtschaftsprüfung 1995, S. 227-228.

Als prüfungsrelevante Bereiche der wirtschaftlichen Situation eines Unternehmens gelten die unternehmensexternen, hiervon insbesondere die Branche[9], und die unternehmensinternen Gegebenheiten[10]. Dabei sollte neben einer Charakterisierung der Branche anhand von Informationen wie Konkurrenzsituation und Einfluß saisonaler Schwankungen[11] die konjunkturelle und strukturelle Verfassung der Branche berücksichtigt werden[12]. Schließlich ist die Positionierung des Unternehmens innerhalb der Branche zu markieren[13].

Für eine objektivierte und arbeitsteilige Beurteilung des (Fehler-) Risikos eines handelsrechtlichen Jahresabschlusses werden im risikoorientierten Prüfungsansatz mit dem inhärenten Risiko und dem Kontrollrisiko zwei multiplikativ miteinander verknüpfte Risikokomponenten unterschieden. Beide Risikokomponenten werden nach dem Modell für jedes Prüffeld anhand einzelner Merkmale eingestuft und sodann „nach pflichtgemäßem Ermessen“ anhand „geeigneter“ Gewichte in ein Gesamturteil überführt. Bei dieser auf die Beurteilung von Teilrisiken ausgerichteten Vorgehensweise werden aber die Einflußgrößen auf das Fehlerrisiko nicht überschneidungsfrei berücksichtigt[14]. Zudem setzt die Zusammenfassung einzelner Partialurteile zu einem Gesamturteil voraus, daß man die einfachen und wechselseitigen Abhängigkeiten zwischen den sich bedingenden Risikokomponenten kennt und in den Gewichtungen berücksichtigt. Werden die Beziehungen zwischen den risikobestimmenden Merkmalen nicht angemessen in die Beurteilung einbezogen, besteht die Gefahr der Fehleinschätzung des Risikos und der hiermit verbundenen Fehlerlastigkeit von Jahresabschlußpositionen.

---

9 Vgl. *Olbrich*, Lage 1992, S. 47; *Schmidt*, BFuP 1980, S. 544.

10 Vgl. *Ludewig*, Darstellung 1955, S. 46

11 Vgl. *Peemöller*, Bilanzanalyse 1993, S. 129-133.

12 Vgl. *Oppenländer/ Pilgrim*, Branchenanalyse 1989, Sp. 169.

13 Vgl. *Hinterhuber*, Unternehmensführung 1992, S. 79.

14 Vgl. *Colbert*, Internal Auditor 1987, S. 46.

So muß sich der Abschlußprüfer für eine Berücksichtigung unternehmensinterner Gegebenheiten einen Eindruck von den Abläufen im Unternehmen verschaffen. Dabei wird eine Orientierung an den betrieblichen Grundfunktionen als sinnvoll erachtet, da auf diese Weise nicht nur deutlich wird, daß der Jahresabschluß die reduzierte Momentaufnahme eines dynamischen Prozesses ist, sondern auch die wesentlichen Bestandteile des betrachteten Gesamtsystems und deren Interdependenzen erkennbar werden[15]. Die Einbeziehung der gesamten Unternehmenssituation[16] erfordert die Beschreibung der Unternehmenspotentiale[17] im Zustandszeitpunkt als Ergebnis der Faktorausstattung und -verwertung der Unternehmung in der Vergangenheit[18].

Zudem wird in der öffentlichen Diskussion nach jedem spektakulären Firmenzusammenbruch die mit einem uneingeschränkten Bestätigungsvermerk verbundene Beurteilung des betrachteten Falls angemahnt und eine frühzeitige qualitative Bewertung der Unternehmensleistung gefordert[19]. Zwar bringt der uneingeschränkte Bestätigungsvermerk zunächst nur zum Ausdruck, daß eine Prüfung stattgefunden hat und der Jahresabschluß den gesetzlichen Vorschriften entspricht[20] und nicht ob der Jahresabschluß betriebswirtschaftlich richtig und wahrheitsgetreu ist[21]. Nachdem diese Forderung auch Niederschlag im Beschluß des Gesetzes zur Kontrolle und Transparenz im Unternehmensbereich gefunden

---

15 Vgl. *Borchert*, Transaction 1989, Sp. 1940-1941; *Mednick*, Financial Executive 1979, S. 59-60.

16 Vgl. *Heubeck/ Löcherbach/ Rößler*, BB 1987, S. 7.

17 Vgl. *Plendl*, Berichterstattung 1990, S. 39.

18 Vgl. *Baetge*, WPg 1980, S. 653.

19 Vgl. *Henry/ Schweer*, WirtschaftsWoche 1994, S. 38-48; *Friedemann*, WPK-Mitteilungen 1989, S. 18-19.

20 Vgl. *Leffson*, WPg 1976, S. 4.

21 Vgl. *Elmendorff*, Erkenntniswert 1950, S. 74.

hat[22], stellt sich die Frage, ob für Zwecke einer solchen Unternehmensanalyse, die zu Aussagen über die Erfolgsposition eines Unternehmens führt, im Rahmen der Abschlußprüfung eine ausschließliche Konzentration auf die quantitative Jahresabschlußanalyse gerechtfertigt ist.

Ganz allgemein formuliert kann ein Unternehmen als erfolgreich bezeichnet werden, wenn es seine Unternehmensziele erreicht[23]. Empirische Untersuchungen zeigen jedoch, daß Unternehmensziele vielfältig sind und sich im Lauf der Zeit ändern. Dominierten früher rein ertragswirtschaftliche Ziele wie Gewinn, Größe, Wachstum oder Marktanteil, kommt nunmehr oft der Sicherung der Wettbewerbsfähigkeit und des Unternehmensfortbestands, der Erzielung von Kundenzufriedenheit oder auch humanitären oder umweltbezogenen Ziele eine große Bedeutung zu[24]. Da der Unternehmenserfolg eine mehrdimensionale und multikausale Größe ist, setzen Aussagen über den voraussichtlichen Erfolg eines Unternehmens zunächst eine Identifikation derjenigen Faktoren voraus, die sich auf den Erfolg eines Unternehmens auswirken können, und im Anschluß daran eine Analyse ihrer jeweiligen Ausprägungen.

B. Zielsetzung

Vor diesem Hintergrund besteht das Ziel der vorliegenden Untersuchung in der Entwicklung eines systematischen Ansatzes zur Bestimmung von Risikomerkmalen, die für die Einschätzung des Fehlerrisikos eines handelsrechtlichen Jahresabschlusses hohe Erklärungsbeiträge liefern. Dazu soll auf der Grundlage des risikoorientierten Vorgehens in der handelsrechtlichen Jahresabschlußprüfung ein Katalog von Risikomerkmalen der unternehmensinternen und -externen Si-

---

22 Vgl. *Deutscher Bundestag*, BT-Drucksache 1998.

23 Vgl. *Göttgens*, Erfolgsfaktoren 1996, S. 118.

24 Vgl. *Macharzina,* Unternehmensführung 1993, S. 174-178.

tuation entworfen werden, von dem erwartet werden kann, daß er hinreichend gute Erklärungsbeiträge auf den unternehmerischen Erfolg oder komplementär das Risiko liefern kann und eine ganzheitliche Abbildung des Unternehmens in seinem Markt- und Wettbewerbsumfeld erreicht. Ein grobe Strukturierung der unendlich vielen Einflußfaktoren aus den Bereichen Umwelt, Unternehmen und Unternehmensführung[25] kann mit den unternehmensinternen und -externen Erfolgsfaktoren in zwei Bereichen bestehen[26]. Dazu sollen nach dem Entwurf eines Bezugsrahmens, in den das Unternehmen einzubetten ist, aus den Resultaten der empirischen Erfolgsfaktorenforschung Risikomerkmale abgeleitet werden, deren Beziehung zum Unternehmenserfolg bereits empirisch nachgewiesen werden konnte.

Nach diesem Modellierungsschritt sollen die postulierten Beziehungen zwischen den operationalisierten und aufbereiteten Erfolgsfaktoren einer empirisch-statistischen Untersuchung unterzogen werden. Hierzu sollen auf der Grundlage einer hinreichend großen und repräsentativen Stichprobe in verschiedenen uni- und multivariaten Analysen Beziehungen zwischen den beschreibenden Merkmalen auf der einen Seite und dem Risiko als abhängige Größe auf der anderen Seite aufgestellt werden. Durch Signifikanztests sollen diejenigen Risikomerkmale identifiziert werden, die eine möglichst gute Prognose oder Klassifikation erwarten lassen, weil ihre relative Bedeutung für das Risiko als besonders hoch zu erachten ist.

Zuletzt sollen die festgestellten Risikenzusammenhänge auf ihre Bedeutung für die Durchführung einer handelsrechtlichen Jahresabschlußprüfung untersucht werden. Hierzu sind die verschiedenen Phasen einer solchen Prüfung zu unterscheiden und jeweils spezifisch die Einsatzmöglichkeiten der empirisch festgestellten Risikobeziehungen zu untersuchen.

---

25 Vgl. *Adrian*, Unternehmensführung 1989, S. 20.

26 Vgl. *Kawlath,* Jahresabschluß 1997, S. 194.

C. Gang der Untersuchung und Forschungsdesign

Um den Einwendungen gegenüber der Umsetzung des risikoorientierten Prüfungsansatzes zu begegnen, die insbesondere darin bestehen, daß die Aggregation der Partialurteile weitgehend subjektiv und additiv ohne Beachtung der Unabhängigkeit der einzelnen Komponenten erfolgt, wird im folgenden eine Vorgehensweise aufgezeigt, mit deren Hilfe das Fehlerrisiko ganzheitlich und überschneidungsfrei bestimmt werden kann.

Diese Vorgehensweise beruht auf einer empirischen Analyse der für das Geschäftsrisiko des Unternehmens wesentlichen Erfolgsfaktoren, die mit Hilfe verschiedener statistischer Analyseverfahren auf das Fehlerrisiko im handelsrechtlichen Jahresabschluß abgebildet werden. Zugrunde liegen die Daten aus insgesamt 48 Unternehmen, die mit der freundlichen Unterstützung einer großen, international tätigen Wirtschaftsprüfungsgesellschaft über einen Zeitraum von drei Jahren originär erhoben wurden.

Um das strategische Potential und das mit diesem Potential verbundene Geschäftsrisiko der Unternehmen möglichst vollständig zu erfassen, wurde ein deskriptives Modell entwickelt, das weitgehend losgelöst von den Daten des Jahresabschlusses in der Lage ist, die Struktur eines Unternehmens und seine Stellung am Markt mit Hilfe von Kennzahlen abzubilden. In seinem Kern beruht dieses Modell auf dem Wettbewerbskonzept von *Porter*. Dieses Aussagesystem wird über die Ansätze und Erkenntnisse der Erfolgsfaktorenforschung operationalisiert und in Kennzahlen überführt, deren Beziehungen zum unternehmerischen Erfolg vielfach nachgewiesen sind.

Der Zusammenhang schließlich zwischen dem strategischen Potential auf der einen Seite und dem Fehlerrisiko auf der anderen Seite wird zunächst durch univariate statistische Verfahren wie die graphische Profilanalyse, den Mittelwertvergleich und den dichotomischen Klassifikationstest hergestellt. Um auch die Beziehungen zwischen den Merkmalen und damit die Multikausalität des

Unternehmenserfolgs aufzunehmen, werden sodann multivariate statistische Verfahren in Gestalt linearer und nichtlinearer Regressionsanalysen (Neuronale Netze) angestellt. Gegenüber den heuristisch geprägten Vorgehensweisen der Praxis stellt die statistische Regression sicher, daß das Fehlerrisiko überschneidungsfrei abgebildet wird, bestehende Interdependenzen berücksichtigt werden und subjektive Wertungen ohne Einfluß sind. Zudem werden ausschließlich diejenigen Risikomerkmale für die Urteilsbildung herangezogen, deren Zusammenhang zum Risiko statistisch bestätigt und bewertet werden kann.

Der Aufbau der vorliegenden Untersuchung orientiert sich am allgemeinen Design empirischer Untersuchungen, für die in der sozialwissenschaftlichen Literatur in Abhängigkeit vom primären Forschungszweck grundlegende Ausgestaltungen unterschieden werden. *Zetterberg* etwa trifft eine Unterscheidung in beschreibende und erklärende Forschungsdesigns[27], der *Friedrichs* noch den explorativen Typus hinzufügt[28]. Auch *Green/ Tull*[29] sowie *Nieschlag/ Dichtl/ Hörschgen* unterscheiden explorative, deskriptive und kausale Untersuchungsanalysen als grundlegende Forschungsdesigns[30], während *Hüttner* hauptsächlich eine Einteilung in experimentelle und deskriptive Designs vornimmt[31]. *Fritz* nimmt eine Ergänzung um einen weiteren, den instrumentellen Designtyp vor[32], zu dem Arbeiten gehören, die vorwiegend auf die Entwicklung und praktische Erprobung bestimmter Techniken, Verfahren und operativer Modelle auf breiter Erfahrungsbasis abzielen[33]. Die Charakterisierung des grundlegenden For-

---

27 Vgl. *Zetterberg*, Theorie 1973, S. 107, 118-124, 139-145.

28 Vgl. *Friedrichs*, Methoden 1998, S. 155-156.

29 Vgl. *Green/ Tull*, Methoden 1982, S. 61-71.

30 Vgl. *Nieschlag/ Dichtl/ Hörschgen*, Marketing 1997, S. 675-681; ähnlich auch *Böhler*, Marktforschung 1985, S. 30.

31 Vgl. *Hüttner*, Grundzüge 1989, S. 20.

32 Vgl. *Fritz*, Marketing-Management 1995, S. 59.

schungsdesigns der vorliegenden Untersuchung erfolgt vor dem Hintergrund einer erweiterten Klassifikation.

In Anlehnung an die Differenzierung in exploratorische und konfirmatorische Verfahren der multivariaten Datenanalyse[34] können empirische Untersuchungen zunächst danach unterschieden werden, ob sie auf die Erkundung oder Entdekkung von Strukturen, Zusammenhängen und technischen Anwendungen (exploratorisch) oder auf die Prüfung von Hypothesen über derartige Sachverhalte (konfirmatorisch) ausgerichtet sind. Sowohl die exploratorische als auch die konfirmatorische Forschung können deskriptive, explikative oder instrumentelle Aussagen anstreben. Es ergeben sich damit sechs Fälle, die jeweils grundlegende „Research Designs" empirischer Forschung kennzeichnen.

Zwar sind exploratorische Designs in frühen Stadien des Forschungsprozesses sowie bei innovativen Forschungsproblemen unumgänglich[35]. Vor dem Hintergrund des Postulats theoriengeleiteter Forschung sind jedoch Aussagen prüfende Forschungsdesigns anzustreben, in deren Vordergrund die konfirmatorisch-explikative Ausrichtung steht[36]. Da die Erklärung des Fehlerrisikos im Jahresabschluß im Mittelpunkt des Interesses steht, ergibt sich daraus die Notwendigkeit der Verwendung eines konfirmatorisch-explikativen Forschungsdesigns. Zur Erfüllung der Erklärungsaufgabe kann aber nicht unmittelbar auf geeignete

---

33 Ein Beispiel dafür sind die Arbeiten zum St. Gallener Management-Modell, die nicht deskriptiv oder explikativ, sondern unmittelbar gestaltungsorientiert ausgerichtet sind; vgl. *Rühli*, Führungsmodelle 1995, Sp. 765-767; *Ulrich/ Krieg*, Führungsmodelle 1987, Sp. 622; *Lenk/ Maring/ Fulda*, Aspekte 1985, S. 170-171.

34 Vgl. dazu insbesondere die Unterscheidung in exploratorische und konfirmatorische Verfahren der Faktorenanalyse z.B. *Weede/ Jagodzinski*, Zeitschrift für Soziologie 1977, S. 315-318. Vgl. auch *Hüttner*, Grundzüge 1989, S. 21-22.

35 Vgl. z.B. *Nieschlag/ Dichtl/ Hörschgen*, Marketing 1997, S. 628.

36 Vgl. zum Postulat theoriengeleiteter Forschung u.a. *Friedrichs*, Methoden 1998, S. 60-62; *Nieschlag/ Dichtl/ Hörschgen*, Marketing 1997, S. 608; *Kromrey*, Sozialforschung 1994, S. 20-24; *Martin*, Forschung 1989, S. 341-343.

und operationalisierte Modelle und Konzepte der Unternehmenstätigkeit in ihrem Markt- und Wettbewerbsumfeld sowie des Fehlerrisikos zurückgegriffen werden, sondern vielmehr sind diese erst noch aufzustellen, weshalb das konfirmatorisch-explikative Design einer Erweiterung um eine deskriptive Komponente bedarf. Die Entwicklung des Konzepts geschieht vor dem Hintergrund theoretischer Überlegungen. Im Anschluß daran erfolgt eine empirische Überprüfung. Dieses Vorgehen beruht somit auf einem konfirmatorisch-deskriptiven Ansatz, der die Vorbedingung für die Umsetzung des konfirmatorisch-explikativen Ansatzes ist.

Darüber hinaus weist der Aufbau der vorliegenden Untersuchung eine instrumentelle Perspektive insofern auf, als auch die praktische Konsequenz der empirischen Befunde für die Planung und Durchführung einer handelsrechtlichen Jahresabschlußprüfung in einem abschließenden Punkt verdeutlicht werden soll.

II. Entwicklung eines deskriptiven Modells über den Zusammenhang von Geschäfts- und Fehlerrisiko

A. Die Aufgaben der handelsrechtlichen Jahresabschlußprüfung

In der handelsrechtlichen Jahresabschlußprüfung hat der Abschlußprüfer als unabhängiger Sachverständiger die Ordnungsmäßigkeit der externen Rechnungslegung prüfungspflichtiger Unternehmen zu beurteilen und sein Ergebnis in Form eines Prüfungsberichts sowie eines Bestätigungsvermerks zu dokumentieren.

Zum Kreis prüfungspflichtiger Unternehmen gehören nach § 316 Abs. 1 HGB mittelgroße und große Kapitalgesellschaften im Sinne des § 267 Abs. 2 und 3 HGB[37]. Unabhängig von der Rechtsform besteht eine Prüfungspflicht nach § 6 PublG i.V.m. § 1 PublG bei Unternehmen, die bestimmte Größenkriterien überschreiten. Darüber hinaus sind auch Kreditinstitute nach § 340k i.V.m. § 316 Abs. Satz 1 HGB sowie Versicherungsunternehmen nach § 341k i.V.m. § 316 Abs. Satz 1 HGB unabhängig von ihrer Größe prüfungspflichtig.

Gegenstand und Umfang der Prüfung ergeben sich aus § 317 Abs. 1 HGB. Demnach hat der Abschlußprüfer zu beurteilen, ob die Buchführung und der Jahresabschluß den gesetzlichen Anforderungen sowie den Bestimmungen des Gesellschaftsvertrags oder der Satzung entsprechen. Auch nach der im Gesetzesbeschluß des Deutschen Bundestags vom 6.3.1998 beschlossenen Neufassung des § 317 Abs. 1 HGB ist die Prüfung so anzulegen, daß Unrichtigkeiten und Verstöße gegen gesetzliche Vorschriften und sie ergänzende Bestimmun-

---

[37] Explizit von der Pflichtprüfung ausgenommen sind kleine Kapitalgesellschaften; vgl. *Schruff*, Struktur 1985, S. 77-78. Diese Unternehmen können jedoch auf freiwilliger Basis nach den Vorschriften über die Pflichtprüfung geprüft werden; vgl. *IDW*, WP-Handbuch 1996, Abschnitt P, Rn. 10.

gen des Gesellschaftsvertrags oder der Satzung erkannt werden[38]. Zusätzlich ist der Lagebericht daraufhin zu untersuchen, ob er mit dem Jahresabschluß in Einklang steht und ob die sonstigen Angaben im Lagebericht keine falsche Vorstellung von der Lage des Unternehmens vermitteln. Weitergehend als bisher soll der Abschlußprüfer jedoch nach der Neufassung des § 317 Abs. 2 Satz 1 HGB prüfen, ob der Lagebericht insgesamt eine zutreffende Vorstellung von der Lage des Konzerns wiedergibt. Im Zusammenhang mit der Änderung des § 289 HGB, nach dem die gesetzlichen Vertreter des Unternehmens dazu verpflichtet sind, im Lagebericht auf die Risiken der künftigen Entwicklung einzugehen[39], ist eine entsprechende Ausdehnung des Prüfungsumfangs beabsichtigt. Der Abschlußprüfer hat künftig nach § 317 Abs. 2 Satz 2 HGB auch zu untersuchen, ob die Risiken der künftigen Entwicklung zutreffend dargestellt sind.

Eine bedeutende Erweiterung des Prüfungsumfangs stellt die Prüfung des Überwachungssystems, d.h. des Risikomanagementsystems und der internen Revision (§ 91 Abs. 2 AktG) bei börsennotierten Aktiengesellschaften nach § 317 Abs. 4 HGB dar[40]. Der Abschlußprüfer muß demnach im Rahmen der Prüfung von Aktiengesellschaften, die Aktien mit amtlicher Notierung ausgegeben haben, beurteilen, ob der Vorstand die ihm nach § 91 Abs. 2 AktG obliegenden Maßnahmen, welche in der Einrichtung eines Überwachungssystems bestehen, in einer geeigneten Form getroffen hat und ob das Überwachungssystem seine Aufgaben erfüllen kann. Dabei soll der Abschlußprüfer zu einem Urteil darüber gelangen, ob die erforderlichen Maßnahmen getroffen und zwekkentsprechend sowie wirksam ausgeführt worden sind[41].

---

38 Vgl. *Deutscher Bundesrat*, BR-Drucksache 1998, S. 8.

39 Vgl. *Baetge/ Schulze*, DB 1998, S. 948; *Küting/ Hütten*, AG 1997, S. 253; *Moxter*, BB 1997, S. 722.

40 Vgl. zu den Auswirkungen des KonTraG auf die interne Revision *Janke*, Interne Revision 1997, S. 313-330; *Kliege*, Interne Revision 1997, S. 222-230.

41 Vgl. *Deutscher Bundestag*, BT-Drucksache 1998, S. 15.

Über das Ergebnis der Prüfung des Jahresabschlusses und des Lageberichts informiert der Abschlußprüfer mit seinem Prüfungsbericht nach § 321 HGB die gesetzlichen Vertreter sowie die Kontrollorgane des geprüften Unternehmens. Vor allem denjenigen gegenüber, die nicht Adressat des Prüfungsberichts sind, wie Anteilseigner, Gläubiger und die interessierte Öffentlichkeit, erfolgt die Information über das Ergebnis der durchgeführten Jahresabschlußprüfung nach § 322 HGB in Form des Bestätigungsvermerks. Sind nach dem abschließenden Ergebnis der Prüfung keine Einwendungen zu erheben, so hat der Abschlußprüfer die Ordnungsmäßigkeit von Buchführung und Jahresabschluß zu bestätigen (§ 322 Abs. 1 HGB). Auch nach der Neufassung des Bestätigungsvermerks durch den Gesetzesbeschluß des KonTraG ist das Ergebnis der Prüfung in einem Bestätigungsvermerk zum Jahresabschluß und zum Konzernabschluß zusammenzufassen[42]. Gegenwärtig wird der Bestätigungsvermerk in Form eines sogenannten Formeltestats erteilt. Nach § 322 Abs. 2 HGB a.F. ist diese Formel allerdings zu ergänzen, wenn zusätzliche Bemerkungen erforderlich erscheinen, um einen falschen Eindruck über den Prüfungsinhalt und die Tragweite des Bestätigungsvermerks zu vermeiden[43].

Die Neufassung für den Bestätigungsmerk schreibt hingegen einen deutlich bescheideneren Kernsatz als bisher vor. So ist eine Übereinstimmung mit den gesetzlichen Vorschriften nicht mehr zu bestätigen, um Mißverständnissen vorzubeugen[44]. Diese Mißverständnisse beruhen darauf, daß oftmals die gesetzlichen Vorschriften weniger als Einschränkung als vielmehr als Gütesiegel interpretiert werden. Wenig deutlich wird in einem Formeltestat, daß die gesetzlichen Vorschriften wie das Anschaffungswertprinzip oder die gesetzlich eingeräumten

---

42 Vgl. *Deutscher Bundesrat*, BR-Drucksache 1998, S. 8; zu den Änderungen durch das KonTraG vgl. *Böcking/ Orth*, DB 1998, S. 1241-1246.

43 Vgl. *IDW*, WP-Handbuch 1996, Abschnitt O, Tz. 332-335.

44 Vgl. *Deutscher Bundestag*, BT-Drucksache 1998, S. 29.

Wahlrechte erhebliche Einschränkungen der Aussagekraft des Jahresabschlusses enthalten können oder möglich machen.

Sind vom Abschlußprüfer keine Einwendungen zu erheben, die zu einer Versagung des Bestätigungsvermerks führen, so hat er im Bestätigungsvermerk nach § 322 Abs. 1 Satz 3 HGB zu erklären „daß die von ihm ... durchgeführte Prüfung zu keinen Einwendungen geführt hat und daß der ... Jahres- oder Konzernabschluß auf Grund der bei der Prüfung gewonnenen Erkenntnisse des Abschlußprüfers nach seiner Beurteilung unter Beachtung der Grundsätze ordnungsmäßiger Buchführung ein den tatsächlichen Verhältnissen entsprechendes Bild der Vermögens-, Finanz- und Ertragslage des Unternehmens oder des Konzerns vermittelt“[45].

Darüber hinaus hat der Abschlußprüfer nunmehr Gegenstand, Art und Prüfung zu beschreiben und eine Beurteilung des Prüfungsergebnisses in das Testat aufzunehmen. Bei der Beurteilung des Prüfungsergebnisses ist zu verdeutlichen, daß die gesetzlichen Vertreter den Abschluß zu verantworten haben. Es ist auch darauf einzugehen, ob der Lagebericht oder der Konzernlagebericht insgesamt nach der Beurteilung des Abschlußprüfers eine zutreffende Vorstellung von der Lage des Unternehmens oder des Konzerns vermittelt. Hierbei ist darauf einzugehen, ob die Risiken der künftigen Entwicklung des Unternehmens im Lagebericht zutreffend dargestellt sind (§ 322 Abs. 3 Satz 2 HGB). Auf Risiken, die den Fortbestand des Unternehmens gefährden, ist gesondert einzugehen (§ 322 Abs. 2 Satz 2 HGB)[46].

---

45 *Deutscher Bundesrat*, BR-Drucksache 1998, S. 8.

46 Vgl. *Dörner*, WPg 1998, S. 303; *Gelhausen*, AG 1997, S. 80; *Moxter*, BB 1997, S. 723, die zu bedenken geben, daß die einseitige Berichterstattung über Risiken eine negative Signalwirkung für die Adressaten auslösen und somit zu einer „self fulfilling prophecy“ führen kann. Vgl. *Dörner*, DB 1998, S. 4-5, der in einer gleichzeitigen Berichterstattung über die Chancen des Unternehmens die Möglichkeit sieht, einem solchen Effekt entgegenzuwirken.

Die Vorschriften zur Einschränkung und Versagung des Bestätigungsvermerks sowie dessen Aufnahme in den Prüfungsbericht bleiben inhaltlich unverändert. Demnach ist der Bestätigungsvermerk nach § 322 Abs. 2 HGB in geeigneter Weise zu ergänzen, wenn ein uneingeschränkter Bestätigungsvermerk wichtige Besonderheiten nicht enthält, die dazu führen könnten, daß ein falscher Eindruck über den Inhalt der Prüfung und die Tragweite des Bestätigungsvermerks entsteht. Solche Zusätze sind von Einschränkungen des Bestätigungsvermerks nach § 322 Abs. 3 HGB zu unterscheiden. Mit einer Einschränkung dokumentiert der Abschlußprüfer, daß für einzelne abgrenzbare Teile des Jahresabschlusses wesentliche Einwendungen gegen die Ordnungsmäßigkeit, gegen die übrigen Teile des Jahresabschlusses dagegen keine Einwendungen zu erheben sind und daher der Bestätigungsvermerk insgesamt nicht versagt werden kann[47].

Eine Versagung kommt dagegen dann zum Zuge, wenn die Einwendungen gegen den Jahresabschluß und Lagebericht insgesamt so gewichtig sind, daß die Ordnungsmäßigkeit in wesentlichen Teilen nicht gegeben ist, und der Jahresabschluß daher keinen zutreffenden Einblick in die Vermögens-, Finanz- und Ertragslage des Unternehmens gewährt[48].

B. Ziele und Restriktionen der Abschlußprüfung

1. Prüfungsqualität

Die Ziele eines Prüfungsunternehmens bei der Durchführung eines Prüfungsauftrags können nicht unabhängig von den Zielen und Aufgaben der Institution Jahresabschlußprüfung und den Funktionen der den Prüfungsgegenstand bildenden externen Rechnungslegung gesehen werden.

---

47 Vgl. *IDW*, WP-Handbuch 1996, Abschnitt O, Tz. 391-392; *Wysocki*, Grundlagen 1988, S. 303; *Adler/ Düring/ Schmaltz,* Rechnungslegung 1987, § 322 HGB, Rn. 58.

48 Vgl. *IDW*, WP-Handbuch 1996, Abschnitt O, Tz. 392; *IDW*, WPg 1989a, Abschnitt C.II.

Der externen Rechnungslegung werden mehrere Funktionen zugeschrieben. *Lück* nennt etwa die Dokumentations-, Sicherungs-, Gewinnermittlungs-, Rechenschafts- und Informationsfunktion[49]. Während sich *Lück* einer Stellungnahme zur Reihenfolge der Funktionen enthält, wird ansonsten in der Literatur die Dominanz von Informations- oder Gewinnermittlungsfunktion kontrovers diskutiert[50]. Der Informationsfunktion zufolge sollen bestimmte Personen und Personengruppen als Adressaten der Rechnungslegung mit entscheidungsrelevanten Informationen versorgt werden[51]. Anders als von *Coenenberg*, der in der Informationsfunktion die Hauptaufgabe des Jahresabschlusses sieht, wird auch die Auffassung vertreten, daß der Jahresabschluß zu einer objektiven Informationsvermittlung nicht geeignet sei und daher die primäre Aufgabe habe, den verteilungsfähigen Gewinn zu ermitteln[52].

Ungeachtet dessen haben die Informationen des Jahresabschlusses für die Adressaten nur dann einen Wert, wenn sie auf die Richtigkeit vertrauen können. Diese Überlegungen führen zur Aufgabe der Jahresabschlußprüfung, die Richtigkeit der externen Rechnungslegung unter Einbeziehung der Buchführung im Sinne von Gesetz-, Satzungs- und Ordnungsmäßigkeit festzustellen[53]. Das Ziel der Abschlußprüfung ist dann das Urteil des Abschlußprüfers über die Richtigkeit oder Unrichtigkeit der Rechnungslegung[54], das durch den Prüfungsbericht und den Bestätigungs- oder Versagungsvermerk zum Ausdruck gebracht wird. Da sich der Prüfungsbericht nach § 321 HGB an die gesetzlichen Vertreter der

---

49 Vgl. *Lück*, Jahresabschlußprüfung 1993, S. 1-2; vgl. hierzu auch *Binz*, Kritik 1984, S. 109-117.

50 Vgl. z.B. *Coenenberg*, Jahresabschluß 1997, S. 8-16; vgl. hierzu auch *Baetge*, Bilanzen 1996, S 50-53; *Streim*, Generalnorm 1994, S. 398-403; *Ballwieser*, WPg 1987, S. 57-58.

51 Vgl. *Lück*, Jahresabschlußprüfung 1993, S. 2.

52 Vgl. *Streim*, Generalnorm 1994, S. 400; *Ballwieser*, WPg 1987, S. 57.

53 Vgl. *IDW*, WPg 1989a, Abschnitt B.I.; *Nonnenmacher*, Aufgaben 1987, Rn. 54.

54 Vgl. *IDW*, WPg 1989a, Abschnitt B.I..

Gesellschaft und der Bestätigungsvermerk nach § 322 HGB an die Öffentlichkeit richten[55], kann von einem weitgehend identischen Adressatenkreis der externen Rechnungslegung und ihrer Prüfung ausgegangen werden[56]. So hat auch das Urteil der Jahresabschlußprüfung nur dann einen Wert für die Adressaten, wenn es richtig und vertrauenswürdig ist[57]. Die Durchführung eines einzelnen Prüfungsauftrags muß demnach eine gewisse Qualität des Urteils gewährleisten. Allerdings ist der Begriff der Prüfungsqualität in der Literatur zwar häufig anzutreffen, wohingegen sich seine Definition nur selten findet[58].

Zur Qualität des Prüfungsurteils stehen sich zwei Auffassungen gegenüber, welche sich in den unterschiedlichen Ansichten zur Reichweite und zum Inhalt des uneingeschränkten Bestätigungsvermerks und damit auf das Ausmaß der Berücksichtigung der wirtschaftlichen Lage in der Abschlußprüfung zeigen. Der Berufsstand vertritt die Ansicht, daß die Normgerechtigkeit der Rechnungslegung, nicht aber die Überlebensfähigkeit des Unternehmens zu beurteilen ist[59]. Dem entsprechend ist die erforderliche Qualität des Prüfungsurteils erreicht, wenn die Abschlußprüfung die Normgerechtigkeit der Rechnungslegung zu beurteilen vermag und damit den gesetzlichen Anforderungen gerecht wird.

---

55 Vgl. *Adler/ Düring/ Schmaltz,* Rechnungslegung 1987, § 316 HGB, Rn. 19-21 sowie § 321, Rn. 22.

56 Vgl. *Lück*, Jahresabschlußprüfung 1993, S. 3.

57 Vgl. *Leffson*, Wirtschaftsprüfung 1995, S. 61.

58 Vgl. z.B. *Leffson*, Wirtschaftsprüfung 1995, S. 61; *Albach*, Qualitätsmanagement 1992, S. 5.

59 Vgl. *IDW*, WP-Handbuch 1996, Abschnitt O, Tz. 281-289; *Adler/ Düring/ Schmaltz,* Rechnungslegung 1987, § 316 HGB, Rn. 23 und § 322 HGB, Rn. 8; *Nonnenmacher*, Aufgaben 1987, Rn. 55.

Dieser von berufsständischer Seite definierten Qualität stehen die Interessen der Urteilsempfänger entgegen[60], die im allgemeinen einen uneingeschränkten Bestätigungsvermerk als Gütesiegel verstanden wissen wollen, wonach ein Unternehmen, das einen solchen erhalten hat, zumindest nicht vor dem nächsten Bilanzstichtag zusammenbrechen wird[61].

2. Prüfungswirtschaftlichkeit

Das Ziel bei der Durchführung eines Prüfungsauftrags muß darin bestehen, ein qualitativ hochwertiges Urteil zu erzielen, worunter wegen der bislang oftmals polemisch geführten Diskussion um die Erwartungslücke[62] eine zutreffende Beurteilung der Normgerechtigkeit der Rechnungslegung verstanden werden soll. Darüber hinaus ist es für eine ordnungsmäßige Prüfungsdurchführung den Grundsätzen ordnungsmäßiger Durchführung von Abschlußprüfungen folgend notwendig, bei der Urteilsgewinnung das Wirtschaftlichkeitsprinzip zu beachten[63], was jedoch ohnehin im Eigeninteresse des Prüfers liegen muß.

Wie jedes andere ökonomische Handeln unterliegt nämlich auch der Prüfungsprozeß dem Gebot der Wirtschaftlichkeit[64].“Die Prüfung wird nicht um ihrer selbst willen durchgeführt; sie ist eine wirtschaftliche Veranstaltung und hat nur dann Sinn, wenn der durch sie gestiftete Nutzen die Kosten der Durchführung übersteigt“[65]. Dieser Maxime folgend wird auch im Fachgutachten 1/1988 des

---

60 Vgl. *Seidmann/ Lee*, Management 1992, S. 135; *Steiner*, WPg 1991, S. 471.

61 Vgl. *Loitlsberger*, Problembestand 1993, S. 27; *Windmöller/ Fey*, MAB 1992, S. 563.

62 Vgl. *Heemann/ Spegel,* Focus 1994, S. 130-133; *Henry/ Schweer*, WirtschaftsWoche 1994, S. 38-48; *Friedemann,* WPK-Mitteilungen 1989, S. 18-19.

63 Vgl. *IDW*, WPg 1989a, Abschnitt B.I..

64 Vgl. *Leffson*, Wirtschaftsprüfung 1995, S. 121.

65 *Loitlsberger*, Treuhand- und Revisionswesen 1966, S. 84.

Instituts der Wirtschaftsprüfer in Deutschland e.V. die Beachtung des Grundsatzes der Wirtschaftlichkeit bei der Prüfungsdurchführung gefordert[66].

Das Wirtschaftlichkeitsprinzip wird entweder als Minimierungs- oder Maximierungspostulat formuliert. In dem einen Fall soll ein bestimmtes Ziel mit minimalem Mitteleinsatz erreicht werden, während im zweiten Fall umgekehrt die Zielerreichung bei gegebenem Mitteleinsatz maximiert werden soll[67].

Das Ziel ist im Fall der Durchführung einer Abschlußprüfung die erforderliche Qualität des Urteils. Es kann davon ausgegangen werden, daß die Qualität des Prüfungsurteils mit der Anzahl der vorgenommenen Prüfungshandlungen steigt[68]. Ist die Urteilssicherheit wie im Fall mathematisch-statistischer Stichprobenprüfungen meßbar[69], dann können die Urteilsbeiträge einzelner Prüfungshandlungen anhand der durch sie bewirkten Erhöhung der Urteilssicherheit gemessen werden. Die Urteilssicherheit kann letztlich als Maß für die Prüfungsqualität herangezogen werden.

Auf der anderen Seite der Wirtschaftlichkeitsüberlegung steht der Mitteleinsatz in Form der Kosten für die Urteilsgewinnung, die in die in Rechnung gestellten Honorare einzubeziehen sind. Das Gesamthonorar setzt sich regelmäßig aus einem Zeit- und einem Werthonorar zusammen, wobei nur das Zeithonorar durch die Zahl und Qualifikation der eingesetzten Prüfer, die jeweiligen Prüfungszei-

---

66 Vgl. *IDW*, WPg 1989a, Abschnitt B.I..

67 Vgl. *Wysocki*, Wirtschaftlichkeit 1992, Sp. 2172.

68 Vgl. *Leffson/ Lippmann/ Baetge*, Sicherheit 1969, S. 16-23.

69 Vgl. *Wysocki*, Wirtschaftlichkeit 1992, Sp. 2173.

ten und Stundensätze beeinflußbar ist[70]. Das Zeithonorar entwickelt sich infolge dessen gleichförmig mit der Prüfungszeit.

Wenn nun für die Qualität des Urteils in Gestalt der Urteilssicherheit festgestellt werden kann, daß diese mit der Anzahl der vorgenommenen Prüfungshandlungen steigt, steigt damit auch das zeitabhängige Honorar. Jedoch wird davon ausgegangen, daß die Urteilssicherheit mit steigender Anzahl von Prüfungshandlungen nur degressiv zunimmt und folglich ab einem bestimmten Punkt das Verhältnis zwischen der Anzahl zusätzlich durchgeführter Prüfungshandlungen und zusätzlich gewonnener Urteilssicherheit ökonomisch nicht mehr vertretbar ist[71]. Dies führt zu einer Grenzbetrachtung, wonach im Sinne eines optimalen Prüfungsumfangs und einer optimalen Urteilssicherheit solange Prüfungshandlungen durchzuführen sind, wie die durch den zusätzlichen Urteilsbildungsbeitrag gewonnene zusätzliche Sicherheit höher ist als die für dessen Gewinnung aufzuwendenden Prüfungskosten[72].

Allerdings bietet die angestellte Grenzbetrachtung nur formal eine Lösung, da die Urteilssicherheit und die Prüfungskosten in unterschiedlichen Maßeinheiten gemessen werden. Um auch die Urteilssicherheit in Geldeinheiten abzubilden, muß sie nach dem in Geldeinheiten ausgedrückten Nutzen aus Sicht der Urteilsempfänger bewertet werden. Das Problem, daß diese Bewertung von den jeweiligen Interessen der verschiedenen Urteilsempfänger abhängt, kann jedoch dadurch umgangen werden, daß ein Mindestmaß an Urteilssicherheit durch Konvention festgelegt wird[73].

---

70 Vgl. *Leffson*, Wirtschaftsprüfung 1995, S. 121; *Leffson/ Lippmann/ Baetge*, Sicherheit 1969, S. 16-17.

71 Vgl. *Leffson/ Lippmann/ Baetge*, Sicherheit 1969, S. 17.

72 Vgl. *Leffson*, Wirtschaftsprüfung 1995, S. 122; *Gans*, Prüfungen 1986, S. 37-38.

73 Vgl. *Wysocki*, Wirtschaftlichkeit 1992, Sp. 2174; *Leffson/ Lippmann/ Baetge*, Sicherheit 1969, S. 19.

Im Sinne einer solchen Konvention wird in der nationalen und internationalen Diskussion nach herrschender Meinung ein Sicherheitsgrad von 95 v.H. für das Prüfungsurteil als ausreichend erachtet[74]. Auch die Stellungnahme HFA 1/1988 „Zur Anwendung stichprobengestützter Prüfungsmethoden bei der Jahresabschlußprüfung" des Hauptfachausschusses des *Instituts der Wirtschaftsprüfer in Deutschland e. V.* geht davon aus, daß die Auswahl von Stichproben bei der Prüfung einzelner Prüffelder im allgemeinen mit einem vorgegebenen Sicherheitsgrad von 90 bis 95 v.H. erfolge. Sicherheitsgrade von unter 90 v.H. werden nur noch unter sehr engen Anwendungsbedingungen für zulässig gehalten[75]. Das Wirtschaftlichkeitspostulat tritt bei Prüfungen somit als Minimierungspostulat auf: Das Prüfungsurteil ist in der vorgegebenen Urteilsqualität, die in einem Sicherheitsgrad von 95 v.H. zum Ausdruck kommt, zu den geringsten Kosten zu gewinnen[76]. Die Zielvorschrift verlangt eine Minimierung der Prüfungskosten unter Beachtung der Nebenbedingung der Urteilssicherheit[77]. Für den Fall, daß ein Pauschalhonorar vereinbart wurde[78], muß die Zielvorschrift in ihrer modifizierten Form die Maximierung des Deckungsbeitrags unter Einhaltung der obigen Nebenbedingung vorgeben[79].

Die einzelauftragsbezogene Kostenminimierung steht im Einklang mit dem unternehmensbezogenen Formalziel der Gewinnmaximierung. Unter der Annahme

---

[74] Vgl. *Charles*, Accountancy 1990, S. 98; *Walker*, CA Magazine 1990, S. 44; *Adams*, Accountancy 1989, S. 101; *Adenauer*, Berücksichtigung 1989; *Baetge*, BFuP 1985, S. 286.

[75] Vgl. *IDW*, IDW-Fachnachrichten 1988, Abschnitt D.III.2.b..

[76] Vgl. *Gärtner*, DB 1994, S. 950.

[77] Vgl. *Swart*, Systemprüfung 1988, S. 156.

[78] Vgl. *Leffson*, Wirtschaftsprüfung 1995, S. 147-148 zur Befürchtung, daß Prüfungsunternehmen bei Pauschalhonoraren die Qualität an diesem Honorar ausrichten und vgl. *Kanodia/ Mukherji,* The Accounting Review 1994, S. 593 zum „lowballing", wonach Honorarangebote bei Erstprüfungen ihre Kosten nicht decken und somit keine Anpassung der Prüfungsqualität nach unten erfolgte.

[79] Vgl. *Ködel*, Abschlußprüfung 1997, S. 61-62.

eines anfangs vollbeschäftigten Prüfungsunternehmens können durch die Minimierung der Prüfungszeiten Prüferkapazitäten freigesetzt und infolge dessen bei nahezu unveränderter Kostensituation des Unternehmens zusätzliche Aufträge angenommen werden. Durch den zeitunabhängigen Werthonoraranteil steigen die vereinnahmten Gesamthonorare überproportional. Bei Verletzung der Prämisse anfänglicher Vollbeschäftigung oder mangelnder Verwendungsmöglichkeit der freigesetzten Kapazitäten führt die Zeitminimierung zu einer Beeinträchtigung der Gewinnmaximierung[80].

C. Der risikoorientierte Ansatz der Jahresabschlußprüfung

1. Prüfungsrisiko

Die Abgabe eines Urteils über die Ordnungsmäßigkeit von Buchführung, Jahresabschluß und Lagebericht ist für den Abschlußprüfer generell mit dem Risiko eines Fehlurteils verbunden. Dieses Risiko, welches in der Abgabe eines unangemessenen Urteils besteht, stellt das Prüfungsrisiko im weiteren Sinne dar[81]. Es kann zwei Ausprägungen haben.

Zum einen läuft der Abschlußprüfer Gefahr, die Ordnungsmäßigkeit des Jahresabschlusses

---

80 Vgl. *Sperl*, Prüfungsplanung 1978, S. 38.

81 Vgl. *Zuber/ Akresh*, Statistical Sampling 1986, S. 21/6.

- abzulehnen, obwohl der Jahresabschluß tatsächlich den gesetzlichen Anforderungen genügt (α-Risiko oder Risiko der irrtümlichen Ablehnung)[82] oder

- fälschlicherweise zu bestätigen, obwohl sie tatsächlich nicht gegeben ist (β-Risiko oder Risiko der irrtümlichen Annahme)[83].

Die irrtümliche Ablehnung wird normalerweise aufgedeckt, da das Unternehmen den Abschlußprüfer in aller Regel zur Überprüfung seines Urteils veranlassen wird[84]. Dieses Risiko wird daher auch als das Risiko einer unnötigen Erhöhung des Prüfungsumfangs oder Prüfungsauftraggeberrisiko bezeichnet[85], zumal es eher die Wirtschaftlichkeit der Prüfung betrifft[86], während eine Beeinträchtigung der Urteilssicherheit nicht zu befürchten ist[87]. Hingegen führt die fälschliche Annahme eines Jahresabschlusses zu einem nicht zutreffenden Testat und betrifft somit die Wirksamkeit der Prüfung. Dieses β-Risiko oder Prüferrisiko ist das für den Prüfer kritische Risiko[88], weshalb im engeren Sinne unter dem Begriff „Prüfungsrisiko" lediglich das Risiko der irrtümlichen Annahme des Jahresabschlusses verstanden wird[89].

Die Fehlentscheidungen kommen dadurch zustande, daß der Abschlußprüfer nicht alle im Jahresabschluß abgebildeten Sachverhalte vollständig prüft, son-

---

82 Vgl. *Elliott*, Concepts 1977, S. 9/18; *Boatsman/ Crooch*, The Accounting Review 1975, S. 610; *Elliott/ Rogers*, JoA 1972, S. 49.

83 Vgl. *Thomas/ Ward/ Henke*, Auditing 1991, S. 160; *Adams*, Accountancy 1989, S. 101; *Pushkin*, The Accounting Review 1980, S. 117.

84 Vgl. *Leffson/ Lippmann/ Baetge*, Sicherheit 1969, S. 59.

85 Vgl. *Boatsman/ Crooch*, The Accounting Review 1975, S. 611.

86 Vgl. *Guy*, Introduction 1981, S. 133.

87 Vgl. *Elliott/ Rogers*, JoA 1972, S. 49.

88 Vgl. *Wysocki*, Grundlagen 1988, S. 172.

89 Vgl. *Aldermann/ Tabor*, JoA 1989, S. 57; *AICPA*, JoA 1984, Fußnote 2, S. 143.

dern eine Auswahlprüfung auf der Basis von Stichproben vornimmt. Aber sogar in dem eher theoretischen Fall einer lückenlosen Prüfung ist die vollständige Reduktion des Prüfungsrisikos auf Null infolge der sogenannten Nicht-Stichprobenrisiken nicht denkbar[90]. Selbst wenn der Abschlußprüfer eine Vollprüfung vornähme und damit das Stichprobenrisiko ausschlösse, bestünden immer noch die Risiken,

- eine unwirksame Prüfungshandlung auszuwählen (Wirksamkeitsrisiko),
- Prüfungshandlungen nicht adäquat anzuwenden (Anwendungsrisiko) sowie
- Prüfungsfeststellungen falsch zu interpretieren (Interpretationsrisiko)[91].

Eine unwirksame Prüfungshandlung liegt zum Beispiel vor, wenn der Abschlußprüfer zur Überprüfung der Vollständigkeit des ausgewiesenen Forderungsbestands eine retrograde Prüfungshandlung anwendet. Bei der retrograden Prüfungshandlung wird ausgehend vom im Jahresabschluß abgebildeten Sachverhalt der Weg zurück bis zum zugrunde liegenden wirtschaftlichen Sachverhalt, dem Geschäftsvorfall, verfolgt[92]. Auf diese Weise kann die Existenz des im Jahresabschluß ausgewiesenen Sachverhalts geprüft werden, nicht aber die Vollständigkeit aller zu erfassenden Sachverhalte. Eine Prüfungshandlung wird nicht adäquat angewendet, wenn beispielsweise bei einer statistisch gestützten Prüfung deren Anwendungsvoraussetzungen wie etwa die Zufallsauswahl oder das Vorliegen homogener Massenerscheinungen nicht beachtet werden. Prüfungsfeststellungen werden darüber hinaus falsch interpretiert, wenn Fehler in der Buchführung oder im Jahresabschluß nicht als solche erkannt werden. Von

---

90 Vgl. *IFAC*, IDW-Fachnachrichten 1989, S. 116; *AICPA*, JoA 1981, S. 107; *CICA*, Extent 1980, S. 49.

91 Vgl. *IFAC*, IDW-Fachnachrichten 1989, S. 116; *AICPA*, JoA 1984, S. 145. Vgl. *Dörner*, Abschlußprüfung 1989, S. 341, für eine Systematisierung der Non-sampling-risks.

92 Vgl. *Wysocki*, Grundlagen 1988, S. 156.

daher muß der Prüfer stets ein unvermeidbares Restrisiko in Kauf nehmen, zumal Vollprüfungen in der Praxis unter Beachtung des Wirtschaftlichkeitspostulats aus Zeit- und Kostengründen ohnehin nicht möglich sind[93].

Die Bestimmung des akzeptablen Prüfungsrisikos ist wie bei der Festlegung seines Komplements, der Urteilssicherheit, im wesentlichen ein Kompensationsproblem zwischen dem Risikoniveau und dem Umfang der Prüfungsarbeit[94]. Zwischen beiden besteht eine inverse Beziehung, denn ein geringeres Prüfungsrisiko bedeutet mehr Prüfungsarbeit und umgekehrt. Die Entscheidung über das akzeptable Risiko ist an die Erwartungen der Jahresabschlußadressaten geknüpft, die davon ausgehen, daß das Prüfungsurteil unter Beachtung der Grundsätze ordnungsmäßiger Abschlußprüfung zustande kam und daß zu seiner Unterstützung eine ausreichende Anzahl von Beweisen gesammelt und ausgewertet wurde[95]. Die Festlegung des Prüfungsrisikos, das ein Prüfer oder einer Prüfungsgesellschaft zu akzeptieren bereit ist, läßt sich mit einer Kosten-Nutzen-Analyse, bei der das Verhältnis aus Kosten und Nutzen als Entscheidungskriterium herangezogen wird, oder mit einer Kostenwirksamkeitsanalyse vornehmen[96]. Der potentielle Nutzen eines höheren Prüfungsrisikos liegt in der Ersparnis von Prüfungskosten aufgrund verringerter Prüfungsarbeit. Mögliche Kosten eines höheren Prüfungsrisikos liegen in der Gefahr von Sanktionen und negativer Publizität[97]. Ein niedriges Prüfungsrisiko mindert die Sanktionsgefahr und erhöht die Prüfungskosten. Nach dem Konzept der Kosteneffizienz der Risikoreduktion ist es vorteilhaft, Ressourcen zur Risikominderung bis zu dem

---

93 Vgl. *Müller/ Kropp*, DB 1992, S. 150 und *CICA*, CICA Handbook 1988, Section 5130.02., wonach gilt: „... the audit does not provide absolute assurence that the financial statements as a whole are not misstated."

94 Vgl. *Stettler*, Evidence 1986, S. 18/12.

95 Vgl. *Sullivan/ Gnospelius/ Defliese/ Jaenicke*, Auditing 1985, S. 224.

96 Vgl. *Nowitzki*, Konzepte 1993, S. 132-138.

97 Vgl. *Warren*, Journal of Accounting Review 1975, S. 66.

Punkt einzusetzen, an dem die marginalen Kosten einer weiteren Risikoreduktion gleich den marginalen Folgekosten des reduzierten Risikos sind[98].

Faßt man die Wahrscheinlichkeit von Folgen eines aufgedeckten Fehlurteils als Verluste in Form von Schadensersatzansprüchen Geschädigter, berufsgerichtlichen und strafrechtlichen Maßnahmen sowie Reputations- und damit Mandantsverlusten unter dem Begriff des Geschäftsrisikos des Abschlußprüfers zusammen[99], wird das Prüfungsrisiko, das der Prüfer maximal zu akzeptieren bereit ist, um so geringer sein, je höher das Geschäftsrisiko ist. Dies darf natürlich nicht dazu führen, daß ein Mindestmaß an Urteilssicherheit nicht erreicht wird. Es kann aber bedeuten, daß in Fällen eines erhöhten Geschäftsrisikos der Abschlußprüfer mehr als die geforderte Mindestsicherheit erreichen will, um sich vor Verlustgefahren zu schützen[100].

Einen Einflußfaktor auf die Höhe des Geschäftsrisikos des Abschlußprüfers stellt die wirtschaftliche Lage des Mandanten dar. Bei einer schlechten wirtschaftlichen Situation ist von einer erhöhten Wahrscheinlichkeit auszugehen, daß von den Urteilsempfängern ein Fehlurteil des Abschlußprüfers vermutet wird und es zu Klagen kommen kann. Die wirtschaftliche Lage stellt jedoch gleichzeitig einen Einflußfaktor für die Wahrscheinlichkeit von Fehlern im zum prüfenden Jahresabschluß dar. Es wird der Zusammenhang postuliert und auch empirisch bestätigt, daß bei Unternehmen in schlechter wirtschaftlicher Situation mehr Fehler im Jahresabschluß enthalten sind, weil diese Unternehmen in der Regel bestrebt sein werden, sich besser darzustellen als es der tatsächlichen

---

98 Vgl. *Cogoy*, Österreichische Zeitschrift für Soziologie 1984, S. 224.

99 Vgl. *Stibi*, Prüfungsrisikomodell 1995, S. 184.

100 Vgl. *Leslie*, Materiality 1985; *Brumfield/ Elliott/ Jacobson*, JoA 1983, S. 61 und 64; *CICA*, Extent 1980, S. 96.

Situation entspricht[101]. Wenn demnach sowohl für eine Einschätzung des Prüfungsrisikos und der Wahrscheinlichkeit für Fehler im Jahresabschluß auf dieselben Bestimmungsfaktoren zurückgegriffen wird, kann es zu einer doppelten Berücksichtigung kommen.

Obwohl sich eine Mindesturteilssicherheit zwar theoretisch nicht exakt festlegen läßt, wird nach der herrschenden Meinung von einem maximal zulässigen Prüfungsrisiko für den Jahresabschluß von 5 v.H. ausgegangen[102]. Auch die Stellungnahme des HFA 1/1988 sieht einen Restrisikowert von 5 v.H. vor, was einem Mindestsicherheitsgrad von 95 v.H. entspricht[103].

Vor diesem Hintergrund besteht das Ziel der Risikoorientierung in der Jahresabschlußprüfung darin, das Risiko von Fehlurteilen so einzustellen, daß ein vorgegebener, als maximal zu akzeptierender Sicherheitsgrad eingehalten wird.

Das Prüfungsrisiko stellt eine Kombination zweier Risiken dar: zum einen des Risikos, daß

- der Jahresabschluß wesentliche Fehler enthält und zum anderen daß
- diese Fehler während der Abschlußprüfung nicht entdeckt werden[104].

---

101 Vgl. *Murray*, JoA 1992, S. 54; *Konrath*, The Woman CPA 1990, S. 14; *Plesser*, The CPA Journal 1984, S. 84.

102 Vgl. *Charles*, Accountancy 1990, S. 98; *Baetge*, BFuP 1985, S. 286.; *Adams*, Accountancy 1989, S. 102, der die 5 v.H.-Regel als „magic number" bezeichnet. *Schulte* erachtet demgegenüber eine Urteilssicherheit zwischen 2 v.H. und 10 v.H. als ausreichend; vgl. *Schulte*, Methoden 1970, S. 113, während *Knop* der Ansicht ist, daß eine Urteilssicherheit von 95 v.H. zu niedrig bemessen ist und daher eine 99 v.H.-Mindesturteilssicherheit fordert; vgl. *Knop*, WPg 1983, S. 418.

103 Vgl. *IDW*, IDW-Fachnachrichten 1988, S. 108.

104 Vgl. *AICPA*, JoA 1981, S. 106.

Das Prüfungsrisiko läßt sich daher in zwei Komponenten aufteilen, die mit Fehlerrisiko und Entdeckungsrisiko bezeichnet werden[105].

2. Komponenten des Prüfungsrisikos

a) Fehlerrisiko

In § 317 Abs. 1 HGB wird zwar der Gegenstand und der Umfang der Abschlußprüfung festgelegt. Allerdings enthält diese Vorschrift keine hinreichende Regelung der Prüfungsdurchführung. Die Auswahl der vorzunehmenden Prüfungshandlungen liegt demnach im pflichtgemäßen Ermessen des Abschlußprüfers[106], und die Rahmenbedingungen des § 317 HGB sind durch weitere Regeln inhaltlich zu konkretisieren. Hierbei handelt es sich um die Grundsätze ordnungsmäßiger Abschlußprüfung, die sich aus der Zielsetzung der Abschlußprüfung ergeben[107]. Die Fachgutachten des *Instituts der Wirtschaftsprüfer in Deutschland e.V.* konkretisieren diese Grundsätze ordnungsmäßiger Abschlußprüfung. „Unter Berücksichtigung des ... Fehlerrisikos wird der Abschlußprüfer seine Prüfungshandlungen auf der Grundlage von Stichproben vornehmen“[108]. Demnach zieht der Abschlußprüfer Vorinformationen zum erwarteten Fehlerrisiko für die Festlegung der Prüfungsintensität heran, wobei die Höhe des erwarteten Risikos vor allem durch die wirtschaftliche Lage des Unternehmens bestimmt werde[109].

Das Fehlerrisiko gibt die Wahrscheinlichkeit dafür an, daß in einem Prüffeld des Jahresabschlusses wesentliche Fehler enthalten sind. Nachdem es sich bei

---

[105] Vgl. *Wiedmann*, WPg 1993, S. 17.

[106] Vgl. *IDW*, WPg 1989a, Abschnitt D.I.

[107] Vgl. *Rückle*, Grundsätze 1983, Sp. 555.

[108] Vgl. *IDW*, WPg 1989b, Abschnitt D.II., Anmerkung 1.

[109] Vgl. *IDW*, IDW-Fachnachrichten 1988, Abschnitt C.I.; *Grewe*, § 317 HGB 1986, Anmerkung 27 zu § 317 HGB.

der Prüfung um einen „Vergleich eines vom Prüfer nicht selbst herbeigeführten Istobjektes mit einem vorgegebenen oder zu ermittelnden Sollobjekt und anschließender Urteilsbildung und der Urteilsermittlung“[110] handelt, werden die bei der Prüfung festgestellten Abweichungen zwischen Soll und Ist als Fehler bezeichnet[111]. Diese Fehler werden in Abhängigkeit vom zu beurteilenden Prüfungsgegenstand in System- und Ergebnisfehler unterschieden. Sind die im Jahresabschluß enthaltenen Verarbeitungsergebnisse Gegenstand der Prüfung, handelt es sich bei festgestellten Soll-Ist-Abweichungen um Ergebnisfehler[112]. Ein solcher liegt vor, wenn das im Jahresabschluß ausgewiesene Verarbeitungsergebnis nicht den gesetzlichen, satzungsmäßigen oder gesellschaftsvertraglichen Regelungen entspricht. Diese Fehler beziehen sich damit auf die Vollständigkeit, die Existenz, die Bewertung und den Ausweis der im Jahresabschluß ausgewiesenen oder auszuweisenden Vermögensgegenstände, Schulden, Bilanzierungshilfen und Rechnungsabgrenzungsposten sowie Aufwendungen und Erträge. Dagegen handelt es sich bei Fehlern, die im Rahmen der Prüfung des Internen Kontrollsystems aufgedeckt werden, um Systemfehler. Diese liegen dann vor, wenn eine an sich notwendige Kontrolle nicht vorhanden oder nicht wirksam ist[113]. Systemfehler führen nicht zwingend zu Ergebnisfehlern, da ein Verarbeitungsprozeß auch ohne Kontrolle oder mit einer unwirksamen Kontrolle zu fehlerfreien Verarbeitungsergebnissen führen kann[114].

Gegenstand der handelsrechtlichen Jahresabschlußprüfung sind die Buchführung, der Jahresabschluß sowie der Lagebericht. Bei der Prüfung der Ord-

---

110 *Leffson*, Wirtschaftsprüfung 1995, S. 13.

111 Vgl. *Wysocki*, Grundlagen 1988, S. 140.

112 Vgl. *Leffson/ Bönkhoff*, WPg 1982, S. 392, die hier den Begriff Kontenfehler verwenden.

113 Vgl. *Adenauer*, Berücksichtigung 1989, S. 150.

114 Vgl. *Leffson/ Bönkhoff*, WPg 1982, S. 392; *Warren*, Journal of Accounting Review 1975, S. 11.

nungsmäßigkeit der Buchführung handelt es sich um eine Systemprüfung[115], während bei der Prüfung des Jahresabschlusses die dort ausgewiesenen und auszuweisenden Verarbeitungsergebnisse von Interesse sind. Daher bezieht sich das Fehlerrisiko im Rahmen dieser Prüfung nur auf Ergebnisfehler. Dabei ist allerdings zu beachten, daß System- und Ergebnisfehler in einer engen Beziehung zueinander stehen. Die Wahrscheinlichkeit für wesentliche Fehler in den Verarbeitungsergebnissen und damit in den im Jahresabschluß ausgewiesenen Sachverhalten erhöht sich, wenn die in das Verarbeitungssystem installierten Kontrollen nicht vorhanden oder nicht wirksam sind. Die Prüfung des Lageberichts ist ihrem Wesen nach ebenfalls eine ergebnisorientierte Prüfung, da die im Lagebericht ausgewiesenen und auszuweisenden Sachverhalte direkt auf Gesetzeskonformität überprüft werden.

Das Aufgabenobjekt der Identifikation von Fehlerrisiken umfaßt die folgenden Bereiche[116]:

- die Geschäftstätigkeit des zu prüfenden Unternehmens,
- das wirtschaftliche Umfeld des zu prüfenden Unternehmens und
- die Aufbau- und Ablauforganisation des zu prüfenden Unternehmens.

Das inhärente Risiko, welches neben dem Kontrollrisiko das Fehlerrisiko bestimmt[117], gibt die Anfälligkeit eines Prüffelds für wesentliche Fehler unter der

---

115 Vgl. *Adenauer,* Berücksichtigung 1989, S. 125, der die Prüfung der Ordnungsmäßigkeit der Buchführung als Mindestaufgabe einer Prüfung des Internen Kontrollsystems bezeichnet.

116 Vgl. *Nagel,* Jahresabschlußprüfung 1997, S. 86.

117 Vgl. *Diehl,* Prüfungsvorgehen 1991, S. 193-194.

Annahme, daß es keine internen Kontrollen gibt, wieder[118]. Seine Beurteilung ist eine vergleichsweise unstrukturierte, komplexe Aufgabe und verlangt die Integration einer großen Bandbreite quantitativer und qualitativer Daten[119]. Die Schätzung kann qualitativ oder quantitativ erfolgen, wobei in der Regel drei oder vier Abstufungen verwendet werden[120]. Mögliche Einteilungen sind minimal - 40 v.H., durchschnittlich - 60 v.H., wesentlich - 80 v.H. und maximal - 100 v.H.[121]. Die Anzahl der Qualitätsstufen und die hiermit verknüpften Prozentsätze sind subjektive Wahrscheinlichkeitsurteile, die auf der Grundlage des pflichtgemäßen Ermessens getroffen werden.

In vielen Fällen glaubt der Abschlußprüfer, daß Zeit und Kosten zur Beurteilung des inhärenten Risikos eines Prüffelds die mögliche Verringerung im Ausmaß der Prüfungshandlungen als Ergebnis einer solchen Beurteilung übersteigen[122]. Ist dies der Fall, sollte ein konservativer Ansatz gewählt werden, indem das inhärente Risiko auf den maximalen Wert von 100 v.H. geschätzt wird[123]. Für eine Analyse des inhärenten Risikos spricht dagegen das Ergebnis der Untersuchung von bei Prüfungsaufträgen der Prüfungsgesellschaft *Deloitte, Haskin & Sells International* entdeckten Fehlern, wonach 73 v.H. der Fehler in

---

118 Vgl. *IDW*, WP-Handbuch 1996, Abschnitt P, Tz. 58; *IFAC*, IDW-Fachnachrichten 1986, S. 144; *AICPA*, JoA 1984, S. 145.

119 Vgl. *Bedard/ Graham*, Auditing: A Journal of Practice and Theory 1994, S. 74-75.

120 Vgl. *Quick*, Risiken 1996, S. 34.

121 Vgl. *Carmichael/ Willingham*, Auditing 1987, S. 204; Eine Alternative schlägt zum Beispiel *Wolde* vor: sehr niedrig (< 10 v.H.), niedrig (10 - 20 v.H.), mittel (20 - 50 v.H.) und hoch (> 50 v.H.); *Wolde*, MAB 1989, S. 334.

122 Vgl. *Hermanson/ Strawser/ Strawser*, Auditing 1987, S. 341.

123 Vgl. *Ruud*, Revisjon og Regnskap 1990, S. 139. Dieser konservative Ansatz ist implizit in SAS No. 39 enthalten; vgl. *AICPA*, JoA 1981, S. 109-110. Dagegen beinhaltet SAS No. 47 die Möglichkeit, auf der Basis einer Analyse des inhärenten Risikos dieses auf einen Wert unterhalb des Maximums zu schätzen; vgl. *AICPA*, JoA 1984, S. 145.

Bereichen auftreten, die bereits während des Prüfungsplanungsprozesses identifizierbar waren[124].

Zur Systematisierung der Einflußgrößen auf das inhärente Risiko werden prüffeldspezifische und prüffeldunabhängige Faktoren unterschieden[125]. Zu den prüffeldunabhängigen Faktoren zählen makroökonomische sowie branchen- und mandantenspezifische Merkmale. Beispiele sind die Inflationsrate, Wettbewerbskonzentrationen und die wirtschaftliche Lage des Mandanten. Prüffeldspezifische Faktoren beziehen sich auf die Anfälligkeit von Jahresabschlußpositionen gegenüber Fehlern. So sind zum Beispiel umfangreiche und komplexe Berechnungen (z.B. für Pensionsrückstellungen) mit größerer Wahrscheinlichkeit fehlerbehaftet als einfache Berechnungen (lineare Abschreibungsbeträge)[126]. Alle Risikofaktoren werden einzeln eingeschätzt und zum inhärenten Risiko des Jahresabschlusses zusammengefaßt.

Als Kontrollrisiko wird das Risiko bezeichnet, daß wesentliche Fehler durch interne Kontroll- und Überwachungsmaßnahmen in der Unternehmung nicht verhindert oder korrigiert werden[127]. Zur Beurteilung des Kontrollrisikos muß der Abschlußprüfer ein Verständnis über die Kontrollstruktur seines Mandanten gewinnen. Mit Hilfe systemorientierter Prüfungshandlungen soll die Wirksamkeit der internen Kontrollen bewertet werden[128]. Systemorientierte Prüfungshandlungen befassen sich mit der Prüfung der Ordnungsmäßigkeit des Verarbeitungs- und Kontrollsystems. Es geht nicht darum, fehlerhafte Ergebnisse zu finden, sondern die Ursachen für Mängel und Schwachstellen im Verarbei-

---

124 Vgl. *Houghton/ Fogarty*, Auditing: A Journal of Practice & Theory 1991, S. 7.

125 Vgl. *Quick*, Risiken 1996, S. 36; *Graham*, CPA-Journal 1985a, S. 36.

126 Vgl. *Munter/ McCaslin*, CPA-Journal 1984, S. 42.

127 Vgl. *IDW*, WP-Handbuch 1996, Abschnitt P, Tz. 59 sowie *Adams*, Accountancy 1989, S. 102.

128 Vgl. *Sullivan/ Gnospelius/ Defliese/ Jaenicke*, Auditing 1985, S. 227 und S. 234.

tungssystem herauszufinden. Der Beurteilungsprozeß richtet sich folglich auf die Gestaltung, Wirksamkeit und Funktionsfähigkeit des im Unternehmen vorhandenen Verarbeitungs- und Kontrollsystems. Dieser Vorgehensweise liegt die Überlegung zugrunde, daß auf eine fehlerfreie Erfassung und Verbuchung der Geschäftsvorfälle vertraut werden kann, soweit die vorgesehenen und praktizierten Verarbeitungs- und Kontrollschritte das Entstehen wesentlicher Fehler verhindern[129].

Wie schon das inhärente Risiko kann das Kontrollrisiko qualitativ oder quantitativ geschätzt werden, wobei die Quantifizierung in zwei Schritten erfolgt[130]. Bei diesem Vorgehen wird zunächst die Wirkungsweise dieser Kontrollen anhand von Stichproben geprüft, um in einem zweiten Schritt die obere Grenze des Konfidenzintervalls für den geschätzten Fehleranteil in eine Einstufung des Kontrollrisikos zu transformieren. Fehlerschätzung und Einstufung des Kontrollrisikos beruhen erneut auf subjektiven Wahrscheinlichkeitsurteilen des Prüfers, die sich auch an der Bedeutung der internen Kontrollen für das jeweils betroffene Prüffeld orientieren.

Ebenso wie das inhärente Risiko besteht auch das Kontrollrisiko unabhängig vom Prüfungsprozeß[131]. Es liegt in der Verantwortung des Mandanten, diese Risiken zu kontrollieren. Der Prüfer kann sie zwar schätzen, keineswegs aber seine Höhe beeinflussen. Das inhärente Risiko und das Kontrollrisiko bestimmen gemeinsam das Risiko, daß der Jahresabschluß wesentliche Fehler enthält. Da es nur schwer möglich ist, das Kontrollrisiko unabhängig vom inhärenten Risiko zu bewerten, wird in der Praxis oft eine verknüpfte Analyse dieser beiden Risikokomponenten vorgenommen. Auf dieser Grundlage werden sodann

---

129 Vgl. *Quick*, Betrieb und Wirtschaft, S. 253.

130 Vgl. *Konrath*, Auditing 1996, S. 329-330.

131 Vgl. *Gleim/ Hillison,* Auditing 1988, S. 224. Eine Einflußnahme auf das Fehlerrisiko ist allenfalls langfristig im Rahmen einer mehrjährigen Beratung denkbar; vgl. *Wiedmann*, WPg 1993, S. 17.

Art, Zeitpunkt und Umfang der vorzunehmenden ergebnisorientierten Prüfungshandlungen bestimmt[132].

b) Entdeckungsrisiko

Das Entdeckungsrisiko ist die Wahrscheinlichkeit, daß die vom Abschlußprüfer geplanten ergebnisorientierten Prüfungshandlungen im Prüffeld vorkommende und durch interne Kontrollen nicht verhinderte oder aufgedeckte wesentliche Fehler nicht bemerken[133]. Nach der Festlegung des Prüfungsrisikos sowie der Schätzung des inhärenten Risikos und des Kontrollrisikos stellt der Abschlußprüfer ergebnisorientierte Prüfungshandlungen an, um das Entdeckungsrisiko auf ein akzeptables Niveau zu beschränken. Zwischen dem Fehlerrisiko auf der einen und dem Entdeckungsrisiko auf der anderen Seite besteht eine inverse Beziehung. Bei einem gegebenen Prüfungsrisiko kann eine Erhöhung des Fehlerrisikos durch eine entsprechende Verringerung des Entdeckungsrisikos kompensiert werden. Umgekehrt erlaubt eine Verringerung des Fehlerrisikos ein höheres Entdeckungsrisiko[134].

Im Unterschied zum von der Prüfung unabhängigen Fehlerrisiko ist das Entdeckungsrisiko die durch den Abschlußprüfer zu kontrollierende Bestimmungsgröße des Prüfungsrisikos. Die Kontrolle erfolgt durch Modifikation des Prüfungsprogramms in Form von Änderungen von Art, Zeitpunkt und Umfang ergebnisorientierter Prüfungshandlungen[135]. Das Entdeckungsrisiko ist eine Funktion

---

[132] Vgl. *Quick*, Risiken 1996, S. 44.

[133] Vgl. z.B. *Anderson*, External Audit 1977, S. 130.

[134] Vgl. *Gleim/ Hillison*, Auditing 1988, S. 145.

[135] Vgl. *CICA*, CICA Handbook 1988, Section 5130, § 30 und *Brewer*, Nature 1981, S. 82, der in einer empirischen Studie zeigt, daß sich die Prüfungsintensität mit zunehmendem Risiko erhöht und die einzelnen Risikofaktoren die Prüfungsintensität in unterschiedlichem Maße beeinflussen.

der Wirksamkeit der Überprüfung eines Prüffelds durch den Prüfer: Je geringer das Entdeckungsrisiko ist, desto

- wirksamer müssen die Prüfungshandlungen sein (Art) und/ oder
- weniger dürfen Prüfungshandlungen vor den Bilanzstichtag gelegt werden (Zeitpunkt) und/ oder
- höher muß der Stichprobenumfang bemessen werden (Umfang)[136].

3. Prüfungsrisikomodell

Bei der risikoorientierten Abschlußprüfung wird die Risikoorientierung des Prüfers in den Vordergrund der Prüfungsdurchführung gerückt[137]. Zwar stellt der Ansatz im wesentlichen eine Methode zur Prüfungsprogrammplanung dar, greift aber in sämtliche Phasen einer Abschlußprüfung ein[138]. Der Ansatz formuliert einen systematischen Prozeß der Erfassung und Analyse von Risiken im zu prüfenden Unternehmen, die einen wesentlichen Einfluß auf die Urteilsbildung des Prüfers haben und damit auch zu einem Risiko für den Abschlußprüfer werden können[139].

Dabei ist die Erfassung und Analyse der Risiken des zu prüfenden Unternehmens notwendige Voraussetzung für eine auf die jeweils identifizierten Risiken abgestimmte Durchführung der Prüfung. Indem die Allokation prüferischer

---

136 Vgl. *Thomas/ Ward/ Henke*, Auditing 1991, S. 162.

137 Vgl. *Seitz, Hubert*, DBW 1987, S. 645; *Thiel,* Der Schweizer Treuhänder 1984, S. 2.

138 Vgl. *Wiedmann*, WPg 1993, S. 15; *Cushing/ Loebbecke,* Auditing: A Journal of Practice & Theory 1983, S. 36.

Vgl. *Peemöller*, WiSt 1993, S. 701, der in der risikoorientierten Abschlußprüfung ein Verfahren zur Entwicklung einer Prüfungsstrategie sieht.

139 Vgl. *Thiel*, Abschlußprüfung 1989, S. 162.

Ressourcen den identifizierten Risiken folgt, sollen gleichermaßen die Effektivität und Effizienz der Prüfung sichergestellt werden. Als risikoreich identifizierte Bereiche werden zur Vermeidung mangelnder Effektivität intensiver und risikoarme zur Vermeidung von Ineffizienzen nur mit vermindertem Einsatz geprüft[140]. Dieser Sachverhalt findet seinen Ausdruck in Form des Risikomodells.

Den ersten Ansatz zur Entwicklung eines Prüfungsrisikomodells leisteten *Elliott/ Rogers* im Jahr 1972[141]. Sie präsentierten einen heuristischen Ansatz für die Bestimmung des bei der Planung von Einzelfallprüfungen heranzuziehenden für den Abschlußprüfer kritischen β-Risikos, wobei jedoch Erkenntnisse aus anderen vorgeschalteten Prüfungshandlungen berücksichtigt werden sollen. Der Bestimmung des zulässigen β-Risikos liegen dabei die Beobachtungen zugrunde, daß zum einen mit wachsenden Werten für das β-Risiko der Stichprobenumfang überproportional sinkt und zum anderen die zu erreichende Urteilssicherheit nicht allein anhand ergebnisorientierter Prüfungshandlungen auf Stichprobenbasis gewonnen wird. *Elliott/ Rogers* schließen daraus auf ein inverses Verhältnis zwischen der Zuverlässigkeit des Internen Kontrollsystems und dem Umfang statistischer Tests als detaillierter Prüfungshandlungen bei gleichem Prüfungsrisiko. Ausgehend von einem zulässigen β-Risiko kann dieses erhöht und damit der Stichprobenumfang auf statistischer Basis durchgeführter ergebnisorientierter Prüfungshandlungen gesenkt werden, wenn bereits vorangegangene Prüfungshandlungen einen Beitrag zur Urteilssicherheit geleistet haben.

Im November 1972 veröffentlichte das *AICPA* das Statement on Auditing Procedure No. 54[142], welches einen Ansatz zur Quantifizierung des Prüfungsrisikos und der Prüfungssicherheit vorschlägt, indem es das aufgezeigte inverse

---

140 Vgl. *Woolf*, Accountancy 1989, S. 154.

141 Vgl. *Elliott/ Rogers*, JoA 1972, S. 46-55.

142 Vgl. *AICPA*, JoA 1973, S. 56-71.

Verhältnis mittels eines Modells präzisiert und erweitert. Das Prüfungsrisiko (englisch: Audit Risk, AR) wird als von den folgenden zwei Komponenten abhängig gesehen: zum einem dem Risiko, daß der Jahresabschluß wesentliche Fehler enthält (CR) und zum anderen dem Risiko, daß der Abschlußprüfer wesentliche Fehler nicht entdeckt (DR)[143]. Zur Verringerung des ersten Risikos setzt der Prüfer auf interne Kontrollen und zur Verringerung des zweiten Risikos auf Einzelfallprüfungen sowie andere Prüfungshandlungen. Das kombinierte Risiko, daß beide ungünstigen Ereignisse gemeinsam vorkommen, ist das Produkt der Einzelrisiken[144]:

$$AR = CR \times DR$$

Das Prüfungsrisiko ist gleich dem Komplement der angestrebten Prüfungssicherheit (R), während das Kontrollrisiko das Komplement des Zulässigkeitsniveaus der internen Kontrollen (C) und das Entdeckungsrisiko das Komplement des Zuverlässigkeitsniveaus oder des Sicherheitsgrads der ergebnisorientierten Prüfungshandlungen (S) bilden. Für die obige Gleichung ergibt sich somit:

$$(1 - R) = (1 - C) \times (1 - S)$$

143 SAP No. 54 war die erste offizielle Verlautbarung, die einen Ansatz zur Quantifizierung des Prüfungsrisikos enthielt. Dieser Ansatz war jedoch nicht neu. Er wurde vielmehr bereits 1964 von *King* beschrieben: „Overall risk is measured by the product of internal control risk and testing risk"; *King,* Statistical Basis 1964, S. 109.

144 Vgl. zur multiplikativen Verknüpfung der Risikokomponenten auch *IDW*, WP-Handbuch 1996, Abschnitt P, Tz. 62; *Stibi*, Prüfungsrisikomodell 1995, S. 137.

Hat der Prüfer zuvor die gewünschte Prüfungssicherheit festgelegt und das Zuverlässigkeitsniveau der internen Kontrollen geschätzt, kann er den angemessenen Sicherheitsgrad für die ergebnisorientierten Prüfungshandlungen durch Auflösung nach S ableiten:

$$S = 1 - (1 - R) / (1 - C)$$

Ergibt die Beurteilung des Abschlußprüfers, daß wenig oder gar kein Vertrauen in die internen Kontrollen gesetzt werden kann und beträgt die angestrebte Prüfungssicherheit 95 v.H., ergibt sich für den Sicherheitsgrad der ergebnisorientierten Prüfungshandlungen ebenfalls ein Wert von 95 v.H.. Gelangt der Prüfer hingegen zu dem Ergebnis, daß die vorgesehenen Kontrollen zufriedenstellend sind und auch tatsächlich Anwendung finden, wäre das andere Extrem, die gesamte Sicherheit den internen Kontrollen zuzuweisen und keine ergebnisorientierten Prüfungshandlungen vorzunehmen relevant. Allerdings dürfen ergebnisorientierte Prüfungshandlungen nach den Grundsätzen ordnungsmäßiger Abschlußprüfung bei zuverlässigen internen Kontrollen zwar eingeschränkt werden, keineswegs aber vollständig unterbleiben[145]. Das inhärente Risiko, d.h. das Risiko der Existenz wesentlicher Fehler im Jahresabschluß, wenn man von den internen Kontrollen abstrahiert, findet implizit Berücksichtigung, indem es auf den konservativen Wert von 100 v.H. gesetzt wird.

1974 stellte *Roberts* eine Interpretation des statistischen Konzepts aus dem SAP No. 54 vor[146], wobei er zwischen einer Schätzfunktion und einer Entscheidungsfunktion statistischer Analysen unterscheidet. Es wird eine Schätzung für den wertmäßigen Fehler und deren Genauigkeit in Form eines Konfidenzintervalls

---

145 Vgl. *AICPA*, JoA 1973, S. 63.

146 Vgl. *Roberts,* JoA 1974, S. 47-53.

vorgenommen. Ist der geschätzte wertmäßige Fehler positiv, wird zur Entscheidungsfindung die obere Grenze des Konfidenzintervalls mit einem wesentlichen Fehlerbetrag verglichen. Übersteigt der wesentliche Fehlerbetrag die obere Intervallgrenze, ist der Jahresabschluß oder das Prüffeld als ordnungsmäßig anzunehmen. Im umgekehrten Fall muß der Prüfer davon ausgehen, daß ein wesentlicher Fehler vorliegt. Wird ein negativer wertmäßiger Fehler geschätzt, muß für eine Entscheidungsfindung die untere Grenze der Konfidenzintervalls mit dem wesentlichen Fehlerbetrag verglichen werden.

Stringer schlägt eine Erweiterung des *AICPA*-Modells aus dem SAP No. 54 vor[147]. Grundlage ist die Überlegung, daß das Vertrauen des Prüfers in ergebnisorientierte Prüfungshandlungen aus Einzelfallprüfungen, aus analytischen Prüfungshandlungen oder aus einer Kombination aus beiden gewonnen werden kann[148].

Für eine Berücksichtigung des inhärenten Risikos im Modell plädiert erstmals *Anderson*[149]. Er versteht unter diesem Risiko die Wahrscheinlichkeit, daß bei Abwesenheit zufriedenstellender interner Kontrollen wesentliche Fehler auftreten. Das Prüfungsrisiko wird demnach vom inhärenten Risiko, dem Kontrollrisiko[150] und dem Entdeckungsrisiko[151] als Produkt dieser drei Faktoren bestimmt[152].

$$AR = IR \times CR \times DR$$

---

[147] Vgl. *Stringer,* JoAR 1975, S. 1-9.

[148] Vgl. *Stringer,* JoAR 1975, S. 3.

[149] Vgl. *Anderson,* Interrelationship 1977, S. 86-88.

[150] Das Kontrollrisiko ist das Komplement zur relativen Stärke der internen Kontrollen.

[151] Das Entdeckungsrisiko ist das Komplement zum Zuverlässigkeitsgrad der ergebnisorientierten Prüfungshandlungen.

[152] Vgl. *Anderson,* Interrelationship 1977, S. 86.

Auch *Leslie/ Teitlebaum/ Anderson* stellen fest, daß die bisherigen Modelle das vor den internen Kontrollen bestehende Risiko des Auftretens wesentlicher Fehler ignorieren oder nur implizit berücksichtigen, indem sie einem Wert von 100 v.H. annehmen[153]. Da das inhärente Risiko aber unter diesem maximalen Wert liegen kann, sollte es explizit Berücksichtigung finden.

1978 regte *Roberts* an, noch einen weiteren Faktor in das Modell einzubeziehen[154]. Das mit Einzelfallprüfungen verknüpfte Risiko (TD) soll in einen Nichtstichprobenrisikofaktor und einen Stichprobenrisikofaktor aufgeteilt werden. Die Wahrscheinlichkeit, daß bei der Anwendung ein wesentlicher Fehler aufgedeckt wird, ergibt sich aus dem Produkt der Wahrscheinlichkeit, daß bei der Anwendung der Prüfungshandlung auf die Grundgesamtheit ein wesentlicher Fehler aufgedeckt wird (1 - Nichtstichprobenrisiko) und der Wahrscheinlichkeit, daß die Stichprobe das gleiche Ergebnis hervorbringt wie die Anwendung der Prüfungshandlung auf die Grundgesamtheit (Sicherheitsgrad des Stichprobenverfahrens).

1981 gab das *AICPA* SAS No. 39 heraus[155], welches ein Risikomodell enthält, das den Ansatz aus SAP No. 54 modifiziert. Nach dem Ansatz von *Stringer* wird ein Faktor für das Risiko aus analytischen Prüfungshandlungen (ARR) aufgenommen.

$$AR = CR \times ARR \times TD$$

[153] Vgl. *Leslie/ Teitlebaum/ Anderson,* Sampling 1980, S. 298.

[154] Vgl. *Roberts*, Statistical Auditing 1978, S. 10-12.

[155] Vgl. *AICPA*, JoA 1981, S. 106-110.

Das Prüfungsrisiko wird demnach sowohl durch das Stichprobenrisiko als auch durch das Nichtstichprobenrisiko beeinflußt[156]. Der Versuch einer Aufnahme des Nichtstichprobenrisikos unterbleibt jedoch, da sein Einfluß als vernachlässigbar erachtet wird, wenn wirksame Kontrollen der Prüfungsqualität in Kraft sind. Das inhärente Risiko hingegen findet mit der Begründung keine explizite Berücksichtigung, daß seine Ermittlung schwierig und kostenintensiv sei[157]. Des weiteren wird vorgeschlagen, daß der Prüfer das Risikomodell zur Ableitung des Risikos irrtümlicher Annahme für eine bestimmte Einzelfallprüfung nutzen kann[158]. Um eine statistische Stichprobe zu planen, legt er ein akzeptables Prüfungsrisiko fest und nimmt eine subjektive Quantifizierung des Kontrollrisikos und des Risikos analytischer Prüfungshandlungen vor. Das β-Risiko ergibt sich durch Auflösung der Bestimmungsgleichung für das Prüfungsrisiko.

Die vorläufig letzte Verlautbarung des *AICPA* mit Bezug zum Prüfungsrisikomodell erschien in Form von SAS No. 47[159]. Hier wird die untrennbare Verknüpfung von Prüfungsrisiko und Materiality betont, die sowohl bei der Prüfungsplanung als auch bei der Auswertung der Prüfungsergebnisse zu berücksichtigen ist. Das Prüfungsrisiko stellt sich als verknüpfte Wahrscheinlichkeit aus dem inhärenten Risiko, dem Kontrollrisiko und dem Entdeckungsrisiko dar. Im Gegensatz zum Modell aus SAS No. 39 findet also das inhärente Risiko explizit Berücksichtigung, während auf eine Aufteilung des Entdeckungsrisikos in das Risiko analytischer Prüfungshandlungen und das Risiko aus Einzelfallprüfungen verzichtet wird.

Nimmt man an, daß das Entdeckungsrisiko durch die Bestimmung der Art, des Zeitpunkts und insbesondere des Umfangs ergebnisorientierter Prüfungshandlun-

---

[156] Vgl. *AICPA*, JoA 1981, S. 106.

[157] Vgl. *Lambert/ Lambert*, The Michigan CPA 1987, S. 48.

[158] Vgl. *AICPA*, JoA 1981, S. 110.

[159] Vgl. *AICPA*, JoA 1984, S. 143-146.

gen kontrollierbar ist, kann die Gleichung derart umgeformt werden, daß die kontrollierbare Größe (DR) auf der linken Seite der Gleichung und die unkontrollierbaren Größen auf der rechten Seite stehen[160].

$$DR \quad = \quad AR / (CR \times IR)$$

Libby/ Artman/ Willingham behaupten für dieses Modell einen Zusammenhang, wonach die Wirkung einer Veränderung des Kontrollrisikos auf das Entdekkungsrisikos und damit auch auf den Umfang ergebnisorientierter Prüfungshandlungen um so stärker sei, je höher das inhärente Risiko ist[161]. Diese Aussage ist falsch[162], da vielmehr der genau umgekehrte Zusammenhang besteht, wonach sich mit einem verringerten Kontrollrisiko eine Veränderung des Kontrollrisikos um so stärker auf das Entdeckungsrisiko auswirkt[163].

Infolge der Kritik am Risikomodell aus SAS No. 39[164], welches das inhärente Risiko nur implizit berücksichtigt, und der fehlenden Untergliederung des Entdekkungsrisikos im Modell aus SAS No. 47 wird in der Literatur oft eine Verknüpfung beider Modelle vorgenommen[165]. Dieses erweiterte Modell wurde schon

---

160 Vgl. *Konrath*, Auditing 1996, S. 329-330.

161 Vgl. *Libby/ Artman/ Willingham*, The Accounting Review 1985, S. 214.

162 Vgl. *Quick*, Risiken 1996, S. 79, der davon ausgeht, daß *Libby/ Artman/ Willingham* aussagen wollen, daß eine Variation des Kontrollrisikos um so stärker auf das Produkt aus IR und CR wirkt, je höher das inhärente Risiko ist.

163 Vgl. *Buckless*, Evaluations 1989, S. 7.

164 Vgl. *Grobstein/ Craig*, in: Auditing: A Journal of Practice & Theory 1984, S. 1-16; *Cushing/ Loebbecke*, Auditing: A Journal of Practice & Theory 1983, S. 23-41; *Kinney*, Auditing: A Journal of Practice & Theory 1983, S. 13-22. Auch das *AICPA* hat inzwischen in einer Überarbeitung des SAS No. 39 das inhärente Risiko in dieses Modell einbezogen; vgl. *AICPA*, Codification 1990, AU § 350.48.

165 Vgl. z.B. *Dirsmith/ McAllister/ Twargoski*, Pennsylvania CPA Journal 1987, S. 10.

1980 vom *CICA* vorgeschlagen, das in einer Studie ein Modell präsentierte, das sowohl das inhärente als auch das mit analytischen Prüfungshandlungen verknüpfte Risiko in das Modell des *AICPA* aus SAP No. 54 integriert[166]. Das *CICA* weist auch auf das Nichtstichprobenrisiko hin, das bei jeder Prüfung gegeben ist und von der Qualität der Prüfung und der Ausführung der einzelnen Prüfungshandlungen abhängt[167]. Da das Nichtstichprobenrisiko sich der Kontrolle durch Anwendung mathematisch-statistischer Verfahren entzieht, bleibt es im Risikomodell unberücksichtigt.

4. Bewertung der Risikokomponenten

a) Einschätzung des Fehlerrisikos

(1) Beurteilung des inhärenten Risikos

Das Entdeckungsrisiko stellt den Parameter zur Steuerung der Wahrscheinlichkeit dar, daß das zulässige Prüfungsrisiko insgesamt nicht überschritten wird[168]. Wird ein maximal zu akzeptierendes Prüfungsrisiko vorgegeben und liegt eine Einstufung des Fehlerrisikos vor, kann das Entdeckungsrisiko aus der Risikogleichung bestimmt werden. Aus diesem Grunde stellt die Beurteilung des Fehlerrisikos einen wichtigen Schritt für die Planung von Art und Umfang der Prüfungshandlungen dar[169].

---

[166] Vgl. *Graham*, CPA-Journal 1985a, S. 20; *CICA*, Extent 1980, S. 96-97.

[167] Vgl. *CICA*, Extent 1980, S. 96-97.

[168] Vgl. *Adams*, Accountancy 1989, S. 102.

[169] Nach dem Fachgutachten 1/1988 ist jeder Prüfung eine Prüfungsplanung vorzuschalten, die mit einer Risikobeurteilung der Geschäftstätigkeit des Unternehmens, seines wirtschaftlichen Umfelds sowie seines Rechnungswesens, des internen Kontrollsystems und der im Unternehmen angewandten Rechnungslegungsgrundsätze zu verbinden ist, vgl. *IDW*, WPg 1989a. Auch die International Auditing Guidelines schreiben die Bestimmung des Prüfungsrisikos im Rahmen der Prüfungsplanung verbindlich vor, vgl. *IFAC, International Auditing Practices Committee*, Standard 1991, IAG 19, IAG 25, IAG 35.

Die Quantifizierung der Risikokomponenten erfordert vom Abschlußprüfer die Umwandlung einer qualitativen Beurteilung in quantifizierte Wahrscheinlichkeiten in Form ordinal skalierter Werte zwischen 0 und 100 v.H.. Eine solche Fähigkeit wird in der Literatur in Frage gestellt und abgestritten[170]. Zudem variiert die Einfachheit, mit der die verschiedenen Faktoren des inhärenten Risikos quantifiziert werden können, beträchtlich. So ist zum Beispiel die Rentabilität eines Unternehmens deutlich einfacher zu quantifizieren als die Qualität des Personals. Auch kann die Anzahl der Risikofaktoren sehr groß sein[171].

Mills analysierte die Bedeutung der Erfahrung des Prüfers im Hinblick auf die Beurteilung des inhärenten Risikos. Hierbei wurde die Hypothese bestätigt, daß ein erfahrener Prüfer sich bei seiner Risikoschätzung sicherer ist als ein unerfahrener Prüfer, wenn die relevanten Informationen relativ vollständig vorhanden sind. Ein erfahrener Prüfer verfügt über eine Art interne Checkliste zu den Faktoren des inhärenten Risikos, die ihm hilft, von Informationen über den Mandanten auf die Höhe des Risikos zu schließen. Eine zweite Hypothese, wonach bei fehlenden Informationen die Unsicherheit beim erfahrenen Prüfer stärker zunimmt als beim unerfahrenen, mußte hingegen verworfen werden. Diese Hypothese basierte auf der Annahme, daß der erfahrene Prüfer den Informationsmangel erkennen wird und sich somit bei seiner Schätzung weniger sicher ist, während der unerfahrene Prüfer das Defizit nicht bemerkt und sich sein Grad an Unsicherheit weniger oder gar nicht ändert. Eine Erklärung für die Ablehnung der Hypothese ist darin zu sehen, daß der erfahrene Prüfer das inhärente Risiko bei fehlenden Informationen automatisch hoch ansetzt und auch dann seines Urteils sehr sicher sein kann[172].

---

170 Vgl. *Diehl*, Prüfungsvorgehen 1991, S. 200; *Paris*, Accountancy 1990, S. 85-86.

171 Vgl. *Peters*, Model 1989, S. 30.

172 Vgl. *Mills,* Assessment 1992, S. 45-50.

Der Einfluß der einzelnen Faktoren auf das inhärente Risiko ist unterschiedlich groß[173]. Als Folge des unterschiedlichen Einflusses muß zur Risikobestimmung eine Gewichtung der einzelnen Faktoren vorgenommen werden, welche intuitiv oder systematisch-rational erfolgen kann[174]. Aufgrund der besseren Fundierung ist der zweiten Vorgehensweise grundsätzlich der Vorzug zu geben. Gewichtungsfaktoren können aus Ergebnissen empirischer Studien zum inhärenten Risiko abgeleitet werden[175].

Eine andere Möglichkeit zur Bestimmung der Gewichte bietet die von *Churchman/ Ackoff* entwickelte Methode der sukzessiven Vergleiche[176]. Zur Ermittlung des Gewichts eines Faktors sind die Faktoren zunächst in eine ordinale Ordnung zu bringen. Nach der Zuordnung vorläufiger Werte wird jedes Gewicht mit der Summe der restlichen Gewichte verglichen, wobei überwacht wird, ob die Ordnung der Faktoren durch die Gewichte wiedergegeben wird. Nach entsprechenden Anpassungen erfolgt eine Normierung der Gewichte, so daß deren Summe den Wert Eins ergibt.

Um diese Methode anwenden zu können, müssen allerdings drei grundsätzliche Voraussetzungen erfüllt sein. So muß für jeden Faktor erstens ein nichtnegativer numerischer Wert existieren, der als sein Gewicht hinsichtlich der Höhe seines Einflusses auf das inhärente Risiko interpretiert werden kann. Zweitens muß gelten, daß die Bedeutung eines Faktors im Vergleich zu einem anderen auch durch

---

173 Vgl. *Kanter/ McEnroe/ Kyes,* Internal Auditor 1990, S. 52, die hierzu anmerken, daß zwischen der Anzahl der in die Beurteilung einbezogenen Faktoren und dem Urteilsvermögen des Bewerters eine inverse Beziehung besteht.

174 Vgl. *Schmid,* ZIR 1989, S. 151.

175 Vgl. *Monroe/ Ng/ Woodliff,* Australian Accounting Review 1993; *Claessens, Alphons M.J.A.,* Assessment 1992; *Dirsmith/ Haskins,* Accounting, Organizations and Society 1991; *Brewer,* Nature 1981; *Buckless,* Evaluations 1989.

Vgl. *Quick,* Risiken 1996, S. 317-330, der die australische Studie von *Monroe/ Ng/ Woodliff* in Deutschland wiederholte.

176 Vgl. *Churchman/ Ackoff,* Operations Research 1954, S. 172-177.

die Größe der beigeordneten Gewichte zum Ausdruck gebracht wird. Die dritte Voraussetzung schließlich besteht darin, daß die zusammengenommene Bedeutung zweier Faktoren der Summe ihrer Gewichte entsprechen muß. Diese Forderungen nach Addierbarkeit bereitet zwar bei der Ermittlung von Zielwerten in der Entscheidungstheorie Schwierigkeiten, erweist sich aber bei der Bestimmung von Gewichten für die einzelnen Faktoren des inhärenten Risikos in der Regel als unproblematisch[177].

Zur Gewichtung der einzelnen Faktoren des inhärenten Risikos kann auch der von *Saatay* entwickelte Analytic Hierarchy Process herangezogen werden[178]. Diese Methode teilt eine komplexe, unstrukturierte Situation in ihre Komponenten auf, ordnet diese Teile hierarchisch an und den subjektiven Urteilen über die relative Bedeutung jeder Variablen numerische Werte zu. Über die Synthese der Urteile gelangt man zu einem Gewichtungsschema für die Variablen. Grundlage des Verfahrens bilden paarweise Vergleiche aller Faktoren im Hinblick auf deren jeweilige relative Bedeutung für das inhärente Risiko. Die Anwendung dieses Verfahrens setzt grundsätzlich voraus, daß der Anwender endlich viele Faktoren hinsichtlich ihrer Bedeutung für das inhärente Risiko zumindest in eine ordinale Ordnung bringen kann und daß das Verhältnis der Faktoren untereinander in Bezug auf ihre Einflußhöhe auf das inhärente Risiko anhand einer Verhältnisskala gemessen werden kann[179]. Da beide Voraussetzungen in der Regel erfüllt sind, ist auch dieses Verfahren grundsätzlich geeignet.

Werden die beiden Verfahren anhand der zur Gewichtung notwendigen Anzahl von Vergleichsprozessen beurteilt, muß bei einer großen Zahl an zu vergleichenden Faktoren der Methode der sukzessiven Vergleiche der Vorzug gegenüber dem Analytic Hierarchy Process eingeräumt werden. Allgemein gilt nämlich, daß

---

177 Vgl. *Zangenmeister*, Nutzwertanalyse 1976, S. 210.

178 Vgl. *Saatay,* Process 1980, S. 17-21.

179 Vgl. *Schneeweiß,* Planung 1991, S. 172-173.

die Methode der sukzessiven Vergleiche bei m Faktoren genau m-1 Vergleiche durchführt, während die Anzahl der Vergleiche beim Analytic Hierarchy Process $\sum_{i=1}^{m}(m-i)$ beträgt.

Allerdings besteht bei der praktischen Anwendung der Methode der sukzessiven Vergleiche das Problem, daß der Anwender die Bedeutung eines Faktors mit der Summe der Bedeutung anderer Faktoren vergleichen muß. Eine solche Beurteilungssituation erfordert nicht nur ein hohes Maß an Sachverstand, sondern setzt auch voraus, daß die Summe der Einflußhöhen mehrerer Faktoren überhaupt bestimmt werden kann. Die Beurteilungssituation des Analytic Hierarchy Process ist demgegenüber weit übersichtlicher und angenehmer für den Anwender, da stets nur die Einflußhöhen von jeweils zwei Faktoren miteinander verglichen werden. Diese Tatsache dürfte unter Umständen den Nachteil der größeren Anzahl an Vergleichen aufheben.

Ein weiterer Vorteil des Analytic Hierarchy Process liegt in der Möglichkeit, mit Hilfe der Consistency Ratio das Maß an Inkonsistenz bei der Durchführung der Beurteilung zu messen, während die Methode der sukzessiven Vergleiche kein derartiges Instrumentarium zur Überprüfung der Konsistenz anbietet[180].

Das Vorgehen bei der Zusammenfassung einzelner Faktoren unter Berücksichtigung ihrer jeweiligen relativen Bedeutung entspricht grundsätzlich demjenigen bei Punktbewertungsmodellen (Scoring-Modellen), welche im Rahmen von Entscheidungssituationen bei Mehrfachzielsetzungen angewendet werden[181]. Die Anwendung von Punktbewertungsmodellen soll eine Entscheidung für eine Handlungsalternative bei mehrfachen Zielsetzungen ermöglichen. Vorausset-

---

[180] Vgl. *Churchman/ Ackoff*, Operations Research 1954, S. 174, die auf diese Tatsache selbst hinweisen: „The method does not provide any estimate of the accuracy or bias of the judgements".

[181] Zu Scoring-Modellen bei Mehrfachzielsetzungen und zum folgenden vgl. *Dreyer*, ZfB 1974, S. 255-274.

zung für die Anwendbarkeit eines Scoring-Modells in dieser Entscheidungssituation ist zunächst, daß eine endliche Menge an möglichen, sich gegenseitig ausschließenden Handlungsalternativen vorliegt. Darüber hinaus ist eine endliche Zahl an entscheidungsrelevanten Zielsetzungen zu formulieren, zwischen denen keine Abhängigkeiten in kausalem oder nutzentheoretischem Sinn bestehen. Die Ziele werden sodann gewichtet, um die relative Bedeutung jedes Ziels zu erfassen[182]. Die Entscheidung für eine bestimmte Alternative wird ermöglicht, indem der Zielerreichungsgrad jeder Alternative zunächst getrennt für jedes Ziel ermittelt wird. Diese sogenannten Teilnutzenwerte werden anschließend durch Addition zu einem Gesamtnutzenwert für jede Alternative zusammengefaßt. Es wird diejenige Handlungsalternative gewählt, die den höchsten Gesamtnutzenwert besitzt[183].

Übertragen auf die Quantifizierung des inhärenten Risikos stellen die Ausprägungen des inhärenten Risikos von 0 bis 100 v.H. die Handlungsalternativen dar. Die Bestimmungsfaktoren geben die relevanten Zielsetzungen wieder, anhand derer das Risiko zu bewerten ist. Voraussetzung für eine korrekte Bewertung des inhärenten Risikos mit Hilfe eines Punktbewertungsmodells ist, daß die relevanten Bestimmungsfaktoren vollständig und ohne kausale Interdependenzen formuliert werden können.

Die einzelnen Bestimmungsfaktoren sind sodann im Hinblick auf ihre relative Bedeutung zu bewerten. Hierbei würde beispielweise zum Ausdruck kommen, daß der Prüfer den Einfluß der wirtschaftlichen Lage auf das inhärente Risiko für doppelt so groß hält wie den der Personalfluktuation. Die relative Bedeutung der Bestimmungsfaktoren könnte durch Äquivalenzziffern, die sich zu eins addieren, berücksichtigt werden. Für die Zusammenfassung zu einem Gesamtri-

---

[182] Vgl. *Bokranz/ Graeve*, Nutzwertanalyse 1981, S. 6-7, die hierzu einen paarweisen Vergleich der Ziele vorschlagen.

[183] Vgl. *Bokranz/ Graeve*, Nutzwertanalyse 1981, S. 2.

sikowert werden die einzelnen Bestimmungsfaktoren mit ihren Gewichtungsfaktoren multipliziert und anschließend addiert. Das inhärente Risiko ergibt sich somit durch Gewichtung der Punktwerte mit dem Gewichtungsfaktor des jeweiligen Risikofaktors und die anschließende Addition der gewichteten Punktwerte[184].

Unberücksichtigt in einem solchen Punktbewertungsmodell bleiben allerdings Interdependenzen zwischen einzelnen Faktoren, die über eine rein additive Form hinausgehen, weil die Bestimmungsfaktoren unabhängig sein müssen und die gewichteten Faktorwerte lediglich addiert werden[185]. Es ist aber denkbar, daß das gemeinsame Auftreten einer schlechten wirtschaftlichen Lage und hohe Fluktuation im Personalbereich einen größeren Einfluß auf das inhärente Risiko hat, als es durch die einfache Addition im Punktbewertungsmodell abgebildet wird. Um in einem solchen Fall zu einer richtigen Beurteilung zu gelangen, müssen die Interdependenzen offengelegt und ebenfalls bewertet werden. Dies kann ein Punktbewertungsverfahren aber nicht leisten.

(2) Beurteilung des Kontrollrisikos

Das Kontrollrisiko stellt ein Maß dar für die Effektivität des Internen Kontrollsystems, Fehler zu verhindern oder zu entdecken und zu korrigieren. Die Höhe des Kontrollrisikos hängt von der Ausgestaltung des Internen Kontrollsystems, dessen Transformation in den Verarbeitungsprozeß und Funktionsfähigkeit ab. Die Prüfung der Effektivität des Internen Kontrollsystems und damit die Bestimmung des Kontrollrisikos erfolgt im Rahmen der Systemprüfung. Diese muß zur Anwendung des Risikomodells eine Aussage über die Wahrscheinlichkeit ermöglichen, mit der das Interne Kontrollsystem wesentliche Fehler in den Verarbei-

---

184 Vgl. *Miltz/ Calomme/ Willekens,* Auditing: A Journal of Practice & Theory 1991, S. 50-51; *Riley*, Framework 1987, S. 76-81.

185 Vgl. *Sabel,* Produktpolitik 1971, S. 97.

tungsergebnissen nicht verhindert oder entdeckt und korrigiert. Dies ist aber zumindest nicht direkt der Fall, da diese Prüfung zu einem Urteil über die Zuverlässigkeit der Verarbeitungs- und Kontrollprozesse und nicht über die Fehler in deren Verarbeitungsergebnissen führt.

Ein Internes Kontrollsystem wird dann als zuverlässig beurteilt, wenn notwendige Kontrollen durchgeführt werden und diese wirksam sind[186]. Ein Systemfehler liegt dementsprechend vor, wenn eine notwendige Kontrolle nicht vorhanden oder nicht wirksam ist. Dabei ist es unerheblich, ob das Ergebnis des Verarbeitungs- und Kontrollprozesses mit Fehlern behaftet ist oder nicht. Ein Systemfehler führt nicht unbedingt zu einem Ergebnisfehler, da es auch bei unzuverlässigen Kontrollen zu fehlerfreien Verarbeitungsergebnissen kommen kann und umgekehrt Ergebnisfehler auch in einem unzuverlässigen System vorkommen können. Die Ergebnisse über die Zuverlässigkeit des Internen Kontrollsystems können somit nur dann für Zwecke des Prüfungsrisikomodells nutzbar gemacht werden, wenn gewährleistet ist, daß ein zuverlässiges Internes Kontrollsystem, welches durch nur unwesentliche Systemfehler gekennzeichnet ist, für fehlerfreie oder lediglich mit unwesentlichen Fehlern behaftete Verarbeitungsergebnisse sorgt.

Die Beurteilung der Zuverlässigkeit eines Internen Kontrollsystems erfolgt auf der Basis der sogenannten Compliance Tests, d.h. der Prüfung der Transformation und Funktionsfähigkeit von Internen Kontrollen. Mit Hilfe der Compliance Tests kann überprüft werden, inwieweit geplante Kontrollen vorhanden und wirksam sind. Allerdings beziehen sie sich immer nur auf einzelne Kontrollen, weshalb ihre Ergebnisse wiederum aggregiert werden müssen.

Zur Quantifizierung des Kontrollrisikos schlägt *Brown* ein Scoring-Modell vor, welches anhand eines Fragebogens das im Unternehmen umgesetzte Interne

---

186 Vgl. *Adenauer,* Berücksichtigung 1989, S. 150-151.

Kontrollsystem mit einem idealen Kontrollsystem vergleicht[187]. Wird eine der Fragen, auf die nur Ja-/ Nein-Antworten möglich sind, infolge einer Übereinstimmung bejaht, erfolgt eine Bewertung mit der vollen Punktzahl. Bei Verneinung werden keine Punkte vergeben. Durch Aufsummieren der Ist-Punkte und Quotientenbildung durch die Summe der Soll-Punktwerte erhält man eine Kennzahl über die Wirksamkeit des Internen Kontrollsystems der Unternehmung.

Allerdings kommt nicht allen Kontrollen eines Internen Kontrollsystems dieselbe Bedeutung zu. Vielmehr sind die einen unerläßlich für das Zustandekommen ordnungsmäßiger Verarbeitungsergebnisse und andere weniger wichtig oder können durch nachfolgende Kontrollen kompensiert werden[188]. Daher hat der Abschlußprüfer jede Kontrolle im Hinblick auf ihre Bedeutung für das Erreichen eines ordnungsmäßigen Verarbeitungsergebnisses nach pflichtgemäßem Ermessen zu prüfen, um daraus den jeweiligen Gewichtungsfaktor abzuleiten[189]. Ein wesentlicher Nachteil des Scoring-Modells ist darin zu sehen, daß das Gewicht einer Kontrolle nur dann in das abschließende Urteil eingeht, wenn die betreffende Antwort bejaht wurde[190]. Das Nichtvorhandensein und das Nichtfunktionieren wichtiger Kontrollen wirken sich demnach genauso auf den Wirksamkeitsgrad des Internen Kontrollsystems aus wie das von weniger wichtigen Kontrollen. Daher muß der Abschlußprüfer bei der Planung ergebnisorientierter Prüfungen neben dem Wirksamkeitsgrad des Internen Kontrollsystems auch die Bedeutung fehlender und nicht angemessen arbeitender Kontrollen auf die Ordnungsmäßigkeit des Jahresabschlusses berücksichtigen[191].

---

[187] Vgl. *Bankmann, Jörg*, WPg 1963, S. 395-396; *Brown,* JoA 1962, S. 50-56.

[188] Vgl. *Blum/ Antonio,* JoA 1979, S. 54.

[189] Vgl. *Brown,* JoA 1962, S. 52.

[190] Vgl. *Brown,* JoA 1962, S. 54.

[191] Vgl. *Mini,* Evaluation 1964, S. 112.

In den Modellen von *Yu*[192] *und Cushing*[193] sowie den auf letzterem aufbauenden Ansätzen von *Bodnar*[194] und *Baetge/ Mochty*[195] werden den einzelnen Systemelementen Zuverlässigkeiten in Form von Wahrscheinlichkeiten für die Fehlerfreiheit der Verarbeitungen zugeordnet. Letztere berechnen mit Hilfe von Markov-Ketten die Gesamtzuverlässigkeit in Abhängigkeit von der Zahl der Kontrollen, der Kontrollanordnung sowie der Zahl und der Art der Fehler, die durch die Kontrollen vermieden werden sollen[196]. Man spricht von zeitdiskreten Markov-Ketten mit endlichem Zustandsraum, wenn bei einer Folge von Versuchen als Ergebnis eines jeden Versuchs nur ein Ereignis unter abzählbar vielen, sich paarweise ausschließenden Ereignissen eintreten kann und dieses Ereignis sowie sein Wahrscheinlichkeitsmaß allein von den Ergebnissen des vorangegangenen Versuchs, nicht jedoch von anderen Ereignissen abhängen[197].

Yu interpretiert die in einem Subsystem des Rechnungswesens von der Datenerfassung bis zum Systemoutput ablaufenden Verarbeitungs- und Kontrollvorgänge als eine Abfolge von Zufallsexperimenten eines stochastischen Prozesses und die Ergebnisse dieser Vorgänge als Fehlerzustände des Systems[198]. Die gesamte Verarbeitung einzelner Geschäftsvorfälle wird in die einzelnen Verarbeitungs- und Kontrollschritte aufgeteilt. Das Ergebnis eines einzelnen Verarbeitungs- oder

---

192 Vgl. *Yu,* Markovian Model 1972.

193 Vgl. *Cushing,* The Accounting Review 1974, S. 24-41.

194 Vgl. *Bodnar,* The Accounting Review 1975, S. 747-757.

195 Vgl. *Baetge/ Mochty*, Zuverlässigkeit 1980, S. 1-63.

196 Vgl. *Baetge/ Mochty*, Zuverlässigkeit 1980, S. 4. Markov-Ketten sind Bestandteil der Theorie der stochastischen Prozesse und somit ein mathematisches Modell für Zufallsexperimente, die man als eine Folge aufeinanderfolgender Versuche und Beobachtungen ansehen kann; vgl. *Ferschl*, Markovketten 1970, S. 2.

197 Vgl. *Buchner,* Markov-Kette 1989, S. 506.

198 Vgl. *Yu,* Markovian Model 1972, S. 101. Offensichtlich ist die Wahrscheinlichkeit für eine Falschbuchung bei einem bereits falsch vorkontierten Beleg höher als bei einem richtig vorkontierten Beleg; vgl. *Wittmann,* Systemprüfung 1981, S. 103.

Kontrollschritts wird zwar primär durch die Aktion des betreffenden Aktionsträgers bestimmt, wobei dessen Handeln jedoch vom Fehlerzustand der ihm zugeleiteten Unterlagen abhängt[199].

Geht man wie *Yu* von zwei möglichen Fehlerarten aus, sind vier Fehlerzustände denkbar[200]:

- Z_1: das zu bearbeitende Dokument ist fehlerfrei,
- Z_2: das zu bearbeitende Dokument enthält einen Fehler der ersten Art,
- Z_3: das zu bearbeitende Dokument enthält einen Fehler der zweiten Art und
- Z_4: das zu bearbeitende Dokument enthält Fehler beider Arten.

Bei je vier alternativ möglichen Fehlerzuständen des Inputs Z_i und des Outputs Z_j erhält man eine 4x4-Übergangsmatrix, in der das Element p_{ij} die bedingte Wahrscheinlichkeit dafür angibt, daß bei einem gegebenen Fehlerzustand des Inputs Z_i der Output nach Durchführung des Verarbeitungszustands den Fehlerzustand Z_j annimmt.

Werden jedoch die Verarbeitungsergebnisse vor der Weiterverarbeitung zunächst kontrolliert, muß der Einfluß der Kontrolle auf die Verteilung der Zustandswahrscheinlichkeiten berücksichtigt werden. Wird ein Kontrollschritt in das Verarbeitungssystem eingebaut, ist zu beachten, daß die Qualität des Kontrollschritts zum einen davon abhängt, ob ein nicht ordnungsmäßiger Systemzustand als solcher erkannt wird und zum anderen, ob der Kontrollschritt zu Korrekturen führt. *Yu* unterstellt, daß der vor der Kontrolle bestehende Fehlerzustand durch den Kontrolleur nicht verändert, sondern lediglich den Klassen „fehlerfrei" und

---

199 Vgl. *Yu/ Neter,* JoAR 1973, S. 279.

200 Vgl. *Yu,* Markovian Model 1972, S. 185.

„fehlerhaft“ zugeordnet wird[201]. Für einen Kontrollschritt sind demnach keine Übergangswahrscheinlichkeiten, sondern Klassifikationswahrscheinlichkeiten erforderlich, welche angeben, mit welcher Wahrscheinlichkeit der Kontrollträger die Verarbeitungsunterlagen in die richtige Klasse einordnet[202]. Der Mitarbeiter begeht nur dann einen Fehler, wenn er eine falsche Zuordnung vornimmt, verändert dadurch aber am Fehlerzustand der Verarbeitungsunterlagen nichts. Als fehlerhaft klassifizierte Dokumente werden zur Korrektur an den Bearbeiter zurückgegeben, während die als fehlerfrei beurteilten Dokumente unmittelbar dem nächsten Verarbeitungsschritt zugeführt werden.

Die Beurteilung der einzelnen Verarbeitungs- und Kontrollschritte führt zu einer Folge von Vektoren, welche anzeigen, wie sich die Qualität eines Dokuments hinsichtlich der Fehlerzustände mit der Verarbeitung im System ändert. Allerdings gibt der endgültige Qutputvektor nicht das Kontrollrisiko, sondern vielmehr das Produkt aus inhärentem und Kontrollrisiko wieder[203].

Das beschriebene Modell geht von der Annahme aus, daß das für ein bestimmtes Subsystem formulierte Markov-Modell für alle von diesem Subsystem bearbeiteten Geschäftsvorfälle identisch ist und somit die gleichen Anfangsvektoren, Übergangs- sowie Kontrollmatrizen gelten. Tatsächlich wird die fehlerfreie Bearbeitung eines Geschäftsvorfalls von zeitlichen und sachlichen Faktoren beeinflußt. *Sanders* schlägt daher vor, zur Lösung des Problems veränderlicher Übergangswahrscheinlichkeiten unter Vermeidung der Aufstellung mehrerer Über-

---

201 Vgl. *Yu/ Neter,* JoAR 1973, S. 280.

202 Vgl. *Hamlen,* The Accounting Review 1980, S. 590, der diesen Tatbestand in ihrem Modell mit Hilfe von error reduction rates beschreibt.

203 Vgl. *Yu/ Neter,* JoAR 1973, S. 290.

gangsmatrizen für jeweils einen Prozeßschritt gewichtete Übergangswahrscheinlichkeiten zu ermitteln[204].

Die Implementierung des Modells von *Yu* wirft des weiteren Probleme hinsichtlich der Schätzung der erforderlichen Wahrscheinlichkeiten für die Anfangsvektoren sowie die Übergangs- und Kontrollmatrizen auf. Unabhängig von der Anwendung der Maximum-Likelihood-Methode oder Methoden der Kleinsten Quadrate benötigt man Informationen über die Fehler im Prüfungsgebiet[205]. Hierzu kann zwar auf die Ergebnisse der Transformations- und Funktionsfähigkeitsprüfung zurückgegriffen werden[206], welche aber den Informationsbedarf nur teilweise decken können. Selbst wenn die Prüfungen so ausgestaltet sind, daß der Fehlerzustand der einzelnen Elemente über den gesamten Verarbeitungsprozeß hinweg verfolgt werden kann, trifft dies nur für die Kontrollschritte zu. Der Einfluß der reinen Verarbeitungsschritte auf den Fehlerzustand der Elemente wird in diesem Zusammenhang nicht untersucht, obwohl die Information für die im Modell von *Yu* vorgesehene Abbildung des gesamten Prozeßverlaufs unerläßlich ist[207].

---

204 Vgl. *Sanders,* Analyse 1987, S. 68-71.

205 Vgl. zur Anwendung der Maximum-Likelihood-Methode *Anderson/ Goodman,* The Annals of Mathematical Statistics 1957, S. 89-100 und zur Anwendung Kleinster Quadrate-Methoden *Lee/ Judge/ Cain,* Management Science Theory 1968/1969, S. 374-398. Im Gegensatz zur Methode der kleinsten Quadrate setzt die Anwendung der Maximum-Likelihood-Methode voraus, daß der Fehlerzustand jedes einzelnen Stichprobenelements während des gesamten Verarbeitungsprozesses verfolgt werden kann. Dies ist im nachhinein nur dann möglich, wenn die Informationen manuell verarbeitet werden und ein sichtbarer Prüfungspfad hinterlassen wird; vgl. *Knop,* Möglichkeit 1983, S.245-246.

206 Vgl. *Knop,* Möglichkeit 1983, S.245, der lediglich die Transformationsprüfung nennt. Allerdings übersieht er hierbei, daß mit Hilfe der Transformationsprüfung lediglich die Durchführung von Kontrollen festgestellt wird. Um etwas über die Fehlerzustände und damit die Kontrollwirksamkeit zu erfahren, muß auch auf die Ergebnisse der Kontrollprüfung zurückgegriffen werden.

207 Vgl. *Yu/ Neter,* JoAR 1973, S. 279-280. *Baetge/ Mochty* schlagen vor, zur Lösung dieses Informationsbeschaffungsproblems die Arbeitsberichte der Innenrevision und die Ar-

Die Schätzung der Modellparameter ist aber nicht nur ein qualitatives, sondern insbesondere auch ein quantitatives Problem. Die Komplexität des Modells hängt von der Anzahl möglicher Fehlerzustände ab, die in den verschiedenen Prüffeldern in unterschiedlichen Anzahlen auftreten können. Bei t möglichen Fehlerzuständen ergeben sich im Modell von *Yu* aber 2^t verschiedene Fehlerzustände, wonach für eine Übergangsmatrix 2^{2t} Übergangswahrscheinlichkeiten zu schätzen sind[208]. Zur Abbildung des gesamten Systemablaufs ist wegen der verschiedenen Verarbeitungs- und Kontrollschritte eine Kette von Übergangswahrscheinlichkeiten zu bilden. Die Komplexität des Modells wird daher auch durch die Anzahl der Kontroll- und Verarbeitungsschritte bestimmt, die wiederum definitorisch durch den Abschlußprüfer festgelegt werden können.

Das Modell von *Cushing* basiert auf der Zuverlässigkeitstheorie[209]. Ziel dieses Modells ist es, mit Hilfe der Methoden der Zuverlässigkeitstheorie die Ausfall- oder komplementär die Funktionswahrscheinlichkeiten von Kontrollanordnungen zu ermitteln. *Cushing* erläutert sein Modell grundlegend am Fall „eine Kontrolle - ein Fehler", das er sukzessive bis zum Fall „mehrere Kontrollen - mehrere Fehler" ausbaut. Er beurteilt dabei immer nur die auf einen Verarbeitungsschritt folgenden Kontrollen. Eine Beurteilung eines zusammenhängenden Verarbeitungs- und Kontrollprozesses wird nicht vorgenommen[210]. Zunächst betrachtet *Cushing* ein Subsystem des dokumentationsorientierten Rechnungswesens, das aus einem

---

beitspapiere aus Vorjahresprüfungen zu verwenden; vgl. *Baetge/ Mochty*, Zuverlässigkeit 1980, S. 58.

208 Vgl. *Wittmann*, Systemprüfung 1981, S. 112. *Quick* relativiert diesen Einwand, indem er davon ausgeht, daß bei der Schätzung des Kontrollrisikos zur Anwendung in Risikomodellen lediglich die Fehlerzustände „wesentlicher Fehler vorhanden" und „wesentlicher Fehler nicht vorhanden" zu differenzieren sind. Die Anzahl der benötigten Übergangswahrscheinlichkeiten sein somit auf vier beschränkt; vgl. *Quick*, Risiken 1996, S. 385-396.

209 Unter Zuverlässigkeit wird in diesem Zusammenhang die Wahrscheinlichkeit ausfallfreier Arbeit während eines bestimmten Zeitintervalls verstanden; vgl. *Gnedenko/ Beljajew/ Solowjew*, Methoden 1968.

210 Vgl. *Cushing*, The Accounting Review 1974, S. 36.

Verarbeitungs- und Kontrollprozeß besteht[211]. Im Output des Verarbeitungsprozesses kann nur eine Fehlerart auftreten, die durch den Kontrollprozeß aufgedeckt werden soll. Stellt der Kontrollträger keinen Fehler fest, ist der Prozeß abgeschlossen, der ansonsten erst nach einer Fehlerkorrektur endet. Das Modell ermöglicht es, die Zuverlässigkeit eines Prozesses in Form der Wahrscheinlichkeit, mit der der Prozeß ohne Fehler abgeschlossen wird, zu ermitteln. Im allgemeineren Fall von n Fehlerarten wird vereinfachend angenommen, daß die Fehlerkorrekturmaßnahme für jede Fehlerart verschieden und die Werte sämtlicher Wahrscheinlichkeitsparameter einer Fehlerart unabhängig vom Vorhandensein anderer Fehlerarten sind[212].

Ziel des Modells von *Cushing* ist es, mit Hilfe vorgegebener Wahrscheinlichkeiten für das Auftreten, Entdecken und Korrigieren der einzelnen Fehlerarten, die Verläßlichkeit eines Elements des Internen Kontrollsystems und damit ein quantitatives Beurteilungsmaß zu ermitteln. Der Hauptunterschied zum Modell von *Yu* besteht darin, daß *Cushing* lediglich das Verhalten der Kontroll- und Korrekturträger betrachtet, während *Yu* auch die reinen Verarbeitungsschritte einbezieht. *Cushing* gibt daher die Inputdaten für die Kontrollen vor, die im Modell von *Yu* mit Hilfe des Inputvektors und der jeweils geltenden Übergangsmatrix errechnet werden. Beide Modelle führen dann zum gleichen Ergebnis, wenn die geschätzte Wahrscheinlichkeit im Modell von *Cushing* mit der im Modell von *Yu* errechneten Zustandswahrscheinlichkeit des Outputvektors des Verarbeitungsprozesses identisch ist[213]. *Cushing* untersucht lediglich eine einfache Form eines Internen Kontrollsystems mit nur einem Kontrollschritt, während *Yu* eine ganze Reihe zusammengehörender Verarbeitungs- und Kontrollschritte betrachtet. Die Beurteilung einer Reihe von Prozeßelementen setzt im Modell von *Cushing* voraus, daß für sämtliche Verarbeitungsschritte als

---

211 Vgl. *Cushing,* The Accounting Review 1974, S. 26-29.

212 Vgl. *Cushing,* The Accounting Review 1974, S. 29-30.

213 Vgl. *Wittmann,* Systemprüfung 1981, S. 120-121.

Bindeglieder zwischen den Elementen des Internen Kontrollsystems die Fehlerzustandswahrscheinlichkeiten geschätzt werden können[214]. Infolge der restriktiveren Modellprämissen[215] und der Beschränkung der Betrachtung auf einen Kontrollschritt benötigt man für das Modell von *Cushing* zwar weniger Wahrscheinlichkeiten als für das Modell von *Yu*. Allerdings untersucht Cushing in seinem Modell den Einfluß einzelner Systemkomponenten auf die Zuverlässigkeit des Systems ohne Berücksichtigung der funktionalen Beziehungen zwischen den Systemkomponenten. Als Kontrollanordnungen lassen sich serielle, parallele und rückgekoppelte Anordnungen unterscheiden[216]. Die Art der Kontrollanordnung hat dabei Einfluß auf die Berechnung der Zuverlässigkeit eines Internen Kontrollsystems. So berechnet *Bodnar* die Zuverlässigkeit seriell angeordneter Kontroll- und Verarbeitungselemente durch das Produkt der Einzelzuverlässigkeiten. Da infolge eines solchen Zusammenhangs die Zuverlässigkeit des Systems geringer als die Zuverlässigkeit der Systemkomponenten ist, fordert *Bodnar*, die Anzahl der in einen Arbeitsablauf integrierten Aktionsträger möglichst gering zu halten. Allerdings kann nicht davon ausgegangen werden, daß die Zuverlässigkeit der einzelnen Aktionsträger unabhängig von der Anzahl der in den Arbeitslauf einbezogenen Aktionsträger ist. Vielmehr ist bei einer Reduzierung der Anzahl an Aktionsträgern eine Verringerung der individuellen Zuverlässigkeit der noch verbleibenden Aktionsträger zu erwarten[217].

Die Zuverlässigkeit des Systems kann bei serieller Kopplung der Aktionsträger durch die Verringerung der Fehlerwahrscheinlichkeit bei den einzelnen Systemkomponenten sowie durch die Einschaltung von Kontrollen gesteigert werden. Kontrollen bewirken, daß nicht mehr alle Aktionsträger fehlerfrei arbeiten müs-

---

[214] Vgl. *Cushing,* The Accounting Review 1974, S. 36.

[215] Vgl. *Cushing,* The Accounting Review 1974, S. 29. Das Modell kann nur angewendet werden, wenn die einzelnen Fehlerarten unabhängig voneinander auftreten.

[216] Vgl. *Bodnar,* The Accounting Review 1975, S. 749-753.

[217] Vgl. *Wittmann,* Systemprüfung 1981, S. 126-127.

sen, damit das System fehlerfrei funktioniert[218]. Diese Wirkung von Kontrollen bleibt jedoch bei *Bodnar* unbeachtet, wodurch er zu dem unzutreffenden Ergebnis kommt, daß die Zuverlässigkeit eines Systems mit zunehmender Zahl an Kontrollen abnimmt[219]. Ein Verarbeitungsprozeß ohne Kontrollen führte demnach mit höherer Wahrscheinlichkeit zu einem richtigen Verarbeitungsergebnis als ein Verarbeitungsprozeß, in dem Kontrollen enthalten sind.

Bei einer parallelen Kopplung arbeitet das aus mehreren Komponenten bestehende System dann fehlerfrei, wenn mindestens eine Systemkomponente fehlerfrei funktioniert. Die Wirksamkeit eines Internen Kontrollsystems wird durch eine parallele Kontrollanordnung beträchtlich erhöht, da das Verarbeitungsergebnis auf zwei voneinander unabhängigen Wegen ermittelt wird[220].

Das Modell von *Baetge/ Mochty* basiert auf dem grundlegenden Fall „eine Kontrolle - ein Fehler“ von Cushing, wobei die Kontrollsysteme jedoch als Markov-Ketten beschrieben werden[221]. Zudem unterscheiden sie partiell-rückgekoppelte und total-rückgekoppelte Kontrollanordnungen. Während bei partiell-rückgekoppelten Anordnungen nur die als „fehlerhaft“ signalisierten Verarbeitungsunterlagen zur Korrektur zurückgesandt werden, gibt der Kontrolleur bei der zweiten Anordnung alle Verarbeitungsunterlagen unter Kennzeichnung der fehlerhaften Elemente an den Korrektor zurück.

---

218 Vgl. *Wittmann,* Systemprüfung 1981, S. 127.

219 Vgl. *Bodnar,* The Accounting Review 1975, S. 756. Die Ungültigkeit der Produktregel bei serieller Kontrollanordnung zeigt auch *Srivastava*, wonach die Erhöhung der Anzahl serieller Kontrollen in Abhängigkeit bestimmter Parameterwerte zu einer Erhöhung oder zu einer Reduzierung der Zuverlässigkeit des Systemoutputs führen kann; vgl. *Srivastava,* The Accounting Review 1985, S. 504-507.

220 Vgl. *Baetge/ Mochty*, Zuverlässigkeit 1980, S. 20.

221 Vgl. *Baetge/ Mochty*, Zuverlässigkeit 1980, S. 1-63.

b) Quantifizierung des Entdeckungsrisikos

Nach Einschätzung und Quantifizierung des inhärenten und des Kontrollrisikos kann der Prüfer die Wahrscheinlichkeit ermitteln, mit der die einzelnen Prüffelder in Bezug auf bestimmte Prüfkategorien wesentliche Fehler enthalten. Zur Fertigstellung des Prüfprogramms ist es nunmehr erforderlich, die Prüfungshandlungen nach Art und Umfang so zu planen, daß sie den in den einzelnen Prüffeldern identifizierten Risiken angemessen sind, um auf diese Weise letztlich die Realisierung der Ziele für den einzelnen Prüfungsauftrag sicherstellen zu können.

Im Hinblick auf die Prüfungsintensität gilt generell, daß dort intensiver zu prüfen ist, wo ein risikoreiches Prüffeld angenommen wird. Die Festlegung der Prüfungsintensität und damit die geforderte risikoorientierte Allokation prüferischer Ressourcen ergeben sich aus der Höhe des Entdeckungsrisikos, die sich ihrerseits nach Umformung der Prüfungsrisikogleichung rechnerisch ermitteln läßt.

$$DR = AR / (CR \times IR)$$

Wurden beispielsweise das inhärente Risiko mit 80 v.H. und das Kontrollrisiko mit 30 v.H. ermittelt, gibt sich das Entdeckungsrisiko bei einem auf 5 v.H. festgesetzten Prüfungsrisiko als 20,83 v.H.. Der Prüfer kann sich in diesem Fall ein vergleichsweise hohes Entdeckungsrisiko erlauben, um die geforderte Mindesturteilssicherheit sicherzustellen. Werden jedoch das inhärente und das Kontrollrisiko maximal mit 100 v.H. eingeschätzt, ist das Entdeckungsrisiko gleich dem Prüfungsrisiko und beträgt folglich 5 v.H.. Aus der Einschätzung des Fehlerrisikos konnte der Prüfer demnach keine Prüfungssicherheit gewinnen, die gänzlich im nächsten Prüfungsschritt durch Einzelprüfungen zu erreichen ist.

Über das Entdeckungsrisiko erfolgt eine Anpassung der Prüfungsintensität an die jeweiligen Fehlerrisikohöhen[222].

Das Entdeckungsrisiko selbst zeigt allerdings noch nicht unmittelbar den gesuchten Prüfungsumfang an. Mit Hilfe des Entdeckungsrisikos läßt sich aber der erforderliche Stichprobenumfang ermitteln, da es das bei mathematisch-statistischen Stichprobenverfahren vorzugebende β-Risiko beziffert[223]. Um zu veranschaulichen, auf welche Weise das Entdeckungsrisiko konkret zur Berechnung des erforderlichen Stichprobenumfangs verwendet wird, soll nunmehr vereinfachend davon ausgegangen werden, daß ein Prüffeld mittels einer homograden Annahmestichprobe bei unterstellter Normalverteilung der Stichprobenfehleranteile geprüft werden soll[224]. Das gewählte statistische Testverfahren stellt insoweit eine Vereinfachung[225] dar, als zum einen bei der Einzelprüfung die Bestimmung von Durchschnittswerten oder der entsprechenden Fehlerbeträge im Vordergrund steht[226] und zum anderen die statistisch exakte Verteilung hypergeometrisch ist[227]. Geht man im weiteren davon aus, daß der Auswahlsatz der Stichprobenelemente aus der Grundgesamtheit kleiner als 5 v.H. ist und der

---

222 Vgl. *Konrath*, Auditing 1993, S. 154-157.

223 Vgl. *Quick*, Risiken 1996, S. 50.

224 Vgl. hierzu und zu Verfahren mit zufallsgesteuerter Auswahl allgemein *Leffson*, Wirtschaftsprüfung 1995, S. 170-174 und S. 187-191. Bei der homograden Fragestellung werden Fehleranteile getestet. Daneben kommt die heterograde Fragestellung in Betracht, bei der statt des Fehleranteils das Fehlerausmaß zu beurteilen ist.

225 Ohne die Vereinfachungen würde sich im wesentlichen nur die Berechnung erschweren, ohne am hier zu demonstrierenden Grundprinzip etwas zu verändern.

226 Vgl. *Kempf*, Einsatz 1991, S. 245.

227 Vgl. *Leffson*, Wirtschaftsprüfung 1995, S. 172-173.

Endlichkeitskorrekturfaktor vernachlässigt werden kann[228], stellt sich die Formel zur Ermittlung des Stichprobenumfangs folgendermaßen dar[229]:

$$n = \left(\frac{z_0 \sqrt{P_0 (1 - P_0)} + z_1 \sqrt{P_1 (1 - P_1)}}{P_1 - P_0} \right)^2$$

mit n = Stichprobenumfang,

P_0 = Fehleranteil, bei dem das Prüffeld als ordnungsmäßig anzusehen ist,

P_1 = Fehleranteil, ab dem die Ordnungsmäßigkeit des Prüffelds abzulehnen ist und

$z_{0/1}$ = Quantile der Standardnormalverteilung (zur Berücksichtigung von α- und β-Risiko).

Bislang wurde nur der erforderliche Umfang der Einzelfallprüfung unter Außerachtlassung anderer Prüfungshandlungen geplant. Neben den statistisch gestützten Stichprobenprüfungen kommen aber regelmäßig Plausibilitätsbeurteilungen zur Anwendung, mit denen das Ziel verfolgt wird, durch Gegenüberstellung der Aufzeichnungen des Rechnungswesens und der vom Prüfer konstruierten Vergleichsgrößen zu einem Urteil über die Glaubwürdigkeit der untersuchten Daten zu kommen[230]. Soweit eine Anwendungsmöglichkeit für Plau-

---

228 Vgl. *Leffson/ Lippmann/ Baetge,* Sicherheit 1969, S. 61, Fn. 69 im Zusammenhang mit Fn. 30.

229 Vgl. *Leffson*, Wirtschaftsprüfung 1995, S. 191.

230 Vgl. *Müller/ Kropp,* DB 1992, S. 152; *IDW*, WP-Handbuch 1996, Abschnitt P, Tz. 51-53.

sibitätsbeurteilungen gefunden wird, kann der Umfang der stichprobengestützten Prüfung weiter reduziert werden[231].

Plausibilitätsbeurteilungen sind nur innerhalb bestimmter Grenzen aussagefähig[232], demnach selbst risikobehaftet und führen daher zwar nicht zu völliger Urteilssicherheit, aber zu schätzbaren Beiträgen zur Urteilssicherheit[233]. Man kann folglich den unterschiedlichen Beiträgen der Plausibilitätsbeurteilungen zur Urteilssicherheit Werte zuordnen, die in der Prüfungsrisikogleichung berücksichtigt werden. Auch hier wird in aller Regel nur eine pauschale, mit erheblichen Unsicherheiten behaftete subjektive Klassifizierung der Sicherheitsbeiträge möglich sein, die in einem zweiten Schritt in numerische Werte umzuformen ist. Beispielhaft können sich folgende Werte ergeben[234]:

Qualitative assessment of assurance	Inherent Factors %	Internal Control %	Analytical Review %
High	80	30	50
Moderate	90	60	70
Low	100	80	90
None	100	100	100

Tabelle 1: Zuordnungstabelle quantitativer Risikowerte zu qualitativen Risikoeinschätzungen
In Anlehnung an *Adams,* Accountancy 1989, S. 102.

Zur Berechnung des unter Berücksichtigung der Sicherheitsbeiträge von Plausibilitätsbeurteilungen notwendigen Prüfungsumfangs bei Stichprobenprüfungen

---

231 Vgl. *Graham,* CPA-Journal 1985c, S. 44.

232 Vgl. *IDW,* WP-Handbuch 1996, Abschnitt P, Tz. 272-275.

233 Vgl. *Hylas/ Ashton,* The Accounting Review 1982, S. 758.

234 Vgl. *Adams,* Accountancy 1989, S. 102.

ist die modifizierte Form der Prüfungsrisikogleichung heranzuziehen, bei der das Entdeckungsrisiko gegen seine Komponenten Risiko der Stichprobenprüfung und Risiko von Plausibilitätsbeurteilungen ausgetauscht wird. Das Risiko der Stichprobenprüfung steht damit wieder für das β-Risiko.

$$TD = AR / (IR \times CR \times ARR)$$

Die Fortführung des obigen Berechnungsbeispiels verdeutlicht, daß durch die Planung von Plausibilitätsbeurteilungen eine weitere Verminderung des Umfangs an Einzelfallprüfungen erreichbar ist. Wird der Sicherheitsbeitrag der Plausibilitätsbeurteilungen mit 70 v.H. geschätzt, errechnet sich der durch die Stichprobenprüfung noch zu erreichende Sicherheitsgrad mit 70,24 v.H. oder das vorzugebende β-Risiko mit 29,76 v.H.. Das zulässige β-Risiko kann im Vergleich zur Situation ohne Plausibilitätsbeurteilungen somit von 20,83 v.H. auf 29,76 v.H. angehoben werden. Im Hinblick auf das Prüfungsrisiko kommt es infolge dessen in gewissen Grenzen zu einer Substitution der Sicherheitsbeiträge der Stichprobenprüfung einzelner Geschäftsvorfälle durch die Sicherheitsbeiträge aus Plausibilitätsbeurteilungen.

Ist die durch die partielle Substitution zu erreichende Einsparung bei den stichprobenweisen Einzelfallprüfungen größer als der Aufwand für die Durchführung der Plausibilitätsbeurteilungen, läßt sich die Effizienz der Prüfung insgesamt steigern. Hierbei ist jedoch zu beachten, daß das Potential weiterer Einsparungen beim Umfang von auf mathematisch-statistischen Verfahren gestützten Einzelfallprüfungen mit steigendem β-Risiko immer geringer wird. Im allgemeinen wird jedoch davon ausgegangen, daß Plausibilitätsbeurteilungen besonders kostengünstig sind[235], weshalb ihre Anwendung regelmäßig empfohlen

---

[235] Vgl. *Gärtner*, DB 1994, S. 951.

wird, ohne jedoch ihren Aufwand explizit möglichen Einsparungen gegenüberzustellen.

c) Zusammenfassung

Theorie und Praxis haben unterschiedliche Verfahren zur Risikoanalyse und Risikobewertung entwickelt, die sich im wesentlichen im Grad der Quantifizierung des Risikos unterscheiden[236]. Allerdings sind die bisher entwickelten und erfolgreich eingesetzten Methoden einer quantitativen Risikobewertung mehrheitlich auf einfach strukturierte Probleme zugeschnitten und verlangen umfangreiche Annahmen über die Grundgesamtheit und die Verteilung der zu analysierenden Objekte[237].

Diesem offensichtlichen Problem wird in der Praxis durch eine Mischform quantitativer und qualitativer Risikobewertung begegnet. Zwar bleibt die Einschätzung der Einzelrisiken auch weiterhin dem Ermessen des Prüfers überlassen[238]. Die Zuordnung von Wahrscheinlichkeiten schafft jedoch einen funktionalen Zusammenhang zwischen dem Gesamtrisiko und seinen Komponenten. Darüber hinaus wird auch die Form der mathematischen Verknüpfung nicht einheitlich gehandhabt: Während die vom *AICPA* in SAS 47 präferierte Formel eine multiplikative Verknüpfung unterstellt, wählen einige Prüfungsunternehmen eine rein additive Verknüpfung[239].

---

236 Vgl. *Hüttche,* Prüfung 1994, S. 115.

237 Vgl. *Lück,* Jahresabschlußprüfung 1993, S. 53; *Diehl,* Prüfungsvorgehen 1991, S. 199-200.

238 Vgl. *Würtele,* Operationalisierung 1989, S. 172-173.

239 Vgl. *Hüttche,* Prüfung 1994, Fn. 131.

Es erscheint insofern nicht verwunderlich, daß ein wesentliches Ziel des risikoorientierten Prüfungsansatzes, nämlich die Objektivierung des prüferischen Vorgehens, nicht erreicht wurde. Empirische Untersuchungen zeigen, daß

- die Risikoeinschätzung aufgrund der prüferischen Erfahrung wesentlich von der mathematisch-modellhaft analysierten Risikostruktur abweicht[240],
- selbst bei Verwendung des Risikomodells und nach Vorgabe der quantifizierten Risikokomponenten das gesamte Prüfungsrisiko unabhängig von dem sich rechnerisch ergebenden Produkt festgesetzt wurde[241] und
- Abschlußprüfer der internationalen Prüfungsunternehmen dabei weit mehr von den mathematisch errechneten Risikoprofilen abwichen, als Angehörige von regional und national tätigen Prüfungsunternehmen[242].

Der Frage nach einer quantitativen Bewertung des Risikos muß demnach nicht weiter nachgegangen werden. Eine mathematisch exakte Berechnung täuscht vielmehr eine Genauigkeit vor, die tatsächlich wohl kaum gegeben ist und die demnach weder dazu geeignet ist, den Ermessensspielraum des Prüfers einzuschränken noch die Prüfung zu objektivieren. Vielmehr ist der wahre Wert der Anwendung des Risikomodells darin zu sehen, daß die Zerlegung eines komplexen Problems zu seiner Lösung beiträgt, indem der Entscheider gezwungen wird, sich über Relevanz und Entscheidungswirkung der Informationen klar zu werden[243]. Allerdings ist die Umsetzung des Prüfungsrisikomodells gekennzeichnet durch eine breite Auffächerung der möglichen Risikotreiber nach inhärentem Risiko und Kontrollrisiko, wobei jeweils eine Vielzahl von technischen

---

240 Vgl. *Jiambalvo/ Waller,* Auditing: A Journal of Practice and Theory 1984, S. 80-88.

241 Vgl. *Daniel,* Auditing: A Journal of Practice and Theory 1988, S. 174-181.

242 Vgl. *Strawser,* Accounting and Business Research 1990, S. 67-75.

243 Vgl. *Strawser,* Accounting and Business Research 1990, S. 68 mit weiteren Nennungen; *Haller,* SzU 1986, S 32.

und ökonomischen Einflußgrößen auf der Basis persönlicher Erfahrungen nach pflichtgemäßem Ermessen zu identifizieren, zu beurteilen und zu aggregieren ist. Die sachgerechte Durchführung einer Risikoanalyse bedarf daher zunächst einer Strukturierung und gegebenenfalls Ergänzung der qualitativen Dimension[244], auf der sodann quantitative Schätzungen der Verknüpfungen aufbauen können. Eine einfache Addition aller im Einzelfall für bedeutsam erachteten Risikofaktoren vermag nämlich die bestehenden Interdependenzen zwischen den einzelnen Risikofaktoren nicht zu berücksichtigen, da wechselseitige Beziehungen nicht abgebildet werden.

Vor diesem Hintergrund wird im weiteren Verlauf der Arbeit eine Vorgehensweise entwickelt, bei der die Auswahl und Verknüpfung der Risikokomponenten nach ihrer empirisch festgestellten Bedeutung und unter Berücksichtigung ihrer wechselseitigen Abhängigkeiten erfolgt. Zu diesem Zweck ist eine Struktur von Merkmalen zu entwerfen, die das Unternehmen und seine Position am Markt möglichst vollständig und überschneidungsfrei beschreiben. Dieser Punkt ist Gegenstand des folgenden Abschnitts.

D. Identifikation der Risikotreiber in der Struktur und Strategie von Unternehmen

1. Erklärungsrelevante Theorien und Theorieansätze

a) Einführung und Abgrenzung

Dem konfirmatorisch-deskriptiven Aspekt des dieser Untersuchung zugrunde liegenden Forschungsdesigns entsprechend soll die Struktur der Risikotreiber unter Zuhilfenahme theoretischer Ansätze entwickelt und das Resultat empirisch überprüft werden. Stellt man im folgenden auf den empirisch festgestellten

---

244 Vgl. *Haller,* SzU 1986, S 28.

Zusammenhang zwischen der Wettbewerbsposition eines Unternehmens und der Wahrscheinlichkeit von wesentlichen Fehlern in seinem Jahresabschluß ab[245], bieten Ansätze der Theorie der Unternehmung und der Unternehmenspolitik Anhaltspunkte für die Strukturierung[246]. Der angesprochene Zusammenhang besagt, daß Unternehmen in einer schlechten wirtschaftlichen Lage in aller Regel bestrebt sind, sich besser darzustellen, als es den tatsächlichen Gegebenheiten entspricht[247]. Dadurch kann es zu fehlerhaften Bilanzansätzen oder Bewertungen und Fehlern im Jahresabschluß kommen[248], so daß bei wenig rentablen Unternehmen mit einer erhöhten Fehlerhäufigkeit zu rechnen ist[249]. Zur Abbildung der Wettbewerbsposition eines Unternehmens kann deren Erfolg oder Mißerfolg beschrieben werden, da in diesem Zusammenhang dieselben Kriterien maßgeblich sind[250]. Sie unterscheiden sich lediglich in ihrer Ausrichtung und dem Vorzeichen[251].

Bei diesen Ansätzen der Unternehmenstheorie handelt es sich um Theoriekonzeptionen, die im weitesten Sinn dem verhaltenswissenschaftlichen Grundansatz der Organisationsforschung und der Managementlehre zugerechnet werden können[252]. Besondere Bedeutung kommt dabei dem interessenpluralistischen

---

245 Vgl. *Mroch*, The Internal Auditor 1987, S. 43.

246 Zur Abbildung der Wettbewerbsposition eines Unternehmens kann dessen Erfolg oder Mißerfolg beschrieben werden.

247 Vgl. *Plesser,* The CPA Journal 1984, S. 84.

248 Vgl. *Hansen*, AG 1992a, S. R262; *Hansen*, AG 1992b, S. R278; *Johnson*, Accountancy 1987, S. 124; *Deindl*, BB 1982, S. 1642.

249 Vgl. *Kreutzfeldt/ Wallace*, Auditing: A Journal of Practice and Theory 1986, S. 37.

250 Vgl. *Krüger,* DBW 1988, S. 41.

251 Vgl. *Töpfer*, ZfO 1990a, S. 323.

252 Vgl. *Staehle*, Management 1994, Teil 2; *Kieser/ Kubicek*, Organisationstheorien 1978, S. 41-76.

Ansatz der Theorie der Unternehmenspolitik zu[253], der im wesentlichen auf der Koalitionstheorie der Unternehmung von *Cyert/ March* aufbaut[254]. Sie fassen Organisationen als Koalitionen verschiedener Individuen und Gruppen mit unterschiedlichen Zielen und Interessen auf[255]. Unternehmenspolitik ist in dieser Sicht immer eine Auseinandersetzung mit den Zielen und Interessen aller relevanten Gruppen und die permanente Pflege tragfähiger Beziehungen zu diesen Gruppen[256]. Das koalitionstheoretische Grundmodell der Unternehmung hat in der Betriebswirtschaftslehre ein hohes Maß an Anerkennung gefunden[257] und ist in neueren theoretischen Ansätzen aufgegriffen und erweitert worden. Hierzu gehören insbesondere der Stakeholder- und *Mintzbergs* neo-koalitionstheoretischer Ansatz. Gegenüber dem Grundmodell zeichnet sich der Stakeholder-Ansatz durch eine erweiterte Umweltperspektive aus, indem der unternehmenspolitischen Relevanz unternehmensexterner Interessenträger eine erheblich stärkere Bedeutung beigemessen wird[258]. *Mintzberg* untersucht die Alternativen der Koalitionsbildung und -beziehungen unter machttheoretischem Aspekt[259]. Zu diesem Zweck unterscheidet er zwischen internen und externen Beeinflussern.

Diese Ansätze machen deutlich, daß das unternehmerische Handeln eine Reaktion auf die Interessen und Ziele einer Vielzahl von Personen und Personengruppen ist. Oftmals werden aber lediglich zentrale Anspruchsgruppen wie die

---

253 Vgl. *Kirsch*, Unternehmenspolitik 1990, S. 114-130; *Paul*, Bedürfnisberücksichtigung 1977, S. 333-376.

254 Vgl. *Cyert/ March*, Behavioral Theory 1963, *Marr* 1984, S. 87-88.

255 Vgl. *Cyert/ March*, Behavioral Theory 1963, S. 27.

256 Vgl. *Ulrich/ Fluri*, Management 1995, S. 61.

257 Vgl. z.B. *Staehle*, Management 1994, S. 411-414; *Heinen/ Dietel*, Ziele 1987, Sp. 2075-2077; *Marr* 1984, S. 87-88.

258 Vgl. *Freeman*, Strategic Management 1984, S. 55.

259 Vgl. *Mintzberg*, Power 1983; zu diesem Ansatz siehe auch *Staehle*, Management 1994, S. 411-414; *Frese*, Unternehmungsführung 1987, S. 81-88.

Kunden in die Modelle aufgenommen. Ein solches Modell, das z.B. ganz auf die Marktorientierung ausgerichtet ist, übersieht aber die Einflüsse anderer wichtiger Mitglieder der internen und externen Koalition von Unternehmen[260].

Zur Erklärung globalen Unternehmensverhaltens erscheinen organisations- und wettbewerbstheoretische Ansätze als geeignet[261]. So wurde bereits in den obigen Ausführungen auf organisationstheoretische Aussagen interessenpluralistischer und koalitionstheoretischer Art zurückgegriffen. Darüber hinaus verdeutlicht auch das hohe Maß an Akzeptanz organisationstheoretischer Ansätze in der Managementlehre und der Eindruck, daß Organisations- und Managementtheorie miteinander verschmelzen, die Relevanz solcher Ansätze für die Erklärung des Unternehmensverhaltens[262]. Während organisations- und managementtheoretische Ansätze grundsätzlich Phänomene auf Ebene der unternehmensinternen sowie engeren und weiteren unternehmensexternen Situation thematisieren, legen wettbewerbstheoretische Ansätze ihren Schwerpunkt auf die interne und nähere externe Situation. Allerdings werden in zunehmendem Maße in der wettbewerbstheoretischen Forschung auch die Problembereiche der Unternehmensstrategie und des Unternehmenserfolgs aufgegriffen[263], wodurch auch die Wettbewerbstheorie für die Fragestellungen der Untersuchung Bedeutung erlangt.

---

260 Vgl. *Fritz*, Marketing-Management 1995, S. 66.

261 Vgl. *Grabner-Kräuter*, JfB 1993, S. 278-279; *Fritz*, Warentest 1984, S. 145-150, S. 449-452.

262 Vgl. z.B. *Staehle*, Management 1994, S. 411-414; *Steinmann/ Schreyögg*, Management 1990, S. 30-59; *Flippo/ Munsinger*; Management 1982, S. 10-43; *Kieser/ Kubicek*, Organisationstheorien 1978a; *Kieser/ Kubicek*, Organisationstheorien 1978b.

263 Vgl. dazu ausführlicher *Fritz*, DBW 1990, S. 498, S. 500-501; *Fritz*, Marketingwissenschaft 1989, S. 58, S. 60-61.

Im folgenden werden die Ansätze der Organisations- und Managementtheorie sowie der Wettbewerbstheorie vorgestellt, die von besonderer themenspezifischer Relevanz erscheinen.

b) Organisations- und managementtheoretische Ansätze

Die Organisations- und Managementforschung ist durch eine große Vielfalt unterschiedlichster theoretischer Ansätze gekennzeichnet[264]. Auch wenn die Systematisierungsversuche sich durch große Widersprüchlichkeit auszeichnen[265], kommt dem verhaltenswissenschaftlichen und dem kontingenztheoretischen/ situativen Ansatz der Organisations- und Managementforschung besondere Bedeutung zu. Verhaltenswissenschaftliche Ansätze erscheinen für die Erklärung unternehmerischen Handelns als bedeutsam, weil in ihnen das Kapazitäts- und das Gratifikationsprinzip wirksam sind. Das Gratifikationsprinzip findet sich in verhaltenswissenschaftlichen Unternehmenstheorien z.B. in Gestalt des zielorientierten Verhaltens der Organisation wieder[266], während das Kapazitätsprinzip durch die Annahme Wirkung erlangt, daß das Suchverhalten der Unternehmung regelorientiert ist[267].

---

264 Die Erkenntnissituation wird nicht selten sogar mit einer „babylonischen Verwirrung" (*Kieser/ Kubicek*, Organisationstheorien 1978a, S. 11), einem „Theorien-Dschungel" (*Steinmann/ Schreyögg*, Management 1990, S. 30) oder gar mit einer „Paradigma-Krise" (*Türk*, Entwicklungen 1989, S. 27; *Hauschildt*, Entwicklungslinien 1987, S. 21; *Pfeffer*, Organizations 1982, S. 255) verglichen.

265 Die oft angeführten Klassifikationen von *Burrell/ Morgan*, *Pfeffer* und *Astley/ Van de Ven* weisen im Hinblick auf die Einordnung zentraler organisations- und managementtheoretischer Ansätze erhebliche Widersprüche auf; vgl. *Türk*, Entwicklungen 1989, S. 11-22; *Ebers*, Organisationskultur 1985, S. 50-51; vgl. auch *Morgan*, Administrative Science Quarterly 1980, S. 607-609; *Burrell/ Morgan*, Paradigms 1979; *Astley/ Van de Ven*, Administrative Science Quarterly 1983, S. 247; *Pfeffer*, Organizations 1982, S. 13.

266 Vgl. *Kirsch*, Entscheidungsprozesse 1971, S. 129-133; *Cyert/ March*, Theory 1963, S. 117-125.

267 Vgl. *Blattner*, Theorie 1977, S. 14-15; *Feldman/ Kanter*, Decision 1976, S. 619; *Cyert/ March*, Theory 1963, S. 101-113.

Der situative Ansatz hingegen vertritt diejenige komplexe Auffassung, die in Forschung und Lehre die weiteste Verbreitung gefunden hat[268]. Aussagen hierzu beziehen sich insbesondere auf den Einfluß von Faktoren der näheren und weiteren Umwelt sowie von Merkmalen der Gesamtorganisation wie z.B. der Produktionstechnologie, des Leistungsprogramms und der Betriebsgröße auf die Gestaltung der Organisationsstruktur und die Unternehmensführung[269].

Bei den Grundsatzüberlegungen zur Konstruktion des Unternehmensmodells wird zudem auf dem interessenpluralistischen oder koalitionstheoretischen Ansatz der Unternehmenstheorie aufgebaut. Auch dieser Ansatz ist, insbesondere in seiner machttheoretischen und interessenpluralistischen Form[270], für die Identifikation unternehmensinterner und -externer Einflußfaktoren auf das unternehmerische Handeln von großer Bedeutung[271].

c) Wettbewerbstheoretische Ansätze

Will man sich ein Bild von der Wettbewerbstheorie machen, gleicht dieses eher einem „Feld mit errastischen Blöcken"[272] und weniger einer einheitlichen Theorie. Demnach sollen im folgenden lediglich drei Ansätze herausgegriffen werden, von denen angenommen werden kann, daß sie zur Erklärung des Unter-

---

268 Vgl. *Staehle*, Management 1994, S. 47-58; *Kieser/ Kubicek*, Organisation 1992; *Kieser*, Organisationsstruktur 1989; *Miner*, Academy of Management Review 1984, S. 298; *Flippo/ Munsinger*; Management 1982, S. 19-35; *Pfeffer*, Organizations 1982, S. 147; *Hoffmann* 1980, S. 5-6, 8-14.

Zur Kritik an der kontingenztheoretischen Organisations- und Managementforschung zusammenfassend vgl. z.B. *Türk*, Entwicklungen 1989, S. 1-10.

269 Vgl. *Kieser/ Kubicek*, Organisation 1992; *Flippo/ Munsinger*; Management 1982, S. 19-35.

270 Vgl. *Freeman*, Strategic Management 1984; *Mintzberg*, Power 1983.

271 Vgl. *Fritz*, Marketing-Management 1995, S. 81.

272 *Cox/ Hübener*, Wettbewerb 1981, S. 17, S. 20.

nehmenserfolgs und demnach auch des Fehlerrisikos anhand der unternehmerischen Struktur und Strategie beitragen können[273]. Im einzelnen handelt es sich dabei um die Theorien der Funktionsfähigkeit des Wettbewerbs, der gegengewichtigen Marktmacht und dem Theorieansatz der Industrieökonomik, die zwar zum Teil erhebliche Interdependenzen aufweisen[274], aber in ihren ursprünglichen Gegenstandsbereichen sowie historischen Entwicklungslinien hinreichend unterschiedlich sind.

(1) Theorien der Funktionsfähigkeit des Wettbewerbs

Einen Ausgangspunkt der modernen Wettbewerbstheorie stellt das Konzept des funktionsfähigen Wettbewerbs (Workable Competition)[275] dar, welches in Deutschland durch *Kantzenbachs* Variante als Konzept der optimalen Wettbewerbsintensität Eingang in das Wettbewerbsrecht und die Wettbewerbspolitik gefunden hat[276]. Das Anliegen dieses Konzepts ist es festzustellen, welche Art

---

273 Auch die Darstellung der Ansätze der Chicago School of Antitrust wird wegen der starken Kritik, die diesen entgegengebracht wird, und die Ablehnung ihrer teilweise ideologischen Gehalts verzichtet. Vgl. zur Kritik an der Chicago School *Fritz*, DBW 1990, S. 495-496, 503; *Schmidt/ Rittaler*, Chicago School 1986; *Kallfass*, Wirtschaft und Wettbewerb 1980.

Die aus dem Gedankengut der liberalen Wirtschaftstheorie der älteren Österreichischen Schule hervorgegangene Markt- und Wettbewerbstheorie der „New Austrian School" impliziert eine der empirischen Ausrichtung der vorliegenden Untersuchung entgegenstehende, ausgesprochen anti-empirische Haltung sowie eine Ablehnung des statischen Marktstruktur-, Marktverhalten-, Marktergebnis-Paradigmas, was die zentrale Schwäche dieses Ansatzes ausmacht. Vgl. *Burke/ Genn-Bash/ Haines*, Competition 1988, S. 66-71; *Paqué*, KYKLOS 1985; *Kirzner*, Wettbewerb 1978.

274 Vor allem der Ansatz der Industrieökonomik scheint teilweise mit den Theorien der Funktionsfähigkeit des Wettbewerbs zu verschmelzen. Vgl. *Cox/ Hübener*, Wettbewerb 1981, S. 17-19; *Kantzenbach/ Kallfass*, Konzept 1981, S. 110-120.

275 Vgl. *Clark*, American Economic Review 1940 und zur Weiterentwicklung dieses Konzepts *Clark*, Competition 1961.

276 Vgl. *Kantzenbach/ Kallfass*, Konzept 1981; *Kantzenbach*, Funktionsfähigkeit 1967. Vgl. auch *Fritz*, WiSt 1988, S. 58; *Kartte/ Holtschneider*, Ansätze 1981.

von Wettbewerb auf realen Märkten möglich und wünschenswert ist[277]. Nach *Clark* besteht die Aufgabe der Wettbewerbspolitik nicht darin, alle Abweichungen vom Modell der vollkommenen Konkurrenz zu beseitigen, sondern gerade diejenigen Unvollkommenheiten zu identifizieren, die den Wettbewerb funktionsfähig machen[278]. In Weiterentwicklungen wurde vor allem versucht, einen allgemein gültigen Katalog von Kriterien zu entwickeln, die Auskunft darüber geben sollen, ob die Marktverhältnisse funktionsfähig sind oder nicht[279]. Unter den verschiedenen Autoren konnte aber kein Konsens über ein einheitliches Konzept der Workable Competition erzielt werden[280], worin auch die Gründe für den nur sehr begrenzten wettbewerbspolitischen Einfluß des Konzepts in den USA zu sehen sind[281].

Allerdings hat die Workable Competition-Diskussion in Deutschland die Entwicklung eines Konzepts initiiert, welches eine einheitlichere und wettbewerbspolitisch wohl bedeutsamere Antwort auf die Frage nach der Funktionsfähigkeit des Wettbewerbs gefunden hat. Ausgangspunkt der Analysen *Kantzenbachs* im Rahmen seines Konzepts der optimalen Wettbewerbsintensität ist die Erkenntnis, daß in der wirtschaftlichen Realität moderner Industriegesellschaften oligopolistische und wettbewerbsbeschränkende Organisationen den Regelfall bilden[282]. Darüber hinaus hält *Kantzenbach* eine Orientierung am Leitbild

---

277 Vgl. *Cox/ Hübener*, Wettbewerb 1981, S. 4; *Paschke*, Wettbewerb 1977, S. 29.

278 Vgl. *Clark*, American Economic Review 1940, S. 241-242; siehe auch *Aberle*, Wettbewerbstheorie 1980, S. 25.

279 Vgl. *Bartling*, Leitbilder 1980, S. 20. Zum Überblick über die Entwicklung des Workable Competition-Konzepts in der angelsächsischen Literatur vgl. *Forschungsinstitut für Wirtschaftsverfassung und Wettbewerb*, Konzept 1970, in dem sich Beiträge von *Bain*, *Clark*, *Ferguson*, *Markham*, *Mason*, *Smith*, *Sosnick* und *Stocking* finden. Vgl. auch *Philipps*, Market 1962; *Herdzina*, Wettbewerbstheorie 1975.

280 Vgl. *Bartling*, Leitbilder 1980, S. 22.

281 Vgl. *Poeche*, Leitbild 1970, S. 17.

282 Vgl. *Kantzenbach*, Funktionsfähigkeit 1967, S. 10.

der vollkommenen Konkurrenz ohnehin für verfehlt, da in dieser Marktform im Gegensatz zu weiten Oligopolen eine die Funktionsfähigkeit des Wettbewerbs kennzeichnende optimale Wettbewerbsintensität nicht zu verwirklichen sei[283]. Als Maß der Wettbewerbsintensität wählt *Kantzenbach* „die Geschwindigkeit ..., mit der die Innovationsgewinne durch den Anpassungsprozeß ... wieder aufgezehrt werden“[284]. Die Innovationsneigung eines Unternehmens sowie die Neigung des Konkurrenten, auf einen innovatorischen Wettbewerbsvorstoß mit Imitationen oder eigenen Innovationen zu reagieren, hängt im Konzept der optimalen Wettbewerbsintensität von den mit einer Innovation oder Imitation verbundenen Gewinnchancen und von den Verlustrisiken bei Unterlassung ab[285]. Das Ausmaß an Wettbewerbsintensität sieht *Kantzenbach* in Abhängigkeit von drei Marktfaktoren, nämlich der Nachfragebeweglichkeit, der Anzahl der Konkurrenten und der Kapazitätsauslastung der Anbieter.

(2) Theorie der gegengewichtigen Marktmacht

J.K. Galbraith hat 1952 mit dem Countervailing-Power-Konzept einen wettbewerbstheoretischen Ansatz entwickelt, der das Entstehen einer kompensatorischen Machtposition auf einer Marktseite als Reaktion auf ein Machtübergewicht auf der anderen Marktseite zurückführt[286].

Den Ausgangspunkt für dieses Konzept bildet die Annahme, daß sich die Marktmacht auf eine immer kleinere Anzahl von Unternehmen konzentrieren wird, die sodann ein Marktübergewicht gegenüber ihrer Gegenseite darstel-

---

283 Vgl. *Kantzenbach*, Funktionsfähigkeit 1967, S. 11, S. 44-45.

284 *Kantzenbach*, Funktionsfähigkeit 1967, S. 11, S. 41.

285 Vgl. *Fleischmann*, HJfWGP 1972, S. 37.

286 Vgl. *Galbraith*, Capitalism 1952, S. 115-139; zu Erweiterungen und Verallgemeinerungen des Ansatzes vgl. *Galbraith*, Anatomie 1987; *Galbraith*, The American Economic Review 1954.

len[287]. Nach *Galbraith* erfolgt die Begrenzung dieses übergewichtigen Marktpotentials nun nicht durch den in diesem Fall weitgehend außer Kraft gesetzten Wettbewerb, sondern durch ein kompensatorisches Marktpotential auf der Marktgegenseite[288], dessen Entstehung er mit einer Konkretisierung des Gratifikationsprinzips begründet[289].

Will man vor dem Hintergrund des Gegenmachtskonzepts Auswirkungen unternehmerischer Strategien und Strukturen auf das Fehlerrisiko erklären, empfiehlt es sich, auf moderne Weiterentwicklungen des ursprünglichen Konzepts[290] zurückzugreifen, die betriebswirtschaftlichen Fragestellungen und Analysen näher stehen.

Ausgangspunkt der Analysen von *Hirschman* bildet die Annahme, daß die Abnehmer von Leistungen eines Anbieters, die sich Leistungsverschlechterungen

---

287 Vgl. *Aberle*, Wettbewerbstheorie 1980, S. 34-35; *Scherer*, Structure 1980, S. 306-312; *Andreae*, Machtkonflikt 1966, S. 42-45; *Galbraith*, The American Economic Review 1954; *Galbraith*, Capitalism 1952, S. 115-139.

288 Die Entstehung der Countervailing Power erläutert *Galbraith* wie folgt: „In fact, new restraints on private power did appear to replace competition. They were nurtured by the same process of concentration which impaired or destroyed competition. But they appeared not on the same side of the market but on the opposite side, not with competitors but with customers or suppliers. It will be convenient to have a name for this counterpart of competition and I shall call it *countervailing power* ... private power is held in check by the countervailing power of those who are subject to it. The first begets the second. The long trend towards concentration of industrial enterprise in the hands of a relatively few firms has brought into existence not only strong sellers, as economists have supposed, but also strong buyers, as they have failed to see. The two develop together, or in precise step but in such manner that there can be no doubt that the one is in response to the other.“ *Galbraith*, Capitalism 1952, S. 115 (Hervorhebungen im Original).

289 „Those who are subject to the aggressions of economic power ... have both a negative and a positive incentive to organize resistance. They are impelled to do so for their protection; they are encouraged to do so by the prospect of splitting off some of the gains associated with the original power position.“ *Galbraith*, The American Economic Review 1954, S. 2. Vgl. auch *Galbraith*, Capitalism 1952, S. 119-120.

290 Vgl. die wettbewerbs- und verbraucherpolitischen Analysen von *Specht*, Macht 1979, *Scherhorn*, Verbraucherinteresse 1975 und *Hirschman*, Abwanderung 1974.

gegenübersehen, mit Abwanderung oder Widerspruch z.B. in Form von Konsumverzicht und Anbieterwechsel reagieren[291]. Die Abnehmer treffen ihre Entscheidung über Abwanderung oder Widerspruch in Abhängigkeit der mit diesen beiden Verhaltensweisen verbundenen Erfolgschancen und Kostenrisiken[292], wobei auch Loyalität gegenüber dem Anbieter eine Rolle spielt. Sie kann den Abnehmer dazu veranlassen, trotz bestehender Leistungsdefizite und Abwanderungsmöglichkeiten dem Anbieter treu zu bleiben[293].

Scherhorn führt den Ansatz *Hirschmans* weiter, indem er die Rolle der Konsumenten gegenüber den Anbietern bei der Lösung von Allokations-, Innovations- und Distributionsproblemen auf die zwei Funktionen der Information und der Sanktion beschränkt[294] und damit als drittes Instrument der Gegenmacht die Verhandlung einführt[295].

Specht wendet gegen diese beiden Ansätze ein, daß die Sanktionsmittel der Konsumenten durch die Betonung negativer Sanktionsmittel nicht vollständig erfaßt werden[296]. Ausgehend von diesen Einwendungen entwickelt *Specht* ein Klassifikationssystem für aktive Einflußversuche der Konsumenten gegenüber Anbietern[297].

---

291 Vgl. *Hirschman*, Abwanderung 1974, S. 1, 3-4, 28-29, 31.

292 Vgl. *Hirschman*, Abwanderung 1974, S. 30, 32, 33.

293 Vgl. *Hirschman*, Abwanderung 1974, S. 30, 32, 66-67.

294 Vgl. *Scherhorn*, Verbraucherinteresse 1975, S. 37.

295 Vgl. *Scherhorn*, Verbraucherinteresse 1975, S. 36-40.

296 Vgl. *Specht*, Macht 1979, S. 63, 66.

297 Vgl. *Specht*, Macht 1979, S. 63, 67-107.

(3) Theorieansatz der Industrieökonomik

Der Ansatz der Industrieökonomik spielt für die Wettbewerbstheorie eine ähnlich tragende Rolle wie der kontingenztheoretische Ansatz für die Organisations- und Managementforschung[298]. Charakteristisch für die traditionelle Richtung der *Harvard School der Industrieökonomik* ist es, auf empirischer Basis den Einfluß der Struktur von Märkten und Industriezweigen auf das Marktverhalten von Industrieunternehmen und auf das resultierende Marktergebnis zu analysieren („Structure-Conduct-Performance“-Paradigma)[299]. Innerhalb des industrieökonomischen Forschungsprogramms spielt für die Prognose des Marktergebnisses u.a. die Frage eine Rolle, nach welchen Gesichtspunkten beurteilt werden kann, ob der Wettbewerb in einem Industriezweig funktionsfähig ist[300].

Das Modell, nach dem die meisten Untersuchungen im Rahmen dieser Forschungsausrichtung durchgeführt werden, enthält mit der Marktstruktur, dem Marktverhalten und dem Markterfolg drei zu unterscheidende, interdependente Variablengruppen, von denen idealtypisch angenommen wird, daß die Marktstruktur das Verhalten von Unternehmungen in diesem Markt bestimmt und das Verhalten bestimmend für den Markterfolg ist[301]. Als Merkmale der Marktstruktur werden vor allem Käufer- und Verkäuferkonzentration, Produktdifferenzierung, Höhe der Markteintrittsbarrieren und Wachstumsraten der

---

[298] Vgl. zum Überblick über die industrieökonomische Forschung z.B. *Hay/ Morris*, Economics 1991; *Kaufer*, Industrieökonomik 1988; *Bombach/ Gahlen/ Ott*, Industrieökonomik 1985; *Clarke*, Economics 1985; *Scherer*, Stand 1985; *Böbel*, Wettbewerb 1984; *Kaufer*, Industrieökonomik 1980; *Scherer*, Structure 1980; *Neumann*, ZfB 1979; *Bain*, Organization 1968.

[299] Vgl. *Kaufer*, Industrieökonomik 1980, S. 5-6.

[300] Vgl. *Kaufer*, Industrieökonomik 1980, S. 8; *Bain*, Organization 1968, S. 464-468.

[301] Vgl. *Vernon*, Market 1972, S. 7.

Marktnachfrage analysiert[302]. Marktverhalten bezieht sich allgemein auf die „... acts, practices and policies ...“[303], die von Unternehmen in ihren Streben nach Erfolg verfolgt werden. Konkret finden sich als Dimensionen Innovationsverhalten, Preis-, Investitions-, Produktpolitik und Werbung[304].

Dieses Forschungsprogramm hat erhebliche Kritik provoziert, die sogar von manchen Industrieökonomen geteilt wird. So wird vor allem das „Struktur-Verhalten-Ergebnis-Paradigma“ wie auch das Workable Competition-Konzept als empirisch und theoretisch unzureichend eingestuft, um der realen Komplexität ausreichend Rechnung zu tragen[305]. Heftige Kritik erfährt dieses Konzept vor allem durch die Vertreter der *Chicago School of Antitrust Analysis*[306]. Allerdings kann die Bedeutung der Industrieökonomik keineswegs nur auf die Wettbewerbstheorie reduziert werden, da ihre Relevanz durch die Entsprechung der Anforderungen des situativen Ansatzes weit darüber hinaus reicht[307].

Diese dargestellten wettbewerbstheoretischen Ansätze haben in unterschiedlichem Maße neuere wettbewerbstheoretische Entwicklungen angestoßen und die betriebswirtschaftliche Forschung beeinflußt. Allerdings ist für die jüngere Forschung eine starke Anlehnung an industrieökonomische Forschungsprogramme

---

302 Vgl. *Ewert/ Wagenhofer*, ZfB 1992, S. 311-312; *Scherer*, Structure 1980, S. 5.

303 *Bain/ Qualls*, Organization 1987, S. 2.

304 Vgl. *Ewert*, BFuP 1992, S. 287-288.

305 Vgl. *Scherer*, Stand 1985, S. 3-8.

306 Vgl. zum Überblick über den Ansatz der Chicago School z.B. *Bittlingmayer*, Wirtschaft und Wettbewerb 1987; *Schmidt/ Rittaler*, Chicago School 1986; *Schmidt/ Rittaler*, WiSt 1986; *Paqué*, KYKLOS 1985; *Kantzenbach/ Kallfass*, Konzept 1981; *Kallfass*, Wirtschaft und Wettbewerb 1980; *Posner*, University of Pennsylvania Law Review 1979; *Demsetz*, Journal of Law and Economics 1976.

307 Die Einordnung in die Wettbewerbstheorie erfolgt hier nur zur Wahrung der Übereinstimmung mit der gängigen Literatur; vgl. z.B. *Aberle*, Wettbewerbstheorie 1980, S. 68, der den industrieökonomischen Ansatz zu den wettbewerbstheoretischen Ansätzen zählt.

festzustellen[308], wobei die eine Entwicklungsrichtung durch eine deutliche Annäherung an eine verstärkt betriebswirtschaftliche Betrachtungsweise und die andere Richtung wegen ihrer Betonung der wettbewerbstheoretischen Relevanz marktstruktureller Aspekte durch Distanz von der betriebswirtschaftlichen Perspektive gekennzeichnet sind.

Im Konzept des strategischen Verhaltens findet sich eine Forschungsrichtung, die sich der betriebswirtschaftlichen Betrachtungsebene annähert und somit auch für die vorliegende Untersuchung von Bedeutung ist[309]. Diese Richtung hat ihren Ausgangspunkt insbesondere im industrieökonomischen Forschungsprogramm und zielt auf die Analyse von Unternehmensstrategien und deren Zusammenhänge mit der Marktstruktur und dem Marktergebnis. Zu diesen Ansätzen gehört das PIMS-Programm zur Erforschung strategischer Erfolgsfaktoren[310] sowie die Konzepte der strategischen Gruppen und Mobilitätsbarrieren von *Caves/ Porter*[311]. PIMS untersucht empirisch den Unternehmenserfolg sowohl in Abhängigkeit der vom Unternehmen verfolgten Strategien und Taktiken als auch vor dem Hintergrund der Wettbewerbsposition der Unternehmen und der Marktstruktur.

---

308 Vgl. *Fritz*, Wettbewerbstheorie 1989, S. 13.

309 Vgl. *Oster*, Analysis 1990; *Burke/ Genn-Bash/ Haines*, Competition 1988; *Scherer*, Stand 1985, S. 11-13; *Porter*, Academy of Management Review 1981, S. 614, 617; *Caves*, Journal of Economic Literature 1980.

310 Vgl. *Buzzell/ Gale*, PIMS-Programm 1989, z.B. S. 25. PIMS ist ein Akronym und steht für „Profit Impact of Market Strategies".

311 Vgl. *Porter*, The Review of Economics and Statistics 1979, S. 215-220; *Caves/ Porter*, Quarterly Journal of Economics 1977, S. 249-257; siehe auch *Oster*, Analysis 1990, S. 61-77; *Thomas/ Venkatraman*, Journal of Management Studies 1988; *McGee*, Strategic Groups 1985, S. 295-299.

Aus diesem Bereich soll in der vorliegenden Untersuchung vor allem das Konzept der fünf Wettbewerbsdeterminanten von *Porter*[312] herausgegriffen werden. Dieses zentrale Konzept baut auf eine Vielzahl zentraler wettbewerbstheoretischer Hypothesen auf und läßt sich damit anhand der wichtigsten wettbewerbstheoretischen Ansätze rekonstruieren[313]. Die unterschiedenen fünf Wettbewerbsfaktoren, nämlich

- die Rivalität unter den auf einem Markt ansässigen Unternehmen,
- die Bedrohung durch potentielle Konkurrenten,
- die Bedrohung durch Ersatzprodukte,
- die Verhandlungsmacht von Lieferanten und
- die Verhandlungsmacht von Abnehmern[314],

bestimmen zum einen den Verhaltensrahmen eines einzelnen Unternehmens am Markt, innerhalb dessen es seine Ziele verfolgen und erreichen kann[315]. Zum anderen können Unternehmen diese Rahmenbedingungen auch durch strategische Maßnahmen zu ihren Gunsten ändern und ausnutzen. Indem die fünf Wettbewerbsdeterminanten einerseits das unternehmerische Verhalten im Sinne des Kapazitätsprinzips restringieren und andererseits spezifische Gratifikationschancen eröffnen, wird die Nähe von *Porters* Ansatz zu verhaltenstheoretischen Leitideen sichtbar.

---

312 Vgl. *Porter*, Wettbewerbsstrategie 1995, S. 25-56; *Porter*, Wettbewerbsvorteile 1992, S. 22-27; *Porter*, Advantage 1990, S. 34-37.

313 Vgl. *Fritz*, Marketing-Management 1995, S. 91.

314 Vgl. *Porter*, Wettbewerbsstrategie 1995, S. 26.

315 Vgl. *Porter*, Wettbewerbsstrategie 1995, S. 28.

Ein anderer neuerer Ansatz der Wettbewerbstheorie, die Theorie der angreifbaren Märkte“[316], stellt weniger das Marktverhalten als die Marktstruktur in den Vordergrund. Durch die Annahme, daß das Marktverhalten der Unternehmen kaum eigenständige Bedeutung für das Zustandekommen des Marktergebnisses haben soll, entfernt sich dieser Ansatz jedoch von betriebswirtschaftlichen Fragestellungen.

Durch den Anspruch der industrieökonomischen Forschungsbemühungen, den Einfluß von Märkten und Industriezweigen auf das Marktverhalten von Industrieunternehmen und die daraus resultierenden Marktergebnisse empirisch zu analysieren, entsprechen sie dem situativen Ansatz des von der Organisationsforschung propagierten Modells der kontextuellen Erklärung[317] und auch dem der vorliegenden Untersuchung zugrunde liegenden Erklärungsprinzip. Im folgenden Abschnitt wird es daher darum gehen, Annahmen und Ergebnisse industrieökoomischer Forschung darzustellen, die zur Ableitung einer Struktur von unternehmensinternen und -externen Risikomerkmalen herangezogen werden können.

2. Strukturierung der Risikotreiber anhand des Wettbewerbsmodells von Porter

Abweichend vom traditionellen „Market structure-conduct-performance“-Modell, das fast allen industrieökonomischen Untersuchungen[318] zugrunde liegt, entwickelte *Porter* einen Ansatz zur Untersuchung der Unterschiede in firmenspezifischen Handlungsweisen und Entscheidungen innerhalb einzelner

---

316 Vgl. u.a. *Baumol/ Willig*, Contestability 1986; *Baumol*, The American Economic Review 1982; *Baumol/ Panzar/ Willig*, Contestable Markets 1982; siehe auch *Schwartz*, Nature 1986; *Aschinger*, WiSt 1984; *Braulke*, Wirtschaft und Wettbewerb 1983.

317 Vgl. *Kieser/ Kubicek*, Organisation 1992, S. 33-65.

318 Zur Industrieökonomik vgl. *Krouse*, Theory 1990.

Industriezweige[319]. Er löst sich damit von der impliziten Annahme einer homogenen Industriestruktur in anderen Modellen. Aus dieser Annahme folgt nämlich, daß eine einmal erlangte Marktmachtposition allen in ihr befindlichen Unternehmen gleichermaßen zugute kommt oder von diesen ausgenützt wird[320].

Porter geht der Frage nach, wie unterschiedliche Gewinnhöhen bei alternativen Marktstrukturausprägungen begründet werden können, wobei die Determinanten des Unternehmenserfolgs durch die innerhalb eines Industriezweigs anzutreffende Marktstruktur maßgeblich erklärt werden. Unter Berücksichtigung unterschiedlicher Dimensionen unternehmensspezifischer Handlungsstrategien werden in einem dreistufigen Vorgehen die empirisch beobachtbaren Erfolgsdifferenzen für alternative Industrien erklärt.

Den Ausgangspunkt bildet die Analyse der Wettbewerbssituation innerhalb einer Branche anhand der fünf Wettbewerbskräfte[321]. Die fünf Wettbewerbskräfte - Markteintritt, Gefahr durch Ersatzprodukte, Verhandlungsstärke von Kunden, Verhandlungsstärke von Lieferanten und Rivalität unter den bestehenden Wettbewerbern - bestimmen zusammen die Wettbewerbsintensität und Rentabilität der Branche. Im Unterschied zu Faktoren mit allenfalls taktischer Relevanz wie beispielsweise konjunkturelle Schwankungen, Streiks und Nachfragespitzen, die den Wettbewerb und die Rentabilität in einer Branche kurzfristig beeinflussen können, legt *Porter* den Schwerpunkt der Analyse von Branchenstrukturen

---

319 Vgl. *Porter,* The Review of Economics and Statistics 1979.

320 Vgl. *Demsetz*, Market 1973, der dieses Argument bereits im Zusammenhang mit der Erforschung der Beziehung zwischen Gewinnhöhe und Unternehmensgröße aufgriff. Er stellte fest, daß die Gewinne kleiner Unternehmen keineswegs notwendigerweise direkt vom Grad der vorliegenden Marktmacht abhängen, während er für große Unternehmen eine enge Beziehung zwischen Profitabilität und Konzentration aufgedeckte. Dieses Ergebnis wurde von *Round* für die australische Industrie bestätigt; vgl. *Round,* International Journal of Industrial Organization 1983; *Round,* Journal of Law and Economics 1975.

321 Vgl. *Porter,* Wettbewerbsstrategie 1995, S. 25-27; *Porter,* Wettbewerbsvorteile 1992, S. 23.

auf die Bestimmung elementarer Branchencharakteristika, die in ihrer Gesamtheit den Entstehungshintergrund einer Wettbewerbsstrategie bilden[322].

Innerhalb der Branchen werden sodann Unternehmen, die sich durch ähnliche Strategien auszeichnen, zu strategischen Gruppen zusammengefaßt[323], wobei *Porter* die möglichen Handlungsstrategien anhand von 13 strategischen Variablen beschreibt[324]. Abschließend wird die Stellung eines Anbieters innerhalb seiner strategischen Gruppe untersucht.

Folgt man diesem Konzept, so sind drei Gruppen von Erfolgsfaktoren[325] zu unterscheiden, die nach *Porter* den Erfolg einer Unternehmung bestimmen[326]. Die ersten beiden Kategorien enthalten allgemeine Branchenmerkmale und Merkmale der strategischen Gruppe. Beispiele für branchenweite Strukturmerkmale, die die Stärke der fünf Wettbewerbskräfte bestimmen und gleichermaßen auf alle Unternehmen zutreffen, und für Merkmale der strategischen Gruppe sind Marktwachstumsraten, die Struktur der Lieferanten sowie die Macht von Kunden und Lieferanten. In die dritte Kategorie fallen die unternehmensindividuellen Merkmale. *Porter* führt hierzu die Größe und die Fähigkeit des Unternehmens an, die vom ihm gewählte Strategie in operativer Hinsicht umzusetzen. Im *Porter*schen Wettbewerbsmodell werden demnach zur Untersuchung der Erfolgsposition eines Unternehmens der unternehmensexterne und der -interne Bereich voneinander getrennt.

---

322 Vgl. *Porter,* Wettbewerbsstrategie 1995, S. 28-29.

323 Vgl. *Porter,* Wettbewerbsstrategie 1995, S. 177.

324 Vgl. *Porter,* Wettbewerbsstrategie 1995, S. 174-176.

325 Zum Begriff der Erfolgsfaktoren vgl. z.B. *Rehkugler*, WISU 1989, S. 626 und in dieser Arbeit S. 89 ff.

326 Vgl. *Porter*, Wettbewerbsstrategie 1995, S. 192.

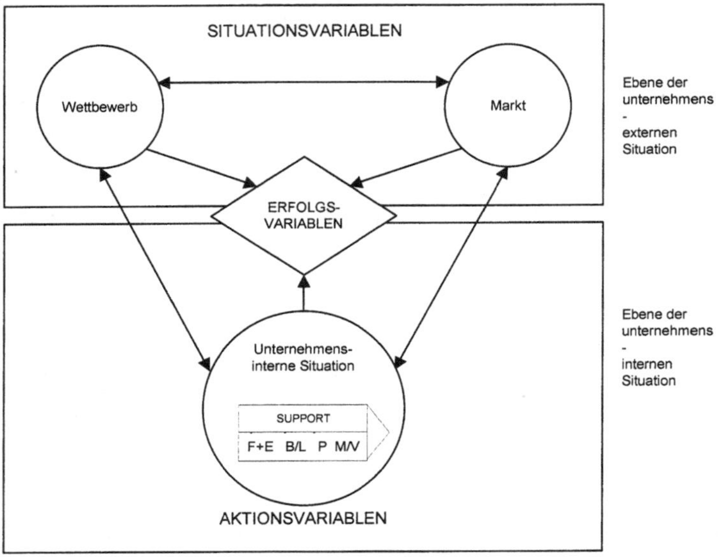

Abbildung 1: Wettbewerbsmodell

Die Unterscheidung der verschiedenen Informationsbereiche im Modell von *Porter* macht dessen Nähe zum situativen Ansatz deutlich, der mit den Situations-, den Aktions- und den Erfolgsvariablen drei verschiedene Arten von Variablen aufnimmt[327].

Zum unternehmensexternen Bereich gehören alle Merkmale des Markt- und den Wettbewerbsumfelds, die insbesondere dadurch gekennzeichnet sind, daß die Unternehmung auf die verschiedenen Merkmalsausprägungen und sich ergebenden Situationen allenfalls langfristig einen gestalterischen Einfluß hat. Im Grunde stellen diese Gegebenheiten Rahmenbedingungen dar, unter denen die Unternehmung agieren muß. Die Markt- und Wettbewerbsbedingungen werden

---

327 Vgl. *Lehner*, DBW 1990, S. 129-130; *Welge*, Unternehmensführung 1987, S. 79.

nach *Porter* durch die fünf Wettbewerbsfaktoren bestimmt[328]. PIMS führt bei den externen Merkmalen eine weitere Unterscheidung ein. Gegebenheiten des globalen Marktumfelds wie das Alter des Markts, das Marktwachstum und -volumen werden unter der Bezeichnung „Markt" zusammengefaßt, während der „Wettbewerb" die relative Position des betrachteten Unternehmens im Vergleich zu seinen Mitanbietern wiedergibt. Diese Markt- und Wettbewerbsbeobachtungen werden als die Merkmale, Dimensionen und Faktoren der relevanten Situation im weiteren unter der Bezeichnung Situationsvariablen zusammengefaßt[329].

Im Unterschied zu den Variablen der externen Situation geben die Aktionsmerkmale die Art und Weise wieder, in der sich die Unternehmung in ihrem Markt- und Wettbewerbsumfeld betätigt und beschreiben demnach die Handlungsalternativen der Unternehmensführung. Die Strukturierung dieser unternehmensindividuellen Merkmale nimmt *Porter* anhand seines Modells der Wertschöpfungskette vor, in der die maßgeblichen Unternehmensbereiche abgebildet werden[330].

Der Grundgedanke dieses Konzepts besteht in der Überlegung, daß jedes Unternehmen durch eine Vielzahl von Tätigkeiten beschrieben werden kann, durch die seine Produkte und seine Leistung entworfen, hergestellt, vertrieben, ausgeliefert und unterstützt wird. Im Modell der Wertschöpfungskette wird die Fülle der Unternehmensaktivitäten als eine Reihe von aufeinander folgenden Prozessen dargestellt, deren Ausgestaltung den Erfolg einer Unternehmung maßgeblich beeinflußt. Denn „in der Wertkette eines Unternehmens und seiner Art, ein-

---

328 Auch in der Literatur zu Durchführung von Abschlußprüfungen wird auf die Bedeutung des Wettbewerbs verwiesen. Vgl. z.B. *Stoy Hayward*, Audit 1991, S. 28.

329 Vgl. ähnlich zur Dreiteilung der Informationsbereiche in „Unternehmen", „Wettbewerb" und „Markt" *Reuter*, ZfB 1987, S. 749-757, der „Leistungs-", „Positions-" und „Marktdeterminanten" unterscheidet.

330 Vgl. *Porter*, Wettbewerbsvorteile 1992, S. 59-66.

zelne Tätigkeiten zu erledigen, spiegeln sich seine Geschichte, seine Strategie, seine Methoden zur Implementierung dieser Strategie und die wirtschaftlichen Grundregeln der Tätigkeit selbst“[331]. Als primäre Unternehmensbereiche werden

- Forschung und Entwicklung (F+E),
- Beschaffung/ Logistik (B/L),
- Produktion (P) sowie
- Marketing/ Vertrieb (M/V)

unterschieden[332]. Hier werden Aufgaben verfolgt, die in direktem Zusammenhang mit der Erstellung und dem Absatz der Produkte der Unternehmung stehen. Unterstützende Funktion für alle primären Aktivitäten kommt Bereichen wie Personalwesen, Organisation und Finanzierung zu[333].

Durch die Strukturierung von Unternehmen als eine Kette aufeinander folgender Wertschöpfungsaktivitäten wird sichergestellt, daß alle bedeutsamen Bereiche eines Unternehmens erfaßt und in ihrer strategischen Ausrichtung vollständig beschrieben werden. Damit eignet sich das Instrumentarium der Wertschöpfungskette, welches ansonsten zur Analyse einzelner Unternehmensbereiche im Rahmen einer wettbewerbsstrategischen Untersuchung der Unternehmenssituation angewendet wird[334], als ein Gliederungskriterium für die im folgenden zu

---

331 *Porter*, Wettbewerbsvorteile 1992, S. 2.

332 Vgl. *Fell*, Kreditwürdigkeitsprüfung 1994, S. 52.

333 Vgl. *Ulrich*, Unternehmungspolitik 1987, S. 111.

334 Vgl. *Hippe*, Interdependenzen 1997, S. 159.

bestimmenden Faktoren des Geschäfts- und Fehlerrisikos[335]. Diese Faktoren werden aus den Ergebnissen empirischer Untersuchungen zu den Ausprägungen der strategischen Leistungsindikatoren[336] bei erfolgreichen Unternehmen abgeleitet.

3. Struktur der Risikofaktoren der empirischen Erfolgsfaktorenforschung

a) Überblick über die Studien der empirischen Erfolgsfaktorenforschung

Aufbauend auf der Annahme, daß „trotz der Mehrdimensionalität des Unternehmenserfolgs einige wenige Einflußfaktoren über Erfolg und Mißerfolg entscheiden"[337], besteht das allgemeine Ziel der Erfolgsfaktorenforschung darin, empirisch die Kausalfaktoren zu ermitteln, die über den Erfolg oder Mißerfolg der betrieblichen Aktivitäten maßgeblich entscheiden[338]. In Anlehnung an die Einteilung betrieblicher Ziele in Unternehmens- und Entscheidungsziele[339] lassen sich unter dem Aspekt der Zielerreichung und demnach des Erfolgs zwar zum einen Einflußgrößen unterscheiden, die den Unternehmenserfolg insgesamt beeinflussen und zum anderen solche, die den Erfolg einzelner Entscheidungen bestimmen. Jedoch stehen die erstgenannten Unternehmensfaktoren im Mittel-

---

335 Vgl. *IDW*, WPg 1998a, S. 660-661 und *IDW*, WPg 1998b, S. 664-665, wonach diese Bereiche auch zur Beschreibung der wirtschaftlichen Situation der Unternehmung im Lagebericht dienen.

336 Indikatoren sind Meßinstrumente zur Operationalisierung nicht direkt meßbarer Sachverhalte, um diesen Sachverhalt einer empirischen Einschätzung zugängig zu machen. Vgl. *Potthast*, Verwaltungsmanagement 1995, Fach C 7.6, S. 10.

337 *Hoffmann*, ZfbF 1986, S. 832-833; vgl. auch *Rockart*, Harvard Business Review 1979, S. 85.

338 Vgl. *Fritz*, Erfolgsfaktoren 1997, S. 11; *Fritz*, Erfolgsfaktoren 1995, Sp. 594; *Schröder*, Marketing 1995, S. 89; *Boynton/ Zmud*, Sloan Management Review 1984, S. 17.

339 Vgl. *Hauschildt*, Goals 1986, S. 4.

punkt der Betrachtung, die den Unternehmenserfolg auf Ebene der Gesamtunternehmung oder seiner maßgeblichen Geschäftsbereiche entscheidend bewirken[340]. Die Faktoren, die vom Management beeinflußt werden, werden als Schlüsselfaktoren des Unternehmenserfolgs, als kritische oder strategische sowie als Exzellenz- oder instrumentelle Erfolgsfaktoren bezeichnet[341]. Sie beschreiben die grundlegenden produkt- und marktspezifischen Bedingungen für einen langfristigen Erfolgsspielraum des Unternehmens, die nur über einen längeren Zeitraum aufgebaut werden können und spätestens ab der Erfolgsrealisierung vorhanden sein müssen[342]. Als spezifische strukturelle Konstellationen zwischen dem Unternehmen und seiner Umwelt befähigen sie das Unternehmen, mit Gegebenheiten umzugehen, die hinsichtlich der zugrunde gelegten Zielausrichtung des Unternehmens ziel- und erfolgsrelevant sind[343].

In der empirischen Erfolgsfaktorenforschung und ihren Versuchen, solche Schlüsselfaktoren des unternehmerischen Erfolgs zu identifizieren, lassen sich zwei Gruppen von Studien unterscheiden[344]. Die Untersuchungen der einen Gruppe machen die Insolvenz- und Krisenforschung aus, indem sie speziell den Mißerfolg von Unternehmen analysieren[345]. Dem allgemeinen, oben beschrie-

---

340 Vgl. *Fritz*, Erfolgsfaktoren 1997, S. 12.

341 Vgl. *Grünig/ Heckner/ Zeuss*, Die Unternehmung 1996, S. 4-5; *Grunert/ Ellegaard*, Concept 1993, S. 264; *Hentze/ Brose/ Kammel*, Unternehmensplanung 1993, S. 166; *Hildebrandt*, Erfolgsfaktoren 1992a, S. 272; *Hildebrandt*, Journal of Business Research 1988, S. 92; *Hildebrandt*, Erfolgsfaktorenforschung 1986, S. 39; *Leidecker/ Bruno*, Long Range Planning 1984, S. 24; *Hofer/ Schendel*, Strategy 1978, S. 77.

342 Vgl. *Voigt*, Planung 1992, S. 292-297; *Gälweiler*, Unternehmensführung 1990, S. 26-27; *Kirsch/ Grebnec*, Management 1986, S. 33; *Link*, Organisation 1985, S. 15-18; *Gälweiler*, Determinanten 1977, S. 99.

343 Vgl. *Krüger/ Schwarz*, Stimmigkeit 1997, S. 75; *Link*, Organisation 1985, S. 15; *Reichert*, Entwurf 1984, S. 119; *Kirsch/ Esser/ Gabele*, Management 1979, S. 238.

344 Vgl. *Fritz*, Marketing 1990, S. 92.

345 Vgl. dazu u.a. *Müller-Stewens*, DBW 1989; *Hasitschka*, Krisenprophylaxe 1988; *Krystek*, Unternehmungskrisen 1987; *Müller*, Krisenmanagement 1986; *Schimke/ Töpfer*, Krisenmanagement 1986; *Staehle/ Stoll*, Betriebswirtschaftslehre 1984; *Hauschildt*, manager

benen Anspruch werden jedoch die Analysen besser gerecht, die neben dem negativen Erfolg auch den positiven Unternehmenserfolg und seine Ursachen untersuchen. Durch Analyse der mit den einzelnen Erfolgsfaktoren zusammenhängenden Kausalketten werden möglichst allgemein gültige Einsichten im Sinne genereller „Marktgesetze“[346] über die Entstehung des Unternehmenserfolgs angestrebt[347]. Auf diese Weise sollen der Unternehmensführung entscheidungsrelevante Informationen zur Verfügung gestellt werden, mit deren Hilfe die zukünftige Unternehmenspolitik im Hinblick auf die zieloptimale Ausnutzung der vorhandenen internen und externen Erfolgspotentiale unter Beachtung externer Rahmenbedingungen geplant werden kann. Die dieser Sichtweise folgende Forschung wird in der Regel unter dem Begriff der Erfolgsfaktorenforschung (im engeren Sinne) zusammengefaßt.

Seit *Steiner* 1969 die erste speziell dem Thema Erfolgsfaktoren gewidmete Arbeit vorgelegt hat[348], ist eine Fülle von Veröffentlichungen zu diesem Problemkreis erschienen[349], die ein sehr uneinheitliches Bild der als wesentlich erachteten Erfolgseinflußgrößen zeichnen. Wegen der in unterschiedlicher Art und Weise operationalisierten Erfolgsgrößen und interpretierten Erfolgsfaktoren[350]

---

magazin 1983; *Bratschitsch/ Schnellinger*, Unternehmenskrisen 1981; *Smart/ Stanbury*, Studies 1978.

346 Vgl. *Venohr*, Marktgesetze 1988, S. 5-6.

347 Vgl. *Dellmann*, Einflußgrößen 1991, S. 422.

348 Vgl. *Steiner*, Factors 1969.

349 Für eine Übersicht vgl. *Fritz*, Marketing 1990, S. 94-102; *Lingenfelder*, Marketingorientierung 1990, S. 286-303.

350 Vgl. *Schmidt*, Unternehmensbewertung 1997, S. 83.

erweist sich eine Verdichtung der Ergebnisse deskriptiver Analysen auf einen allgemein gültigen Katalog als unmöglich[351].

Während z.B. *Hoffmann* von einer Systematisierung strategischer Erfolgsfaktoren absieht und mit Unternehmungszielen, Unternehmenskultur, Makroumwelt, Aufgabenumwelt, Managementqualität, Leistungsprogramm, produktionstechnologischem Potential, Informationssystem und Organisationsstruktur pauschal neun kritische Erfolgsfaktoren anführt[352], diskutieren *Peters/ Waterman* sieben Faktoren[353], auf deren Grundlage *Krüger* seine Systematisierung in „Große Träger", „Philosophie/ Kultur", „Strategie", „Systeme" und „Rationalisierungspotential" entwickelt[354]. *Albach* definiert zehn Erfolgsdeterminanten, deren Abgrenzung große Ähnlichkeit zur funktionalen Unternehmensgliederung aufweist[355].

Eine besonders starke Impulswirkung[356] kommt sicherlich der sehr populären Studie von *Peters/ Waterman* zu. Sie verfolgten das Ziel, aufbauend auf dem 7 S-Modell von *McKinsey* Einflußfaktoren zu identifizieren, denen in verschiedenen Branchen gleichermaßen Bedeutung für den Unternehmenserfolg zukommt[357]. Anhand der sieben Kriterien des genannten Modells, die im einzel-

---

351 Vgl. ähnlich *Hoffmann*, ZfbF 1986, S. 832. Nach *Dellmann* bewegt sich die Anzahl der einzelnen Faktoren eines Erfolgsfaktorenkatalogs zwischen zwei und 76; vgl. *Dellmann*, Einflußgrößen 1991, S. 423 mit Verweis auf die entsprechenden Untersuchungen.

352 Vgl. *Hoffmann*, ZfbF 1986, S. 834-836.

353 Vgl. *Peters/ Waterman*, Suche 1997; *Peters/ Waterman*, Search 1995.

354 Vgl. *Krüger/ Schwarz*, Analyse 1990, S. 183-184; *Krüger*, DBW 1988, S. 29-30.

355 Vgl. *Albach*, Unternehmenserfolg 1988, S. 69-83.

356 Vgl. *Becker*, Marketing 1997, S. 33, S. 333-335; *Nieschlag/ Dichtl/ Hörschgen*, Marketing 1997, S. 872-874; *Böcker*, Marketing 1996, S. 445-448; *Aaker*, Markt-Management 1989, S. 320-321, 323-324.

357 Vgl. zusammenfassend *Nagel*, Erfolgsfaktoren 1986, S. 31-35; *Rüßmann*, manager magazin 1983, S. 144-155.

nen in Struktur, System, Stil, Stammpersonal, Strategie und Selbstverständnis bestehen, wurden 43, als sehr erfolgreich geltende und zwölf weniger erfolgreiche US-amerikanische Unternehmen in Interviews mit Führungskräften und Mitarbeitern analysiert. Als Ergebnis betonen *Peters/ Waterman* acht Grundtugenden[358], die nach ihrer Erkenntnis bei erfolgreichen Unternehmen besonders stark ausgeprägt sind, während weniger erfolgreiche Unternehmen ihre Umsetzung nicht schaffen oder auch nicht beabsichtigen[359].

1. Primat des Handelns	„Do it, try it, fix it"
2. Nähe zum Kunden	„Der Kunde ist König"
3. Freiraum für Unternehmertum	„Förderung von Champions auf allen Ebenen"
4. Produktivität durch Menschen	„Auf den Menschen kommt es an"
5. Sichtbar gelebtes Wertesystem	„Wir meinen, was wir sagen, und wir tun es auch"
6. Bindung an das angestammte Geschäft	„Schuster bleib bei Deinem Leisten"
7. Einfacher und flexibler Aufbau	„Kampf der Bürokratie"
8. Straff-lockere Führung	„Soviel Führung wie möglich, soviel Kontrolle wie nötig"

Tabelle 2: Die acht Grundtugenden erfolgreicher Unternehmensführung nach *Peters/ Waterman*

Bei aller Popularität der Studie wurde ihr besonders aus dem wissenschaftlichen Bereich zum Teil deutliche Kritik entgegengebracht. So bleiben die Autoren leider eine Definition und Operationalisierung der angeführten Grundtugenden

---

358 Vgl. *Peters/ Waterman*, Suche 1997, S. 36-37; *Rossa*, VOP 1993, S. 385; *Wohlgemuth*, Die Unternehmung 1989, S. 89.

359 Vgl. *Peters/ Waterman*, Suche 1997, S. 115-370.

schuldig[360] und vernachlässigen zudem marktstrukturelle oder branchenspezifische Faktoren, deren Einfluß auf den Unternehmenserfolg bereits in industrieökonomischen Untersuchungen nachgewiesen wurde[361]. Vielleicht infolge der angeführten Vorbehalte gegenüber dieser Studie[362] gelangten andere Untersuchungen zu Ergebnissen, die den Resultaten von *Peters/ Waterman* deutlich entgegenstehen[363]. Des weiteren modifizierten auch die beiden Autoren in späteren Publikationen ihre Auffassungen[364].

Neben diesen analytisch-deskriptiven Untersuchungen[365], die von persönlichen Erfahrungen von Führungskräften und Unternehmensberatern oder Plausibili-

---

360 Vgl. *Leontiades*, Mischkonzerne 1987, S. 18-20, S. 65.

361 Vgl. *Varadarajan*, Perspectives 1989; *Carroll*, Harvard Business Review 1983.

362 Für eine ausführliche Kritik vgl. auch *Varadarajan/ Ramanujam*, Sources 1989; *Johnson/ Natarajan/ Rappaport,* The Journal of Business Strategy 1985; *Frese*, DBW 1985, S. 604-606; *Wächter*, DBW 1985, S. 608-609, die vor allem mangelnde Repräsentativität und das Fehlen einer Kontrollgruppe bemängeln.

363 Vgl. *Schreyögg*, ZfbF 1989, S. 99, S. 102-106; *Albers/ Bauer/ Eggert,* Kundennähe 1988, S. 40; *Albers/ Eggert*, Marketing 1988; *Krüger*, DBW 1988, S. 40; *Albers/ Bauer/ Eggert,* Kundennähe 1987, S. 35; *Hitt/ Ireland*, Academy of Management EXECUTIVE 1987; *Johnson/ Natarajan/ Rappaport,* The Journal of Business Strategy 1985; *Saunders/ Wong*, Journal of Marketing Management 1985; *Krulis-Randa*, Die Unternehmung 1984, S. 367-369.

364 Vgl. *Peters/ Austin*, Leistung 1993, S. 7, die den ursprünglichen Katalog der acht zentralen Grundtugenden auf die vier Merkmale der „Kundenbetreuung", „fortwährenden Innovation", „Menschen" und „Führung" reduzieren oder *Waterman*, der - wie auch *Peters* - nunmehr die Innovationsfähigkeit eines Unternehmens als den für ihn wichtigsten Erfolgsfaktor herausstellt; vgl. *Waterman*, Leistung 1988; *Peters*, Chaos 1988. *Peters* behauptet sogar, daß es für ein Unternehmen gar nicht möglich sei, eine dauerhafte Spitzenstellung zu erreichen; vgl. *Peters*, Chaos 1988, S. 12. Um diese Aussage zu widerlegen, wurde auf die Unternehmen verwiesen, die seit 1974 ununterbrochen Spitzenstellungen unter den erfolgreichsten Unternehmen der FORTUNE 500 einnehmen; vgl. *Loomis*, Fortune 1989, S. 52.

365 Vgl. für eine Klassifikation der Untersuchungen *Patt*, Erfolgsfaktoren 1988, S. 6-7, der in diesem Zusammenhang unter qualitativen Erfolgsfaktoren „inhaltlich beschriebene und verallgemeinerte Unternehmensgrundsätze bzw. Grundtugenden unternehmerischen Handelns", die über Einzelfallinterpretationen und Fallstudien erhoben werden, versteht und unter quantitativen strategischen Erfolgsfaktoren solche, die Situationen, Elemente,

tätsüberlegungen geprägt sind[366], gibt es zahlreiche empirische Studien, die vor allem durch Rückgriff auf das Konzept der Erfahrungskurve[367] und des Produktlebenszyklus' strategische Erfolgsfaktoren beschreiben[368]. Als grundlegend für diesen Analysezweig gilt das PIMS-Projekt[369], das seit seinem Beginn in den 60er Jahren als Forschungsprojekt des *Strategic Planning Institut* in über 100 Studien u.a. die zentralen Determinanten des Return on Investment und des Cash flows identifizieren will[370]. Hier wurden durch Auswertung einer umfassenden Datenbank 37 grundlegende Einflußfaktoren des Return on Investment und 19 Bestimmungsgrößen des Cash flow ermittelt[371]. Betont werden in den Veröffentlichungen des *Strategic Planning Institute* mit der Investitionsintensität, der Produktivität, der Marktposition, dem Marktwachstum, der Qualität

---

Strukturen oder Leistungsfaktoren beschreiben, die signifikant zum strategischen Erfolg beitragen.

366 Vgl. *Grabner-Kräuter*, JfB 1993, S. 278.

367 Vgl. *Henderson*, Erfahrungskurve 1974. Nach dem Erfahrungskurvenkonzept sinken bei jeder Verdopplung der kumulierten Ausbringungsmenge die inflationsbereinigten Stückkosten potentiell um 20 bis 30 v.H. Als Ursache dafür gelten insbesondere „Learning by doing“, technischer Fortschritt und Betriebsgrößenersparnisse; vgl. *Lieberman/ Montgomery,* Strategic Management Journal 1988, S. 41-58; *Day/ Montgomery*, Journal of Marketing 1983.

368 Vgl. zu dieser Forschungsrichtung insbesondere *Fritz*, Marketing 1990; *Bischof*, Produktlebenszyklen 1976, S. 50.

369 Vgl. *Neubauer*, PIMS-Programm 1997; *Barzen/ Wahle*, HAVARDmanager 1990, S. 100-109; *Buzzell/ Gale*, PIMS-Programm 1989; *Chrubasik/ Zimmermann*, DBW 1987; *Kreilkamp*, Management 1987, S. 369-445; *Luchs/ Müller*, Strategische Planung 1985, S. 79-89; *Abell/ Hammond*, Market 1979, S. 271-275; *Schoeffler/ Buzzell/ Heany*, Harvard Business Review 1974, S. 137-145.

370 Vgl. *Buzzell/ Gale*, PIMS-Programm 1989; *Meffert*, Unternehmensführung 1988, S. 9-27; *Luchs/ Müller*, Strategische Planung 1985; *Wakerly*, Long Range Planning 1984; *Schoeffler*, Findings 1977; *Buzzell/ Gale/ Sultan,* Harvard Business Review 1975; *Schoeffler/ Buzzell/ Heany,* Harvard Business Review 1974.

371 Vgl. *Kreilkamp*, Management 1987, S. 377; *Abell/ Hammond*, Market 1979, S. 274-286.

der Leistungen, der Innovation und der vertikalen Integration meist jedoch nur sieben Erfolgsdeterminanten[372].

Auf die Studien in Zusammenhang mit dem PIMS-Projekt wurde zum Teil erhebliche Kritik laut, die vor allem an der Unvollständigkeit des Modellansatzes, seiner mangelnden theoretischen Fundierung und die teilweise ungeklärte Richtung der Kausalzusammenhänge anknüpft[373]. Auch wird oftmals die Allgemeingültigkeit der Zusammenhänge angezweifelt[374]. Allerdings wird häufig übersehen, daß der seit 1984 stattfindende Aufbau einer erweiterten Datenbasis und die nunmehr mit verbesserten statistischen Methoden durchgeführten Analysen diesen Einwendungen begegnen[375]. Trotz verbleibender Schwächen erkennen selbst Kritiker in PIMS den „erfolgversprechendsten Ansatz zur Ermittlung strategischer Erfolgsfaktoren“[376]. Daher werden die Ergebnisse dieses Projekts sowie anderer, multikausaler empirischer Ansätze im folgenden herangezogen, um die durch das Wettbewerbsmodell von *Porter* vorgegebene Struktur der Wertschöpfungskette und fünf Wettbewerbskräfte als Kenngrößen und

---

372 Vgl. *Kreilkamp*, Management 1987, S. 377-379; *Schoeffler*, PIMS 1983, S. 25/5-25/6; *Schoeffler*, Findings 1977, S. 3-4.

373 Vgl. u.a. *Chrubasik/ Zimmermann*, DBW 1987, S. 441-444; *Kreilkamp*, Management 1987, S. 378-407; *Anderson/ Paine*, The Academy of Management Review 1978.

374 Vgl. u.a. *Porter*, Wettbewerbsvorteile 1992, S. 73; *Meffert*, Unternehmensführung 1988, S. 204; *Patt*, Erfolgsfaktoren 1988, S. 97-98; *Schwalbach*, ZfB 1988, S. 539-548; *Chrubasik/ Zimmermann*, DBW 1987, S. 443; *Woo/ Cooper*, Settings 1985; *Schendel/ Patton*, Management Science 1978, S. 1616-1617.

Zur weiteren Kritik am PIMS-Projekt vgl. u.a. *Hildebrandt/ Strasser, HA*VARDmanager 1990, S. 127; *Venohr*, Marktgesetze 1988, S. 145-192; *Jacobson/ Aaker*, Journal of Marketing 1985; *Ramanujam/ Venkatraman*, Academy of Management Review 1984; *Lange*, Die Unternehmung 1982, S. 33-38, *Day*, Approaches 1981; *Rumelt/ Wensley*, Search 1981.

375 Vgl. *Buzzell/ Gale*, PIMS-Programm 1989; *Philipps/ Chang/ Buzzell,* Journal of Marketing 1983.

376 *Chrubasik/ Zimmermann*, DBW 1987, S. 445. Ähnlich auch *Meffert*, Unternehmensführung 1988, S. 19; *Anderson/ Paine*, The Academy of Management Review 1978, S. 610-611.

Leistungsindikatoren in operationalisierte Aktions- und Situationsvariablen zu überführen[377].

Abbildung 2: Modell der Wertschöpfungskette
In Anlehnung an *Porter*, Wettbewerbsstrategie 1992, S. 62.

b) Die unternehmensinternen Risikofaktoren entlang der Wertschöpfungskette

(1) Bereich „Forschung und Entwicklung“

Der Bereich der Forschung und Entwicklung hat in einem Unternehmen die Aufgabe, Chancen für die Zukunft zu erkennen und das mit diesen Chancen verbundene Erfolgspotential durch die systematische Entwicklung neuer Produkte und Verfahren sichern zu helfen[378]. Die Bedeutung dieses Bereichs erklärt sich aus der Notwendigkeit, daß ein Unternehmen trotz unvorhersehbarer Veränderungen der Umwelt und dem daraus resultierenden Wandel der Marktsituation nur dann überleben kann, wenn es sich durch technologische Innovationen

---

377 Ähnlich auch die Strukturierung der Beobachtungsbereiche von *Simeonoff* zur Ableitung von Indikatoren zur Unternehmensbeurteilung; vgl. *Simeonoff*, ÖBA 1992, S. 56.

378 Vgl. *Ziebart*, Strategische Planung 1986, S. 37.

an die veränderte Situation anpassen oder durch Neuerungen an der erfolgreichen Gestaltung der Unternehmung mitwirken kann[379]. Das Basisgeschäft kann auf die Dauer die Zielerreichung nicht garantieren, weil zu erwarten ist, daß die in ihm enthaltenen Produkte durch Bedürfniswandel, das Auftauchen von Substituten und den Wegfall komplementärer Güter ihre Fähigkeit zur Generierung von Zielbeiträgen verlieren[380]. Damit ist eine effiziente Forschungs- und Entwicklungsarbeit für die langfristige Sicherung des Unternehmenserfolgs von zentraler Bedeutung[381].

In Anbetracht der Bedeutung, die einem Innovationsvorsprung beizumessen ist[382], muß der Einsatz von unternehmensspezifischen Ressourcen im Forschungs- und Entwicklungsbereich auf einen möglichst hohen Innovationserfolg abzielen[383]. Allerdings ist die Effizienz der Bemühungen, die den Ausschlag für den Unternehmenserfolg gibt[384], nur schwer meßbar[385]. Hilfsweise kann die Intensität der Forschungs- und Entwicklungsbemühungen über die Höhe der Aufwendungen oder die Anzahl der Produkt- und Prozeßinnovationen[386] erfaßt werden, die in diesem Bereich anfallen. In den Aufwendungen für Forschung und Entwicklung kommen nämlich neben der zur Aufgabenerfüllung erforderlichen Ausstattung des Unternehmens mit finanziellen Mitteln auch die

---

379 Vgl. *Staudt*, Forschung 1993, Sp. 1185.

380 Vgl. *Brockhoff,* Forschung 1994, S. 82-83.

381 Vgl. *Gaitanides/ Westphal*, Gruppen 1995, S. 107.

382 Vgl. *Töpfer*, ZfO 1990b, S. 411; *Simon*, ZfB 1989, S. 79; *Albach/ May-Strobl*, Die Bank 1986, S. 86.

383 Vgl. *Porter,* Wettbewerbsvorteile 1993, S. 67.

384 Vgl. *Burkhardt*, Industriemagazin 1990, S. 21; *Albach*, Unternehmenserfolg 1988, S. 74-75.

385 Vgl. *Hauschildt*, ZfB 1991, S. 472.

386 Vgl. *Kaplan/ Norton*, HARVARDmanager 1992, S. 42-43.

personellen Ressourcen zum Ausdruck[387]. Zusätzlich zur finanziellen und personellen Ausstattung bilden unter Umständen auch spezielle Produktionsanlagen einen Bestandteil[388]. Als ein weiterer Maßstab kommt ferner das Verhältnis zwischen erhaltenen und bezahlten Lizenzgebühren in Frage, da Patente und Lizenzen einen Indikator für die Originalität einer Innovation und deren Akzeptanz geben[389].

Hohe Aufwendungen für Forschung und Entwicklung allein erhöhen jedoch nicht automatisch den Unternehmenserfolg. In mehreren Untersuchungen *Albachs* weisen die erfolgreichen Unternehmen vielmehr nur geringfügig über oder sogar unter dem Branchendurchschnitt liegende Forschungs- und Entwicklungsintensitäten auf[390]. Im Rahmen der PIMS-Studie wurde das Ergebnis erzielt, daß hohe Forschungs- und Entwicklungskosten nur bei einem mittleren bis hohen relativen Marktanteil positiv mit dem Unternehmenserfolg korreliert sind[391]. *Fritz* ermittelte einen Zusammenhang zwischen Unternehmensgröße und Innovationsverhalten, wonach sich kleine Unternehmen durch größere Innovativität auszeichnen[392].

---

387 Vgl. *Staudt/ Bock/ Mühlemeyer*, DBW 1990, S. 763-769; *Staudt/ Bock/ Mühlemeyer/ Kriegesmann*, ZfB 1990, S. 1194-1197.

388 Vgl. *Wilde*, Bewertung 1989, S. 80.

389 Vgl. *Levin/ Klevorick/ Nelson/ Winter,* Brookings Papers on Economic Activity 1987, S. 799-805.

390 Vgl. *Albach*, Unternehmenserfolg 1988, S. 75; *Albach/ Bock/ Warnke*, Wachstumsschwellen 1985, S. 242; *o.V.*, Wirtschaftswoche 1984, S. 57.

391 Vgl. *Barzen/ Wahle*, HARVARDmanager 1990, S. 105; *Jacob*, Aufgaben 1983, S. 62; *Jacob*, WISU 1983, S. 263; *Chussil*, R&D 1978.

392 Vgl. *Fritz*, Einflußgrößen 1985, S. 13.

Der Einführung von Neuprodukten wird für den Unternehmenserfolg große Bedeutung beigemessen[393]. Grundvoraussetzung für den Unternehmenserfolg ist es jedoch, daß die Innovationen zum einen als marktreife Produkte realisiert werden und zum anderen vom Markt auch angenommen werden[394]. Es reicht nicht aus, wenn die Überlegenheit eines neuen Produkts nur auf der technischen Ebene besteht, sondern es kommt vielmehr darauf an, daß der Vorteil auch subjektiv vom Kunden wahrgenommen wird[395]. Hier zeichnen sich erfolgreiche Unternehmen dadurch aus, daß sie ihre Aufwendungen für Forschung und Entwicklung kontinuierlich in neue oder weiterentwickelte Produkte umsetzen[396].

Aktionsvariablen „Forschung und Entwicklung“	• Forschungs- und Entwicklungsaufwendungen • Innovationsgrad • Lizenzgebühren • Umsatzanteil neuer Produkte

Tabelle 3: Aktionsvariablen zum Bereich „Forschung und Entwicklung“

(2) Bereich „Beschaffung und Logistik“

Aufgabe des zweiten Unternehmensbereichs der Wertschöpfungskette, der Beschaffung, ist es, den Bedarf an Waren und Leistungen, Anlagegütern und

393 Vgl. *Köhler*, Informationen 1987, S. 79; *Schmalholz*, Innovationen 1985, S. 60-61; *Schnedlitz*, Jahrbuch der Absatz- und Verbrauchsforschung 1985, S. 143; *Booz. Allen & Hamilton*, Products 1982, S. 4.

394 Vgl. *Burkhardt*, TopBusiness 1993, S. 17; *Kotzbauer*, Jahrbuch der Absatz- und Verbrauchsforschung 1992, S. 5.

395 Vgl. *Simon*, Management 1995, S. 51.

396 Vgl. *Burkhardt*, Industriemagazin 1990, S. 21; *Wohlgemuth*, Die Unternehmung 1990, S. 46; *Albach*, Unternehmenserfolg 1988, S. 74; *Clifford/ Cavanagh*, Spitzengewinner 1986, S. 67-68; *Albach/ Bock/Warnke*, Wachstumsschwellen 1985, S. 277; *IKB*, Geschäftsbericht 1984, S. 20.

Energien zu decken[397]. Demnach wird hier nicht nur der Einkauf durchgeführt, sondern auch die Bedarfsermittlung, die Lagerhaltung und die Verteilung an die Verbrauchsorte (Logistik)[398]. Die Beschaffungsaktivitäten einer erfolgreichen Unternehmung dienen zwar nicht der Differenzierung und Abgrenzung von der Konkurrenz, sondern sind ein geeignetes Mittel zur Verbesserung der relativen Kostenposition. *Homburg/ Werner/ Englisch* konstatieren einen Bedeutungszuwachs für den Beschaffungsbereich, der in seiner Effizienz gesteigert werden müsse, um den in Form zunehmenden Konkurrenzdrucks[399], Sättigungserscheinungen auf vielen Märkten und globaler Überkapazitäten[400] veränderten Umweltanforderungen gerecht zu werden[401].

Im Beschaffungsbereich gut wirtschaftende Unternehmen weisen ein dahingehend besseres Vorratsmanagement auf, daß sie keine unverhältnismäßig großen Bestände aufbauen. „Der Anteil der Vorräte am Gesamtkapital ist bei erfolgreichen Unternehmen nur etwa halb so hoch wie im Durchschnitt der Wirtschaft"[402]. Dem entspricht, daß erfolgreiche Unternehmen ihr Warenlager erheblich öfter umschlagen und eine deutlich niedrigere Kapitalbindung im Working Capital aufweisen als andere[403]. Die niedrigen Lagerbestände geben Hinweise auf eine funktionstüchtige und gut organisierte Lagerwirtschaft[404]. Vor diesem Hintergrund können die Risiken im Bereich Beschaffung/ Logistik mit

---

397 Vgl. *Ziegler*, Unternehmerbeurteilung 1984, S. 104.

398 Vgl. *Grochla*, Grundlagen 1992, S. 16.

399 Vgl. *Koppelmann*, Beschaffungsmarketing 1993, S. 2.

400 Vgl. *Arnold*, Beschaffung aktuell 1989; *Simon*, ZfB 1988.

401 Vgl. *Homburg/ Werner/ Englisch*, DBW 1997, S. 49.

402 *Albach*, Unternehmenserfolg 1988, S. 73.

403 Vgl. *IKB*, Geschäftsbericht 1984, S. 25; *Neubauer,* Manager Magazin 1979, S. 159.

404 Vgl. *Koppelmann*, Beschaffungsmarketing 1997, S. 145; *IKB*, Geschäftsbericht 1984, S. 25; *Lehner*, Unternehmensanalyse 1984, S. 116-117; *Roberts*, Capital 1981, S. 2.

Hilfe der Kennzahlen Lagerumschlag und Investmentintensität in Working Capital erfaßt werden.

Aktionsvariablen „Beschaffung/Logistik“	• Lagerumschlag • Investmentintensität (Working Capital)

Tabelle 4: Aktionsvariablen zum Bereich „Beschaffung/ Logistik“

(3) Bereich „Produktion“

Der Produktionsbereich umfaßt alle Aktivitäten, die mit der Erstellung der betrieblichen Leistung in Zusammenhang stehen[405]. Für diesen Bereich ist ein Wandel seiner strategischen Bedeutung vom kostenminimierenden Produktivitätsbereich hin zum nutzenmaximierenden Wettbewerbsbereich zu beobachten[406].

Empirischen Untersuchungen zufolge gilt, daß erfolgreiche Unternehmen das für sie beste Verhältnis von zugekauften zu selbsterstellten Leistungen finden[407]. So sind nach PIMS erfolgreiche Unternehmen entweder sehr schwach oder sehr stark rückwärts integriert[408]. Zudem weisen diese Unternehmen die höchsten Investment- und Abschreibungsintensitäten im Sachanlagevermögen auf[409]: „Erfolgreiche Unternehmen legen die Fertigungsprozesse also eher kapitalintensiv aus, sie investieren mehr in die Fertigungstechnologie, selbst auf die Gefahr hin, daß die Effektivität ihres Kapitaleinsatzes unter der weniger er-

---

405 Vgl. *Gutenberg*, Grundlagen 1983, S. 2.

406 Vgl. *Hoitsch/ Lignau*, WiSt 1995, S. 390; *Hoitsch*, Controlling 1989, S. 159.

407 Vgl. zur Gestaltung der optimalen Leistungstiefe *Betz*, DBW 1996.

408 Vgl. *Buzzell/ Gale*, PIMS-Programm 1989, S. 142-144; *Neubauer,* Manager Magazin 1979, S. 158.

409 Vgl. *Zäpfel/ Brunner*, ZfB 1985.

folgreicher Firmen liegt"[410]. Demnach verfügen diese Unternehmen über moderne Fertigungsverfahren und eine gute maschinelle Ausstattung[411]. Auch die PIMS-Studie ermittelte in der Neuheit der Anlagen und Ausrüstung einen der fünf wichtigsten Einflußfaktoren auf die Unternehmensrentabilität[412].

Moderne Fertigungsverfahren und gute maschinelle Ausstattung gehen bei erfolgreich wirtschaftenden Unternehmen mit einer verringerten Materialintensität einher[413]. Den effizienten Einsatz der vorhandenen Betriebsmittel kennzeichnen darüber hinaus auch ein hoher Auslastungsgrad der Maschinen[414] und optimierte Produktionsabläufe[415], die ihren Ausdruck in geringen anteiligen Transportzeiten finden[416]. Fehlerhaft spezifizierte Produkte führen zu zusätzlichen Kosten, so daß Unternehmen mit einem hohen Anspruch an die Qualität ihrer Produkte, das Ziel verfolgen, den Anteil mangelhafter Produkte so gering wie möglich zu halten[417].

---

410 *Albach*, Unternehmenserfolg 1988, S. 73, Vgl. auch *Albach/ Bock/ Warnke*, Wachstumsschwellen 1985, S. 223, *o.V.*, Wirtschaftswoche 1984, S. 58.

411 Vgl. *Albach/ Bock/ Warnke*, Wachstumsschwellen 1985, S. 227; *IKB*, Geschäftsbericht 1984, S. 25.

412 Vgl. *Buzzell/ Gale*, PIMS-Programm 1989, S. 45; *Schoeffler*, Productivity 1979.

413 Vgl. *Albach*, Unternehmenserfolg 1988, S. 73; ähnlich *IKB*, Geschäftsbericht 1984, S. 23.

414 Vgl. *Wohlgemuth*, Die Unternehmung 1990, S. 46; *Albach/ Bock/ Warnke*, Wachstumsschwellen 1985, S. 173.

415 Vgl. *Ziegler*, Unternehmerbeurteilung 1984, S. 115.

416 Vgl. *Sauerbrey*, ERFOLG-magazin 1993, S. 18; *Hildebrandt*, ZfB 1992, S. 1074.

417 Vgl. *Adamer/ Hinterhuber/ Kaindl*, der markt 1993, S. 10; *IKB*, Geschäftsbericht 1984, S. 23.

Maßgeblich für den unternehmerischen Erfolg ist schließlich die Flexibilität eines Unternehmens in der Fertigung[418]. Erfolgreiche Unternehmen sind infolge technisch hochwertiger und variabel einsetzbarer Maschinen rasch in der Lage, auf Änderungen in der Nachfrage nach ihren Produkten zu reagieren und die Fertigung entsprechend umzustellen[419]. Vor diesem Hintergrund stellt die Flexibilität des Unternehmens in der Produktion einen Erfolgsfaktor dar, der in Kenngrößen wie den Umrüstzeiten zum Ausdruck kommt.

Aktionsvariablen „Produktion"	• Integrationsgrad • Investmentintensität (Sachanlagen) • Abschreibungsintensität • Materialintensität • Auslastung • Transportzeiten • Fehlerhafte Spezifikationen • Umrüstzeiten

Tabelle 5: Aktionsvariablen zum Bereich „Produktion"

(4) Bereich „Marketing und Vertrieb"

Marketing ist die steuernde Funktion zur Ausrichtung aller einzelwirtschaftlichen Aktivitäten am Markt[420]. In diesem Bereich sind bei erfolgreichen Unternehmen relativ hohe Aufwendungen zu beobachten[421]. Eine Variable, die ge-

418 Vgl. *Pyttlik*, Business Computing 1995, S. 32; *Buzzell/ Gale*, PIMS-Programm 1989, S. 161; *Gäbler,* Investitionen 1989, S. 100-101; *Gottschlich*, Führung 1989, S. 244; *Hoffmann*, ZfbF 1986, S. 841; *o.V.*, Wirtschaftswoche 1984, S. 58.

419 Vgl. *Albach/ Bock/ Warnke*, Wachstumsschwellen 1985, S. 282.

420 Vgl. *Nieschlag/ Dichtl/ Hörschgen*, Marketing 1997, S. 18.

421 Vgl. *Barzen/ Wahle*, HARVARDmanager 1990, S. 104; *o.V.*, Wirtschaftswoche 1984; *Farris/ Reibstein*, Harvard Business Review 1979, S. 173-174.

eignet ist, zudem die Effizienz dieser Aufwendungen zu messen, ist der Bekanntheitsgrad des Unternehmens oder seiner Produkte bei seinen potentiellen Abnehmern. Demnach sind erfolgreiche Unternehmen fast allen ihren potentiellen Kunden ein Begriff[422].

Nach den Erkenntnissen vieler Studien kommt dem Qualitätsniveau der angebotenen Produkte und Leistungen besondere Bedeutung für den Unternehmenserfolg zu[423]. Die überdurchschnittlich erfolgreichen Unternehmen bieten nämlich ihren Kunden fast ausnahmslos ein Produkt oder eine Dienstleistung „von besserer Qualität als der Branchendurchschnitt"[424]. Die vom Kunden als überlegen wahrgenommene Qualität bildet somit den Erfolgsfaktor Nummer eins[425]. Nach den Ergebnissen der PIMS-Studie wirkt hohe Qualität mehrfach positiv auf den Unternehmenserfolg[426]. Höhere Qualität erlaubt die Durchsetzung höherer Preise und führt damit bei annähernd gleichen Kosten zu größerer Rentabilität. Auch kann der Preisaufschlag in Forschung und Entwicklung investiert werden, um auf diese Weise künftige Qualität und Marktanteile zu sichern. Wird für das überlegene Produkt vom Kunden ein der Konkurrenz vergleichbarer Preis verlangt, kann das bessere Preis-Leistungs-Verhältnis die künftige Position durch Marktanteilsgewinne stärken. Auch *Porter* sieht im Mehrwert eines

---

422 Vgl. *Nieschlag/ Dichtl/ Hörschgen*, Marketing 1997, S. 647-649; *Schneider*, Marktforschung & Management 1989, S. 105-106; *Gorn/ Goldberg*, Journal of Consumer Research 1980; *Bergler*, Glaubwürdigkeit 1965.

423 Vgl. *Peters/ Waterman*, Search 1995, S. 171-173; *Peters*, Wirtschaftswoche 1991, S. 70; *Burkhardt*, Industriemagazin 1990, S. 20; *Gottschlich*, Führung 1989, S. 284; *Stärkle/ Perich*, Die Unternehmung 1987, S. 320; *Clifford/ Cavanagh*, Spitzengewinner 1986, S. 99; *Peters/ Austin*, Leistung 1986, S. 81; *Pümpin*, Management 1986, S. 46-47; *Albach/ Bock/ Warnke*, Wachstumsschwellen 1985, S. 237.

424 *Clifford/ Cavanagh*, Spitzengewinner 1986, S. 99.

425 Vgl. *o.V.*, Blick durch die Wirtschaft 1989, S. 7. Zum Ergebnis, daß die Qualität einen wichtigen Erfolgsfaktor darstellt, kommt auch die PIMS-Studie, vgl. hierzu *Barzen/ Wahle*, HARVARDmanager 1990, S. 103; *Buzzell/ Gale*, PIMS-Programm 1989, S. 7; *Luchs/ Müller*, Strategische Planung 1985, S. 85-86.

426 Vgl. *Buzzell/ Gale*, PIMS-Programm, S. 92.

qualitativ höherwertigen Produkts den ausschlaggebenden Grund für die Bereitschaft der Kunden, einen Preisaufschlag zu bezahlen[427], zumal zwischen Kundenzufriedenheit und Qualität ein von *Booz. Allen & Hamilton* nachgewiesener Zusammenhang besteht[428]. Vor diesem Hintergrund bieten die erfolgreichen Unternehmen ihre Produkte auf einem vergleichsweise hohen Preisniveau an[429]. Sie vermeiden Preisnachlässe in Form unüblicher Skonti, Boni und Rabatte oder Anpassungen im Zeitverlauf[430].

Der zentrale Indikator für Qualität ist für Kunden die regelmäßige Produktveränderung. Sie gewährleistet, daß es sich um zeitgemäße, moderne und den letzten Entwicklungen entsprechende Produkte handelt[431]. Starken Einfluß auf den Eindruck des Kunden von der angebotenen Qualität hat zudem ein hoher Lieferbereitschaftsgrad des Unternehmens[432]. Zusammen mit der Termintreue macht die aus der permanenten Lieferbereitschaft resultierende Lieferschnelligkeit einen wesentlichen Erfolgsfaktor der betreffenden Firmen aus[433]. Bei erfolgreichen Unternehmen werden die Produkte ohne bedeutsame Distributionsfehler, die die Form von überschrittenen Lieferzeiten oder Falschlieferungen annehmen können, ausgeliefert[434]. Unternehmen, die Nähe zum Kunden errei-

---

427 Vgl. *Porter*, Wettbewerbsvorteile 1992, S. 179.

428 Vgl. *o.V.*, absatzwirtschaft 1985, S. 136.

429 Vgl. *Peters*, Wirtschaftswoche 1991, S. 70; *Burkhardt*, Industriemagazin 1990, S. 20; *Wohlgemuth,* Unternehmungsdiagnose 1989, S. 227.

430 Vgl. *Gottschlich*, Führung 1989, S. 282.

431 Vgl. *Adamer/ Hinterhuber/ Kaindl*, Markenartikel 1993, S. 459.

432 Vgl. z.B. *Nieschlag/ Dichtl/ Hörschgen*, Marketing 1997, S. 504; *Burkhardt*, Industriemagazin 1990, S. 20-21; *Staerkle/ Perich*, Die Unternehmung 1987, S. 321; *o.V.*, Wirtschaftswoche 1984, S. 58.

433 Vgl. *Porter*, Wettbewerbsvorteile 1992, S. 167; *Leder*, Blick durch die Wirtschaft 1991, S. 7.

434 Vgl. *Nieschlag/ Dichtl/ Hörschgen*, Marketing 1997, S. 505, die darauf hinweisen, daß die Akquisition eines Auftrags oftmals weniger von der Preiswürdigkeit und Qualität eines Angebots abhängt als von der Schnelligkeit, mit der geliefert werden kann.

chen wollen[435], bieten zudem auch Serviceleistungen wie Kundendienst und Wartung an[436]. Schnelligkeit und Zuverlässigkeit in diesem Bereich gelten immer mehr als ausschlaggebendes Argument für die Kaufentscheidung[437]. Demnach erwirtschaften die erfolgreichen Unternehmen ihre Umsätze nicht nur durch das Absetzen ihrer eigentlichen Produkte, sondern auch durch daran anknüpfende Aktivitäten wie Wartung und Beratung, wodurch sie zudem zusätzliche Kundennähe erreichen[438].

Aktionsvariablen „Marketing und Vertrieb“	• Marketingaufwendungen • Bekanntheitsgrad • Preisspielraum • Preisanpassungen • Distributionskosten • Fehler in der Distribution • Häufigkeit von Produktänderungen • Umsatzaufgliederung nach Leistungen

Tabelle 6: Aktionsvariablen zum Bereich „Marketing und Vertrieb“

---

435 Vgl. *Rummler/ Brache,* Improving 1990, S. 34-35.

436 Vgl. *Peters/ Waterman*, Suche 1997, S. 158-161; *Waterman*, Suche 1996; *Peters/ Austin*, Leistung 1993, S. 143; *Müller*, Blick durch die Wirtschaft 1991, S. 7; *Peters*, Wirtschaftswoche 1991, S. 70; *Staerkle/ Perich*, Die Unternehmung 1987, S. 320-321; *Clifford/ Cavanagh*, Spitzengewinner 1986, S. 99; *Albach/ Bock/ Warnke*, Wachstumsschwellen 1985, S. 274; *IKB*, Geschäftsbericht 1984, S. 25; *o.V.*, Wirtschaftswoche 1984, S. 58.

437 Vgl. *Stalk/ Hout*, Zeitwettbewerb 1990.

438 Vgl. *Gierl*, absatzwirtschaft 1991, S. 86.

(5) „Unterstützende Bereiche“

Die unterstützenden Bereiche sind bei *Porter* dadurch gekennzeichnet, daß sie nicht direkt in den wertschöpfenden Prozeß der Unternehmung eingreifen, sondern diesem vielmehr Ressourcen wie Personal und Kapital zur Verfügung stellen sowie Aufbau und Ablauf des Unternehmensgeschehens regeln[439].

Effizientes Personalmanagement[440] ist für den nachhaltigen Unternehmenserfolg von hoher Bedeutung[441]. Investitionen in Humankapital haben weitreichende Auswirkungen auf den Erfolg einer Unternehmung, da die mit der Personalausstattung verbundenen Kosten erlösschmälernd wirken und der Einsatz von Arbeitskräften den wirtschaftlichen Erfolg erhöhen kann[442]. Diese Personalarbeit findet Ausdruck in Größen zur Entwicklung der Beschäftigtenzahl[443] und den Aufwendungen für die betriebliche Weiterbildung. In diesem Zusammenhang ist zum Beispiel bekannt, daß bei erfolgreichen Unternehmen die Aufwendungen für Schulungen, die Intensität des Personalaufwands und der Anteil der Mitarbeiter, die an betrieblichen Weiterbildungsmaßnahmen teilnehmen, höher sind als das bei weniger erfolgreichen in aller Regel der Fall ist[444]. Der zielgerichtete Ausbau und Erhalt des qualifikatorischen Potentials der Arbeitskräfte trägt in bedeutendem Ausmaß zum unternehmerischen Erfolg bei[445]. Maßnahmen der Aus- und Weiterbildung qualifizieren das Personal für die betrieblichen

---

439 Vgl. *Porter*, Wettbewerbsvorteile 1992, S. 65.

440 Vgl. *Wieczorek*, Integration 1989, S. 109, der vom zentralen Erfolgsfaktor „Mensch“ spricht.

441 Vgl. *Porter*, Wettbewerbsvorteile 1992, S. 70.

442 Vgl. *Alewell*, Arbeitsmärkte 1993; *Flohr*, Fungibilität 1984; *Sadowski*, Bildung 1980.

443 Vgl. *Burkhardt/ Maier*, TopBusiness 1993, S. 20.

444 Vgl. *Albach*, Unternehmenserfolg 1988, S. 74, siehe auch *Steiner*, Die Bank 1992, S. 216; *Wieselhuber/ Spannagl*, Industriemagazin 1988, S. 174; *Meffert*, Erfolgsfaktoren 1987, S. 43.

445 Vgl. *Spengler*, ZfB 1996, S. 284.

Aufgaben und erhöhen die individuelle Leistungsfähigkeit eines Mitarbeiters[446]. Zudem wirken sich Weiterbildungsmaßnahmen positiv auf die individuelle Leistungsbereitschaft aus[447], indem sie Zufriedenheit und das Engagement der Mitarbeiter erhöhen[448]. Infolge der erhöhten Motivation, die als Voraussetzung für den Aufbau von Erfolgspotentialen angesehen wird[449], ist bei Unternehmen, die über zufriedene und engagierte Mitarbeiter verfügen, die Krankheits- und Fluktuationsquote gering[450].

Was die Organisation betrifft, so zeichnen sich erfolgreiche Unternehmen durch einen einfachen Aufbau und die Beschränkung auf wesentliche Elemente aus[451]. Hier gibt es kaum Stabsstellen oder Stellen[452], die mit ganz speziell ausgebildeten Mitarbeitern besetzt sind und auch nur von diesen ausgefüllt werden können[453]. Auch sind die Leitungsspannen tendenziell kleiner[454].

---

446 Vgl. *Scholz*, Personalmanagement 1994, S. 134-135; *Marr/ Stitzel*, Personalwirtschaft 1979, S. 67.

447 Vgl. *Berthel*, ZfbF 1973, S. 384-391.

448 Vgl. *Burkhardt*, Industriemagazin 1990, S. 19; *Hofmann*, ZIR 1990, S. 224; *Clifford/ Cavanagh*, Spitzengewinner 1986, S. 35-36.

449 Vgl. *Sparberg*, DBW 1985, S. 607.

450 Vgl. *Wohlgemuth*, Unternehmungsdiagnose 1989, S. 210-215; *Ziegler*, Unternehmerbeurteilung 1984, S. 175; *Gray*, The Internal Auditor 1983, S. 32.

451 Vgl. *Staerkle*, Organisationskonzeptionen 1988, S. 3, ähnlich auch *Peters/ Waterman*, Suche 1997, S. 306-311; *Waterman*, Suche 1996; *Burkhardt/ Maier*, TopBusiness 1993, S. 20; *Holz*, Innovation 1989, S. 49; *Clifford/ Cavanagh*, Spitzengewinner 1986, S. 132.

452 Vgl. *Schanz*, Organisationsgestaltung 1994, S. 104.

453 Vgl. *Staerkle*, Organisationskonzeptionen 1988, S. 3, siehe auch *Küffner*, Europa 1987, S. 32, *Clifford/ Cavanagh*, Spitzengewinner 1986, S. 133. Zu Professionalisierung vgl. *Kubicek/ Welter*, Messung 1985, S. 1096-1097.

454 Vgl. *Wohlgemuth*, Die Unternehmung 1990, S. 45.

Die finanzielle Führung des Unternehmens kann mit Hilfe von Kennzahlen zum Jahresabschluß beurteilt werden[455]. Danach wird die Effizienz, mit der das Kapital im Unternehmen eingesetzt ist, in erster Linie anhand der Rentabilität des Eigenkapitals, der Rentabilität des Gesamtkapitals und der Umschlagshäufigkeit des Kapitals gemessen. Wie gut andererseits das Unternehmen dazu in der Lage ist, die für seinen Fortbestand notwendige Liquidität aufrechtzuerhalten, ergibt sich bei einer Orientierung an Bestandsgrößen aus der Liquidität der Vermögenswerte und einer horizontalen oder vertikalen Strukturanalyse des Kapitals[456]. Hierzu ist bekannt, daß die Finanzierung erfolgreicher Unternehmen gekennzeichnet ist durch Eigenkapitalquoten, die das jeweilige Branchenniveau deutlich übertreffen[457]. Die Orientierung an Stromgrößen führt zu der Analyse des Cash flow[458]. In diesem Zusammenhang gibt der dynamische Verschuldungsgrad als Relation den Zeitraum in Jahren an, der notwendig ist, um die Nettoschulden einer Unternehmung aus dem Finanzmittelüberschuß zu tilgen[459]. Je kleiner dieser Zeitraum ist, um so schneller ist das Unternehmen in der Lage, den Betrag seiner Nettoschulden aus dem Cash Flow zu tilgen. Damit verbessert sich seine finanzwirtschaftliche Position mit abnehmender Verschuldung. Andererseits bleiben Erfolgschancen zunehmend ungenutzt.

---

[455] Vgl. *Jacobs*, Bilanzanalyse 1994.

[456] Vgl. *Baetge/ Siefke,* BBK 1996, Fach 19, S. 349-352

[457] Vgl. *Baetge,* WPg 1994, S. 7; *Baetge*, ZfbF 1989, S. 804; *Wieselhuber/ Spannagl*, Industriemagazin 1988b; S. 34; *Albach/ Hunsdiek/ Kokalj*, Finanzierung 1986, S. 32; *Albach/ Bock/ Warnke*, Wachstumsschwellen 1985, S. 173; *IKB*, Geschäftsbericht 1984, S. 24; *Ziegler*, Unternehmerbeurteilung 1984, S. 179; *Albach*, Versorgung 1983, S. 32.

[458] Vgl. *Gale/ Branch*, Harvard Business Review 1981; *Gale/ Branch*, Harvard Business Review 1980.

[459] Vgl. *IFAC*, Introduction 1995, S. 10-11.

Aktionsvariablen „Unterstützender Bereich“	• Stellenauf-/ -abbau • Schulungsaufwendungen • Personalintensität • Betriebliche Weiterbildung • Krankheitsquote • Fluktuationsrate • Stabsstellen • Professionalisierung • Leitungsintensität • Eigenkapitalrentabilität • Gesamtkapitalrentabilität • Kapitalumschlag • Liquidität • Eigenkapitalquote • Dynamischer Verschuldungsgrad

Tabelle 7: Aktionsvariablen zum „Unterstützenden Bereich“

c) Die unternehmensexternen Risikofaktoren

Nach dem Wettbewerbsmodell ist die Analyse des Unternehmenserfolgs auf die strategische Ausrichtung von Unternehmen innerhalb der für sie bedeutsamen Branche zu beziehen[460]. Damit können die Faktoren, die den wirtschaftlichen Erfolg und das Risiko eines Unternehmens ausmachen, nicht isoliert miteinander verglichen werden, sondern müssen im Zusammenhang mit den Anforderungen gesehen werden, die sich aus den Merkmalen seines spezifischen Umfelds ergeben[461]. Zudem ist nach den Ergebnissen zahlreicher empirischer Stu-

---

[460] Vgl. *Porter*, Wettbewerbsvorteile 1992, S. 22-29.

[461] Vgl. *Green/ Barcley/ Ryans,* Journal of Marketing 1995, S. 1-16; *Kalyanaram/ Robinson/ Urban,* Marketing Science 1995, S. 212-221; *Kerin/ Varadarajan/ Peterson,* Journal of

dien, in denen der Einfluß unternehmensspezifischer Faktoren kontrolliert wurde und trotzdem ein signifikanter Einfluß wettbewerbs- und marktbezogener Faktoren vorlag[462], davon auszugehen, daß der Unternehmenserfolg vom Management beobachtbarer umfeldbezogener und unternehmensindividueller Faktoren gleichermaßen abhängig ist[463].

Im *Porterschen* Wettbewerbsmodell wird die Branche durch die „fünf Wettbewerbskräfte" beschrieben. Diese Kräfte bestehen in der Rivalität unter den bestehenden Wettbewerbern, der Verhandlungsstärke von Kunden und von Lieferanten, in der Wahrscheinlichkeit des Markteintritts neuer Anbieter sowie der Gefahr durch Ersatzprodukte und bestimmen gemeinsam die Wettbewerbsintensität.

Rivalität unter den bestehenden Konkurrenten entsteht, weil sich Konkurrenten zu Positionskämpfen gedrängt fühlen oder im aggressiven Wettbewerb eine Möglichkeit sehen, ihre relative Position am Markt zu verbessern[464]. Durch kämpferisches Verhalten sollen Konkurrenten vom Markt verdrängt werden, um so selbst zu einer Monopolstellung zu gelangen[465]. In diesem Zusammenhang unterbieten Unternehmen ihre Konkurrenz durch drastische Preissenkungen oder versuchen, sich durch erhöhte Innovationstätigkeit von den anderen abzu-

---

Marketing 1992, S. 235-250; *Robinson/ Fornell/ Sullivan,* Strategic Management Journal 1992, S. 609-624; *Moore/ Boulding/ Goodstein,* Journal of Marketing Research 1991, S. 97-104; *Lambkin,* Strategic Management Journal 1988, S. 5-22; *Lieberman/ Montgomery,* Strategic Management Journal 1988, S. 41-58.

462 Vgl. z.B. *Boulding/ Staelin*, Marketing Science 1993; *Erickson/ Jacobson*, Management Science 1992.

463 Vgl. *Hildebrandt/ Annacker*, ZfB 1996, S. 1410.

464 Vgl. *Porter*, Wettbewerbsstrategie 1995, S. 42.

465 Vgl. *Vidal*, ZfB 1996, S. 147-165.

heben[466]. Hintergrund intensiver Rivalität ist der Wettbewerb zwischen einer Vielzahl einander ebenbürtiger Anbieter. Ist die Branche hingegen durch hohe Konzentrationen im Anbieterbereich oder die Dominanz weniger Anbieter gekennzeichnet, ist die Rivalität geringer[467]. In diesen Fällen kommt es manchmal zu kurzen Preiskämpfen, die jedoch nach kurzer Zeit beendet sind, da sich die Beteiligten dann an die neuen, den Preiswettbewerb auslösenden Bedingungen angepaßt haben[468]. Erfolgreichen Unternehmen gelingt es sogar, sich an Preiskämpfen - wenn überhaupt - nur in einem so geringen Ausmaß zu beteiligen, daß sie weiterhin ihre höheren relativen Preise am Markt durchsetzen[469]. Kenngrößen zur Beschreibung der Rivalität sind demnach die Anbieterkonzentration, der relative Marktanteil und der Marktanteilsrang[470].

Auch verlangsamtes Marktwachstum wirkt verstärkend auf die zu beobachtende Rivalität[471]. Die Höhe des Marktwachstums stellt nämlich ein wichtiges Kriterium bei der Auswahl attraktiver neuer Geschäftsfelder dar, wodurch hohe Wachstumsraten den Eintritt neuer Wettbewerber fördern[472]. Darüber hinaus wirkt hohes Marktwachstum positiv auf den Unternehmenserfolg[473]. Da das Marktwachstum mit dem Alter und dem Entwicklungsstand des Markts zum

---

466 Vgl. *Nieschlag/ Dichtl/ Hörschgen* 1997, S. 919; *Fritz,* Marketing 1989; *Pernicky*, Wirtschaftswoche 1987, S. 95-97.

467 Vgl. *Dürr,* Konjunktur 1981, S. 37.

468 Vgl. *Nieschlag/ Dichtl/ Hörschgen* 1997, S. 301.

469 Vgl. *Jacobson/ Aaker*, Journal of Marketing 1987.

470 Vgl. *Buzzell/ Gale*, PIMS-Programm 1989, S. 65-66.

471 Vgl. *IFAC, International Auditing Practices Committee*, Standard 1991; *Wolfe/ Smith*, The CPA Journal 1988, S. 50; *Meffert*, Marketingstrategien 1985, S. 476; *Brewer*, Nature 1981, S. 29.

472 Vgl. *Yip*, Barriers 1982, S. 130; *Porter,* The Review of Economics and Statistics 1974, S. 432.

473 Vgl. *Bass/ Cattin/ Wittink,* Journal of Marketing Research 1978, S. 3-10; *Porter,* The Review of Economics and Statistics 1974, S. 431; *Rhoades,* Journal of Industrial Economics 1970, S. 82-88; *George,* The Review of Economics and Statistics 1968, S. 272-275.

Stillstand kommt und schließlich beginnt abzunehmen[474], gibt auch der Entwicklungsstand eines Markts einen Hinweis auf die Rivalität unter den Anbietern. Nach dem Lebenszykluskonzept folgt die Marktentwicklung einem allgemein gültigen Muster[475], wobei die frühen Phasen gekennzeichnet sind durch starke, aber sprunghafte Wachstumsraten. Auch später ist ein weiterhin rasches Wachstum zu beobachten, das jedoch mit der Reifung des Markts in einen stabilen Zustand übergeht und irgendwann zurückgeht[476].

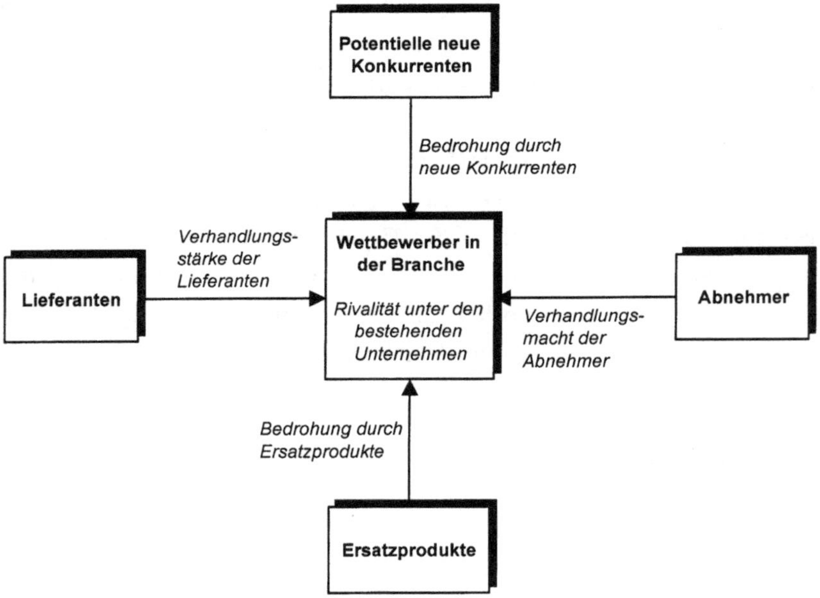

Abbildung 3: Fünf Wettbewerbskräfte
In Anlehnung an *Porter*, Wettbewerbsstrategie 1992, S. 23.

---

474 Vgl. *Buzzell/ Gale*, PIMS-Programm 1989, S. 48-52.

475 Vgl. für einen Überblick zu diesem Konzept *Koppelmann,* Marketing 1997, S. 160-161; *Kotler/ Bliemel,* Marketing-Management 1992, S. 542; *o. V.*, Journal of Marketing 1981.

476 Vgl. *Ropella,* Synergie 1989, S. 37; *Miller/ Guiniven/ Camp,* Keys 1985, S. 1.

Die Abnehmer verstärken den Wettbewerbsdruck in einer Branche, indem sie versuchen, die Preise zu drücken, die Anbieter gegeneinander auszuspielen und höhere Qualität oder Zusatzleistungen verlangen. Die Wettbewerbskraft der Abnehmer ist besonders stark, wenn sich die Nachfrage auf wenige Abnehmer konzentriert, auf die ein Großteil des Umsatzes der Anbieter entfällt[477]. Handelt es sich bei den Einkäufen um große Aufträge oder machen die beschafften Produkte für den Kunden einen bedeutsamen Teil seiner Gesamtausgaben aus, geht der Kunde beim Einkauf gezielter vor, legt mehr Wert auf Verhandlungen und verstärkt somit den Druck auf das anbietende Unternehmen[478]. Genauso stellen die Lieferanten einen starken Wettbewerbsfaktor dar, wenn sich ihr Angebot auf wenige Anbieter beschränkt[479].

Die Gefahr des Markteintritts neuer Konkurrenten hängt von existierenden Eintrittsbarrieren ab[480]. Sind diese Barrieren hoch, ist die Gefahr eines Eintritts gering. Die Tatsache, daß in den vorangehenden drei Jahren Konkurrenten mit einem Marktanteil von wenigstens 5 v.H. in den Absatzmarkt eingetreten sind oder den Markt verlassen haben, beschreibt das Bestehen und die Höhe von Ein- und Austrittsbarrieren. Eine große Anzahl eingetretener oder ausgeschiedener Konkurrenten spricht für das Vorhandensein nur geringer Ein- und Austrittsschranken[481].

Alle Unternehmen einer Branche sind schließlich dem Wettbewerb mit Branchen ausgesetzt, die Ersatzprodukte (Substitute) herstellen. Bei der Operationalisierung

---

477 Vgl. *Leichti*, The Practical Accountant 1986, S. 62.

478 Vgl. *Buzzell/ Gale*, PIMS-Programm 1989, S. 56; *Cowley*, Strategic Management Journal 1988, S. 272; *Hagerty/ Carman/ Russell*, Journal of Marketing Research 1988, S. 3-4.

479 Vgl. *CICA*, Handbook 1988, Rz. 04.

480 Vgl. *Kerin/ Varadarajan/ Peterson,* Journal of Marketing 1992, S. 235-250; *Schewe,* Imitationsmanagement 1992.

481 Vgl. ähnlich hierzu *Johnson/ Kaplan*, Auditing: A Journal of Practice & Theory 1991, S. 100.

dieser Wettbewerbskraft stößt man jedoch auf Schwierigkeiten, da unter Substituten nicht nur solche Produkte verstanden werden, die die gleiche Funktion erfüllen, sondern auch ganz andere, die aufgrund von Budgetrestriktionen mit dem betrachteten Gut in totale Konkurrenz treten. Auf die Erfassung dieser Wettbewerbskraft muß aus diesem Grunde verzichtet werden. Insgesamt werden die unternehmensexternen Risikofaktoren damit durch den folgenden Merkmalskatalog abgebildet.

Situationsvariablen	• Relativer Preis • Relative Innovationstätigkeit • Anbieterkonzentration • Relativer Marktanteil • Marktanteilsrang • Marktwachstum • Marktentwicklung • Kundenkonzentration • Typische Auftragsgröße • Produktbedeutung • Lieferantenkonzentration • Markteintritt • Marktaustritt

Tabelle 8: Situationsvariablen der Unternehmensumwelt

III. Beschreibung der Datenbasis zur Aufstellung des Risikenzusammenhangs

A. Die Stichprobe

1. Durchführung der Datenerhebung

Die empirische Datenbasis, auf die im folgenden zur Überprüfung der postulierten Risikenzusammenhänge zurückgegriffen wird, wurde durch eine Primärerhebung beschafft und durch einige sekundärstatistische Analysen vorbereitet und ergänzt[482].

Zur Vorbereitung der Primärerhebung wurden einige sekundärstatistische Recherchen angestellt, die der Gewinnung einer Vorstellung über die Größe und Struktur der Grundgesamtheit, prüfungspflichtige Unternehmen des produzierenden Gewerbes in der Bundesrepublik Deutschland, dienten. Als sekundärstatistische Informationsquellen kamen dabei neben den Aufzeichnungen zur Mandantenstruktur des beteiligten Kooperationspartners und den Arbeitspapieren aus abgeschlossenen Abschlußprüfungen die einschlägigen Veröffentlichungen des Statistischen Bundesamtes[483] in Betracht. Diesen Informationsquellen konnten jedoch lediglich globale Merkmale der Grundgesamtheit entnommen werden wie die Verteilung der einzelnen Unternehmen auf bestimmte Betriebsgrößenklassen und Wirtschaftszweige.

Aber auch zur Ergänzung der Primärerhebung wurde auf sekundärstatistische Daten zurückgegriffen, indem zahlreiche Informationen über grundlegende

---

[482] Vgl. *Nieschlag/ Dichtl/ Hörschgen*, Marketing 1997, S. 681.

[483] Vgl. *Statistisches Bundesamt*, Jahrbuch 1997; *Statistisches Bundesamt*, Gewerbe 1997.

Merkmale der Unternehmen zur Entlastung der Primärerhebung der Wirtschaftsdatenbank des Hoppenstedt-Verlags[484] entnommen wurden.

Für die noch anzustellende empirische Überprüfung der postulierten Zusammenhänge war es unerläßlich, eine Datenerhebungsmethode zu wählen, die verwertbare Ergebnisse zu erzielen versprach. In dieser Hinsicht boten sich die schriftliche und die persönliche Befragung der Mitglieder von Unternehmensleitungen an. Als Vorzug der schriftlichen Befragung wird angesehen, daß der Einfluß des Interviewers auf die Befragungssituation entfällt und damit jene Forschungsartefakte vermieden werden können, die sich aus dem Interviewereinfluß ergeben[485]. Jedoch scheinen besonders in Anbetracht der mit der vorliegenden Untersuchung zu erhebenden, sehr vertraulichen Informationen die Nachteile dieser Befragungsmethode zu überwiegen. Zu den zentralen Problemen der Methode der schriftlichen Befragung zählen das Kommunikations- und das Repräsentanzproblem[486]. Ein Kommunikationsproblem der schriftlichen Befragung kann zum einen aus der Tatsache entstehen, daß die Auskunftspersonen zur Klärung keine Rückfragemöglichkeit bei einem Interviewer haben, wodurch die Anforderungen an die Verständlichkeit und Transparenz der Fragebogengestaltung erhöht werden. Zum anderen entfallen die Möglichkeiten der Intervieweranweisung im Sinne des erwünschten steuernden Eingriffs in den Befragungsablauf sowie ferner die Kontrollmöglichkeit des Interviewers während der Befragung[487].

---

484 Vgl. *Hoppenstedt Verlag GmbH*, Bilanzdaten 1996.

485 Vgl. *Hippler*, Planung und Analyse 1988, S. 244; *Bungard/ Lück*, Forschungsartefakte 1974, S. 73.

486 Vgl. *Nötzel*, Planung und Analyse 1987, S. 151-152; *Hafermalz*, Befragung 1976, S. 22-38; *Kanuk/ Berenson*, Journal of Marketing Research 1975, S. 440.

487 Vgl. *Hafermalz*, Befragung 1976, S. 33-38; *Scheuch*, 1974, S. 124-125.

Das Repräsentanzproblem schriftlicher Befragung hat zwei zentrale Ausprägungen im Response- und im Identitätsproblem[488]. Das Responseproblem besteht zunächst darin, daß die Rücklaufquote einer außerordentlich großen Schwankungsbreite unterliegt, die zwischen 10 und 90 v.H. betragen kann[489] und wobei niedrige Rücksenderaten deutlich öfter auftreten als hohe. Die Besonderheiten der schriftlichen Befragung begründen zudem das Risiko, daß die Adressaten des Fragebogens diesen nicht selbst ausfüllen.

Aus den angeführten Gründen und in Anbetracht der besonderen Vertrauensstellung eines Abschlußprüfers bei seinem Mandanten wurden die Informationen zu den verschiedenen Wertschöpfungsaktivitäten und den Markt- sowie Wettbewerbsgegebenheiten in persönlichen Befragungen erhoben. Von diesem Vorgehen wurde neben einer erhöhten Akzeptanz bei den Beteiligten auch erwartet, daß sich eine solche persönliche Befragung effizienter gestalten läßt als in schriftlicher Form, da viele Informationen infolge großer Detailkenntnisse über das Geschäft des Mandanten beim Abschlußprüfer ohnehin vorhanden sind und daher nicht nochmals zu erfragen sind.

2. Stichprobe der Untersuchung

a) Zusammensetzung der Stichprobe

Die Grundgesamtheit der Untersuchung bilden alle prüfungspflichtigen Unternehmen des verarbeitenden Gewerbes in der Bundesrepublik Deutschland in den vom Statistischen Bundesamt festgelegten vier Industriezweigen des Grundstoff- und Produktionsgütergewerbes, des Investitionsgüter produzierenden Gewerbes, des Verbrauchsgüter erzeugenden Gewerbes sowie des Nahrungs- und Genußmittelgewerbes. Um den Anforderungen, die statistische Un-

---

488 Vgl. *Hafermalz*, Befragung 1976, S. 23-32.

489 Vgl. *Hippler*, Planung und Analyse 1988, S. 244.

tersuchungen an den Umfang von Stichproben gerade im Hinblick auf das Gesetz der Großen Zahlen stellen, zu entsprechen, wurde ein Stichprobenumfang von 300 Unternehmensfällen, die jeweils rückblickend über einen Zeitraum von drei Jahren erfaßt werden sollten, angestrebt. Bei der Auswahl dieser Stichprobe aus der Grundgesamtheit konnte keine zufällige, von uns durchgeführte Auswahl beispielsweise anhand einer verschlüsselten Mandantenliste erfolgen. Vielmehr mußte wegen der Sensibilität und Vertraulichkeit der Daten auf die Auswahl von Seiten des Kooperationspartners zurückgegriffen werden. Konkret wählte ein Ansprechpartner in Rücksprache mit seinen Kollegen die ihnen als geeignet erscheinenden Fälle aus. Dabei wurde insbesondere das persönliche Vertrauensverhältnis zwischen den verantwortlichen Prüfern und ihrem Mandanten ins Kalkül gezogen.

Die nach der Durchführung der Erhebung für die Analyse zur Verfügung stehende Datenbasis besteht bei einer Rücklaufquote von 16 v.H. aus 48 Unternehmensfällen, welche wiederum über den Dreijahreszeitraum erfaßt wurden. Diese Ist-Stichprobe wird im folgenden im Überblick kurz vorstellt. Im Anschluß daran wird untersucht, ob die Ist-Stichprobe die Grundgesamtheit, aus der sie gezogen wurde, repräsentiert.

Um die in die Datenbasis eingegangenen Unternehmen kurz im Überblick darzustellen, wird eine Strukturierung nach Unternehmensgröße und Branchenzugehörigkeit vorgenommen. Nach dem Kriterium der Unternehmensgröße wird eine Aufteilung in vier Gruppen[490] vorgenommen. Um die Repräsentanz der einzelnen Industriezweige zu untersuchen, werden die vier globalen Branchenkriterien der Amtlichen Statistik als Einteilungskriterien herangezogen, wonach Industrieunternehmen in ihrem Aktivitätenschwerpunkt entweder dem Grundstoff- und Produktionsgütergewerbe, dem Investitionsgüter erzeugenden Ge-

---

[490] Im einzelnen werden folgende Größenklassen unterschieden: Unternehmen mit 1 bis 99 Mitarbeitern, Unternehmen mit 100 bis 499 Mitarbeitern, Unternehmen mit 500 bis 999 Mitarbeitern und Unternehmen mit mehr als 1.000 Mitarbeitern.

werbe, dem Verbrauchsgüter erzeugenden Gewerbe oder dem Nahrungs- und Genußmittelgewerbe zugeordnet sind[491].

Industriezweige	Anzahl der Beschäftigten				
	1 - 99	100 - 499	500 - 999	ab 1.000	insgesamt
Grundstoff- und Produktionsgüter	-	27	9	9	45
Investitionsgüter	-	18	9	-	27
Verbrauchsgüter	9	22	8	15	54
Nahrungs- und Genußmittel	2	10	-	6	18
insgesamt	11	77	26	30	144

Tabelle 9: Struktur der Stichprobe

b) Repräsentativität der Stichprobe

In Anbetracht der geringen Rücklaufquote kommt einem sorgfältigen Vergleich von Grundgesamtheit und Stichprobe eine besonders große Bedeutung zu[492]. Im Mittelpunkt der Untersuchung der Repräsentativität steht die Frage, ob aus der Verteilung der Merkmale in der Stichprobe auf die Verteilung dieser Merkmale in der Grundgesamtheit geschlossen werden kann[493]. Für die Prüfung der Qualität der Stichprobe werden globale Merkmale des Statistischen Bundesamts herangezogen, die auch in der Stichprobe erhoben wurden. Es kann somit geprüft werden, ob die Ausprägung und Verteilung dieser Merkmale in der

---

491 Zu den Problemen dieser Zuordnung vgl. *Fritz*, Marketing-Management 1995, S. 103-104.

492 Vgl. *Friedrichs*, Methoden 1998, S. 243; *Goode/ Hatt*, Befragung 1974, S. 173.

493 Vgl. *Schnell/ Hill/ Esser*, Methoden 1995, S. 280; *Bausch*, Stichprobenverfahren 1990, S. 32.

Grundgesamtheit und der Stichprobe erheblich voneinander abweichen. Falls dies nicht der Fall ist, muß davon ausgegangen werden, daß die Stichprobe im Hinblick auf die überprüften Merkmale ein für die Grundgesamtheit repräsentatives Modell ist. Selbstverständlich kann eine derartige Prüfung nicht für alle relevanten Merkmale der Stichprobe durchgeführt werden, da dies die Kenntnis aller entsprechenden Merkmale der Grundgesamtheit voraussetzte. Diese Kenntnis würde zugleich die Notwendigkeit einer Stichprobenbildung erübrigen[494]. Die folgenden Repräsentanzprüfungen beschränken sich daher auf die Merkmale der Unternehmensgröße und der Branchenzugehörigkeit der Unternehmen.

Die Unternehmen, die sich an der Befragung beteiligt haben, weisen ein Umsatzspektrum von 17,190 bis 1.982,315 Millionen DM pro Jahr auf. Im Durchschnitt, der hier durch das arithmetische Mittel ausgedrückt wird, beläuft sich der Jahresumsatz in der Stichprobe auf 333,175 Millionen DM pro Unternehmen bei einer Standardabweichung von 450,153 Millionen DM. Die Unternehmen der Stichprobe beschäftigen zwischen 5 und 4.965 Mitarbeitern, wobei der Durchschnitt 757 Beschäftigte pro Unternehmen bei einer Standardabweichung von 1.021 Mitarbeitern beträgt.

Bei einem Testniveau von 5 v.H. muß die Hypothese der Varianzhomogenität der Verteilung der Umsatzwerte auf einem ermittelten Signifikanzniveau von 1 v.H. akzeptiert werden. Für die Verteilung der Beschäftigtenzahlen ergibt sich analog eine Irrtumswahrscheinlichkeit von 2 v.H.. Die durchgeführten statistischen Untersuchungen haben somit ergeben, daß im Hinblick auf die durch die durchschnittlichen Umsätze und Beschäftigtenzahlen beschriebene Unternehmensgröße keine signifikanten Unterschiede zwischen der betrachteten Ist-Stichprobe und der Grundgesamtheit bestehen.

---

[494] Vgl. *Bausch*, Stichprobenverfahren 1990, S. 32.

	Grund-gesamtheit μ_0	Stichprobe $\bar{x}$	SD	t	Ergebnis
Umsatz (Millionen DM im Jahr)	82,522	333,175	450,153	2,55	keine signifikanten Mittelwertunterschiede
Anzahl Beschäftigte	413	757	1.021	1,12	keine signifikanten Mittelwertunterschiede

Tabelle 10: Mittelwerte zu Umsatz und Anzahl der Beschäftigten in Grundgesamtheit und Stichprobe[495]

Es wurden jedoch nicht nur die Mittelwerte der Unternehmensgröße, sondern auch die Verteilung der Unternehmen der Stichprobe auf die einzelnen Größenklassen auf ihre Repräsentativität hin untersucht. Zur Untersuchung der Hypothese H_0 (die Verteilungen unterscheiden sich) wurden die Verteilungen mit Hilfe des Wilcoxon-Tests analysiert[496]. Dieser Test ergab bei einem vorgegebenen Testniveau von 5 v.H., daß die Nullhypothese auf einem Signifikanzniveau von 6,8 v.H. nicht akzeptiert wird. Vielmehr wird sie mit einem Sicherheitsgrad von mehr als 90 v.H. verworfen, wonach man davon ausgehen muß, daß sich die beiden Verteilungen der Unternehmen in der Grundgesamtheit und in der Stichprobe bei einem solchen Sicherheitsgrad nicht signifikant unterscheiden.

Ein analoges Ergebnis wurde auch hinsichtlich der Verteilung der Unternehmen auf die einzelnen Industriezweige der Amtlichen Statistik erzielt. Auch hier muß mit einer Wahrscheinlichkeit von mehr als 90 v.H. im weiteren davon ausgegangen werden, daß sich die beiden Verteilungen nicht unterscheiden.

---

495 $\mu_o, \bar{x}$ = Mittelwerte; SD = Standardabweichung; t = Wert der Teststatistik.

496 Vgl. *Kähler*, SPSS 1996, S. 357.

Darüber hinaus bestätigen die durchgeführten χ^2-Unabhängigkeitstests[497] diese Einschätzung. In beiden Fällen ist die Nullhypothese der Verteilungsgleichheit auf einen Signifikanzniveau von 4,5 v.H. zu akzeptieren. Allerdings führen die bislang angestellten Untersuchungen lediglich zu Resultaten unabhängig voneinander durchgeführter Signifikanztests. Darüber hinaus wurde aber auch der Versuch unternommen, beide Merkmalsverteilungen simultan auf Unterschiede in Stichprobe und Grundgesamtheit hin zu testen. Der in einer entsprechenden 16-Felder-Kontigenztafel[498] ermittelte χ^2-Wert beträgt hierbei 9,9 und ist damit kleiner als der sich bei einem Signifikanzniveau von $p = 0{,}05$ und drei Freiheitsgraden ergebende χ^2-Wert von 16,9[499]. Nach dieser Analyse unterscheiden sich die beiden Merkmalsverteilungen in der Stichprobe und in der Grundgesamtheit nicht signifikant voneinander. Diese simultane Analyse verletzt jedoch einige häufig vertretene Voraussetzungen für den χ^2-Test[500]. So ist die zu erwartende Häufigkeit in drei Feldern mit einer Belegung von jeweils drei Fällen kleiner als fünf und liegt damit unter der zulässigen Grenze.

B. Aufbereitung der Aktions- und Situationsvariablen

1. Bildung der Kenngrößen

Aus den verschiedenen erhobenen Unternehmensinformationen läßt sich eine Vielzahl sowohl aggregierter als auch disaggregierter Kennzahlen berechnen, wobei auch die Berechnungsschemata der jeweiligen Kennzahlen verschieden

---

497 Vgl. *Büning/ Trenkler*, Methoden 1994, S. 220-228.

498 Siehe Tabelle 9, S. 121.

499 Vgl. *Clauß/ Ebner*, Grundlagen 1989, S. 217.

500 Vgl. *Hays*, Statistics 1994, S. 736; *Clauß/ Ebner*, Grundlagen 1989, S. 217/ 484.

weit gefaßt werden. Um eine überschaubare Anzahl von geeigneten Kennzahlen zu erhalten, müssen bestimmte Voraussetzungen erfüllt sein[501].

Grundsätzlich sollten keine absoluten Zahlen sondern Verhältnisgrößen verwendet werden, die den Vorteil bieten, infolge unterschiedlicher Größenverhältnisse in den erfaßten Unternehmen differierende Ausprägungen in den absoluten Werten für Vergleichszwecke zu relativieren. Um der Gefahr von Fehlinterpretation zu begegnen, wird gefordert, solche Kenngrößen auszuscheiden, deren Zähler und Nenner gleichzeitig negative Werte annehmen. Zur Verdeutlichung dieses Anspruchs sei auf das Beispiel von *Niehaus* verwiesen. Er führt an, daß ohne diese Forderung für ein Unternehmen, welches neben einem Verlust auch ein negatives Eigenkapital aufweist, ein positiver Wert für die Eigenkapitalrentabilität ermittelt würde, die sodann mit dem Wert eines Unternehmens verglichen würde, welches über ein betragsmäßig gleiches, positives Ergebnis und Eigenkapital verfügt[502]. Auch ist zu beachten, daß Kennzahlen, deren Nenner die Tendenz hat, nahe bei Null zu liegen, für Ausreißerwerte verantwortlich sein können. Die Ausprägung der Kenngröße kann extreme Werte annehmen, die zu Verzerrungen im Analyseergebnis führen können. Um dies zu umgehen, werden entweder solche Kenngrößen ausgeschieden oder im Falle einer Division durch Null der Wert als nicht vorhanden betrachtet[503].

Weiterhin wird empfohlen, solche Kennzahlen für die Analyse heranzuziehen, deren Ausprägungen zwischen Unternehmen der einzelnen Risikoklassen möglichst stark differieren. Solche Unterschiede treten insbesondere dann auf, wenn sich mit steigendem Risiko Zähler und Nenner der Kenngröße in unterschiedli-

---

501 Vgl. *Krause,* Kreditwürdigkeitsprüfung 1993, S. 106-107; *Feidicker,* Kreditwürdigkeitsprüfung 1992, S. 55-57. Im Gegensatz dazu verwendet *Altman* für seine statistischen Untersuchungen 22 Kennzahlen, die er als „potentially helpful" bezeichnet; *Altman*, Journal of Finance 1968, S. 594.

502 Vgl. *Niehaus*, Früherkennung 1987, S. 73.

503 Vgl. *Gebhardt*, Insolvenzprognosen 1980, S. 175.

che Richtungen entwickeln, da dann infolge eines Hebeleffekts die negative Entwicklung im Vergleich zu risikolosen Unternehmen besonders deutlich hervortritt[504]. Allerdings ist der Ausschluß von Kenngrößen nur aufgrund einer fehlenden Hebelwirkung nicht gerechtfertigt, da sich in empirischen Untersuchungen auch Kenngrößen ohne diese Eigenschaft als prognosestark erwiesen haben[505]. Außerdem deuten große Kennzahlenunterschiede zwischen den mehr oder weniger risikobehafteten Unternehmen aufgrund eines Hebeleffekts zunächst nur auf gute univariate Trennfähigkeiten hin. Die regelmäßig für Zwecke der Klassifikation überlegenen multivariaten Analyseverfahren ziehen aber nicht zwingend die univariat am besten trennenden Kenngrößen zur Beurteilung heran[506].

Der konkrete, den statistischen Verfahren zu unterziehende Kennzahlenkatalog der empirischen Untersuchung enthält solche Kenngrößen, die bereits in früheren Studien erfolgreich verwendet wurden und daher in der Literatur als prognosestark bezeichnet werden, wobei zudem die oben angeführten Anforderungen Berücksichtigung fanden[507]. Es handelt sich dabei insgesamt um die bereits angeführten Informationen zu den verschiedenen Informationsbereichen der Wertschöpfungskette und dem Wettbewerbsmodell. In der nachstehenden Tabelle sind die Kenngrößen und ihre Definition zur Umsetzung in zumeist relative Werte zusammengestellt. Neben den relativierten, intervallskalierten Kennzahlen sind auch nominal skalierte Informationen im Katalog enthalten. Hierbei handelt es sich um Informationen, zu denen ganz bestimmte Antworten etwa in der Form von „Ja“ und „Nein“ gegeben wurden, die sodann beispielsweise in die Werte Eins und Null umgesetzt wurden.

---

504 Vgl. *Beermann,* Prognosemöglichkeiten 1976, S. 36.

505 Vgl. *Feidicker,* Kreditwürdigkeitsprüfung 1992, S. 56.

506 Vgl. *Heno*, Kreditwürdigkeitsprüfung 1983, S. 70; *Baetge*, WPg 1980, S. 657.

507 Vgl. *Müller-Ganz*, Kennzahlen 1992, S. 89; *Christians*, Entwicklung 1986, S. 62; *Weinrich*, Kreditwürdigkeitsprognosen 1978, S. 67.

Kenngrößen entlang der Wertschöpfungskette	Erläuterung der Kenngrößen	Skalierung[508]
Forschung und Entwicklung		
Aufwendungen für F+E	Verhältnis zwischen Aufwendungen für F+E und Umsatz	intervall
Innovationsgrad	Anzahl der Produkt- und Prozeßinnovationen	ordinal
Lizenzgebühren	Verhältnis zwischen erhaltenen und bezahlten Lizenzgebühren	intervall
Umsatzanteil neuer Produkte	Umsatzanteil von Produkten, die nicht länger als 3 Jahre im Programm sind	intervall
Beschaffung/ Logistik		
Lagerumschlag	Verhältnis zwischen Durchschnittsbestand an Vorräten und Gesamtbedarf	intervall
Investmentintensität (Working Capital)	Verhältnis zwischen Wert des Working Capitals und Umsatz	intervall

---

508 Die Skala gibt eine Zeichen- oder Zahlenmenge zur relationstreuen Abbildung von Merkmalsausprägungen an. Im einzelnen werden unterschieden:

- Nominalskala: Skala, mit der lediglich die Verschiedenartigkeit von Merkmalsausprägungen zum Ausdruck gebracht wird.
- Ordinalskala: Skala, mit der lediglich die Verschiedenartigkeit und eine natürliche Rangfolge von Merkmalsausprägungen zum Ausdruck gebracht wird.
- Intervallskala: Skala, mit der sowohl Verschiedenartigkeit und Rangfolge als auch meß- und zählbare Unterschiede von Merkmalsausprägungen zum Ausdruck gebracht werden.

Produktion		
Integrationsgrad	Verhältnis zwischen zugekauften und intern erbrachten Leistungen	intervall
Investment-intensität (Sachanlagen)	Verhältnis zwischen dem Wert des Sachanlagevermögens und Umsatz	intervall
Abschreibungs-intensität	Verhältnis zwischen Abschreibungen und Umsatz	intervall
Material-intensität	Verhältnis zwischen Materialaufwand und Umsatz	intervall
Auslastungsgrad	tatsächliche Betriebszeit der Anlagen im Verhältnis zu ihrer maximalen Betriebszeit	intervall
Transportzeiten	Anteil der Transportzeiten an Durchlaufzeit	intervall
Fehlerhafte Spezifikationen	Anteil der falsch spezifizierten Produkte, die zu Reklamationen führen, an der Gesamtproduktion	intervall
Umrüstzeiten	Anteil der Umrüstzeiten an möglicher Betriebszeit	intervall
Marketing/Vertrieb		
Aufwendungen für Marketing	Verhältnis zwischen Marketingkosten und Umsatz	intervall
Bekanntheits-grad	Anteil der potentiellen Kunden, die die (Produkte der) Unternehmung kennen	intervall
Preisspielraum	erzielter Preis im Verhältnis zum Grundpreis	intervall
Preis-anpassungen	Höhe des Grundpreises im Verhältnis zum Vorjahr	intervall
Distributions-kosten	Verhältnis zwischen Distributionskosten und Umsatz	intervall
Fehler in der Distribution	Anteil der Produkte, welche zu Reklamationen infolge mangelhafter Distribution führen	intervall
Häufigkeit von Produktän-derungen	jährlich, saisonal, regelmäßig oder unregelmäßig	nominal
Umsatzaufglie-derung nach Leistungen	Umsatzanteil von Produkten, die einzeln oder in kleinen Mengen, in großen Mengen oder in einem kontinuierlichen Prozeß hergestellt werden oder im After Sales-Bereich liegen	ordinal

Unterstützende Bereiche		
Stellenauf-/ -abbau	Verhältnis zwischen Anzahl der Mitarbeiter und Umsatz	intervall
Schulungs-intensität	Verhältnis zwischen Aufwendungen für Schulungen und Weiterbildung und Umsatz	intervall
Personal-intensität	Verhältnis zwischen Personalaufwand und Umsatz	intervall
Betriebliche Weiterbildung	Anteil der Mitarbeiter, die an betrieblichen Weiterbildungsmaßnahmen teilnahmen	intervall
Krankheitsquote	Verhältnis zwischen Krankheitstagen und möglicher Arbeitszeit	intervall
Fluktuationsrate	Anteil der Mitarbeiter, die das Unternehmen verlassen haben	intervall
Stabsstellen	Anteil der Stabsstellen	intervall
Professiona-lisierung	Anteil der Stellen, die mit Personen besetzt sind, die eine spezielle Qualifikation oder Ausbildung haben	intervall
Leitungs-intensität	Verhältnis zwischen Instanzen und ausführenden Stellen	intervall
Eigenkapital-rentabilität	Verhältnis zwischen Jahresüberschuß und durchschnittlichem Eigenkapital	intervall
Gesamtkapital-rentabilität	Verhältnis zwischen der Summe aus Jahresüberschuß und Fremdkapitalzinsen sowie durchschnittlichem Eigenkapital	intervall
Kapitalumschlag	Verhältnis zwischen Umsatz und durchschnittlichem Eigenkapital	intervall
Liquidität	Verhältnis zwischen Umlaufvermögen sowie kurz- und mittelfristigen Verbindlichkeiten	intervall
Eigenkapital-quote	Verhältnis zwischen Eigenkapital und Gesamtkapital	intervall
Dynamischer Verschul-dungsgrad	Verhältnis von Nettoschulden zu Netto-Cash Flow	intervall

Kenngrößen zu Markt und Wettbewerb	Erläuterung der Kenngrößen	
Relativer Preis	durchschnittlicher Grundpreis der Unternehmung im Verhältnis zum durchschnittlichen Grundpreis der drei größten Konkurrenten	intervall
Relative Innovationstätigkeit	Anzahl der Innovationen der Unternehmung im Vergleich zur Konkurrenz (mehr/ gleich/ weniger)	ordinal
Anbieterkonzentration	Anteil der Anbieter auf dem für die Unternehmung relevanten Markt mit insgesamt 50 v.H. Marktanteil	intervall
Relativer Marktanteil	Marktanteil der Unternehmung im Verhältnis zur Summe der Marktanteile der drei größten Konkurrenten	intervall
Marktanteilsrang	Position des Unternehmens unter den in Reihe gebrachten Marktanteilen aller Anbieter	ordinal
Marktwachstum	Marktumsatz im Verhältnis zum Vorjahr	intervall
Marktentwicklung	Entwicklungsstand des Markts: Einführung, Wachstum, Sättigung oder Degeneration	nominal
Kundenkonzentration	Anteil der Kunden, die mindestens 50 v.H. der Gesamtkäufe der Unternehmung tätigen	intervall
Typische Auftragsgröße	unter DM 1,-; DM 1,- bis DM 9,99; DM 10 bis DM 99; DM 100 bis DM 999; DM 1.000 bis DM 9.999; DM 10.000 bis DM 99.999; DM 100.000 bis DM 999.999; über DM 10 Millionen	ordinal
Produktbedeutung	Prozentsatz an den Gesamteinkäufen der Kunden, den die Produkte der Unternehmung ausmachen (0 bis 0,25 v.H./ 0,25 bis 1 v.H./ 1 bis 5 v.H./ 5 bis 25 v.H./ über 25 v.H.)	ordinal
Lieferantenkonzentration	Anteil der Lieferanten, bei denen die Unternehmung 50 v.H. ihrer Gesamteinkäufe tätigt	intervall
Markteintritt	Markteintritt von Konkurrenten mit einem Marktanteil von 5 v.H. in den letzten drei Jahren (ja/ nein)	nominal
Marktaustritt	Marktaustritt von Konkurrenten mit einem Marktanteil von 5 v.H. in den letzten drei Jahren (ja/ nein)	nominal

Tabelle 11: Katalog der Risikomerkmale und deren Erläuterungen

2. Hypothesen über Ausprägungen der Kenngrößen

Nach der grundlegenden Auswahl der als relevant erachteten Kennzahlen, von denen erwartet wird, daß sie im Hinblick auf die Risikobelastung eines Unternehmens aussagefähig sind, ist für jede Kennzahl eine Hypothese zu formulieren, ob die durchschnittlichen Kenngrößenwerte der schlechten Fälle größer oder kleiner sind als die Werte der guten Gruppe. Dies stellt sicher, daß den Kennzahlen aus ökonomischer Sicht eine Aussagefähigkeit im Hinblick auf den Informationszweck zukommt[509]. Eng damit verbunden ist der Vorteil einer derartigen Hypothesenbildung weiterhin darin zu sehen, daß nach der statistischen Analyse der Kennzahlenverteilungen und der Identifikation trennstarker Kenngrößen ermittelt werden kann, ob die tatsächlichen Kennzahlenausprägungen in der Stichprobe mit den oftmals intuitiven Hypothesen des Analytikers korrespondieren. Durch die weitergehende Verwendung von Kenngrößen, deren Aussagegehalt sich betriebswirtschaftlich und statistisch begründen läßt, wird möglicher Kritik vorgegriffen, wonach es der Ableitung des Urteils an Transparenz mangle.

Bei der Aufstellung der Hypothesen bereiten Kenngrößen Schwierigkeiten, deren Nenner Werte kleiner Null annehmen können oder bei denen zum Informationsziel kein linearer, sondern vielmehr ein u-förmiger Zusammenhang besteht. Nicht-lineare Zusammenhänge gelten zwar gerade als Charakteristikum sogenannter qualitativer Kenngrößen und ihrem Verhältnis zum Unternehmenserfolg[510]. Allerdings trifft man auf solche Zusammenhänge auch bei „klassischen" Kennzahlen. So kann davon ausgegangen werden, daß risikobehaftete Unternehmen einen höheren Verschuldungsgrad aufweisen als risikolose. Nimmt das Eigenkapital aber einen negativen Wert an, gilt diese Hypothese nicht mehr. Lösung zur Beseitigung solcher Probleme bietet zum einen die Elimination sol-

---

509 Vgl. *Stibi*, Jahresabschlußanalyse 1994, S. 98.

510 Vgl. *Buzzell/ Gale*, PIMS-Programm 1989, S. 148.

cher Kenngrößen oder die Wahl anderer Bezugsgrößen[511]. Zum anderen kann durch Einführung von Restriktionen oder die Hinzunahme weiterer Informationen wie beispielweise in multivariaten Verfahren an den Kenngrößen festgehalten werden[512].

Im vorliegenden Fall ergeben sich die Hypothesen aus den Ergebnissen empirischer Untersuchungen zu den für den Unternehmenserfolg maßgeblichen Merkmalen einer Unternehmung, die bereits zu einer Aufnahme der entsprechenden Informationsbereiche in die Untersuchung geführt haben. Demnach wird für alle unternehmensinternen und unternehmensexternen Risikomerkmale ein Zusammenhang mit dem Fehlerrisiko postuliert.

3. Beschreibung der Risikomerkmale

a) Identifikation von Ausreißern

Im Vorfeld der statistischen Untersuchungen sind Analysen zu den Kennzahlenverteilungen anzustellen, da die Anwendung vieler Verfahren an die Erfüllung bestimmter Verteilungsannahmen gebunden ist[513]. Geht man davon aus, daß die Kenngrößen in der jeweiligen Grundgesamtheit in einer bestimmten Art und Weise verteilt sind, und sollen Aussagen über die Verteilung der Werte einzelner Kennzahlen in der jeweiligen Grundgesamtheit gewonnen werden, so lassen sich Ausreißer als Abweichungen von der unterstellten Verteilung charakterisieren, wodurch es zu Differenzen zwischen der Verteilung in der Stichprobe und der in der Grundgesamtheit kommt.

---

511 Vgl. *Feidicker*, Kreditwürdigkeitsprüfung 1992, S. 73-74.

512 Vgl. *Weinrich*, Kreditwürdigkeitsprognosen 1978, S. 189-190.

513 Die Normalverteilungsannahme bildet z.B. eine zentrale Prämisse bei der Durchführung der linearen Regressionsanalyse, vgl. S. 223 ff.

Extrem große oder kleine Kennzahlenausprägungen können zudem auf die Mittelwertberechnung einen negativen Einfluß haben. Während die Problematik solcher Ausreißer bei ersten Untersuchungen der durchschnittlichen Kennzahlenausprägungen durch das Heranziehen von Medianen anstelle arithmetischer Mittelwerte noch umgangen werden kann, können diese Extremwerte einen wesentlichen Einfluß auf die weiteren statistischen Analysen haben[514]. So können Extremwerte beispielsweise die Ergebnisse von Untersuchungen auf Normalverteilung einzelner Kennzahlen oder der Beziehungen zwischen verschiedenen Kennzahlen verzerren. Um diese Wirkungen zu vermeiden, wird gefordert, Extremwerte aus dem Datensatz zu entfernen[515]. In diesem Zusammenhang stellt sich aber die Frage, wie solche Kennzahlenausprägungen zu identifizieren sind. Ein Teil der Verfahren, mit denen Extremwerte identifiziert werden können, setzt Normalverteilung der Kennzahlen in der Grundgesamtheit voraus[516]. Wenn aber noch keine konkrete Kenntnis über den Verteilungstyp besteht, können solche Verfahren nicht angewendet werden.

Eine allgemeine Möglichkeit der Erkennung von Extremwerten bietet der Vier Sigma-Bereich, wonach eine Beobachtung in einer Stichprobe mit einem Mindestumfang von zehn Elementen als Ausreißer zu eliminieren ist, wenn sie außerhalb dieses Bereiches liegt[517]. Dies läßt sich damit begründen, daß bei beliebigen Verteilungen der Bereich von vier Standardabweichungen unter und über dem arithmetischen Mittel mindestens 94 v.H. der Werte umfaßt[518].

---

514 Vgl. *Anders,* Netze 1996, S. 98-99.

515 Vgl. *Niehaus,* Früherkennung 1987, S. 70.

516 Vgl. *Hartung/ Elpelt/ Klösner,* Statistik 1995, S. 344-349.

517 Vgl. *Sachs,* Statistik 1992, S. 364.

518 Bei symmetrisch-eingipfligen Verteilungen umfaßt der Bereich sogar 97 v.H. und bei Normalverteilung 99,99 v.H. der Ausprägungen; vgl. *Sachs,* Statistik 1992, S. 364.

Im vorliegenden Datensatz lagen alle Ausprägungen zu den verschiedenen gebildeten Kenngrößen innerhalb des als kritisch erachteten Vier Sigma-Bereichs, so daß keine Ausreißer identifiziert wurden, die eine weitere Behandlung der Daten nötig gemacht hätten.

b) Behandlung von fehlenden Werten

Im vorliegenden Datensatz wurden zwar keine Ausreißer identifiziert. Allerdings haben einige Unternehmensfälle für verschiedene Variablen keine Ausprägung, da in diesen Fällen die entsprechenden Informationen nicht ermittelt werden konnten. Für einige Variablen wurden insgesamt nur so wenige Werte ermittelt, daß diese Variablen aus dem Datensatz zu entfernen waren. Die Entfernung dieser Variablen, wobei es sich im einzelnen um die Kenngrößen „Stabsstellen", „Professionalisierung" und „Leitungsintensität" handelt, führte zu einem um diese Informationen geschmälerten Datensatz. In den Fällen, in denen nur vereinzelt keine Variablenausprägungen vorhanden waren, wurde eine Ersetzung dieser sogenannten „missing values" vorgenommen[519].

Bei der Ersetzung der fehlenden Werte muß das Ziel verfolgt werden, den Wert einzusetzen, welcher mit großer Wahrscheinlichkeit der tatsächlichen Ausprägung entspricht. Diesem Ziel folgend werden die Auslassungen oftmals durch Mittelwerte ersetzt, wobei sich diese auf die Ausprägungen zu dem betreffenden Merkmal über den gesamten Datensatz oder aber auch für den speziellen Unternehmensfall beziehen können. Liegen daher Beobachtungen zu einer Kenngröße für zwei von drei Fällen zu einer Unternehmung vor, könnte der fehlende dritte Wert durch einen Mittelwert aus den anderen beiden ersetzt werden. Unter der Annahme, daß die Kennzahlenausprägungen der verschiedenen Unternehmensfälle Muster beschreiben, kann aber auch angestrebt werden, die fehlenden Werte durch Ausprägungen zu ersetzen, die in Konstellationen beob-

---

519 Vgl. *Bühl/ Zöfel,* SPSS 1997, S. 22.

achtet wurden, welche dem Unternehmensfalls mit der fehlenden Ausprägung ansonsten am ähnlichsten sind. Es soll demnach in einem autoassoziativen Prozeß für ein unvollständiges Muster das vollständige ermittelt werden. Verfahren, die solche Problemstellungen anerkanntermaßen gut bewältigen können, bieten die sogenannten Neuronalen Netze[520], die auch im Rahmen der vorliegenden Untersuchung noch näher betrachtet werden[521]. Neuronale Netze sind Verfahren, die die Informationsverarbeitungsvorgänge in menschlichen Gehirnen nachbilden. Dadurch soll erreicht werden, daß die Neuronalen Netze Eigenschaften aufweisen, die biologische Nervensysteme auszeichnen und somit Nachteile der traditionellen von Neumann-Architektur ausgleichen[522].

Unter den zahlreichen Verfahren, die im Zusammenhang mit der Technik Neuronaler Netze angewendet werden, sind für Problemstellungen der Musterassoziation die sogenannten thermodynamischen Modelle in Form des Hopfield-Modells und der Boltzmann-Maschine besonders geeignet[523]. Diese Netze wurden in Anlehnung an die Theorie der Spingläser - physikalische Vielteilchensysteme mit durch ungeordnete magnetische Wechselwirkung gekennzeichneten Atomen - entwickelt[524]. Spingläser entstehen dadurch, daß ein nichtmagnetisches Wirtsmetall mit einigen magnetischen Atomen dotiert wird. Da sich in einer solchen verdünnten Legierung die normalerweise ferromagnetisch wechselwirkenden Atome in Abhängigkeit vom Abstand der benachbarten Atome auch antiferromagnetisch beeinflussen, können einige Atome die Ausrichtung ihrer magnetischen Wirkung, ihren Spin, nicht mehr eindeutig bestimmen[525]. So

---

520 Vgl. *Kratzer,* Netze 1990, S. 33.

521 Vgl. S. 259 ff.

522 Vgl. *Oestreicher*, Jahresabschlußanalyse 1995, S. 304; *Jacobs*, Bilanzanalyse 1994, S. 169.

523 Vgl. *Kruse/ Mangold/ Mechler/ Penger,* Netze 1991, S. 169-171.

524 Vgl. *Hopfield,* Proceedings of the National Academy of Science 1982, S. 2554-2558.

525 Vgl. zu den Spingläsern *Anderson,* Introduction 1995, S. 409-411.

ist die magnetische Gesamtenergie minimal, wenn alle Atome denselben Spin haben, während dies bei antiferromagnetischen Stoffen gerade umgekehrt ist.

Es gibt folglich keinen eindeutigen Zustand mit minimaler Gesamtenergie, in dem die Ausrichtung aller Spins alle Wechselwirkungen erfüllt, sondern vielmehr mehrere günstige Zustände, die jeweils möglichst viele Wechselwirkungen berücksichtigen. Tatsächlich finden Spingläser ihren stabilen Zustand mit lokal minimaler Energie, indem sukzessive und asynchron ein zufällig ausgewähltes Atom seinen Spin so ausrichtet, daß beim gegenwärtigen Zustand des Systems möglichst wenige Wechselwirkungen verletzt werden. Da die Ausrichtung des Spins das Gesamtsystem verändert und dieses daraufhin wieder die Ausrichtung des Spins beeinflussen kann, ist mittelbar ein Rückkopplungseffekt vorhanden. Das Spinglas durchläuft einen Einschwingprozeß, bei dem das Umklappen eines Spins nur dann erfolgt, wenn dies zu einem energetisch günstigeren Zustand führt. Die Gesamtenergie des Spinglases fällt deshalb so lange monoton, bis ein Zustand mit ungefähr gleichbleibendem Energieniveau erreicht ist.

Exakt dieses dynamische Verhalten in Spingläsern wurde von *Hopfield* auf Neuronale Netze übertragen und ist charakteristisch für die Verarbeitung in diesem System. Allerdings wird das System nur in ein lokales energetisches Minimum überführt, während das globale Minimum nicht erreicht werden kann, wenn zu diesem Zweck zwischenzeitlich energetisch ungünstigere Zustände eingenommen werden müßten. Aufbauend auf der Beobachtung, daß die Atome bei hoher Temperatur ihre Spins fast unabhängig voneinander ausrichten und das System aus einem lokalem Minimum kommen kann, während bei fallender Temperatur durch monotone Energieminimierung der günstigste erreichbare Zustand angenommen wird, haben *Kirkpatrick/ Gelatt/ Vecchi* das sogenannte

Simulated Annealing entwickelt[526]. Die Boltzmann-Maschine entstand im wesentlichen durch die Übertragung dieses Algorithmus auf Neuronale Netze[527].

Die Funktionsweise der thermodynamischen Modelle ermöglichte für den vorliegenden Fall deren Anwendung als Musterassoziatoren. Hierbei wird die Idee verfolgt, das Energiegebirge so zu formen, daß jedes zu lernende Muster einem Netzwerkzustand mit lokal minimaler Energie entspricht. Ein so geformtes Tal besitzt infolge der monotonen Energieminimierung einen Einzugsbereich, wodurch ein beliebiges Eingabemuster in das einem Gleichgewichtszustand entsprechende Zielmuster überführt wird. Diese Zielmuster führten sodann zu komplettierten Datensätzen für alle 144 Unternehmensfälle.

c) Häufigkeitsverteilungen und Statistiken

Vor einer Auswertung einer empirischen Untersuchung steht die Beschreibung der Merkmale im Vordergrund. Im allgemeinen stellen die in diesem Zusammenhang angestellten univariaten Datenanalysen, die stets nur die Betrachtung eines statistischen Merkmals zum Gegenstand haben, auf die Beschreibung der Häufigkeitsverteilung des betreffenden Merkmals ab[528]. Die wichtigsten statistischen Verteilungsmaßzahlen bilden hierbei die Lage-, Streuungs-, Schiefe- und Wölbungsmaße.

Lagemaße fungieren in einer Verteilung als Repräsentanten der Mitte und werden demnach auch oft als Mittelwerte bezeichnet. Allerdings ist ein Lagemaß für die Charakterisierung der Verteilung eines statistischen Merkmals nur dann definiert und sinnvoll, wenn die Skala, auf der die Merkmalsausprägungen erfaßt wurden, die zur Bestimmung des Lagemaßes benötigten Vergleichs- und

---

526 Vgl. *Kirkpatrick/ Gelatt/ Vecchi,* Science 1983, S. 671-680.

527 Vgl. *Hinton/ Sejnowski,* Inference 1983, S. 448-453.

528 Vgl. *Eckstein,* Repetitorium 1995, S. 12.

Rechenoperationen gestattet. Bei nominalskalierten Merkmalen wird die Lage durch den Modus beschrieben, der die Merkmalsausprägung wiedergibt, die in der Stichprobe am häufigsten vorkommt. Den Median, eine spezielle Form des Quantils, bestimmt man bei mindestens ordinalskalierten Merkmalen. Der Median ist derjenige Wert in der nach der Größe der Meßwerte geordneten Rangreihe, welcher die Reihe halbiert[529]. Im Fall einer ungeraden Anzahl von Ausprägungen ist dies gerade der mittlere Wert aller Ausprägungen und bei einer geraden Anzahl definitionsgemäß das arithmetische Mittel der beiden mittleren Werte. Der wesentliche Vorteil dieses Werts gegenüber dem Mittelwert ist darin zu sehen, daß er gegenüber Kennzahlenausprägungen unempfindlich ist, weil er aus der Gesamtheit aller Kennzahlenausprägungen keinen Durchschnittswert ermittelt, sondern sich vielmehr dadurch auszeichnet, daß die eine Hälfte aller Merkmalsausprägungen größer oder gleich und die andere Hälfte kleiner oder gleich ist. Zur Beschreibung der Lage intervallskalierter Merkmale zieht man deren arithmetisches Mittel heran.

Zur Charakterisierung einer Häufigkeitsverteilung werden die Lagemaße durch Streuungsmaße ergänzt, die erkennen lassen, ob sich bestimmte Merkmalsausprägungen stark häufen, sich eng um ein Lagemaß konzentrieren oder stark um dieses streuen. Üblicherweise werden Varianz oder als Quadratwurzel daraus die Standardabweichung berechnet.

Die Untersuchung der Verteilung der Ausprägungen der verschiedenen Risikomerkmale ergab die folgenden Werte, wobei anschließend eine Untergliederung anhand der verschiedenen Skalen vorgenommen wird.

---

[529] Vgl. *Bleymüller/ Gehlert/ Gülicher,* Statistik 1996, S. 15.

	Lage	Streuung
nominalskaliert	Modus	Standardabweichung
Häufigkeit von Produktänderungen	4	0,34
Umsatzaufgliederung nach Leistungen	1	0,79
Marktentwicklung	3	0,54
Markteintritt	0	0,35
Marktaustritt	0	0,44
ordinalskaliert	Median	Standardabweichung
Innovationsgrad	1	3,42
Relative Innovationstätigkeit	0	0,50
Marktanteilsrang	3	1,90
Typische Auftragsgröße	4	1,33
Produktbedeutung	3	0,96

Tabelle 12: Beschreibung der nominal- und ordinalskalierten Risikomerkmale

Schiefe- und Wölbungsmaße werden nur für intervallskalierte Merkmale berechnet. Durch die Schiefe wird angezeigt, inwieweit die Verteilung von einer symmetrischen Verteilung abweicht. Symmetrie liegt beim Wert Null vor, während Rechtsschiefe durch einen positiven und Linksschiefe entsprechend durch einen negativen Wert angezeigt wird. Ist die Verteilung genauso gewölbt wie eine Normalverteilung, ist die Maßzahl für die Wölbung gleich Null. Bei einem positiven Wert hingegen ist die Verteilung zentrierter als eine Normalverteilung mit gleichem Mittelwert und gleicher Varianz, während ein negativer Wert einen vergleichsweise flacheren Verlauf anzeigt.

intervallskaliert	arithmetisches Mittel	Standard-abweichung	Schiefe	Wölbung
Aufwendungen für F+E	6,74	15,50	3,12	9,71
Lizenzgebühren	1,28	5,05	7,93	70,43
Umsatzanteil neuer Produkte	0,22	0,23	1,61	2,53
Lagerumschlag	17,81	24,39	6,35	43,34
Investmentintensität (Working Capital)	0,12	0,12	0,30	7,04
Integrationsgrad	0,41	0,30	0,53	-0,32
Investmentintensität (Sachanlagen)	0,15	0,05	1,21	9,95
Abschreibungsintensität	0,10	0,20	3,65	12,59
Materialintensität	0,8385	1,16	3,44	13,22
Auslastungsgrad	0,65	0,21	-1,35	2,29
Transportzeiten	0,17	0,18	2,98	10,06
Fehlerhafte Spezifikationen	0,003	0,003	0,92	-0,38
Umrüstzeiten	0,08	0,06	2,47	8,67
Aufwendungen für Marketing	0,05	0,03	1,72	5,65
Bekanntheitsgrad	79,04	18,51	-1,64	3,92
Preisspielraum	0,89	0,13	-2,80	8,29
Preisanpassungen	3,29	5,56	3,40	13,42
Distributionskosten	0,06	0,09	5,17	27,62
Fehler in der Distribution	0,01	0,02	2,70	6,77
Stellenauf-/ -abbau	0,99	0,09	2,45	15,10
Schulungsintensität	0,002	0,002	4,32	23,76

Personalintensität	0,30	0,19	0,44	-0,10
Betriebliche Weiterbildung	0,28	0,21	1,46	2,45
Krankheitsquote	0,06	0,04	2,50	6,72
Fluktuationsrate	0,07	0,10	-0,87	9,82
Eigenkapitalrentabilität	0,14	0,25	0,05	2,34
Gesamtkapitalrentabilität	0,09	0,23	4,71	27,45
Kapitalumschlag	1,81	1,19	2,00	6,07
Liquidität	1,61	0,74	0,63	0,03
Eigenkapitalquote	0,27	0,22	1,53	3,20
Dynamischer Verschuldungsgrad	0,44	1,24	3,50	14,07
Relativer Preis	1,14	0,20	4,98	26,65
Anbieterkonzentration	25,62	15,64	0,50	-0,18
Relativer Marktanteil	0,40	0,26	5,30	35,74
Marktwachstum	1,01	0,06	-0,22	12,91
Kundenkonzentration	17,23	11,05	1,05	1,45
Lieferantenkonzentration	19,76	13,58	0,813	0,202

Tabelle 13: Beschreibung der intervallskalierten Risikomerkmale

C. Entwicklung der Risikoklassen als Zielgröße

1. Operationalisierung des Fehlerrisikos

Das Fehlerrisko wird in der Praxis entweder pauschal als hoch oder gering eingestuft und theoretisch in Prozent des Jahresüberschusses, der Bilanzsumme oder Umsatzerlöse gemessen. Während die zuerst genannten Einstufungen nicht operational sind, werden die zuletzt genannten Messungen in der Praxis nicht einheitlich dokumentiert. Um von daher das Fehlerrisiko für die vorliegende

Untersuchung greifbar zu machen, waren die hierfür erforderlichen Risikowerte originär zu entwickeln. Zu diesem Zweck wurden die Arbeitspapiere der Abschlußprüfer auf Fehler gesichtet, die in den Unternehmen der Stichprobe im Verlauf der Prüfung der Jahresabschlüsse aufgedeckt wurden. Zudem wurde nach den Konsequenzen gefragt, die die gegebenenfalls festgestellten Fehler für den weiteren Verlauf der Prüfung hatten. Allerdings werden mit dem Begriff des Fehlers die unterschiedlichsten Abweichungen belegt, die in der Literatur zu folgenden Fehlertypologien führen:

- **Fehlerarten nach *Köster*[530]:**
  - Maschinenfehler ⇔ menschliche Fehler
  - Unbewußte Fehler ⇔ bewußte Fehler
  - Datenfehler ⇔ Programmfehler
- **Fehlerarten nach *Baetge*[531]:**
  - nach dem Entstehungsbereich im Jahresabschluß: Mengen-, Wert-, Rechen- und Ausweisfehler
  - nach der Kenntnis des Verursachers: unbewußte und bewußte Fehler
  - nach der statistischen Erfaßbarkeit: zufällige und systematische Fehler
- **Fehlerarten nach *Kicherer*[532]:**
  - Fehlerarten im Beleg: falsche Beträge, fehlende Unterschrift
  - Abweichungen zwischen Buchung und Beleg: falscher Betrag gebucht, Verwechslung von Soll und Haben
  - fehlerhafte Konten und Journale: Rechen-, Übertragungsfehler
  - Verstöße gegen Bewertungsgrundsätze: zu hohe oder zu niedrige Bewertung
  - Abweichungen zwischen Soll- und Istbestand: Mehr- oder Minderbestand

Tabelle 14: Typologie der Fehler im Jahresabschluß

530 Vgl. *Köster,* Prüfungsmethoden 1974, S. 40-49.

531 Vgl. *Baetge,* Möglichkeiten 1970, S. 40-83.

532 Vgl. *Kicherer,* Grundsätze 1970, S. 210.

Da der Fehlerbegriff in der Prüfungsliteratur durch sehr unterschiedliche Begriffsinhalte gekennzeichnet ist, wird er für Zwecke der Prüfung meist abstrakt umschrieben[533]. Ein Fehler ist demnach eine unzulässige Abweichung der Merkmalsausprägung eines Ist-Objekts von der Merkmalsausprägung des dazugehörigen Soll-Objekts. Eine praxisorientierte Ausgestaltung dieses abstrakten Fehlerbegriffs stellt das behauptungsbezogene Konzept des *AICPA* dar, wonach der Jahresabschluß eine Ansammlung von Behauptungen darstellt[534]. Die aufgedeckten Fehler können verschiedenen Kategorien zugeordnet werden, deren Festlegung auf einer Interpretation des Jahresabschlusses als einer Menge sogenannter Abschlußaussagen beruht[535]. So umfaßt ein im Jahresabschluß ausgewiesener Bestand an Forderungen aus Lieferungen und Leistungen Abschlußaussagen, wonach die zugrunde liegenden Einzelforderungen vollständig erfaßt sind, tatsächlich existieren, rechnerisch richtig ermittelt und zeitlich korrekt abgegrenzt, dem Unternehmen zuzurechnen sowie zutreffend bewertet und ausgewiesen sind. Jede einzelne dieser Aussagen kann nun im konkreten Einzelfall unzutreffend sein, wodurch sich als mögliche Fehlerkategorien oder nach dem Konzept der aussagebezogenen Prüfung auch Prüfkategorien ergeben, die sich an den Fehlern orientieren[536]:

---

533 Vgl. *Buchner,* Prüfungswesen 1997, S. 228; *Lück,* Wirtschaftsprüfung 1991, S. 126; *Leffson,* Wirtschaftsprüfung 1995, S. 308-309; *Loitlsberger,* Treuhand- und Revisionswesen 1966, S. 81-82.

534 Vgl. *AICPA*, Statement 1995, AU Sec. 326.03.

535 Vgl. *Hömberg,* Grundlagen 1994, Rn. 14; *Hömberg,* DB 1989, S. 1786-1787; *Howard/ Reidy/ Severns*, Government Finance Review 1991, S. 16; *Adler/ Düring/ Schmaltz*, Rechnungslegung 1987, § 317 HGB, Rn. 119.

536 Vgl. *Arens/ Loebbecke,* Auditing 1991, S. 154-155.

- **Existenz oder Vorhandensein (existence or occurence):**

  Die gebuchten Vermögensgegenstände und Schulden waren am Bilanzstichtag vorhanden. Die gebuchten Geschäftsvorfälle sind in der entsprechenden Periode tatsächlich abgewickelt worden.

- **Vollständigkeit (completeness):**

  Alle Geschäftsvorfälle und Kontensalden, die im Jahresabschluß abzubilden sind, sind in ihm enthalten.

- **Richtigkeit (accuracy):**

  Die gebuchten Geschäftsvorfälle sind rechnerisch richtig, wurden den zutreffenden Konten zugeordnet und auf die richtigen Hauptbuchkonten und Jahresabschlußposten übernommen.

- **Rechte und Verpflichtungen (rights and obligation):**

  Alle im Jahresabschluß ausgewiesenen Vermögensgegenstände und Schulden sind dem Bilanzierenden tatsächlich zuzuordnen.

- **Bewertung (valuation):**

  Die Bewertung der im Jahresabschluß ausgewiesenen Beträge entspricht den gesetzlichen Vorschriften.

- **Periodenabgrenzung (cutoff):**

  Die Geschäftsvorfälle wurden den zutreffenden Rechnungsperioden zugeordnet.

- **Ausweis und Erläuterungen (presentation und disclosure):**

  Der Jahresabschluß ist vorschriftsmäßig gegliedert. Die richtigen Bezeichnungen wurden für die Jahresabschlußposten verwandt. Die erforderlichen Erläuterungen sind vollständig und richtig.

Tabelle 15: Prüfkategorien nach dem Konzept der aussagenbezogenen Prüfung

Im einzelnen wurden zu den eventuell im Verlauf einer Abschlußprüfung aufgedeckten Fehlern die in Abbildung 4 zusammen mit den möglichen Antworten dargestellten vier Fragen untersucht:

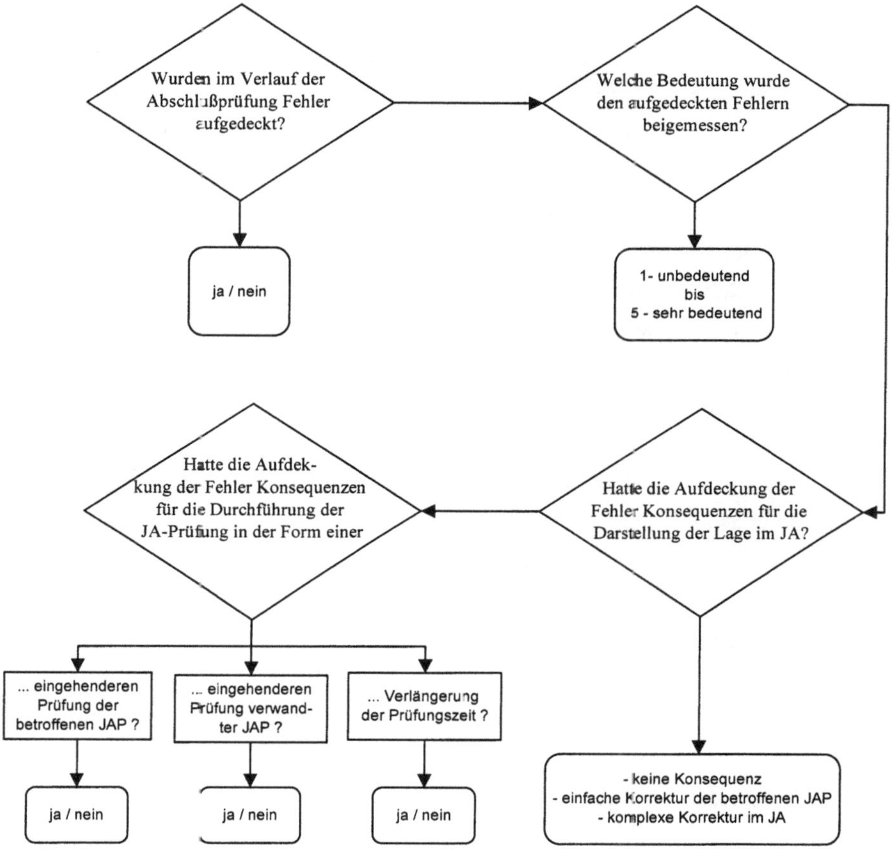

Abbildung 4: Fragen zur Operationalisierung des Fehlerrisikos

Durch das Verfahren der Clusteranalyse sollen die Unternehmensfälle, die durch einen festen Satz von Merkmalen beschrieben sind, in Gruppen eingeteilt werden, so daß sich die erhobenen Strukturen auf dieser Grundlage zu Risikoklassen verdichten lassen[537]. Ziel der Clusteranalyse ist demnach, eine gegebene Menge von Merkmalsträgern in homogene Gruppen, die sogenannten Cluster, aufzuteilen[538], wobei im Vorfeld keine Kenntnisse über die Anzahl und den Umfang der zu bildenden Teilgesamtheiten vorliegen müssen und typischerweise auch nicht vorhanden sind[539].

Mit Hilfe der Clusteranalyse soll die Stichprobe also derart in Gruppen zerlegt werden[540], daß die Merkmalsausprägungen zu den Antworten bezüglich der festgestellten Abweichungen in den einzelnen Gruppen starke Ähnlichkeiten aufweisen, aber zwischen den Gruppen möglichst verschieden sind. Dazu wird in der Clusteranalyse wie folgt vorgegangen[541]:

1. Für jeweils zwei der Merkmalsträger werden die Werte der charakteristischen Merkmale berechnet und deren Ähnlichkeit oder Unähnlichkeit durch einen Wert quantifiziert. Für diese Messung der Ähnlichkeit oder Unähnlichkeit können unter Berücksichtigung des Skalenniveaus verschiedene Proximitätsmaße angewendet werden.

2. Aufgrund der Ausprägungen der Ähnlichkeitswerte werden mit Hilfe eines Fusionierungskriteriums Merkmalsträger zu Gruppen zusammengefaßt, deren Merkmalsausprägungen weitgehend übereinstimmen.

---

537 Vgl. *Bortz*, Statistik 1993, S. 523.

538 Vgl. *Ambrosi/ Lauwerth,* Sensitivitätsbetrachtungen 1983, S. 1.

539 Vgl. *Buchner*, Statistik 1985, S. 327.

540 Vgl. *Jahnke,* Clusteranalyse 1988, S. 7-8.

541 Vgl. *Dreier*, Datenanalyse 1994, S. 283.

Zur Bestimmung der Proximität können Distanz- und Ähnlichkeitsmaße herangezogen werden[542]. Während mit Distanzmaßen der absolute Abstand von Objekten im Merkmalsraum gemessen wird, geben Ähnlichkeitsmaße über die Beziehung des Verlaufs der Merkmalsprofile zweier Objekte Auskunft[543]. In Abhängigkeit von gewählten Proximitätsmaß kann es zu verschiedenen Ähnlichkeitswerten kommen und wird über die Anwendbarkeit von Fusionierungsalgorithmen entschieden.

Im konkreten Anwendungsfall nimmt die Rohdatenmatrix der anzustellenden Clusteranalyse folgende Form an:

	Merkmale			
Merkmalsträger	$Antwort_1$	$Antwort_2$	$Antwort_3$	$Antwort_4$
$Unternehmen_1$	x_{11}	x_{12}	x_{13}	x_{14}
$Unternehmen_2$	x_{21}	x_{22}	x_{23}	x_{24}
.	.	.	.	.
$Unternehmen_j$	x_{j1}	x_{j2}	x_{j3}	x_{j4}
.	.	.	.	.
$Unternehmen_{144}$	x_{1441}	x_{1442}	x_{1443}	x_{1444}

Abbildung 5: Rohdatenmatrix der Clusteranalyse

Es handelt sich im vorliegenden Fall um 144 Objekte, die sich im einzelnen aus den über einen Dreijahreszeitraum erhobenen 48 Unternehmensfällen zusammensetzen. Im Inneren der Matrix stehen die objektbezogenen nominal skalierten Variablenwerte. Hierbei handelt es sich um vier Variablen, die den oben zusammengestellten Fragen zugeordnet sind. Die Antworten wurden in nominale Variablen überführt, wobei die Ja/ Nein-Antwort auf die Frage nach Feststel-

542 Vgl. für einen Überblick über die Proximitätsmaße z.B. *Steinhausen/ Langer*, Clusteranalyse 1977, S. 51-67.

543 Vgl. *Backhaus/ Erichson/ Plinke/ Weiber,* Analysemethoden 1996, S. 278.

lungen in den Werten Eins für „Ja" und entsprechend Null für „Nein" abgebildet wurde. Die Bedeutung, die den Feststellungen zugemessen wurde, wurde bereits in der Befragung anhand eines Skalenwerts ermittelt, wobei in der Ausprägung „Null" zum Ausdruck kommt, daß keine Feststellungen gemacht wurden und dementsprechend diesen auch keine Bedeutung zukommen kann. Die drei Antwortmöglichkeiten bei der dritten Frage mündeten in entsprechende ganzzahlige Ausprägungen zwischen Eins und Drei, während die verschiedenen Antwortkonstellationen bei Frage vier in einzelne Werte umgesetzt wurden.

Zur Quantifizierung der Ähnlichkeit zwischen den Objekten wird die Rohdatenmatrix im ersten Schritt in eine quadratische (144 x 144)-Distanz- oder Ähnlichkeitsmatrix überführt. Dazu werden die vorliegenden mehrkategorialen Variablen in binäre Variablen transformiert, indem in den Fällen mit mehr als zwei möglichen Ausprägungen eine Zerlegung in binäre Hilfsvariablen vorgenommen wird und jeder Merkmalsausprägung der Wert Eins für „Eigenschaft vorhanden" oder Null für „Eigenschaft nicht vorhanden" zugewiesen wird[544]. Für die Ermittlung von Ähnlichkeiten zwischen Objekten mit binärer Variablenstruktur wird in der Literatur eine Reihe von Maßzahlen vorgeschlagen, die sich in der Regel auf die folgende allgemeine Ähnlichkeitsfunktion zurückführen lassen[545]:

$$S_{ij} = \frac{a + \delta d}{a + \delta d + \lambda(b + c)}$$

mit S_{ij}: Ähnlichkeit zwischen den Objekten *i* und *j* und

δ, λ: mögliche (konstante) Gewichtungsfaktoren.

---

[544] Vgl. zur Transformation *Backhaus/ Erichson/ Plinke/ Weiber,* Analysemethoden 1996, S. 265-266.

[545] Vgl. *Steinhausen/ Langer,* Clusteranalyse 1977, S. 54.

Die Werte der Koeffizienten a, b, c und d sind der folgenden Tabelle zu entnehmen, wonach beispielsweise die Variable a der Anzahl an Eigenschaften entspricht, die bei den Objekten i und j vorhanden ist.

Objekt i	Objekt j: Eigenschaft vorhanden (1)	Objekt j: Eigenschaft nicht vorhanden (0)	Zeilensumme
Eigenschaft vorhanden (1)	a	c	a+c
Eigenschaft nicht vorhanden (0)	b	d	b+d
Spaltensumme	a+b	c+d	m

Tabelle 16: Kombinationsmöglichkeiten binärer Variablen

Je nach Wahl der Gewichtungsfaktoren δ und λ erhält man unterschiedliche Ähnlichkeitsmaße, wobei für Objekte mit binären Variablen Tabelle 17 einen Überblick gibt[546].

Koeffizienten	Gewichte δ	Gewichte λ	Definition
Tanimoto (Jaccard)	0	1	$\frac{a}{a+b+c}$
Russel & Rao	-	-	$\frac{a}{m}$
Einfache Anpassung	1	1	$\frac{a+d}{m}$

Tabelle 17: Ähnlichkeitsmaße bei binären Variablen

546 Vgl. *Steinhausen/ Langer,* Clusteranalyse 1977, S. 53-55.

Der Tanimoto- oder Jaccard-Koeffizient gehört zu den am häufigsten verwendeten Ähnlichkeitsmaßen bei dichotomen Merkmalen[547] und mißt den relativen Anteil gemeinsamer Eigenschaften bezogen auf die Variablen, die mindestens eine Eins aufweisen[548]. Zunächst wird festgestellt, wie viele Eigenschaften beide Objekte übereinstimmend aufweisen. Anschließend werden die Eigenschaften gezählt, die lediglich bei einem Objekt vorhanden sind. Setzt man die Anzahl der Eigenschaften, die bei beiden Produkten vorhanden sind, in den Zähler (a) und addiert hierzu für den Nenner die Eigenschaften, die nur bei einem Produkt vorhanden sind (b+c), so erhält man den Tanimoto-Koeffizienten. Die Werte der Ähnlichkeit liegen zwischen Null („totale Unähnlichkeit“, a = 0) und Eins („totale Ähnlichkeit“, b =c = 0).

Auf eine etwas andere Art und Weise wird die Ähnlichkeit der Objektpaare beim Russel & Rao-Koeffizienten gemessen. Der Unterschied zum Tanimoto-Koeffizienten besteht darin, daß nunmehr im Nenner auch die Fälle, bei denen beide Objekte das Merkmal nicht aufweisen (d), mitaufgenommen werden. Somit finden sich alle in der jeweiligen Untersuchung berücksichtigten Eigenschaften im Nenner des Ähnlichkeitsmaßes wieder. Abschließend sei noch der Einfache Anpassungs-Koeffizient erwähnt. Gegenüber dem vorher behandelten Maß werden hier im Zähler alle übereinstimmenden Komponenten erfaßt.

Alle drei genannten Ähnlichkeitsmaße gelangen zum gleichen Ergebnis, wenn keine Eigenschaft beim Paarvergleich gleichzeitig fehlt, d.h. wenn d = 0 gilt. Ist dies jedoch nicht gegeben, so weist grundsätzlich der RR-Koeffizient den höchsten Ähnlichkeitswert auf. Eine Mittelposition nimmt das Tanimoto-Ähnlichkeitsmaß ein. Tanimoto- und Einfache Anpassungs-Koeffizient kommen jedoch dann zum gleichen Ergebnis, wenn lediglich die Fälle (a) und (d) existieren, d.h. nur ein gleichzeitiges Vorhandensein oder Fehlen von Eigen-

---

[547] Vgl. *Bollmann,* Beschreibung 1979, S. 64-78.

[548] Vgl. *Stahl,* Clusteranalyse 1985, S. 72-73.

schaften beim Paarvergleich zu verzeichnen ist. Die gewonnene Distanz- oder Ähnlichkeitsmatrix bildet den Ausgangspunkt der Clusteralgorithmen, die eine Zusammenfassung der Objekte zum Ziel haben. Entsprechend der Vorgehensweise bei der Fusionierung können Clusteralgorithmen unterschieden werden. Die Abbildung 6 gibt einen entsprechenden Überblick.

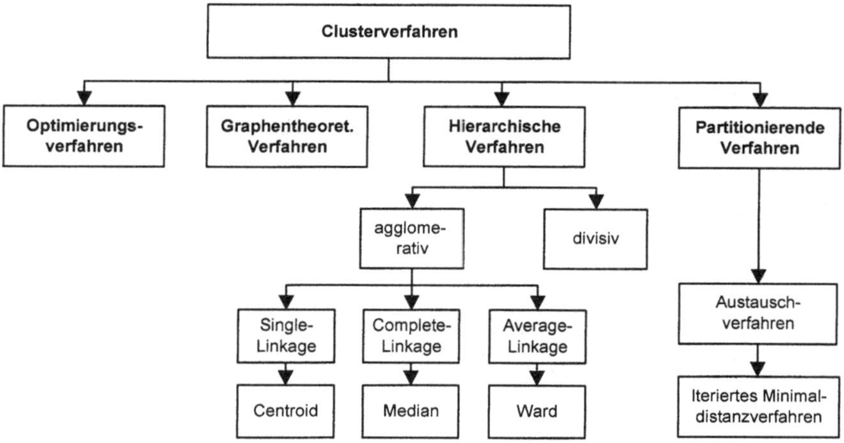

Abbildung 6: Überblick über ausgewählte Clusteralgorithmen

Die partitionierenden Verfahren[549] gehen von einer gegebenen Gruppierung der Objekte aus und ordnen die einzelnen Elemente mit Hilfe eines Austauschalgorithmus so lange um, bis eine gegebene Zielfunktion ein Optimum erreicht. Bei den hierarchischen Verfahren unterscheidet man zwischen agglomerativen und divisiven Algorithmen. Während man bei agglomerativen Algorithmen von der feinsten Partition ausgeht, bildet die gröbste Partition den Ausgangspunkt der divisiven Algorithmen. Allerdings kommt diesen Algorithmen in der Praxis nur sehr geringe Bedeutung zu.

---

[549] Vgl. zur Einteilung in hierarchische und partitionierende Verfahren *Opitz,* Taxonomie 1980; *Späth,* Cluster-Analyse-Algorithmen 1977; *Bock,* Klassifikation 1974.

Die Gemeinsamkeit partitionierender Verfahren besteht darin, daß man ausgehend von einer vorgegebenen Gruppeneinteilung durch Verlagerung der Objekte in andere Gruppen versucht, zu einer besseren Lösung zu gelangen[550]. Die in diesem Bereich existierenden Verfahren unterscheiden sich in der Art und Weise, wie die Verbesserung der Clusterbildung gemessen wird sowie in der Regelung des Austausches der Objekte zwischen den Gruppen.

Besondere Bedeutung kommt den hierarchischen Clusterverfahren in ihrer Unterscheidung in agglomerative und divisive Verfahren zu[551]. Während die divisiven Verfahren von einem Cluster ausgehen, das alle Objekte enthält, und dieses immer weiter aufteilen, wird bei der agglomerativen Vorgehensweise zunächst jedes Objekt als ein separates Cluster betrachtet und dann die Zerlegung schrittweise vergröbert. Als Lösung erhält man eine Partitionierung, die ein vorgegebenes Abbruchkriterium erfüllt. Die in der Praxis häufig zur Anwendung kommenden agglomerativen Algorithmen sind die in Abbildung 6 dargestellten sechs Verfahren. Während die Verfahren „Centroid", „Median" und „Ward" nur bei Verwendung eines Distanzmaßes sinnvoll angewendet werden können, kommen für die restlichen Verfahren grundsätzlich alle Promixitätsmaße in Frage. Da im vorliegenden Fall wegen der nominal skalierten Variablen eine Einschränkung auf Ähnlichkeitsmaße vorgenommen wurde, werden im folgenden auch nur noch die Linkage Verfahren betrachtet.

Das Single-Linkage-Verfahren vereinigt im ersten Schritt die Objekte, die nach der Distanzmatrix die größte Ähnlichkeit aufweisen[552]. Als Distanz zwischen der neuen Gruppe und einem Objekt wird nun der kleinste Wert der Einzeldistanzen herangezogen. Dadurch, daß das Single-Linkage-Verfahren als neue Distanz zwischen zwei Gruppen immer den kleinsten Wert der Einzeldistanzen heranzieht, ist es geeignet, „Ausreißer" in einer Objektmenge zu erkennen. Da

---

550 Vgl. *Späth,* Cluster-Analyse-Algorithmen 1977, S. 35-37.

551 Vgl. *Buchner*, Statistik 1985, S. 330.

552 Vgl. *Sokal/ Sneath,* Principles 1963.

das Single-Linkage-Verfahren dazu neigt, viele kleine und wenige große Gruppen zu bilden, geben diese kleinen Gruppen einen Anhaltspunkt für die Identifikation von „Ausreißern“ in der Objektmenge. Das Verfahren hat dadurch aber den Nachteil, daß es aufgrund der großen Gruppen zur Kettenbildung neigt, wodurch „schlecht“ getrennte Gruppen nicht aufgedeckt werden.

Der Unterschied zwischen dem gerade erläuterten Algorithmus und dem Complete-Linkage-Verfahren besteht in der Vorgehensweise bei der neuen Distanzbildung. Es werden nicht die geringsten Abstände als neue Distanz herangezogen, sondern die größten Abstände. Man bezeichnet dieses Verfahren deshalb auch als „Furthest-Neighbour-Verfahren“. Das Complete-Linkage-Verfahren tendiert eher zur Bildung kleiner Gruppen und entdeckt daher keine Ausreißerwerte.

2. Identifikation der Risikogruppen im Datensatz

Die Clusteranalyse auf den Informationen zu den aufgedeckten Fehlern ergab drei Gruppen, deren Einteilung mit Hilfe der Linkage-Verfahren ermittelt wurde. Tatsächlich führten beide Algorithmen zu identischen Ergebnissen in der Clusterbildung. Die Gesamtheit der 144 Unternehmensfälle verteilt sich wie aus der folgenden Abbildung ersichtlich auf die drei Gruppierungen.

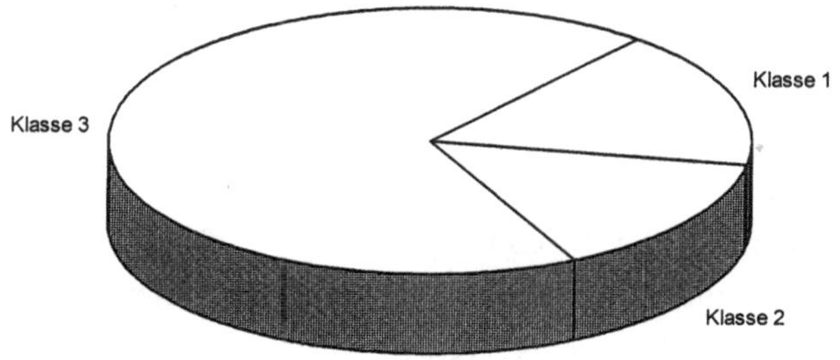

Abbildung 7: Verteilung der Unternehmensfälle auf die Risikoklassen

Die erste Klasse enthält insgesamt 24 Datensätze, die allesamt dadurch gekennzeichnet sind, daß die Prüfung ihrer Jahresabschlüsse im allgemeinen keine Fehler ergab. Zur Gruppe 2 wurden hingegen die 21 Datensätze zusammengefaßt, bei denen im Verlauf der Prüfung des Jahresabschlusses zwar Fehler aufgedeckt wurden. Diese Fehler wurden aber durchweg als nur wenig bedeutend eingestuft, waren folglich nicht zu korrigieren und blieben insgesamt ohne Auswirkung auf den weiteren Verlauf der Prüfung. Die 99 Datensätze, die zu der dritten Gruppe zusammengefaßt wurden, zeichnen sich schließlich durch festgestellte Abweichungen aus, denen eine so große Bedeutung beigemessen wurde, daß sie zunächst korrigiert wurden und sodann Anlaß zu zusätzlichen Prüfungshandlungen gaben.

Für die Stichprobe ergibt sich damit die folgende Klassifizierung des Fehlerrisikos. Für Jahresabschlüsse der Gruppe 1 ist das Fehlerrisiko gering. Jahresabschlüsse, die der Gruppe 2 angehören, weisen ein materiell wenig bedeutsames Fehlerrisiko auf, während die Abschlüsse der Gruppe 3 durch bedeutsame Fehler gekennzeichnet sind, die zu Korrekturen und außerplanmäßigen Prüfungshandlungen führen können.

Um später die Resultate der Klassifikationen auf ihre Güte hin zu untersuchen, wird in einem letzten Schritt der Datenaufbereitung die Gesamtstichprobe aus den 144 Unternehmensfällen in eine Trainings- und eine Validierungsstichprobe unterteilt. Anhand der Trainingsstichprobe werden die Klassifikationsregeln aus den Beobachtungen zu den beschreibenden Merkmalen auf der einen Seite und den zugehörigen Risikowerten auf der anderen Seite ermittelt. In einem zweiten Schritt werden diese Regeln auf die Fälle der Validierungsstichprobe angewendet. Es wird anhand des aufgestellten Klassifikationszusammenhangs die Zuordnung eines Falls vorgenommen, die sodann mit dem beobachteten Risikowert verglichen wird. Dadurch kann ermittelt werden, inwieweit die Unternehmensfälle der Validierungsstichprobe ihrer richtigen Gruppierung zugeordnet werden und wie gut die ermittelte Klassifikationsregel ist. Die Aufteilung der Gesamtstichprobe auf die Trainings- und die Validierungsstichprobe wird so vorgenommen, daß zunächst die Trainingsstichprobe zweimal so groß ist wie die Validierungsstichprobe und zudem die Anteile der Unternehmen in den verschiedenen Risikoklassen unverändert bleiben. Es ergeben sich dementsprechend zwei neue Gruppierungen, von denen die erste 96 Unternehmensfälle in sich aufnimmt, die sich auf die Risikoklassen 1 bis 3 mit jeweils 16, 44 und 66 Fällen aufteilen, während in der zweiten Gruppe insgesamt 48 Fälle aus je 8, 7 und 33 Elementen enthalten sind.

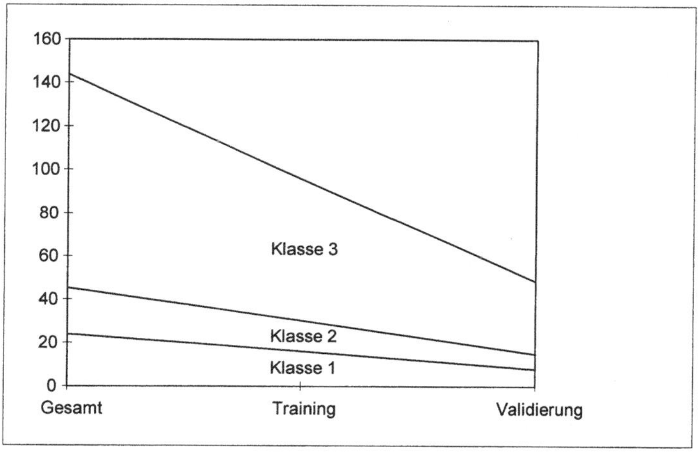

Abbildung 8: Unterteilung der Gesamtstichprobe in Trainings- und Validierungsstichprobe

IV. Ableitung explikativer Modelle über den Zusammenhang von Geschäfts- und Fehlerrisiko

A. Untersuchung von Basiszusammenhängen

1. Beschreibung der Beziehung zwischen den Merkmalen

Im folgenden wird für Zwecke des explikativen Schritts der Untersuchung analysiert,

- ob zwischen den verschiedenen Risikomerkmalen und dem Prüfungsrisiko jeweils statistische Beziehungen bestehen,
- wie stark diese Zusammenhänge sind und
- ob eine solche Beziehung unter Umständen auch für die Grundgesamtheit, der die Unternehmensfälle entnommen wurden, angenommen werden kann.

Die anwendbaren statistischen Verfahren zur Untersuchung der beobachteten Häufigkeitsverteilungen unterscheiden sich je nach Skalierung der betrachteten Variablen. Im vorliegenden Datensatz sind auf der Seite der unabhängigen Variablen sowohl nominal- und ordinal- als auch intervallskalierte Merkmale[553].

Um beurteilen zu können, inwieweit die Beziehung zweier Merkmale von der statistischen Unabhängigkeit abweicht, kann die beobachtete Kreuztabelle mit der zugehörigen Indifferenztabelle verglichen werden, die die erwartete Häufigkeitsverteilung für den Fall statistischer Unabhängigkeit enthält. Als Maß für die Abweichung der beiden Tabellen wird der Pearsonsche χ^2-Koeffizient verwendet, der wie folgt berechnet wird:

---

[553] Vgl. Tabelle 12, S. 139 und Tabelle 13, S. 141.

$$\chi^2 = \sum_z \frac{(h-e)^2}{e}$$

mit h: beobachtete Häufigkeiten in der Kreuztabelle,

e: erwartete Zellenhäufigkeiten der Indifferenztabelle und

z: Nummer der Kreuztabelle, über die summiert wird.

Bei totaler statistischer Unabhängigkeit sind alle beobachteten Häufigkeiten gleich ihren erwarteten Häufigkeiten, und es ergibt sich ein Wert für χ^2 von Null. Bei einem Wert von Zwei und mehr ist von einer signifikanten Abweichung zwischen der beobachteten und der erwarteten Verteilung auszugehen[554]. Voraussetzung für die Durchführung des χ^2-Tests ist, daß nur maximal 20 v.H. der Felder der Kreuztabelle erwartete Häufigkeiten kleiner Fünf aufweisen. Die Zeilen- und Spaltensummen müssen stets größer Null sein. Ansonsten wird der exakte Test nach *Fisher* ausgeführt.

Nach der Aufdeckung von Zusammenhängen können zur Analyse der Stärke der Beziehungen zwischen nominalskalierten Variablen verschiedene Maßzahlen herangezogen werden[555]. Solche Maßzahlen werden als Assoziations- oder Korrelationsmaße bezeichnet. Sie bringen zum Ausdruck, daß zwei Variablen positiv korreliert sind, wenn eine gleichläufige oder gleichsinnige Beziehung vorliegt. In diesem Fall gehen niedrige Werte bei der einen Variablen mit niedrigen Werten bei der anderen Variablen einher und hohe Werte mit entsprechend großen Ausprägungen. Umgekehrt bedeutet eine gegensinnige Beziehung niedrige Werte bei der einen Variablen und hohe Werte bei der anderen. Als Korrelationsmaß bei nominalen Variablen wird der Spearmansche Korrelationskoeffizient benutzt. Da jede ordinalskalierte Variable auch als nominalska-

---

554 Vgl. *Bühl/ Zöfel,* SPSS 1997, S. 237.

555 Vgl. *Kähler*, SPSS 1996, S. 148-159.

lierte Variable betrachtet werden kann, bietet der Spearmansche Korrelationskoeffizient auch für diese Art von Merkmalen ein Maß des Zusammenhangs[556].

Weiterhin lassen sich bei ordinalskalierten Merkmalen die Merkmalsträger auf der Basis der jeweiligen Merkmalsausprägungen in eine Rangreihe bringen, die aus ganzzahligen Rangwerten besteht. Dabei wird der kleinsten Merkmalsausprägung der Rangwert Eins zugeordnet, der nächst größeren Merkmalsausprägung der Wert Zwei usw. Unterstellt man, daß die Differenzen von Rangwerten empirisch bedeutsam sind und demzufolge für die zugehörigen Rangwertmerkmale das Intervallskalenniveau angenommen werden kann, besteht zwischen der Behandlung von Variablen auf diesen Skalen kein Unterschied[557]. Jedoch werden bei dieser Behandlung die Rangzahlen wie kardinale Ausprägungen betrachtet, als ob der Abstand von Rangplätzen sinnvoll interpretiert werden könnte[558].

Die Stärke eines linearen statistischen Zusammenhangs zwischen zwei intervallskalierten Merkmalen X und Y kann neben der Untersuchung von Zusammenhängen anhand von Streudiagrammen durch den Bravais-Pearsonschen Korrelationskoeffizienten r (Produktmomentkorrelation) zum Ausdruck gebracht werden:

$$r = \frac{\sum (x - \bar{x})(y - \bar{y})}{\sqrt{\sum (x - \bar{x})^2} \sqrt{\sum (y - \bar{y})^2}}$$

Dabei wird über alle Ausprägungen x des Merkmals X und über alle Ausprägungen y des Merkmals Y summiert. Der Absolutbetrag von *r* liegt zwischen

556 Vgl. *Rönz/ Förster,* Regressionsanalyse 1992, S. 309.

557 Vgl. *Schwarze*, Grundlagen 1988, S. 168-171.

558 Vgl. *Bamberg/ Baur*, Statistik 1996, S. 49.

Null und Eins und beschreibt die Anpassungsgüte der durch die x-y-Koordinaten beschriebenen Punkte an die zugehörige Regressionsgerade[559].

Die Regressionsgerade ist eindeutig durch die Eigenschaft bestimmt, daß sie unter allen denkbaren Geraden diejenige ist, von der die Gesamtheit der Punkte am geringsten abweicht. Dazu muß die Summe der vertikalen Abstände von dieser Geraden gleich Null und die Summe der quadrierten vertikalen Abstände minimal sein. Liegen alle Punkte auf einer Geraden, so ist dies die Regressionsgerade und es gilt r = 1 oder r = -1, so daß es sich um eine perfekte lineare Beziehung handelt. Die Richtung dieser Beziehung wird durch die Lage der Regressionsgeraden beschrieben und durch das Vorzeichen der Koeffizienten r zum Ausdruck gebracht. Dabei handelt es sich um eine positive Beziehung, falls r größer als Null ist oder um eine negative Beziehung, wenn r kleiner als Null ist. Errechnet sich der Wert r zu Null, besagt dies, daß die Punkte als richtungslose Punktwolke in der x-y-Ebene angeordnet sind. Die Werte der Merkmalsträger sind gleichförmig um den Schwerpunkt des Streudiagramms verteilt.

	Korrelation		Stärke
nominal-/ ordinalskaliert	χ^2	Signifikanz	Spearman-Koeffizient
Häufigkeit von Produktänderungen	42,455	0,000	-0,035
Umsatzaufgliederung nach Leistungen	26,932	0,001	-0,136
Innovationsgrad	30,477	0,169	
Relative Innovationstätigkeit	3,161	0,531	
Marktanteilsrang	34,511	0,005	0,257
Typische Auftragsgröße	23,552	0,083	

559 Vgl. *Zöfel,* Statistik 1992, S. 210-211.

Produktbedeutung	31,660	0,000	-0,450
Marktentwicklung	4,640	0,591	
Markteintritt	4,622	0,536	
Marktaustritt	1,570	0,456	
intervallskaliert	χ^2	Signifikanz	Bravais-Pearson-Koeffizient
Aufwendungen für F+E	110,660	0,262	
Lizenzgebühren	49,341	0,419	
Umsatzanteil neuer Produkte	63,404	0,045	-0,016
Lagerumschlag	65,774	0,348	
Investmentintensität (Working Capital)	91,092	0,086	
Integrationsgrad	110,922	0,004	-0,098
Investmentintensität (Sachanlagen)	51,796	0,404	
Abschreibungsintensität	183,730	0,329	
Materialintensität	183,730	0,329	
Auslastungsgrad	91,653	0,013	-0,161
Transportzeiten	43,770	0,122	
Fehlerhafte Spezifikationen	104,111	0,002	-0,234
Umrüstzeiten	52,544	0,376	
Aufwendungen für Marketing	154,251	0,072	
Bekanntheitsgrad	68,972	0,000	-0,146
Preisspielraum	80,361	0,011	-0,058
Preisanpassungen	45,509	0,020	0,115
Distributionskosten	130,853	0,164	
Fehler in der Distribution	65,569	0,231	
Stellenauf-/ -abbau	118,046	0,330	
Schulungsintensität	142,692	0,077	
Personalintensität	173,784	0,324	

Betriebliche Weiterbildung	111,137	0,110	
Krankheitsquote	119,968	0,135	
Fluktuationsrate	149,169	0,208	
Eigenkapitalrentabilität	129,117	0,839	
Gesamtkapitalrentabilität	176,559	0,781	
Kapitalumschlag	175,378	0,663	
Liquidität	175,218	0,667	
Eigenkapitalquote	180,867	0,742	
Dynamischer Verschuldungsgrad	208,166	0,484	
Relativer Preis	30,427	0,444	
Anbieterkonzentration	62,770	0,004	0,017
Relativer Marktanteil	94,435	0,055	
Marktwachstum	110,971	0,026	0,025
Kundenkonzentration	61,405	0,003	0,075
Lieferantenkonzentration	66,767	0,000	-0,130

Tabelle 18: Bivariate Zusammenhänge zwischen den Risikomerkmalen und dem Fehlerrisiko

Es wurde nur für die Fälle die Stärke des korrelativen Zusammenhangs ermittelt, für die vom Bestehen eines solchen Zusammenhangs auf signifikantem Niveau ausgegangen werden kann und die Grenze der Signifikanz von vorgegebenen 5 v.H. unterschritten wird.

Tatsächlich sind für 15 der Risikovariablen signifikante Zusammenhänge zum Risiko nachgewiesen worden. Diese Zusammenhänge sind sowohl positiver als auch negativer Art, wobei mit einem positiven Zusammenhang mit dem Anstieg der Ausprägung der Variablen auch ein Anwachsen des Risikos und mit einem negativen Zusammenhang eine umgekehrt verlaufende Beziehung zum Ausdruck gebracht wird.

2. Verfahren der univariaten Klassifikation

a) Graphischer Mittelwertvergleich

Zur Untersuchung der Merkmalsausprägungen mehr oder weniger risikobehafteter Unternehmen kann zunächst ein graphischer Mittelwertvergleich angestellt werden[560]. Bei diesem sind für jede Gruppe von Unternehmen die Mittelwerte der einzelnen Kennzahlen zu berechnen. Man geht dabei von der grundlegenden Annahme aus, daß es Kennzahlen gibt, bei denen sich die Mittelwerte für die verschiedenen Gruppen deutlich unterscheiden.

Beispielhaft sei hier die Untersuchung von *Beaver* angeführt, der solche Mittelwertvergleiche 1966 für 79 insolvente und 79 solvente, im Hinblick auf Branchenzugehörigkeit und Bilanzvolumen vergleichbare Unternehmen durchführte. Dabei zeigte sich, daß die Stichprobenmittelwerte bei einigen Kennzahlen deutlich differierten[561]. Durch den Vergleich der Mittelwerte mit den aufgestellten Hypothesen ermöglicht die Profilanalyse zumindest eine Abschätzung darüber, welche Kenngrößen grundsätzlich für eine Gruppentrennung geeignet sind. Liegen die Kenngrößen jedoch nahe beieinander oder bestätigen sie die aufgestellte Hypothese nicht, besitzt diese Kennzahl zumindest im univariaten Fall ein nur geringes klassifikatorisches Potential[562].

Da eine derartige Analyse die Streuung der Kennzahlenwerte vernachlässigt, reicht sie allerdings für die Beurteilung der Prognoseeignung nicht aus. Es besteht die Möglichkeit, daß die Häufigkeitsverteilungen zu den verschiedenen Gruppen bei erheblich abweichenden Mittelwerten starke Übereinstimmungen aufweisen, so daß die Zuordnung eines Unternehmensfalls aufgrund einer sol-

---

[560] Vgl. *Weinrich*, Kreditwürdigkeitsprognosen 1978, S. 89-93; *Beermann*, Prognosemöglichkeiten 1976, S. 57-58.

[561] Vgl. *Beaver,* Empirical Reasearch in Accounting 1966, S. 82.

[562] Vgl. *Baetge,* ZfbF 1989, S. 800.

chen Kenngröße nicht möglich und sie zur Prognose ungeeignet ist[563]. Darüber hinaus ist zu beachten, daß Ausreißerwerte die Mittelwerte in einem nicht unerheblichen Maß beeinflussen können, was zu Fehlentscheidungen im Hinblick auf die Auswahl von zur Klassifikation geeigneten Kennzahlen führen kann[564].

b) Mittelwert-Test

Ein weiteres univariates Verfahren zur Untersuchung der mittleren Kennzahlenausprägungen in den verschiedenen Risikoklassen ist der Mittelwert-Test, mit dem untersucht werden kann, ob zwischen den Risikoklassen gruppenspezifische Unterschiede in den Mittelwerten bestehen. In Form von Signifikanztests wird auf einem vorgegebenen Niveau die Nullhypothese

H_0: Die Mittelwerte des Risikomerkmals ist in allen Risikoklassen gleich

gegen die Alternativhypothese

H_1: Die Mittelwerte des Risikomerkmals weisen in den unterschiedlichen Risikoklassen keine Unterschiede auf

getestet[565].

Der Median-Test für die ordinalskalierten Risikomerkmale bietet ein gegenüber Lagealternativen konsistentes Testverfahren[566] und bedarf daher auch keiner Voruntersuchungen zur Verteilung der Kennzahlen. Jedoch hat dieser Test eine geringere Trennschärfe als der verteilungsgebundene Test auf Unterschiede in

---

563 Vgl. *Stein*, B.Bl. 1984, S. 219; *Baetge,* WPg 1980, S. 654.

564 Vgl. *Heno,* Kreditwürdigkeitsprüfung 1983, S. 68; *Weinrich*, Kreditwürdigkeitsprognosen 1978, S. 89-91.

565 Vgl. *Kähler,* Datenanalyse 1993, S. 250-251.

566 Vgl. *Andrews*, The Annals of Mathematical Statistics 1954, S. 724-736.

den arithmetischen Mitteln, weshalb die Wahrscheinlichkeit einer fälschlichen Annahme der Hypothese, wonach sich die durchschnittlichen Ausprägungen in den verschiedenen Risikoklassen nicht voneinander unterscheiden, größer ist[567].

Mit dem Median-Test wird die Nullhypothese

H_0: Die Mediane des ordinalskalierten Risikomerkmals stimmen in den verschiedenen Risikoklassen überein

gegen die Alternativhypothese

H_1: Die Mediane des ordinalskalierten Risikomerkmals unterscheiden sich für die verschiedenen Risikoklassen

geprüft[568]. Hierzu ordnet man die Kennzahlenwerte aus den Stichproben der Größe nach aufsteigend an und ermittelt den Gesamtmedian M. Danach ist für jede Stichprobe die Anzahl der Kennzahlenausprägungen zu ermitteln, die größer oder kleiner als der Gesamtmedian ist und sodann in eine Kontingenztabelle überführt wird[569]. Liegen wie in der vorliegenden Untersuchung drei zu unterscheidende Gruppen vor, nimmt die Kontingenztabelle die folgende Gestalt an:

Risikoklasse	$< M$	$> M$	Umfang
1	m_{11}	m_{12}	n_1
2	m_{21}	m_{22}	n_2
3	m_{31}	m_{32}	n_3
Gesamtzahl	a_1	a_2	N

Tabelle 19: 3x2-Kontingenztabelle für den Mediantest

567 Vgl. *Sachs,* Statistik 1992, S. 186/ 390.

568 Vgl. zur Null- und Alternativhypothese *Schlittgen,* Einführung 1996, S. 400-403.

569 Vgl. *Büning/ Trenkler,* Methoden 1994, S. 192-194.

Es bezeichnen nun m_{i1} und $m_{i2} = n_i - m_{i1}$ die Anzahl der Beobachtungen in der i-ten Stichprobe, die kleiner als M oder größer oder gleich M sind mit i = 1,2,3. Ist p_1 die unbekannte Wahrscheinlichkeit unter H_0 dafür, daß eine Beobachtung kleiner als M ist, so gilt, wobei M_{i1} und M_{i2} die zu m_{i1} und m_{i2} gehörenden Zufallszahlen sind

$$E(M_{i1}) = n_i p_1 \qquad \text{und} \qquad E(M_{i2}) = n_i(1-p_1) = n_i p_2$$

und als Schätzwerte ergeben sich

$$n_i \hat{p}_1 = n_i \frac{a_1}{N} \qquad \text{und} \qquad n_i \hat{p}_2 = n_i \left(\frac{N - a_1}{N} \right) = n_i \frac{a_2}{N}.$$

Als Teststatistik wird herangezogen

$$A = \frac{N^2}{a_1 a_2} \sum_{i=1}^{3} \frac{(m_{i1} - n_i c_1 / N)^2}{n_i}.$$

A ist asymptotisch χ^2-verteilt mit zwei Freiheitsgraden[570], wenn $n_i \to \infty$ für alle i. Als Faustregel für die Anwendung der Approximation gilt $N \geq 25$ und $n_i \geq 5$ für alle i[571]. Die Nullhypothese der Gleichheit der drei Verteilungen wird abgelehnt, wenn gilt:

$$A \geq \chi^2_{1-\alpha;c-1}$$

Im Falle intervallskalierter Merkmale lautet die Nullhypothese

---

570 Die Anzahl der Freiheitsgrade ermittelt sich als $2c-1-c = c-1$, wobei c die Anzahl der Gruppen wiedergibt und im vorliegenden Fall den Wert drei annimmt; vgl. *Büning/ Trenkler,* Methoden 1994, S. 194.

571 Vgl. *Gibbons/ Chakrabarti*, Inference 1992.

H_0: Die arithmetischen Mittel des intervallskalierten Risikomerkmals sind für die verschiedenen Risikoklassen gleich

und die Alternativhypothese

H_1: Die arithmetischen Mittel des intervallskalierten Risikomerkmals unterscheiden sich für die verschiedenen Risikoklassen.

Aus einer deutlichen Differenz der Mittelwerte oder Mediane einer Kennzahl in den verschiedenen Gruppen kann noch nicht gefolgert werden, daß die Stichproben auch aus verschiedenen Grundgesamtheiten stammen[572]. Daher wird zur Überprüfung der obigen Hypothese für intervallskalierte Merkmale der t-Test für den Vergleich zweier Gruppierungen zur einfaktoriellen Varianzanalyse verallgemeinert. Als Kriterium für den Signifikanztest zur Überprüfung der Nullhypothese wird der Quotient von Treatment- und Fehlervarianz herangezogen[573]. Als Treatmentvarianz wird die durch die Zahl der Freiheitsgrade dividierte Variation zwischen den Gruppen als durch die Unterschiede in den Mittelwerten erklärte Variation

$$\sum_{j=1}^{k} n_j \left(\bar{y}_j - \bar{y}\right)^2$$

mit k: Gruppenzahl

n_j: Fallzahl in der j-ten Gruppe

---

572 Vgl. *Beermann*, Prognosemöglichkeiten 1976, S. 59-61.

573 Allgemein hat die Prüfgröße die folgende Form: $F = \dfrac{(N-c)\sum_{i=1}^{c} n_i \left(\bar{X}_{i.} - \bar{X}\right)^2}{(c-1)\sum_{i=1}^{c}\sum_{j=1}^{n_i}(X_{ij} - \bar{X}_{i.})^2}$,

wobei c die Anzahl der Stichproben (hier: c = 3) und N die Gesamtzahl der Beobachtungen (hier: N = 144) wiedergibt. Vgl. z.B. *Büning/ Trenkler*, Methoden 1994, S. 182-183.

$\bar{y}_j$: Mittelwert der j-ten Gruppe

definiert, während die Fehlervarianz die Variation innerhalb der Gruppen, die durch individuelle Variation bedingt ist, wiedergibt:

$$\sum_{j=1}^{k}\sum_{i=1}^{n_j}\left(y_{ij}-\bar{y}_j\right)^2 .$$

Nimmt der Quotient als Ausprägung der Teststatistik einen Wert an, der Eins deutlich übersteigt, weil die Variation zwischen den Gruppen die Variation innerhalb der Gruppen stark überwiegt, sind ein Akzeptieren der Nullhypothese nicht vertretbar und gruppenspezifische Unterschiede in den Mittelwerten anzunehmen.

Für eine sinnvolle Auswertung der Varianzanalysen sind grundsätzlich die Voraussetzungen der Normalverteilung und der Varianzhomogenität zu überprüfen. Allerdings erweist sich der verteilungsgebundene Varianzanalyse-Test bei umfangreichen Stichproben als robust gegen Verletzungen der Testvoraussetzungen, so daß auch in dem Fall, in dem keine Normalverteilung oder Varianzhomogenität vorliegen, die Ergebnisse des Signifikanztests als Grundlage für weitere Analysen herangezogen werden können[574].

Kann die Nullhypothese, wonach die Risikoklassen keinen Einfluß auf die mittleren Ausprägungen der Risikomerkmale haben, nicht aufrecht erhalten werden, stellt sich die Frage nach denjenigen Risikoklassen, für die sich die zugehörigen Mittelwerte signifikant unterscheiden. Bei einem paarweisen Vergleich beispielsweise in Form eines t-Tests kann es zu Problemen kommen, da die statistischen Tests nicht unabhängig sind. Vielmehr steigt mit der Zahl der Einzelvergleiche die Wahrscheinlichkeit, daß die Einzeltests fälschlicherweise

---

[574] Vgl. *Kähler,* Datenanalyse 1993, S. 254.

signifikante Mittelwertunterschiede anzeigen. Wegen seiner Robustheit gegenüber Verletzungen in den Voraussetzungen und der konservativen Ausrichtung, die Mittelwertunterschiede erst bei relativ großen Differenzen als gesichert ansieht, empfiehlt sich die Anwendung des Scheffé-Tests[575].

Zur Überprüfung der Voraussetzungen für die Durchführung einer einfaktoriellen Varianzanalyse bietet sich zum einen Levenes Test auf Varianzhomogenität an. Bei der Frage, ob für die Verteilung eines Merkmals Normalverteilung angenommen werden kann, wird die beobachtete Verteilung gegen die erwartete getestet. Ein Testverfahren, das in diesem Zusammenhang häufig angewendet wird, ist der Kolmogorov-Smirnov-Anpassungstest, welcher untersucht, ob die unbekannte Verteilungsfunktion F(x) einer betrachteten Grundgesamtheit mit einer hypothetischen Verteilungsfunktion übereinstimmt[576].

Werden jedoch Verletzungen der Voraussetzungen Varianzhomogenität und Normalverteilung festgestellt und liegen keine entsprechend großen Stichproben vor, können nichtparametrische, verteilungsfreie Tests angewendet werden. Zur Untersuchung der Unterschiede zwischen mehr als zwei unabhängigen Stichproben wird der H-Test von *Kruskal* und *Wallis* herangezogen, der die Entscheidung auf Basis einer gemeinsamen Rangreihe der Werte aller Stichproben fällt.

---

575 Vgl. *Kähler,* SPSS 1996, S. 330-331.

576 Vgl. *Hartung/ Elpelt/ Klösner,* Statistik 1995, S. 183.

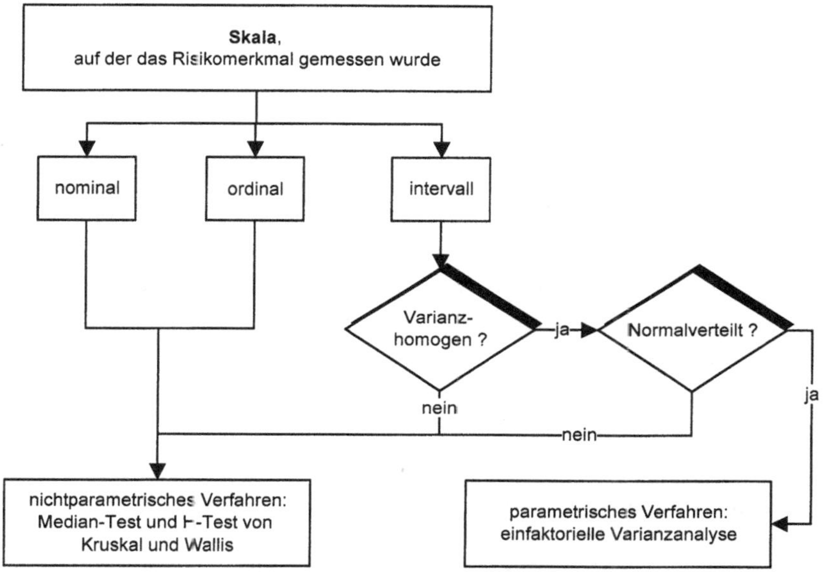

Abbildung 9: Vorgehen bei Mittelwertvergleichen

c) Dichotomischer Klassifikationstest

Der dichotomische Klassifikationstest[577] zieht im Unterschied zu den oben angesprochenen Verfahren zur Klassifikation die konkreten Kennzahlenausprägungen und nicht einen Mittelwert heran. Hierzu werden für jede Risikogruppe die Ausprägungen aller Unternehmen in eine auf- oder absteigende Reihenfolge gebracht[578]. Sodann werden nach einer subjektiv festgelegten Regel Trennwerte bestimmt, die die Kennzahlenausprägungen in Teilmengen zerlegen. Geht man beispielsweise davon aus, daß ein Unternehmen mit einem geringen Risiko sich

---

577 Dieses Verfahren wird in der Literatur auch als univariate Diskriminanzanalyse bezeichnet; vgl. *Küting/ Weber*, Bilanzanalyse 1997, S. 353-354.

578 Vgl. *Kühn*, Insolvenzindikatoren 1991, S. 183-186.

durch eine höhere Kennzahlenausprägung auszeichnet als ein risikobehafteter Fall, werden Unternehmen mit Kennzahlenausprägungen oberhalb des Trennwerts als risikolos klassifiziert[579].

Bei dieser Vorgehensweise treten regelmäßig dadurch Fehlklassifikationen auf, daß Unternehmen einer Gruppe einen Kennzahlenwert aufweisen, durch den sie einer anderen Teilmenge fälschlicherweise zugeordnet werden. Durch die Bestimmung eines geeigneten Trennwerts soll diese Fehlklassifikation weitgehend umgangen werden[580]. Als Regeln zur Festlegung des Trennwerts kommt in Betracht

- der Median,
- der Trennwert unter Minimierung der Anzahl aller Fehlklassifikationen,
- der Trennwert unter Minimierung der Anzahl einzelner Fehlklassifikationen,
- der Trennwert bei Vermeidung eines Fehlers unter Minimierung der anderen Fehler und
- der Trennwert unter Minimierung der Kosten von Fehlklassifikationen.

Konkret wird der Trennwert innerhalb des Überschneidungsbereichs der verschiedenen Häufigkeitsverteilungen liegen, da eine Verschiebung außerhalb dieses Bereichs immer eine weitere Zunahme von Fehlklassifikationen bedeutet. Auf welche Art der Trennwert jedoch festgelegt wird, hängt aber wesentlich von der Risikopräferenz eines Entscheiders ab[581].

---

579 Vgl. *Baetge,* WPg 1980, S. 655-657; *Beermann,* Prognosemöglichkeiten 1976, S. 66-68.

580 Vgl. *Perlitz*, ZfB 1979, S. 838-839.

581 Vgl. *Christians,* Entwicklung 1986; *Gebhardt,* DBW 1981, S. 227-228; *Denk,* Diagnosemethoden 1979, S. 61.

Da sich die Verteilungen der Kennzahlenwerte in den verschiedenen Gruppen regelmäßig überlappen und es so zwangsläufig zu Fehlklassifikationen kommt, stellt sich die Frage, wie groß die Wahrscheinlichkeit für ein solches Fehlurteil ist. Diese Wahrscheinlichkeit ergibt sich grundsätzlich aus dem Verhältnis der Anzahl an falsch klassifizierten Fällen zur Gesamtzahl an Beobachtungen. Als Datenbasis können zum einen die Kennzahlenwerte derjenigen Unternehmen zur Kontrolle der Klassifikationsgüte herangezogen werden, die auch zur Ableitung der Klassifikationsregel benutzt wurden. Hierbei entsteht jedoch das Problem, daß die Fehlerschätzung ceteris paribus zu positiv ausfällt, weil gerade mit diesen Daten der als besonders geeignet erachtete Trennwert ermittelt wurde. Eine zweite Möglichkeit zur Fehlerschätzung schlägt *Lachenbruch* vor[582]. Von den vorhandenen Kennzahlenausprägungen beider Gruppen wird genau eine separiert, und mit den verbleibenden werden optimale Trennwerte ermittelt. Sodann wird der separierte Fall auf Grundlage seines Kennzahlenwerts klassifiziert. Dieser Vorgang wird so lange wiederholt, bis alle Unternehmen genau einmal das sogenannte Holdout-Unternehmen waren. Als Schätzung für den Fehleranteil dient dann der Quotient aus der Anzahl von Fehlklassifikationen und der Anzahl der Unternehmen in der Gesamtstichprobe. Eine dritte Möglichkeit, die Leistungsfähigkeit der Kennzahl und des Trennwerts zu testen, besteht in der Verwendung einer Kontrollstichprobe von Unternehmen, von denen bekannt ist, zu welcher Gruppierung sie gehören.

Mit den dargestellten Analyseverfahren werden die Verteilungen der verschiedenen Kennzahlen der in unterschiedlichem Maße risikobehafteten Unternehmen untersucht. Dadurch kann beurteilt werden, ob grundsätzlich Unterschiede in den Kennzahlenverteilungen der Gruppierungen bestehen und für jede der Kenngrößen ermittelt werden, wie univariat trennfähig sie ist. Der vollständige Ausschluß univariat wenig trennfähiger Kenngrößen für die im weiteren anzustellenden multivariaten Analyseverfahren ist aber grundsätzlich nicht gerecht-

582 Vgl. *Lachenbruch*, Biometrics 1967, S. 639-645.

fertigt, da sie in Verbindung mit anderen Kenngrößen durchaus prognosestark sein können[583].

3. Basiszusammenhänge zwischen den Risikofaktoren und dem Fehlerrisiko

a) Basiszusammenhänge zwischen den unternehmensinternen Risikofaktoren und dem Fehlerrisiko

(1) Bereich „Forschung und Entwicklung“

Zum unternehmensinternen Bereich, der anhand der Wertschöpfungskette strukturiert wurde, wurden insgesamt 37 Kenngrößen definiert, wovon nach der Aufbereitung des Datenmaterials und der Selektion nur schwach besetzter Informationen 34 Kennzahlen übrig blieben, die im folgenden für Zwecke der Untersuchung ihrer univariaten Erklärungskraft herangezogen werden. Das Vorgehen orientiert sich dabei zum einen an den Bereichen der Wertschöpfungskette und zum anderen an den aufgezeigten Verfahren zur Aufdeckung und Beschreibung univariater Erklärungswirkungen.

Zum Bereich der Forschung und Entwicklung wurden die folgenden vier Kenngrößen definiert:

- Aufwendungen für F+E
- Innovationsgrad
- Lizenzgebühren
- Umsatzanteil neuer Produkte

---

[583] Vgl. *Altman,* Journal of Finance 1968, S. 597.

Graphischer Mittelwertvergleich

Für den zunächst anzustellenden graphischen Mittelwertvergleich werden die Mittelwerte dieser vier beschreibenden Variablen zu den drei unterschiedenen Risikoklassen ermittelt und für Zwecke einer Profilbetrachtung abgetragen. Im Unterschied zur Untersuchung der Häufigkeitsverteilung der verschiedenen Merkmale werden nun die Mittelwerte für die drei Gruppierungen separat bestimmt. Als Ausgangsinformationen für die Ermittlung der Mittelwerte dienen die bereits bestimmten Lagemaße, bei denen die Maßgröße in Abhängigkeit von der dem Merkmal zugrunde liegenden Skala gewählt wurde. Demnach wird für drei der nun betrachteten Merkmale, die auf einer Intervallskala gemessen wurden, das arithmetische Mittel herangezogen. Lediglich für das ordinalskalierte Risikomerkmal „Innovationsgrad" basieren die Mittelwertanalysen auf dem Median.

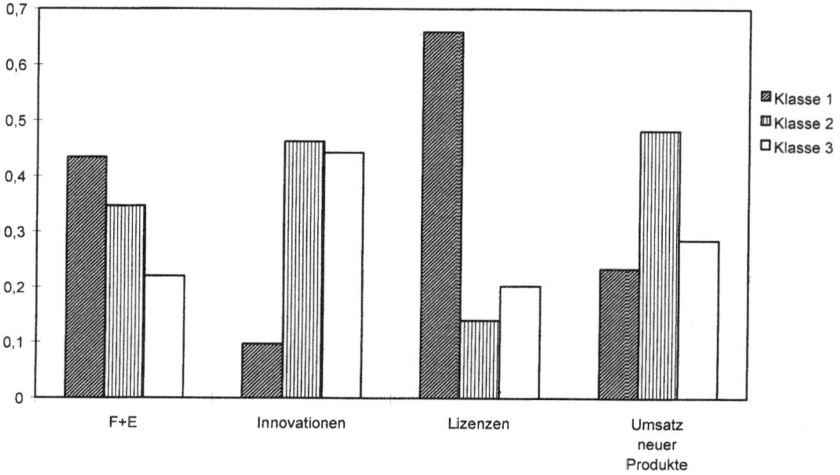

Abbildung 10: Unterschiede in den Lagemaßen der Risikomerkmale des Bereichs „Forschung und Entwicklung" für die verschiedenen Risikoklassen

In der Abbildung sind die Ausprägungen der Lagemaße in normierter Form[584] abgetragen. Der Abbildung kann entnommen werden, daß zwischen den Risikomerkmalen zum Bereich der Forschung und Entwicklung und dem Fehlerrisiko des Jahresabschlusses vor allem u-förmige Verläufe festgestellt werden können. Diese Form des Zusammenhangs gilt als typisch für die Fälle, da qualitative Informationen zu Klassifikationszwecken herangezogen werden[585]. Es kann demnach nicht univariat durch den Vergleich der Ausprägungen zweier Fälle auf die jeweilige Risikolastigkeit eines Falls geschlossen werden, da kein linearer Zusammenhang vorliegt. Im Falle der Aufwendungen für Forschung und Entwicklung ergibt sich jedoch nach der graphischen Analyse eine Wirkungsrichtung für den Zusammenhang, wonach hohe Aufwendungen in diesem Bereich zu geringeren Risiken führen.

Mittelwerttest

Die Analyse der Mittelwertunterschiede in den verschiedenen Risikoklassen wird für das ordinalskalierte Merkmal „Innovationsgrad" anhand eines nichtparametrischen Tests vorgenommen. Da die Effizienz des Median-Tests als nicht besonders hoch anzusehen ist und der Kruskal-Wallis-Test auch auf ordinalskalierte Merkmale angewendet werden kann[586], wird das zweite Verfahren präferiert.

Der Kruskal-Wallis-Test auf Mittelwertunterschiede in der Variablen „Innovationsgrad" zwischen den Risikoklassen ermittelte ein Signifikanzniveau von 94 v.H., wonach die Nullhypothese nicht zu verwerfen ist[587]. Die Entschei-

---

[584] Die Summe der Lagemaße für ein Risikomerkmal wurde auf den Wert Eins normiert, um die unterschiedlichen Wertebereiche der Merkmale für die Abbildung geeignet umzuformen.

[585] Vgl. *Buzzell/ Gale*, PIMS-Programm 1989, S. 148.

[586] Vgl. *Bühl/ Zöfel,* SPSS 1997, S. 292.

[587] Zum Vergleich: Der Mediantest ermittelt ein Signifikanzniveau von 78,3 v.H..

dung über eine Ablehnung oder Annahme der Hypothese erfolgt durch den Vergleich des errechneten Sicherheitsgrads und des vorgegebenen Werts von 0,05. Der ermittelte Wert gibt an, wie hoch die Vorgabe maximal sein darf, um zu einer Verwerfung der Hypothese zu führen. Unterschreitet also dieser Grenzwert das gewünschte Sicherheitsniveau oder nimmt er es zumindest an, ist die Nullhypothese, nach der keine Unterschiede in den Mittelwerten für die verschiedenen Risikoklassen vorliegen, zu verwerfen und Abweichungen sind anzunehmen. Im vorliegenden Fall sind allerdings keine risikoklassenspezifischen Unterschiede für die Variable „Innovationsgrad" ermittelt worden.

Vor der Untersuchung eventuell bestehender Mittelwertunterschiede zwischen den drei intervallskalierten Merkmalen der einzelnen Risikoklassen sind die Voraussetzungen parametrischer Verfahren zu prüfen. Zur Untersuchung der Nullhypothese zum Levene-Test auf Varianzhomogenität für die intervallskalierten Merkmale werden zum einen die ermittelten Teststatistiken und zum anderen die errechneten Signifikanzniveaus herangezogen.

Die Durchführung des Tests führte zu folgenden Werten für die Teststatistik und das Sicherheitsniveau:

Risikomerkmal	Wert der Teststatistik	Signifikanz-niveau	Entscheidung
Aufwendungen für F+E	4,015	0,021	Nullhypothese verwerfen
Lizenzgebühren	7,0792	0,001	Nullhypothese verwerfen
Umsatzanteil neuer Produkte	6,287	0,003	Nullhypothese verwerfen

Tabelle 20: Ergebnisse des Levene-Tests auf Varianzhomogenität für den Bereich „Forschung und Entwicklung"

Der Test ergab, daß für alle drei Variablen die Anforderung nach Varianzhomogenität erfüllt ist. In einem zweiten Schritt ist für die drei intervallskalierten Risikomerkmale mit Hilfe des Kolmogorov-Smirnov-Anpassungstests die Verteilungsannahme der Normalverteilung für jede der drei Risikoklassen zu untersuchen. Die Durchführung des Tests zur Überprüfung der Nullhypothese, wonach ein Unterschied zwischen den beobachteten Verteilungen und der Normalverteilung vorliegt, ergab folgende Werte:

Risikomerkmal	Wert der Teststatistik	Signifikanz-niveau	Entscheidung
Risikoklasse 1			
Aufwendungen für F+E	1,226	0,099	Nullhypothese nicht verwerfen
Lizenzgebühren	1,934	0,001	Nullhypothese verwerfen
Umsatzanteil neuer Produkte	1,069	0,203	Nullhypothese nicht verwerfen
Risikoklasse 2			
Aufwendungen für F+E	1,853	0,002	Nullhypothese verwerfen
Lizenzgebühren	1,045	0,224	Nullhypothese nicht verwerfen
Umsatzanteil neuer Produkte	1,387	0,043	Nullhypothese verwerfen
Risikoklasse 3			
Aufwendungen für F+E	3,307	0,000	Nullhypothese verwerfen
Lizenzgebühren	3,545	0,000	Nullhypothese verwerfen
Umsatzanteil neuer Produkte	2,738	0,000	Nullhypothese verwerfen

Tabelle 21: Ergebnisse des Kolmogorov-Smirnov-Anpassungstests auf Normalverteilung für den Bereich „Forschung und Entwicklung“

Den Ergebnissen des durchgeführten Anpassungstests kann entnommen werden, daß in den Fällen der Risikoklasse 1 für die Variable „Lizenzgebühren" die Nullhypothese verworfen werden muß. Da sie für die anderen beiden Variablen nicht abgelehnt werden kann, bestehen zwischen der beobachteten Verteilung und einer Normalverteilung signifikante Abweichungen. Die Resultate für die Risikoklasse 2 ergaben, daß für die Risikomerkmale „Aufwendungen für F+E" und „Umsatzanteil neuer Produkte" von Normalverteilung auszugehen ist. Eine solche Verteilung der Merkmale ist auch für alle drei Risikomerkmale in der Klasse 3 anzunehmen.

Aufbauend auf den Resultaten des Levene- und des Kolmogorov-Smirnov-Tests sind die entsprechenden parametrischen oder nichtparametrischen Verfahren auszuwählen. Eine Zusammenfassung der Ergebnisse zeigt, daß für keines der drei intervallskalierten Merkmale die Voraussetzungen zur Durchführung einer einfaktoriellen Varianzanalyse durchgängig für alle drei Risikoklassen erfüllt sind. Demnach kann lediglich das verteilungsfreie Verfahren nach Kruskal und Wallis angewendet werden.

Die angestellten Untersuchungen ergaben folgende Teststatistiken und Siginifikanzniveaus:

Risikomerkmal	Signifikanzniveau	Entscheidung
Aufwendungen für F+E	0,042	Nullhypothese verwerfen
Lizenzgebühren	0,466	Nullhypothese nicht verwerfen
Umsatzanteil neuer Produkte	0,180	Nullhypothese nicht verwerfen

Tabelle 22: Ergebnisse des H-Tests nach Kruskal und Wallis für den Bereich „Forschung und Entwicklung"

Nach den in der obigen Tabelle zusammengestellten Resultaten sind bei den Merkmalen „Lizenzgebühren" und „Umsatzanteil neuer Produkte" keine Mittelwertunterschiede für die verschiedenen Risikoklassen vorhanden. Im Unterschied dazu wurden für die Mittelwerte des Merkmals „Aufwendungen für Forschung und Entwicklung“ signifikante Unterschiede festgestellt. Allerdings sagen die Ergebnisse des Kruskal-Wallis-Tests nichts aus über eine mögliche Richtung des aufgedeckten Zusammenhangs[588]. Vielmehr ist der Jonckheere-Terpstra-Test geeignet, solche Annahmen über die Richtung eines Zusammenhangs zu prüfen. Dieser ermittelte für die interessierende Kenngröße auf signifikantem Niveau einen negativen Wirkungszusammenhang, wonach steigende Aufwendungen in diesem Bereich mit geringeren Risiken verbunden sind und bestätigt demnach die Einschätzung nach der graphischen Analyse.

Dichotomischer Klassifikationstest

Nach den Vergleichen der Mittelwerte soll nunmehr mit Hilfe der univariaten Diskriminanzfunktion eine Regel ermittelt werden, nach der ein Merkmalsträger anhand einer speziellen Ausprägung in einem Risikomerkmal den vorgegebenen Risikoklassen zugeordnet werden kann. Diese zu bestimmende Zuordnungsregel soll es erlauben, eine möglichst gute Prognose darüber abzugeben, welcher Gruppe ein Merkmalsträger mit unbekannter Gruppenzugehörigkeit zugewiesen werden soll. Dazu ist es nötig, daß diese Regel zu einer maximalen Trennung der Gruppen führt.

Zunächst ist zu untersuchen, ob sich die Ausprägungen der Risikomerkmale für die unterschiedenen drei Risikoklassen signifikant unterscheiden, da nur in solchen Fällen davon ausgegangen werden kann, daß eine hinreichend gute Klassifikation anhand einzelner Kenngrößenausprägungen möglich ist. Als Gütekriterium dient der Koeffizient Wilkesches Lambda, der für eine Variable und eine festgelegte Gruppeneinteilung den Quotienten aus der Varianz innerhalb der

---

588 Vgl. *Janssen/ Laatz,* Datenanalyse 1997, S. 435-436.

Gruppen und der über alle Gruppen wiedergibt[589]. Für die vier Risikomerkmale des Bereichs der Forschung und Entwicklung ergaben sich für diesen Koeffizienten die folgenden Werte und Signifikanzniveaus zur Überprüfung der Nullhypothese, wonach kein signifikanter Unterschied in den Ausprägungen besteht:

Risikomerkmal	Wilkesches Lambda	Signifikanz-niveau	Entscheidung
Aufwendungen für F+E	0,964	0,144	Nullhypothese nicht verwerfen
Innovationsgrad	0,993	0,702	Nullhypothese nicht verwerfen
Lizenzgebühren	0,971	0,209	Nullhypothese nicht verwerfen
Umsatzanteil neuer Produkte	0,932	0,024	Nullhypothese verwerfen

Tabelle 23: Werte des Wilkeschen Lambdas für den Bereich „Forschung und Entwicklung"

Da die Nullhypothese lediglich für das Risikomerkmal „Umsatzanteil neuer Produkte" verworfen werden kann, sind auch nur für diese Fälle signifikante Unterschiede in den Ausprägungen zwischen den Risikoklassen anzunehmen.

Der unstandardisierte Koeffizient der ermittelten Diskriminanzfunktion zur Multiplikation mit einer gegebenen Ausprägung der Risikovariablen lautet 4,373, wobei zur Komplettierung der Diskriminanzfunktion noch ein konstantes Element von -0,997 hinzukommt.

Zur Überprüfung der Güte, mit der die Fälle den jeweiligen Risikoklassen zugeordnet werden, kann der Korrelationskoeffizient zwischen den Werten der

589 Vgl. zu dieser Vorgehensweise auch *Stibi*, Jahresabschlußanalyse 1994, S. 196-198.

Diskriminanzfunktion und der Gruppenzugehörigkeit als Kenngröße herangezogen werden, welcher ein Maß für das Gelingen dieser Trennung bereitstellt[590]. Im Fall des Merkmals „Umsatzanteil neuer Produkte“ beträgt dieser Wert 0,262. Eine weitere Überprüfung anhand der Fälle der Validierungsstichprobe ergab, daß 39,8 v.H. der richtigen Risikoklasse zugeordnet wurden.

(2) Bereich „Beschaffung und Logistik“

Von den 34 Risikomerkmalen des unternehmensinternen Bereich sind die beiden folgenden der zweiten Stufe der Wertschöpfungskette, dem Bereich der Beschaffung und Logistik, zugeordnet:

- Lagerumschlag
- Investmentintensität (Working Capital)

Beide Merkmale sind auf einer Intervallskala gemessen, so daß das arithmetische Mittel der Merkmalsausprägungen in den verschiedenen Risikoklassen das den weiteren Untersuchungen zugrunde liegende Lagemaß bildet.

Graphischer Mittelwertvergleich

Die graphische Aufbereitung der normierten Mittelwertausprägungen zeigt, daß auch für den Lagerumschlag in den Risikoklassen ein u-förmiger Zusammenhang zwischen der Höhe des Merkmals und der Risikolastigkeit des Jahresabschlusses besteht. Durch niedrige Werte zeichnen sich die im Mittelfeld angesiedelten Unternehmen der Risikoklasse 2 aus. Im Gegensatz dazu weist die Investmentintensität im Umlaufvermögen eine eindeutige Richtung ihrer Risikowirkung auf: Mit steigenden Investitionen steigt auch das Risiko an. Die risiko-

---

590 Vgl. *Bühl/ Zöfel,* SPSS 1997, S. 465-466.

armen Unternehmen sind dementsprechend durch wenig gebundenes Kapital im Bereich der Vorräte gekennzeichnet.

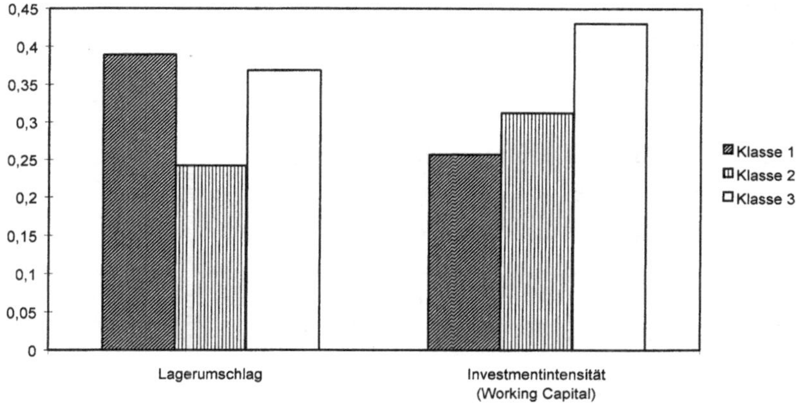

Abbildung 11: Unterschiede in den Lagemaßen der Risikomerkmale des Bereichs „Beschaffung und Logistik“ für die verschiedenen Risikoklassen

Mittelwerttest

Diesen Zusammenhang bestätigen auch die im Anschluß durchgeführten Mittelwertvergleiche, deren Ergebnisse im folgenden dargestellt werden. Den ersten Schritt bildet die Untersuchung auf Varianzhomogenität mit Hilfe des Verfahrens von *Levene*.

Risikomerkmal	Wert der Teststatistik	Signifikanz-niveau	Entscheidung
Lagerumschlag	0,482	0,619	Nullhypothese nicht verwerfen
Investmentintensität (Working Capital)	0,058	0,994	Nullhypothese nicht verwerfen

Tabelle 24: Ergebnisse des Levene-Tests auf Varianzhomogenität für den Bereich „Beschaffung und Logistik“

Aufbauend auf den Resultaten des Tests ist für beide Risikomerkmale die Annahme von Varianzhomogenität abzulehnen. Demnach ist bereits die erste der beiden Voraussetzungen für die Durchführung parametrischer Tests nicht erfüllt. Auf die Untersuchung der Verteilung der Merkmale in den Risikoklassen kann verzichtet werden, da im folgenden für weitere Untersuchungen lediglich nichtparametrische Tests herangezogen werden.

Die in der folgenden Tabelle zusammengefaßten Ergebnisse des Verfahrens von *Kruskal* und *Wallis* führen zu einer Ablehnung der Hypothese, nach der keine risikoklassenspezifischen Unterschiede bestehen:

Risikomerkmal	Signifikanzniveau	Entscheidung
Lagerumschlag	0,027	Nullhypothese verwerfen
Investmentintensität (Working Capital)	0,002	Nullhypothese verwerfen

Tabelle 25: Ergebnisse des H-Tests nach Kruskal und Wallis für den Bereich „Beschaffung und Logistik"

Wie bereits in der Profilanalyse vermutet, bestätigt sich nach der Durchführung des Jonckheere-Terpstra-Testverfahrens die Hypothese, daß ein eindeutiger Zusammenhang zwischen der Höhe der Investmentintensität im Working Capital und dem Risiko besteht. Die ermittelte Teststatistik nimmt auf dem hochsignifikanten Niveau von 0,7 v.H. den positiven Wert 2,711 an und indiziert somit einen positiven Zusammenhang, wonach mit steigenden Ausprägungen auch ein Anstieg des Risikos zu beobachten ist.

Dichotomischer Klasssifikationstest

Im Vorfeld der Ableitung univariater Diskriminanzfunktionen für die Merkmale des Bereichs „Beschaffung und Logistik" werden die Ausprägungen der Risikomerkmale auf risikoklassenspezifische Unterschiede anhand der Kenngröße, welche Wilkesches Lambda liefert, untersucht.

Risikomerkmal	Wilkesches Lambda	Signifikanz-niveau	Entscheidung
Lagerumschlag	0,988	0,529	Nullhypothese nicht verwerfen
Investmentintensität (Working Capital)	0,929	0,048	Nullhypothese verwerfen

Tabelle 26: Werte des Wilkeschen Lambdas für den Bereich „Beschaffung und Logistik"

Die Nullhypothese ist für das Risikomerkmal „Investmentintensität (Working Capital)" zu verwerfen. Da hier folglich von signifikanten Unterschieden in den Ausprägungen ausgegangen werden kann, wird im folgenden die Zuordnungsregel auf Grundlage dieses Merkmals mit Hilfe einer univariaten Diskriminanzfunktion aufgestellt.

Für den unstandardisierte Koeffizienten der Diskriminanzfunktion ermittelt sich ein Wert von 8,199, während das konstante Glied den Wert -1,020 annimmt. Diese Diskriminanzfunktion ist charakterisiert durch einen Korrelationskoeffizienten zwischen den Werten der Diskriminanzfunktion und der Gruppenzugehörigkeit der Höhe 0,177. Von den Fällen der Validierungsstichprobe wurden 69,4 v.H. richtig klassifiziert.

(3) Bereich „Produktion"

Zur Beschreibung des Produktionsbereichs der Unternehmung wurden aus den Erkenntnissen der empirischen Erfolgsfaktorenforschung acht Merkmale herangezogen und in Form von Kenngrößen umgesetzt:

- Integrationsgrad
- Investmentintensität (Sachanlagen)
- Abschreibungsintensität
- Materialintensität

- Auslastungsgrad
- Transportzeiten
- Fehlerhafte Spezifikationen
- Umrüstzeiten

Alle acht Risikomerkmale wurden auf einer Intervallskala erhoben, wonach das im folgende interessierende Merkmal des Mittelwerts durch das arithmetische Mittel repräsentiert wird.

Graphischer Mittelwertvergleich

Die den Produktionsbereich des Unternehmens beschreibenden Risikomerkmale zeichnen sich wiederum durch u-förmige Zusammenhänge zum Fehlerrisiko aus. Wie der obigen Abbildung entnommen werden kann, wird mit Hilfe einer graphischen Aufbereitung lediglich für das Risikomerkmal „Materialintensität" ein linearer Zusammenhang aufgedeckt.

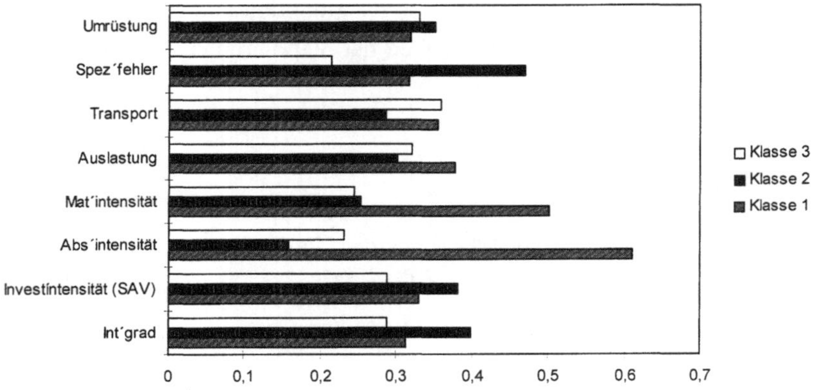

Abbildung 12: Unterschiede in den Lagemaßen der Risikomerkmale des Bereichs „Produktion" für die verschiedenen Risikoklassen

Mittelwerttest

Wird für die Entscheidung über Unterschiede in den Mittelwerten auch die Varianz herangezogen, können sich Abweichungen von dem durch die Abbildung erzeugten Eindruck ergeben, da bei einem statistischem Mittelwertvergleich Aussagen über die Signifikanz der Unterschiede getroffen werden.

Der Levene-Test auf Varianzhomogenität ergab, daß für die drei Merkmale „Auslastungsgrad", „Transportzeiten" und „Umrüstzeiten" die Nullhypothese nicht verworfen werden kann. Für diese Merkmale ist demnach von Varianzheterogenität auszugehen, wonach lediglich nichtparametrische Verfahren für eine weitere Analyse der Mittelwertunterschiede herangezogen werden können.

Risikomerkmal	Wert der Teststatistik	Signifikanzniveau	Entscheidung
Integrationsgrad	6,590	0,002	Nullhypothese verwerfen
Investmentintensität (Sachanlagen)	12,243	0,000	Nullhypothese verwerfen
Abschreibungsintensität	17,799	0,000	Nullhypothese verwerfen
Materialintensität	17,962	0,000	Nullhypothese verwerfen
Auslastungsgrad	0,812	0,447	Nullhypothese nicht verwerfen
Transportzeiten	0,821	0,443	Nullhypothese nicht verwerfen
Fehlerhafte Spezifikationen	4,764	0,010	Nullhypothese verwerfen
Umrüstzeiten	0,882	0,417	Nullhypothese nicht verwerfen

Tabelle 27: Ergebnisse des Levene-Tests auf Varianzhomogenität für den Bereich „Produktion"

Für die verbleibenden fünf Merkmale wird zunächst auf jeder Risikostufe untersucht, ob von Normalverteilung der Merkmale ausgegangen werden kann.

Wenn die Nullhypothese, wonach keine Normalverteilung vorliegt, für ein Merkmal auf einer Risikostufe nicht verworfen werden kann, ist für dieses Risikomerkmal ein nichtparametrisches Verfahren zu wählen.

Risikomerkmal	Wert der Teststatistik	Signifikanzniveau	Entscheidung
Risikoklasse 1			
Integrationsgrad	0,735	0,653	Nullhypothese nicht verwerfen
Investmentintensität (Sachanlagen)	2,104	0,000	Nullhypothese verwerfen
Abschreibungsintensität	1,745	0,005	Nullhypothese verwerfen
Materialintensität	1,645	0,009	Nullhypothese verwerfen
Fehlerhafte Spezifikationen	1,000	0,270	Nullhypothese nicht verwerfen
Risikoklasse 2			
Investmentintensität (Sachanlagen)	1,657	0,008	Nullhypothese verwerfen
Abschreibungsintensität	0,794	0,554	Nullhypothese nicht verwerfen
Materialintensität	1,230	0,097	Nullhypothese nicht verwerfen
Risikoklasse 3			
Investmentintensität (Sachanlagen)	3,969	0,000	Nullhypothese verwerfen

Tabelle 28: Ergebnisse des Kolmogorov-Smirnov-Anpassungstests auf Normalverteilung für den Bereich „Produktion“

Die Ergebnisse des Kolmogorov-Smirnov-Tests auf Normalverteilung bestätigten lediglich für das Risikomerkmal „Investmentintensität (Sachanlagen)“ die Normalverteilung der Ausprägung für alle Risikoklassen. Daher werden zur Untersuchung der Mittelwerte dieses Merkmals parametrische Tests in Form der einfaktoriellen Varianzanalyse verwendet, während die restlichen sieben Variablen dem nichtparametrischen Kruskal-Wallis-Verfahren unterzogen werden.

Die in der einfaktoriellen Varianzanalyse ermittelte Teststatistik in Form des Quotienten aus Treatment- und Fehlervarianz beträgt 7,417. Folglich ist auf dem hochsignifikanten Niveau von 0,1 v.H. die Hypothese, die keine Unterschiede in den Mittelwerten des Risikomerkmals auf den verschiedenen Risikostufen unterstellt, zu verwerfen. Die aufgedeckten Unterschiede bestehen zwischen den Ausprägungen der Fälle in den Gruppen 2 und 3, wovon sich die Unternehmen in der weniger risikobehafteten Gruppierung durch vergleichsweise höhere Intensitäten im Bereich der Sachanlagen auszeichnen.

Der nichtparametrische Test ergab hingegen Mittelwertunterschiede für die Merkmale „Auslastungsgrad" und „Fehlerhafte Spezifikationen". Für alle anderen in die Untersuchung einbezogenen Risikomerkmale konnte die Nullhypothese nicht verworfen werden. In diesen Fällen ist daher davon auszugehen, daß keine risikoklassenspezifischen Unterschiede vorliegen.

Risikomerkmal	Signifikanzniveau	Entscheidung
Integrationsgrad	0,240	Nullhypothese nicht verwerfen
Abschreibungsintensität	0,970	Nullhypothese nicht verwerfen
Materialintensität	0,767	Nullhypothese nicht verwerfen
Auslastungsgrad	0,018	Nullhypothese verwerfen
Transportzeiten	0,765	Nullhypothese nicht verwerfen
Fehlerhafte Spezifikationen	0,001	Nullhypothese verwerfen
Umrüstzeiten	0,229	Nullhypothese nicht verwerfen

Tabelle 29: Ergebnisse des H-Tests nach Kruskal und Wallis für den Bereich „Produktion"

Für die Fälle, für die signifikante Unterschiede in den Mittelwerten der Risikoklassen identifiziert werden konnten, ist weiterhin die Richtung des Zusammenhangs zwischen der Ausprägung der Kenngröße und dem Ausmaß des Risikos von Interesse.

Risikomerkmal	Wert der Teststatistik	Signifikanzniveau	Entscheidung
Auslastungsgrad	-1,833	0,042	Nullhypothese verwerfen
Fehlerhafte Spezifikationen	-2,288	0,022	Nullhypothese verwerfen

Tabelle 30: Ergebnisse des Jonckheere-Terpstra-Test für den Bereich „Produktion“

Eine solche Einflußrichtung besteht sowohl für das Risikomerkmal „Auslastungsgrad“ als auch für „Fehlerhafte Spezifikationen“, wobei in beiden Fällen eine negative Wirkung aufgedeckt wurde.

Dichotomischer Klasssifikationstest

Für die Aufstellung univariater Diskriminanzfunktionen wird zunächst die Signifikanz von Unterschieden in den Ausprägungen der Risikomerkmale für die Risikoklassen untersucht.

Risikomerkmal	Wilkesches Lambda	Signifikanzniveau	Entscheidung
Integrationsgrad	0,954	0,084	Nullhypothese nicht verwerfen
Investmentintensität (Sachanlagen)	0,876	0,001	Nullhypothese verwerfen
Abschreibungsintensität	0,925	0,017	Nullhypothese verwerfen
Materialintensität	0,943	0,045	Nullhypothese verwerfen
Auslastungsgrad	0,942	0,043	Nullhypothese verwerfen
Transportzeiten	0,994	0,732	Nullhypothese nicht verwerfen
Fehlerhafte Spezifikationen	0,854	0,000	Nullhypothese verwerfen
Umrüstzeiten	0,999	0,931	Nullhypothese nicht verwerfen

Tabelle 31: Werte des Wilkeschen Lambdas für den Bereich „Produktion“

Die ermittelten Werte der Teststatistik zeigen an, daß keine signifikanten Unterschiede für die Merkmale „Integrationsgrad“, „Transportzeiten“ und „Umrüstzeiten“ bestehen. Für die verbleibenden Merkmale ergaben sich die folgenden Diskriminanzfunktionen jeweils mit einem unstandardisierten Koeffizienten, der zum Zwecke der Ermittlung der Risikoklasse mit der Merkmalsausprägung multipliziert wird, und dem zu addierenden konstanten Element.

Risikomerkmal	Koeffizient	Konstant	Güte der Klassifikation	
			Korrelation	richtig klassifizierte Fälle
Investmentintensität (Sachanlagen)	21,910	-3,182	0,352	27,8 v.H.
Abschreibungsintensität	5,087	-0,522	0,274	32,4 v.H.
Materialintensität	0,878	-0,736	0,240	48,1 v.H.
Auslastungsgrad	4,918	-3,191	0,241	52,8 v.H.
Fehlerhafte Spezifikationen	323,889	-1,072	0,383	47,2 v.H.

Tabelle 32: Univariate Diskriminanzfunktionen für den Bereich „Produktion“

(4) Bereich „Marketing und Vertrieb“

Von den acht beschreibenden Merkmalen des Bereichs „Marketing und Vertrieb“ sind die ersten sechs der im folgenden zusammengestellten Kenngrößen intervallskaliert, während das Merkmal „Häufigkeit von Produktänderungen“ auf einer nominalen und das Merkmale „Umsatzaufgliederung nach Leistungen“ auf einer ordinalen Skala gemessen wurde:

- Aufwendungen für Marketing
- Bekanntheitsgrad
- Preisspielraum
- Preisanpassungen

- Distributionskosten
- Fehler in der Distribution
- Häufigkeit von Produktänderungen
- Umsatzaufgliederung nach Leistungen

Wiederum basieren die im folgenden angestellten Analysen der Mittelwertunterschiede bei den intervallskalierten Risikomerkmalen auf dem arithmetischen Mittel für die Risikoklassen, während für das nominalskalierte Merkmal dessen Modus und für das ordinalskalierte Merkmal dessen Median herangezogen wird.

Graphischer Mittelwertvergleich

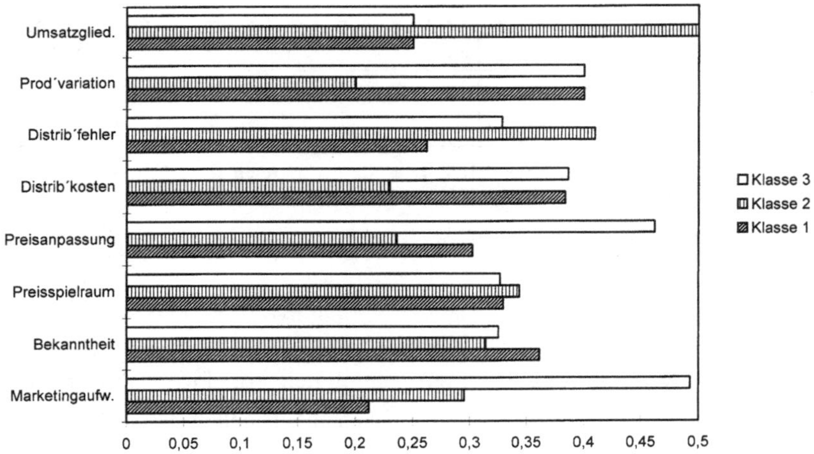

Abbildung 13: Unterschiede in den Lagemaßen der Risikomerkmale des Bereichs „Marketing/ Vertrieb" für die verschiedenen Risikoklassen

Die obige Abbildung der normierten Mittelwerte zu den einzelnen Risikomerkmalen verstärkt den Eindruck, nichtlinearer Zusammenhänge zwischen qualitativen Merkmalen und dem Fehlerrisiko. Alle Kenngrößen - außer den Aufwendungen für das Marketing - weisen einen derartigen Verlauf auf, so daß aus der graphischen Umsetzung der Mittelwerte allein noch keine Aussage über eventuelle Risikoimplikationen einzelner Ausprägungen getroffen werden kann. Bei den Marketingaufwendungen scheint jedoch ein risikoverstärkender Effekt vorzuliegen, wonach bei einem steigenden Verhältnis zwischen Marketingaufwendungen und Umsatz auch ein Anstieg des Risikos zu beobachten ist.

Mittelwerttest

Für eine genauere Untersuchung wurden nunmehr diejenigen Größen, die nicht auf einer Intervallskala gemessen wurden, einer Mittelwertanalyse mit Hilfe des nichtparametrischen Mediantests unterzogen.

Risikomerkmal	Signifikanzniveau	Entscheidung
Häufigkeit von Produktänderungen	0,000	Nullhypothese verwerfen
Umsatzaufgliederung nach Leistungen	0,016	Nullhypothese verwerfen

Tabelle 33: Ergebnisse des Mediantests auf Mittelwertunterschiede für den Bereich „Marketing und Vertrieb“

Allerdings konnten keine signifikanten Ergebnisse über eine Reihenfolge der Wirkungen erzielt werden. Vielmehr sind die Annahmen über eine solche Rangfolge, wonach mit einem Anwachsen der Kenngröße eine gleichförmige Erhöhung oder Verminderung des Risikos zu beobachten ist, zu verwerfen. Der Eindruck des u-förmigen Verlaufs aus der graphischen Profilanalyse konnte demnach untermauert werden.

Risikomerkmal	Wert der Teststatistik	Signifikanz-niveau	Entscheidung
Aufwendungen für Marketing	0,544	0,582	Nullhypothese nicht verwerfen
Bekanntheitsgrad	1,220	0,300	Nullhypothese nicht verwerfen
Preisspielraum	0,895	0,412	Nullhypothese nicht verwerfen
Preisanpassungen	2,452	0,091	Nullhypothese nicht verwerfen
Distributionskosten	1,445	0,240	Nullhypothese nicht verwerfen
Fehler in der Distribution	0,989	0,376	Nullhypothese nicht verwerfen

Tabelle 34: Ergebnisse des Levene-Tests auf Varianzhomogenität für den Bereich „Marketing und Vertrieb"

Im Falle der intervallskalierten Merkmale wird zunächst untersucht, ob von Varianzhomogenität auszugehen ist. Tatsächlich ist es für alle sechs Variablen nicht möglich, auf dem 5 v.H.-Signifikanzniveau die Nullhypothese zu verwerfen. Es wird von Varianzheterogenität ausgegangen und ohne weitere Überprüfung der Verteilungsannahme das nichtparametrische Vorgehen gewählt.

Risikomerkmal	Signifikanzniveau	Entscheidung
Aufwendungen für Marketing	0,000	Nullhypothese verwerfen
Bekanntheitsgrad	0,056	Nullhypothese nicht verwerfen
Preisspielraum	0,181	Nullhypothese nicht verwerfen
Preisanpassungen	0,270	Nullhypothese nicht verwerfen
Distributionskosten	0,002	Nullhypothese verwerfen
Fehler in der Distribution	0,542	Nullhypothese nicht verwerfen

Tabelle 35: Ergebnisse des H-Tests nach Kruskal und Wallis für den Bereich „Marketing und Vertrieb"

Aufbauend auf den Ergebnissen des Kruskal-Wallis-Tests liegen signifikante Mittelwertunterschiede und somit risikoklassenspezifische Ausprägungen bei den Merkmalen „Aufwendungen für Marketing“ und „Distributionskosten“ vor. Wie bereits nach der graphischen Aufbereitung der Mittelwerte vermutet, kann bei den Marketingaufwendungen sogar eine Wirkungsrichtung festgestellt werden. Die Ergebnisse des Jonckheere-Terpstra-Test bestätigen den verstärkenden Zusammenhang zwischen der relativen Höhe der Marketingkosten und dem Fehlerrisiko.

Risikomerkmal	Wert der Teststatistik	Signifikanzniveau	Entscheidung
Aufwendungen für Marketing	4,892	0,000	Nullhypothese verwerfen
Distributionskosten	-1,833	0,067	Nullhypothese nicht verwerfen

Tabelle 36: Ergebnisse des Jonckheere-Terpstra-Test für den Bereich „Produktion“

Dichotomischer Klasssifikationstest

Auf der Grundlage der Merkmalsausprägungen werden im letzten Schritt der univariaten Analyse zum Bereich „Marketing und Vertrieb“ Diskriminanzfunktionen ermittelt, wobei zunächst eventuelle Zusammenhänge zwischen den Ausprägungen der Risikomerkmale und dem Risikowert aufzudecken sind.

Risikomerkmal	Wilkesches Lambda	Signifikanzniveau	Entscheidung
Aufwendungen für Marketing	0,854	0,000	Nullhypothese verwerfen
Bekanntheitsgrad	0,965	0,158	Nullhypothese nicht verwerfen
Preisspielraum	0,981	0,370	Nullhypothese nicht verwerfen
Preisanpassungen	0,980	0,351	Nullhypothese nicht verwerfen
Distributionskosten	0,987	0,500	Nullhypothese nicht verwerfen
Fehler in der Distribution	0,992	0,669	Nullhypothese nicht verwerfen
Häufigkeit von Produktänderungen	0,773	0,000	Nullhypothese verwerfen
Umsatzaufgliederung nach Leistungen	0,997	0,854	Nullhypothese nicht verwerfen

Tabelle 37: Werte des Wilkeschen Lambdas für den Bereich „Marketing und Vertrieb“

Die Werte des Wilkeschen Lambdas zeigen Zusammenhänge zwischen den Merkmalsausprägungen und den Risikostufen für die zwei Variablen „Aufwendungen für Marketing“ und „Häufigkeit von Produktänderungen“ an.

Risikomerkmal	Koeffizient	Konstant	Güte der Klassifikation	
			Korrelation	richtig klassifizierte Fälle
Aufwendungen für Marketing	33,378	-1,534	0,382	67,6 v.H.
Häufigkeit von Produktänderungen	1,484	-4,808	0,477	54,6 v.H.

Tabelle 38: Univariate Diskriminanzfunktionen für den Bereich „Marketing und Vertrieb“

Mit Hilfe der ermittelten univariaten Diskriminanzfunktionen konnten allein anhand der Ausprägungen der jeweiligen Kenngröße für die Marketingaufwendungen oder für die Häufigkeit der Produktänderungen 67,6 v.H. oder 54,6 v.H. der Fälle der Validierungsstichprobe der richtigen Gruppierung zugeordnet werden.

(5) „Unterstützende Bereiche“

Die unterstützenden Bereiche unterliegen im Unterschied zu den Aktivitäten in der Wertschöpfungskette nicht einer logischen zeitlichen Abfolge, sondern greifen vielmehr in alle Wertschöpfungsstufen ein, indem sie Ressourcen zur Verfügung stellen, Abläufe koordinieren und Ergebnisse überwachen. Zur Beschreibung dieses Unternehmensbereichs dienen die folgenden zwölf Risikomerkmale, die allesamt auf einer Intervallskala gemessen wurden:

- Stellenauf-/ -abbau
- Schulungsintensität
- Personalintensität

- Betriebliche Weiterbildung
- Krankheitsquote
- Fluktuationsrate
- Eigenkapitalrentabilität
- Gesamtkapitalrentabilität
- Kapitalumschlag
- Liquidität
- Eigenkapitalquote
- Dynamischer Verschuldungsgrad

Wegen der Intervallskalierung der Risikomerkmale zu den unterstützenden Unternehmensbereichen ist das maßgebliche Lagemaß zur Abbildung der Mittelwerte im folgenden ausnahmslos das arithmetische Mittel.

Graphischer Mittelwertvergleich

Der graphische Mittelwertvergleich für den unterstützenden Bereich des Unternehmens zeigt uniforme Zusammenhänge zwischen den Risikomerkmalen „Stellenauf-/ -abbau", „Fluktuation" sowie „Eigenkapitalquote" auf der einen und dem Risiko auf der anderen Seite. Die Variable „Stellenauf-/ -abbau" ist definiert als das Verhältnis zwischen der aktuellen Anzahl an Stellen in der Unternehmung und dem Vorjahreswert. Ihr Anstieg zeigt demnach den Aufbau von Personal an und führt nach einer ersten, graphischen Interpretation zu einer Verstärkung des Risikos. Ebenfalls positiv, d.h. verstärkend, wirkt ein Anstieg in der Kenngröße Fluktuation, welche den Anteil an Mitarbeitern angibt, die im Verlauf eines Jahres die Unternehmung verlassen haben. Ein inverser Zusammenhang besteht zwischen der Eigenkapitalquote und dem Risiko, wonach mit einer sinkenden Eigenkapitalquote ein Anstieg des Risikos zu verzeichnen ist.

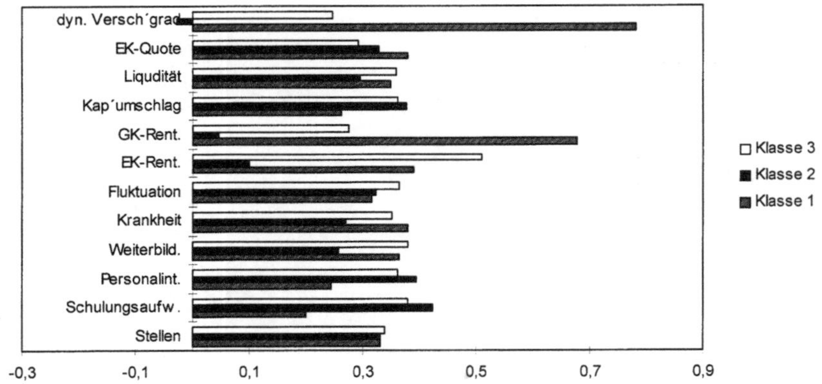

Abbildung 14: Unterschiede in den Lagemaßen der Risikomerkmale des „Unterstützenden Bereichs" für die verschiedenen Risikoklassen

Mittelwerttest

Die Untersuchung der Varianzhomogenität der Risikomerkmale führte zu dem Resultat, daß für neun der zwölf Merkmale von Varianzheterogenität auszugehen ist. Diese Variablen, für die keine Ablehnung der Nullhypothese erfolgen konnte, werden ohne weitere Untersuchungen nichtparametrischen Verfahren unterzogen. Im Unterschied dazu bestätigte sich bei den Merkmalen „Schulungsintensität", „Gesamtkapitalrentabilität" und „Dynamischer Verschuldungsgrad" die Annahme der Varianzhomogenität. In diesem Fällen ist daher die erste Voraussetzung zur Anwendung parametrischer Verfahren erfüllt und im nächsten Schritt für diese drei Merkmale deren Verteilung zu untersuchen.

Risikomerkmal	Wert der Teststatistik	Signifikanz-niveau	Entscheidung
Stellenauf-/ -abbau	0,840	0,434	Nullhypothese nicht verwerfen
Schulungsintensität	3,161	0,046	Nullhypothese verwerfen
Personalintensität	0,085	0,918	Nullhypothese nicht verwerfen
Betriebliche Weiterbildung	1,529	0,222	Nullhypothese nicht verwerfen
Krankheitsquote	,369	0,692	Nullhypothese nicht verwerfen
Fluktuationsrate	1,613	0,204	Nullhypothese nicht verwerfen
Eigenkapitalrentabilität	1,873	0,159	Nullhypothese nicht verwerfen
Gesamtkapitalrentabilität	9,445	0,000	Nullhypothese verwerfen
Kapitalumschlag	1,219	0,300	Nullhypothese nicht verwerfen
Liquidität	2,619	0,078	Nullhypothese nicht verwerfen
Eigenkapitalquote	0,850	0,430	Nullhypothese nicht verwerfen
Dynamischer Verschuldungsgrad	17,445	0,000	Nullhypothese verwerfen

Tabelle 39: Ergebnisse des Levene-Tests auf Varianzhomogenität für den „Unterstützenden Bereich“

Der Vergleich der beobachteten Verteilung für die drei Merkmale, die sich durch Varianzhomogenität auszeichnen, gegen die Normalverteilung, führte für das Merkmal „Schulungsintensität“ bereits für die erste Risikoklasse zu einer Ablehnung der Normalverteilung. Im Falle der verbleibenden Merkmale ergab sich diese Einschätzung ebenfalls nach einer Untersuchung der Merkmalsverteilung innerhalb der zweiten Risikoklasse.

Risikomerkmal	Wert der Teststatistik	Signifikanz-niveau	Entscheidung
Risikoklasse 1			
Schulungsintensität	0,950	0,328	Nullhypothese nicht verwerfen
Gesamtkapitalrentabilität	2,058	0,000	Nullhypothese verwerfen
dynamischer Verschul-dungsgrad	1,925	0,001	Nullhypothese verwerfen
Risikoklasse 2			
Gesamtkapitalrentabilität	0,969	0,305	Nullhypothese nicht verwerfen
dynamischer Verschul-dungsgrad	0,668	0,764	Nullhypothese nicht verwerfen

Tabelle 40: Ergebnisse des Kolmogorov-Smirnov-Anpassungstests auf Normalverteilung für den „Unterstützenden Bereich"

Nachdem alle zwölf Risikomerkmale die Voraussetzung der Durchführung parametrischer Tests nicht erfüllen, wurden sie dem nichtparametrischen Kruskal-Wallis-Verfahren unterzogen. Dieses deckte auf dem vorgegebenen Signifikanzniveau von 5 v.H. Unterschiede in den Mittelwerten der Risikoklassen für die drei Risikomerkmale der „Schulungsintensität", der „Eigenkapitalrentabilität" und des „dynamischen Verschuldungsgrads" auf.

Risikomerkmal	Signifikanzniveau	Entscheidung
Stellenauf-/ -abbau	0,432	Nullhypothese nicht verwerfen
Schulungsintensität	0,009	Nullhypothese verwerfen
Personalintensität	0,182	Nullhypothese nicht verwerfen
Betriebliche Weiterbildung	0,156	Nullhypothese nicht verwerfen
Krankheitsquote	0,160	Nullhypothese nicht verwerfen
Fluktuationsrate	0,537	Nullhypothese nicht verwerfen
Eigenkapitalrentabilität	0,012	Nullhypothese verwerfen

Gesamtkapitalrentabilität	0,087	Nullhypothese nicht verwerfen
Kapitalumschlag	0,113	Nullhypothese nicht verwerfen
Liquidität	0,214	Nullhypothese nicht verwerfen
Eigenkapitalquote	0,406	Nullhypothese nicht verwerfen
Dynamischer Verschuldungsgrad	0,029	Nullhypothese verwerfen

Tabelle 41: Ergebnisse des H-Tests nach Kruskal und Wallis für den „Unterstützenden Bereich"

Die anschließende Untersuchung einer eventuellen Richtung in den aufgedeckten Zusammenhängen bestätigte signifikante, positive Zusammenhänge für die Merkmale der „Schulungsintensität" und der „Eigenkapitalrentabilität" und dem Risiko.

Risikomerkmal	Wert der Teststatistik	Signifikanz-niveau	Entscheidung
Schulungsintensität	2,540	0,011	Nullhypothese verwerfen
Eigenkapitalrentabilität	2,281	0,023	Nullhypothese verwerfen
Dynamischer Verschuldungsgrad	1,663	0,096	Nullhypothese nicht verwerfen

Tabelle 42: Ergebnisse des Jonckheere-Terpstra-Test für den „Unterstützenden Bereich"

Dichotomischer Klasssifikationstest

Die Voruntersuchung auf Unterschiede in den Merkmalsausprägungen der verschiedenen Risikoklassen ermittelte solche Differenzen auf einem signifikanten Niveau für die Merkmale „Gesamtkapitalrentabilität" und „Dynamischer Verschuldungsgrad".

Risikomerkmal	Wilkesches Lambda	Signifikanz-niveau	Entscheidung
Stellenauf-/ -abbau	0,986	0,489	Nullhypothese nicht verwerfen
Schulungsintensität	0,958	0,103	Nullhypothese nicht verwerfen
Personalintensität	0,945	0,052	Nullhypothese nicht verwerfen
Betriebliche Weiterbildung	0,978	0,304	Nullhypothese nicht verwerfen
Krankheitsquote	0,971	0,214	Nullhypothese nicht verwerfen
Fluktuationsrate	0,998	0,922	Nullhypothese nicht verwerfen
Eigenkapitalrentabilität	0,955	0,090	Nullhypothese nicht verwerfen
Gesamtkapitalrentabilität	0,934	0,028	Nullhypothese verwerfen
Kapitalumschlag	0,970	0,200	Nullhypothese nicht verwerfen
Liquidität	0,976	0,284	Nullhypothese nicht verwerfen
Eigenkapitalquote	0,984	0,422	Nullhypothese nicht verwerfen
Dynamischer Verschuldungsgrad	0,905	0,005	Nullhypothese verwerfen

Tabelle 43: Werte des Wilkeschen Lambdas für den „Unterstützenden Bereich“

Die univariaten Diskriminanzfunktionen für die beiden Merkmale, für die anhand der Kenngröße des Wilkeschen Lamdbas signifikante Abweichungen in den Ausprägungen zwischen den Risikoklassen anzunehmen sind, führten in der Validierungsstichprobe zu 44,4 v.H. und 42,6 v.H. richtig klassifizierten Unternehmensfällen.

Risikomerkmal	Koeffizient	Konstant	Güte der Klassifikation	
			Korre-lation	richtig klassi-fizierte Fälle
Gesamtkapitalrentabilität	4,522	-0,401	0256	44,4 v.H.
Dynamischer Verschuldungsgrad	0,839	-0,367	0,308	42,6 v.H.

Tabelle 44: Univariate Diskriminanzfunktionen für den „Unterstützenden Bereich“

b) Basiszusammenhänge zwischen den unternehmensexternen Risikofaktoren und dem Fehlerrisiko

Ähnlich wie die Risikofaktoren der unternehmensinternen Bereiche werden auch die Merkmale zu den Markt- und Wettbewerbsgegebenheiten nach den fünf Wettbewerbskräften Analysen ihrer univariaten Erklärungsstärke für das Fehlerrisiko unterzogen. Hierbei handelt es sich um die folgenden 13 Kenngrößen:

- Relativer Preis
- Relative Innovationstätigkeit
- Anbieterkonzentration
- Relativer Marktanteil
- Marktanteilsrang
- Marktwachstum
- Marktentwicklung
- Kundenkonzentration
- Typische Auftragsgröße
- Produktbedeutung
- Lieferantenkonzentration
- Markteintritt
- Marktaustritt

Im Unterschied zu den Merkmalen entlang der Wertschöpfungskette dominieren für den unternehmensexternen Bereich nicht die intervallskalierten Merkmale. Vielmehr sind die Merkmale „Marktentwicklung", „Markteintritt" und „Marktaustritt" nominal und die Kenngrößen „Relative Innovationstätigkeit", „Marktanteilsrang", „Typische Auftragsgröße" und „Produktbedeutung" ordinalskaliert. Die maßgebliche Mittelwertgröße ist demnach für die erste Gruppe der Modus und für die zweite Gruppe der ordinalen Merkmale der Median. Für die restlichen Merkmale („Relativer Preis“, „Anbieterkonzentration“, „Relativer Marktanteil“, „Marktwachstum“, „Kundenkonzentration“, „Lieferantenkonzentration“) basieren die Analysen hingegen auf dem arithmetischen Mittel.

Graphischer Mittelwertvergleich

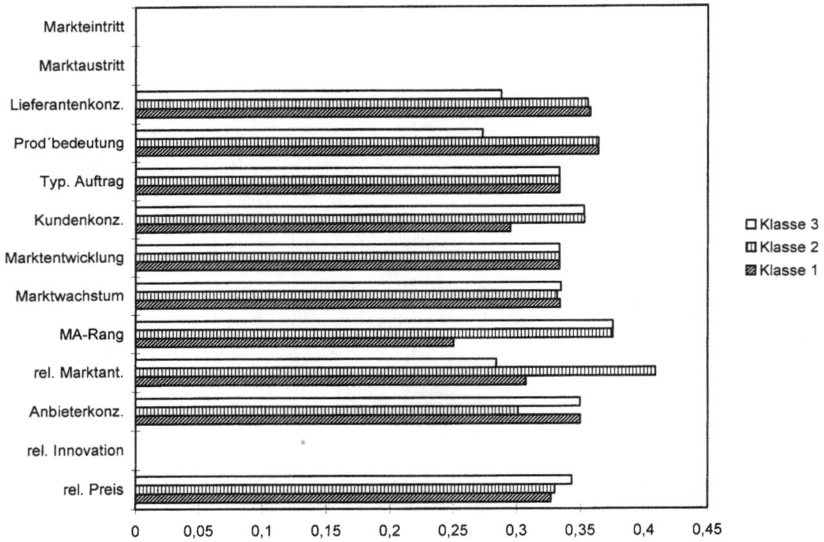

Abbildung 15: Unterschiede in den Lagemaßen der Risikomerkmale des unternehmensexternen Bereichs für die verschiedenen Risikoklassen

Aus der normierten Darstellung für Zwecke einer graphischen Mittelwertanalyse ist ersichtlich, daß für einige Risikomerkmale keine Unterschiede in den Mittelwerten bestehen. So zeichnen sich die Mittelwerte in den Risikoklassen der Variablen „Relative Innovationstätigkeit“, „Marktentwicklung“, „Typische Auftragsgröße“, „Markteintritt“ und „Marktaustritt“ durch identische Werte aus.

Weitere Untersuchungen der Mittelwertunterschiede haben keinen Sinn für diese Variablen, so daß sie im folgenden nicht mehr beachtet werden.

Jedoch sind lediglich bei den zwei Merkmalen der „Anbieterkonzentration" und des „Marktwachstums" u-förmige Zusammenhänge zu erkennen. Risikoverstärkend im Sinne eines positiven Zusammenhangs zwischen der Höhe eines Merkmals und der Risikolastigkeit wirken die Ausprägungen der Variablen „relativer Preis", „Marktanteilsrang" und „Kundenkonzentration", während eine inverse Beziehung für die Merkmale „Produktbedeutung" und „Lieferantenkonzentration" der Abbildung entnommen werden kann.

Mittelwerttest

Der Mediantest zur statistischen Untersuchung der Mittelwertunterschiede bei den nominal- und den ordinalskalierten Merkmalen deckte signifikante Abweichungen in den Mittelwerten der Merkmale „Marktanteilsrang" und „Produktbedeutung" auf.

Risikomerkmal	Signifikanzniveau	Entscheidung
Marktanteilsrang	0,043	Nullhypothese verwerfen
Produktbedeutung	0,000	Nullhypothese verwerfen

Tabelle 45: Ergebnisse des Mediantests auf Mittelwertunterschiede für den unternehmensexternen Bereich

Für die Richtung des Zusammenhangs ergibt sich eine risikomindernde Wirkung steigender Produktbedeutung und ein risikomehrender Einfluß des Marktanteilsrangs. Demnach sind Unternehmen mit einer schlechteren Marktposition, welche in einem höheren Marktanteilsrang zum Ausdruck kommt, mit einem größeren Fehlerrisiko behaftet.

Für die intervallskalierten Merkmale sind wiederum zunächst die Voraussetzungen parametrischer Verfahren zu untersuchen. Allein auf der Basis der Resultate des Levene-Tests auf Varianzhomogenität konnte bereits für fast alle Risikomerkmale eine Verletzung der Voraussetzungen festgestellt werden. Lediglich die empirische Verteilung des Merkmals „Relativer Marktanteil" war in einem zweiten Schritt gegen die hypothetische Normalverteilung zu testen.

Risikomerkmal	Wert der Teststatistik	Signifikanz-niveau	Entscheidung
Relativer Preis	0,377	0,687	Nullhypothese nicht verwerfen
Anbieterkonzentration	0,360	0,699	Nullhypothese nicht verwerfen
Relativer Marktanteil	17,765	0,000	Nullhypothese verwerfen
Marktwachstum	2,187	0,117	Nullhypothese nicht verwerfen
Kundenkonzentration	1,210	0,302	Nullhypothese nicht verwerfen
Lieferantenkonzentration	0,310	0,734	Nullhypothese nicht verwerfen

Tabelle 46: Ergebnisse des Levene-Tests auf Varianzhomogenität für den unternehmensexternen Bereich

Nachdem das Ergebnis des durchgeführten Kolmogorov-Smirvov-Tests anzeigt, daß für das Merkmal „Relativer Marktanteil" keine Normalverteilung vorliegt, werden sämtliche intervallskalierten Risikomerkmale des unternehmensexternen Bereichs nichtparametrisch weiteruntersucht. Allerdings konnten infolge der Variationen innerhalb der Merkmale keine Merkmalsunterschiede auf signifikantem Niveau bestätigt werden.

Risikomerkmal	Signifikanzniveau	Entscheidung
Relativer Preis	0,797	Nullhypothese nicht verwerfen
Anbieterkonzentration	0,585	Nullhypothese nicht verwerfen
Relativer Marktanteil	0,619	Nullhypothese nicht verwerfen
Marktwachstum	0,408	Nullhypothese nicht verwerfen
Kundenkonzentration	0,468	Nullhypothese nicht verwerfen
Lieferantenkonzentration	0,354	Nullhypothese nicht verwerfen

Tabelle 47: Ergebnisse des H-Tests nach Kruskal und Wallis für den unternehmensexternen Bereich

Dichotomischer Klassifikationstest

Die Analyse eventuell bestehender Unterschiede in den Merkmalsausprägungen der unterschiedenen Risikoklassen ergab für die betrachteten Risikomerkmale, daß signifikante Abweichungen für die Variablen „Relativer Marktanteil", „Marktanteilsrang", „Typische Auftragsgröße" und „Produktbedeutung" bestehen.

Risikomerkmal	Wilkesches Lambda	Signifikanzniveau	Entscheidung
Relativer Preis	0,985	0,453	Nullhypothese nicht verwerfen
Relative Innovationstätigkeit	0,993	0,689	Nullhypothese nicht verwerfen
Anbieterkonzentration	0,996	0,814	Nullhypothese nicht verwerfen
Relativer Marktanteil	0,934	0,028	Nullhypothese verwerfen
Marktanteilsrang	0,910	0,007	Nullhypothese verwerfen
Marktwachstum	0,997	0,872	Nullhypothese nicht verwerfen
Marktentwicklung	0,993	0,706	Nullhypothese nicht verwerfen
Kundenkonzentration	0,988	0,519	Nullhypothese nicht verwerfen

Typische Auftragsgröße	0,937	0,033	Nullhypothese verwerfen
Produktbedeutung	0,811	0,000	Nullhypothese verwerfen
Lieferantenkonzentration	0,983	0,404	Nullhypothese nicht verwerfen
Markteintritt	0,989	0,512	Nullhypothese nicht verwerfen
Marktaustritt	0,985	0,464	Nullhypothese nicht verwerfen

Tabelle 48: Werte des Wilkeschen Lambdas für den unternehmensexternen Bereich

Die Diskriminanzfunktionen für die drei Merkmale, für welche die Nullhypothese, wonach keine risikoklassenspezifischen Unterschiede in den Merkmalsausprägungen bestehen, verworfen wurde, setzen sich wie in Tabelle 49 ersichtlich zusammen. Anhand dieser Trennregeln konnten zwischen 25,9 v.H. und 70,4 v.H. der Fälle aus der Validierungsstichprobe richtig klassifiziert werden.

Risikomerkmal	Koeffizient	Konstant	Güte der Klassifikation	
			Korrelation	richtig klassifizierte Fälle
Relativer Marktanteil	3,880	-1,557	0,257	25,9 v.H.
Marktanteilsrang	0,547	-1,611	0,300	58,3 v.H.
Typische Auftragsgröße	0,772	-2,923	0,251	38,0 v.H.
Produktbedeutung	1,150	-3,493	0,435	70,4 v.H.

Tabelle 49: Univariate Diskriminanzfunktionen für den unternehmensexternen Bereich

4. Reduktion des Merkmalskatalogs auf univariat trennende Risikomerkmale

Zur Beurteilung der Struktur von Unternehmen und deren Position am Markt wurden unternehmensinterne und unternehmensexterne Risikomerkmale herangezogen, für die im Rahmen empirischer Untersuchungen ein überwiegend univariater Zusammenhang zum Erfolg nachgewiesen wurde. Der empirische

Nachweis bestehender Zusammenhänge bedeutet freilich nicht, daß es sich dabei um ökonomische Gesetzmäßigkeiten handelt, die für jeden einzelnen Fall gültig sind. Zu erwarten ist vielmehr, daß die für diese Zusammenhänge formulierten Hypothesen nur für einen Teil der Datensätze in der vorliegenden Stichprobe zutreffen. Um eine möglichst eindeutige Interpretation der Zusammenhänge zwischen den Risikomerkmalen und dem Fehlerrisiko zu ermöglichen, werden in der Regel die Variablen, für die die Ausgangshypothese in der Stichprobe nicht erfüllt ist, aus dem Merkmalsvektor entfernt[591].

Zur Bestimmung derjenigen Risikomerkmale, für die zwischen ihren Ausprägungen und dem Fehlerrisiko des zugehörigen Unternehmensfalls eine univariate und durch eine eindeutige Richtung gekennzeichnete Beziehung besteht, wurden die oben dargestellten graphischen und statistischen Analysen angestellt. Diese Analysen ergaben insgesamt zehn Risikomerkmale mit als signifikant beurteilter, univariater Erklärungskraft für das Risiko.

Der Anstieg von ...	wirkt auf das Risiko	Zuordnung
Aufwendungen für F+E	vermindernd	Forschung und Entwicklung
Investmentintensität (Working Capital)	verstärkend	Beschaffung/ Logistik
Investmentintensität (Sachanlagen)	vermindernd	Produktion
Fehlerhafte Spezifikationen	vermindernd	Produktion
Auslastungsgrad	vermindernd	Produktion
Aufwendungen für Marketing	verstärkend	Marketing/ Vertrieb
Schulungsaufwendungen	verstärkend	Unterstützender Bereich
Eigenkapitalrentabilität	verstärkend	Unterstützender Bereich
Produktbedeutung	vermindernd	Extern
Marktanteilsrang	verstärkend	Extern

Tabelle 50: Univariate Risikowirkungen

---

591 Vgl. zu dieser Vorgehensweise auch *Baetge/ Beuter/ Feidicker*, WPg 1992, S. 757; *Baetge*, ZfbF 1989, S. 796/ 800-801; *Beaver*, Empirical Reasearch in Accounting 1966, S. 81.

Betrachtet man die Bereiche, die mit Hilfe dieser Variablen repräsentiert werden, so fällt zunächst auf, daß das gesamte Spektrum der Wertschöpfungskette sowie auch der externe Bereich vertreten sind. Neben den univariat klassifizierenden Merkmalen wurden Faktoren identifiziert, deren Ausprägungen für die unterschiedlichen Risikoklassen durch Umkehrpunkte gekennzeichnet sind, womit der univariate Zusammenhang nur für einen jeweils bestimmten Abschnitt, d.h. unter einschränkenden Bedingungen bestätigt wurde. Als Beispiel möge die Variable „Vertikaler Integrationsgrad" dienen, für die gilt, daß bei erfolgreichen Unternehmen entweder sehr große oder sehr kleine Integrationsgrade zu beobachten sind[592].

Die univariat klassifizierenden Merkmale entstammen der gesamten Wertschöpfungskette sowie dem unternehmensexternen Bereich. Dies legt die Vermutung nahe, daß anhand einer Mehrzahl dieser Variablen unter Aufdeckung der spezifischen Wechselwirkungen die Klassifikationsergebnisse verbessert werden könnten und außerdem ein geschlosseneres und vollständigeres Bild der Unternehmung als Grundlage von Risikoprognosen dienen kann. Durch eine solche multivariate Betrachtung würde der Auffassung Rechnung getragen, wonach die unternehmerischen Erfolgsfaktoren in unterschiedlichen Unternehmensbereichen liegen und Erfolg nur möglich sein kann, wenn Einzelstrategien mit den dahinterstehenden Erfolgsfaktoren gebündelt werden[593].

Die Empfehlung, wonach für die interne und die externe Durchsetzung strategischer Wettbewerbsvorteile die Konzentration auf wenige Parameter erfolgen soll[594], wird beim im folgenden angestellten multivariaten Vorgehen dadurch berücksichtigt, daß eine Bewertung der einzelnen Risikomerkmale auf das Informationskriterium des Fehlerrisikos hin erfolgt. Auf diese Weise werden aus-

---

592 Vgl. ähnlich *Buzzell/ Gale*, PIMS-Programm 1989, S. 148.

593 Vgl. *Binner,* Arbeitsvorbereitung 1993, S. 207.

594 Vgl. *Corsten/ Will*, Konzept 1995, S. 124.

schließlich diejenigen Merkmale für Klassifikationszwecke herangezogen, deren Erklärungskraft im Verbund nachgewiesen ist.

Auch kann mit Hilfe eines multivariaten Vorgehens eines der klassischen Zentralprobleme der betriebswirtschaftlichen Forschung bewältigt werden, welches in der kausalen Zurechnung des Erfolgs oder Risikos auf bestimmte Maßnahmen und Indikatoren besteht[595]. Dieses Problem ergibt sich daraus, daß in der Regel eine Vielzahl teils interdependenter Maßnahmen und unterschiedlicher Umwelteinflüsse in ihrer Gesamtheit für das Zustandekommen des betriebswirtschaftlichen Erfolgs oder Mißerfolgs verantwortlich ist[596], ohne daß in der Regel eine exakte Isolierung des Erfolgsbeitrags einzelner Maßnahmen erreicht werden kann[597]. Der Unternehmenserfolg ist somit ein komplexes und multikausales Phänomen: „... performance stems from relationships among many different factors. Neither environment, strategy nor organization structure acting alone is sufficient to explain differences in performance. ... performance derives from a constellation of factors"[598].

Für die Multikausalität existieren zahlreiche empirische Belege[599]. Dementsprechend ist auch jede Untersuchung des grundlegenden Zusammenhangs zwischen unternehmerischem Handeln und dem Unternehmenserfolg mit diesem sich aus der Multikausalität des Erfolgsphänomens ergebenden Zurechnungsproblem behaftet. Da jede Ursache in der Regel mehrere Wirkungen auf den

---

595 Vgl. *Hörner,* Zurechnung 1993, Sp. 4752-4767; *Picot,* Umweltbeziehungen 1977; *Simon,* KYKLOS 1970, S. 226-254.

596 Vgl. *Möller*, Erfolg 1983, S. 62-63.

597 Vgl. z.B. *Böcker*, Marketing-Kontrolle 1988, S. 134-135; *Bungard/ Wiendieck*, Effizienz 1986, S. 291; *Child*, Organization and Administrative Sciences 1977/78, S. 173; *Dichtl*, Rolle 1975, S. 20.

598 *Lenz*, Strategic Management Journal 1980, S. 220-221.

599 Vgl. *Fritz,* Marketing 1990, S. 104-105; *Lenz*, Strategic Management Journal 1980, S. 209-226; *Wohlgemuth,* Die Unternehmung 1990, S. 47.

Erfolg aufweist und jede Wirkung wiederum auf unterschiedliche Ursachen zurückgeführt werden kann, gilt es die Frage zu beantworten, in welchem relativen Maße ein bestimmter Faktor im Vergleich zu den anderen Faktoren zur Erklärung des Erfolgs und Risikos beiträgt[600]. Erschwerend tritt hinzu, daß das Phänomen der Multikausalität aufgrund möglicher wechselseitiger Abhängigkeiten auch für die Erfolgsfaktoren untereinander gilt, da Schlüsselfaktoren sich nicht nur durch eine direkte Wirkung auf den Erfolg, sondern auch durch einen indirekten Effekt auf den Erfolg über einen Einfluß auf andere den Erfolg bestimmende Größen auszeichnen[601].

Zur Lösung dieses grundlegenden Problems bedarf es zweierlei: Zum einen ist der Nachweis erforderlich, daß ein Zusammenhang zwischen unternehmerischem Handeln und Erfolg überhaupt erwartet werden kann. Zum anderen bedarf ein solcher, theoretisch begründeter Zusammenhang auch der empirischen Untermauerung, die zugleich unter Anwendung geeigneter statistischer Methoden ein Urteil über den Grad der Zurechnung ermöglichen soll[602].

B. Untersuchung von Globalzusammenhängen

1. Multivariate Analyseverfahren zur Aufdeckung von Globalzusammenhängen

a) Klassifikation multivariater Analysemethoden

Die multivariaten Analysemethoden können vor dem Hintergrund ihres Anwendungsbezugs in strukturenentdeckende und strukturenprüfende Verfahren ein-

---

600 Vgl. *Lange,* Die Unternehmung 1982, S. 29.

601 Vgl. *Wilde,* Bewertung 1989, S. 63; *Lange,* Die Unternehmung 1982, S. 29.

602 Vgl. *Jacobs*, Erfolgsfaktoren 1991, S. 33.

geteilt werden. Strukturenentdeckende Verfahren sind solche multivariaten Verfahren, deren primäres Ziel in der Entdeckung von Zusammenhängen zwischen Variablen oder zwischen Objekten liegt. Der Anwender besitzt zu Beginn der Analyse noch keine Vorstellung darüber, welche Beziehungszusammenhänge in einem Datensatz existieren. Verfahren, die mögliche Beziehungszusammenhänge aufdecken können, sind z.B. die Faktorenanalyse und die bereits bei der Entwicklung der Risikoklassen angewendete Clusteranalyse. Die Faktorenanalyse findet insbesondere dann Anwendung, wenn im Rahmen einer Erhebung eine Vielzahl von Variablen zu einer bestimmten Fragestellung erhoben wurde und der Anwender nun an einer Reduktion der Variablen interessiert ist. Von Bedeutung ist die Frage, ob sich möglicherweise sehr zahlreiche Merkmale, die zu einem bestimmten Sachverhalt erhoben wurden, auf einige zentrale Faktoren zurückführen lassen. Im Unterschied zur Faktorenanalyse, die eine Verdichtung von Variablen vornimmt, wird mit der Clusteranalyse eine Bündelung von Objekten angestrebt. Das Ziel ist dabei, die Objekte so zu Gruppen zusammenzufassen, daß die Objekte in einer Gruppe möglichst ähnlich und die Gruppen untereinander möglichst unähnlich sind.

Strukturenprüfende Verfahren sind solche multivariaten Verfahren, deren primäres Ziel in der Überprüfung von Zusammenhängen zwischen Variablen liegt. Der Anwender besitzt eine auf sachlogischen oder theoretischen Überlegungen basierende Vorstellung über die Zusammenhänge zwischen Variablen und möchte diese mit Hilfe multivariater Verfahren überprüfen. Verfahren, die diesem Bereich der multivariaten Datenanalyse zugeordnet werden können, sind die Regressionsanalyse, die Varianzanalyse, die Diskriminanzanalyse, die Kontingenzanalyse sowie die LISREL-Analyse und das Conjoint Measurement[603].

Die strukturenprüfenden Verfahren werden primär zur Durchführung von Kausalanalysen eingesetzt. Voraussetzung für die Anwendung der Verfahren ist,

---

603 Vgl. *Fahrmeier/ Kredler,* Modelle 1984, S. 257.

daß der Anwender a priori eine Vorstellung über den Kausalzusammenhang zwischen den Variablen hat, d.h. er weiß oder vermutet, welche der Variablen auf andere Variablen einwirken. Er muß also die von ihm betrachteten Variablen in abhängige und unabhängige Variablen einteilen können. Nach dem Skalenniveau lassen sich die grundlegenden strukturenprüfenden Verfahren gemäß Tabelle 51 charakterisieren.

Unabhängige Variable / Abhängige Variable	metrisches Skalenniveau	nominales Skalenniveau
metrisches Skalenniveau	Regressionsanalyse	Varianzanalyse
nominales Skalenniveau	Diskriminanzanalyse	Kontingenzanalyse

Tabelle 51: Grundlegende strukturenprüfende Verfahren
In Anlehnung an *Backhaus/ Erichson/ Plinke/ Weiber,* Analysemethoden 1996, S. XIX.

Bei der Regressionsanalyse wird der Zusammenhang zwischen einer abhängigen und einer oder mehreren unabhängigen Variablen betrachtet, wobei unterstellt wird, daß alle Variablen auf einem metrischen Skalenniveau gemessen werden können[604]. Mit Hilfe der Regressionsanalyse können dann die unterstellten Beziehungen überprüft und quantitativ abgeschätzt werden. Sie bietet ein außerordentlich flexibles Verfahren, das sowohl für die Erklärung von Zusammenhängen als auch für die Durchführung von Prognosen große Bedeutung besitzt. Werden die unabhängigen Variablen auf nominalem Skalenniveau gemessen und die abhängige Variable auf metrischen Skalenniveau, so findet die Varianzanalyse Anwendung. Ist die abhängige Variable nominal skaliert und besitzen die unabhängigen Variablen metrisches Skalenniveau, so wird die Diskriminanzanalyse angewendet. Sie ist ein Verfahren zur Analyse von Gruppenunterschieden, wobei die abhängige nominale Variable die Gruppenzugehörigkeit identifiziert, und die unabhängigen Variablen die Gruppenelemente be-

604 Vgl. *Bleymüller/ Gehlert/ Gülicher,* Statistik 1996, S. 139.

schreiben. Ein weiteres Anwendungsgebiet der Diskriminanzanalyse bildet die Klassifizierung von Elementen. Nachdem für eine gegebene Menge von Elementen die Zusammenhänge zwischen der Gruppenzugehörigkeit der Elemente und ihren Merkmalen analysiert wurden, läßt sich darauf aufbauend eine Prognose der Gruppenzugehörigkeit von neuen Elementen vornehmen[605].

Im vorliegenden Fall wurde die unabhängigen Variablen größtenteils auf einem metrischen Skalenniveau gemessen. Die ordinalskalierten Merkmale erlauben ohnehin eine metrische Interpretation. Für die Einbeziehung der nominalen Variablen ist jedoch zunächst eine Umformung nötig, wonach für jede Ausprägung des Merkmals eine sogenannte Dummy-Variable eingeführt wird, die jeweils mit der Codierung Null (trifft nicht zu) oder Eins (trifft zu) versehen wird[606]. Dementsprechend können für die folgenden Analysen in Abhängigkeit der Metrik der abhängigen Größe nur die Verfahren der Diskriminanz- und der Regressionsanalyse in Betracht gezogen werden. Die abhängige Größe wird durch die entwickelten drei Risikoklassen ausgedrückt. Allerdings bringen die Risikoklassen nicht nur eine Klassifizierung zum Ausdruck, mit der keine Wertung verbunden ist, sondern sie sind in einer Rangfolge geordnet, wonach mit Klasse 1 das geringste Risiko, mit Klasse 2 ein mittleres Risiko und mit Klasse 3 das höchste Risiko verbunden ist. Der abhängigen Größe liegt also eine Ordinalskala zugrunde, die auch metrisch interpretiert werden kann. So ist ein Fall, für den ein Risikowert von beispielsweise 1,0 ermittelt wird als weniger risikobehaftet zu erachten als ein Unternehmen mit einem Wert von 1,4. Zwar werden beide Unternehmen der Risikoklasse 1 zugeordnet. Aber im zweiten Fall ist eine deutliche Tendenz in Richtung der Gruppe 2 zu beobachten.

Die metrische Interpretierbarkeit der abhängigen und der unabhängigen Variablen schließt die Diskriminanzanalyse von weiteren Betrachtung aus. Als multi-

---

[605] Vgl. *Fahrmeier/ Häußler/ Tutz,* Diskriminanzanalyse 1984, S. 301.

[606] Vgl. *Bühl/ Zöfel,* SPSS 1997, S. 331.

variates, strukturenprüfendes Verfahren zur Bestätigung und statistischen Bewertung von Zusammenhängen zwischen unternehmensinternen und -externen Risikomerkmalen auf der einen Seite und dem Fehlerrisiko auf der anderen werden regressionsanalytische Verfahren herangezogen. Solche Ansätze fanden für Zwecke der Unternehmensbeurteilung vor allem in US-amerikanischen empirischen Untersuchungen Anwendung[607].

b) Regressionsanalytische Verfahren

Ziel der regressionsanalytischen Verfahren ist es, aus den unabhängigen Größen eine Funktion zu entwickeln, mit deren Hilfe das Entstehen der Ausprägung der abhängigen Variable möglichst gut erklärt werden kann[608]. Die hierzu anwendbaren Verfahren werden in der Statistik im wesentlichen in drei zu unterscheidende Klassen von Regressionsverfahren eingeteilt[609]: die parametrischen, die semiparametrischen und die nichtparametrischen Verfahren. Alle drei Klassen sind für Zwecke der Modellierung funktionaler Zusammenhänge geeignet, unterscheiden sich jedoch darin, daß sie dabei unterschiedlich starke Annahmen erfordern. So wird bei den parametrischen Verfahren für den zu modellierenden Zusammenhang eine bestimmte funktionale Form unterstellt, in der lediglich die Parameter zu bestimmen sind, während nichtparametrische Verfahren die Modellierung eines Zusammenhangs erlauben, ohne im Vorfeld Annahmen über seinen Verlauf zu treffen.

Gemeinsam ist den beiden Vorgehensweisen, daß in beiden Fällen ein lineares Modell aufgestellt wird, welches im Fall des nichtparametrischen Vorgehens den ersten Schritt der Analyse bildet. Das zunächst aufgestellte, lineare Modell

---

[607] Vgl. *Dietrich/ Kaplan,* The Accounting Review 1982, S. 18-38; *Orgler,* Journal of Money, Credit and Banking 1970, S. 435-445.

[608] Vgl. *Fouquet,* Sanierungswürdigkeitsanalyse 1987, S. 285.

[609] Vgl. *Granger/ Teräsvirta,* Modelling 1993, S. 2.

bildet die Voraussetzung eines Tests auf vernachlässigte Nichtlinearitäten und kann somit die Aufstellung eines nichtlinearen Modells rechtfertigen[610]. Da das lineare Vorgehen also den Ausgangspunkt der Analyse darstellt, wird es im folgenden in seinen Grundzügen vorgestellt.

(1) Schätzung der Regressionsfunktion

Die übliche Anwendungssituation der Regressionsanalyse ist, daß eine Stichprobe vorliegt oder erhoben wird, die als Teil einer größeren, meist unbekannten Grundgesamtheit anzusehen ist. Mit Hilfe der Regressionsanalyse wird sodann von der Stichprobe auf die Grundgesamtheit geschlossen. Es liegt demnach ein doppeltes Problem vor, das zum einen darin besteht, einen Zusammenhang zwischen abhängigen und unabhängigen Variablen zu ermitteln und zum anderen in dessen Prüfung[611].

In ihrer allgemeinen Form lautet der hypothetische Ursache-Wirkungszusammenhang in der Grundgesamtheit mit den unbekannten Parametern $\beta_0, \beta_1, \beta_2,..., \beta_J$[612]: :

$$Y = \beta_0 + \beta_1 X_1 + \beta_2 X_2 + ... + \beta_j X_j + ... + \beta_J X_J + U$$

wobei Y: abhängige Variable (Regressand),

β_0: konstantes Glied der Regressionsfunktion,

β_j: Regressionskoeffizient,

X: unabhängige Variable,

U: Residuum und

---

610 Vgl. *Anders*, Netze 1996, S. 103.

611 Vgl. *Backhaus/ Erichson/ Plinke/ Weiber,* Analysemethoden 1996, S. 6-7.

612 Vgl. *Eckey/ Kosfeld/ Dreger,* Ökonometrie 1995, S. 18.

J: Zahl der unabhängigen Variablen (Regressoren).

Dieser Zusammenhang wird durch die Regressionsfunktion der Stichprobe mit den zu bestimmenden Parametern b_0, b_1, b_2,..., b_J geschätzt[613]:

$$\hat{Y} = b_0 + b_1 X_1 + b_2 X_2 + \ldots + b_j X_j + \ldots + b_J X_J$$

Zur Schätzung der Gewichtungen der einzelnen Kenngrößen in der Funktion wird regelmäßig die Methode der kleinsten Quadrate herangezogen, die die Parameter b_0, b_1, b_2,..., b_J so bestimmt, daß die Summe der nicht erklärten Streuung minimiert wird[614]. Die Regressionsanalyse weist als Ergebnis die Koeffizienten der Regressionsgleichung aus, welche in einer groben Analyse bereits Hinweise auf die unterschiedliche Stärke des Zusammenhangs zwischen Regressoren und Regressand geben. Je größer der absolute Betrag des Regressionskoeffizienten ist, desto stärker ist der vermutete Einfluß auf die abhängige Variable. Wegen der unterschiedlichen Skalen, auf denen die unabhängigen Variablen gemessen werden, sind die numerischen Ausprägungen der Koeffizienten aber nicht ohne weiteres vergleichbar. Mit dem Ziel, direkte Vergleichbarkeit herzustellen, bietet die Standardisierung eine geeignete Umformung der Koeffizienten[615]. Die standardisierten Werte bringen die Einflußstärke der unabhängigen Variablen für die Erklärung der abhängigen Variablen zum Ausdruck, da durch die Standardisierung die unterschiedlichen Meßdimensionen der Variablen, die sich ansonsten in den Regressionskoeffizienten niederschlagen, eliminiert werden und dadurch Vergleichbarkeit hergestellt wird[616]. Da die standardisierten Regressionskoeffizienten dimensionslos sind, müssen zur Schätzung von Werten der abhängigen Variablen die unstandardisierten Regressionskoeffizienten verwen-

---

613 Vgl. *Läuter,* Verfahren 1992, S. 130-131.

614 Vgl. *Gruber,* Ökonometrie, S. 37-47.

615 Vgl. *Wickens,* Geometry 1995, S. 53.

616 Vgl. *Gruber,* Ökonometrie, S. 52-53.

det werden[617]. Auf diese Weise bleiben die Maßdimensionen der abhängigen Variablen erhalten.

(2) Prüfung der Regressionsfunktion

(a) Bestimmtheitsmaße

Nach der Schätzung der Regressionsfunktion muß der Frage nachgegangen werden, ob die ermittelten Zusammenhänge den Ansprüchen an den Grad der Anpassung der Regressionsfunktion an die Stichprobenwerte entsprechen und ob die Ergebnisse nur für die Stichprobe gelten oder ob mit einiger Berechtigung vermutet werden kann, daß die Beziehung auch in der unbekannten Grundgesamtheit besteht. Dazu wird zunächst die Qualität der Regressionsgleichung als ganze anhand des Bestimmtheitsmaßes r^2 untersucht[618]. Wenn dieser Test zu unbefriedigenden Ergebnissen führt, ist der gesamte Regressionsansatz abzulehnen. Ansonsten werden in einem zweiten Schritt die Regressionskoeffizienten individuell auf ihre Erklärungskraft hin geprüft. Einzelne Koeffizienten, die den Test nicht bestehen, sind aus der Gleichung zu entfernen.

Das Bestimmtheitsmaß bietet eine Maßgröße zur Beurteilung der Güte der Schätzung, indem es eine Aussage darüber trifft, wie gut sich die Regressionsfunktion an die empirische Punkteverteilung anpaßt und wieviel Restschwankung demnach übrig geblieben ist[619]. Dazu greift die Größe auf den Gedanken der Zerlegung der Streuung der y_k-Werte um den Mittelwert zurück und macht den Anteil der erklärten Abweichung an der Gesamtabweichung zum Maßstab der Güte der Regressionsfunktion. Wegen des Zusammenhangs

---

617 Vgl. *Janssen/ Laatz*, Datenanalyse 1997, S. 372.

618 Vgl. *Backhaus/ Erichson/ Plinke/ Weiber*, Analysemethoden 1996, S. 24-25.

619 Vgl. *Litz*, Methoden 1997, 162-164.

Gesamtabweichung = Erklärte Abweichung + Residuen

gilt, daß bei einem höheren Anteil der durch die unabhängige Variable erklärten Abweichung an der Gesamtabweichung ein geringerer Anteil der Restschwankung an der gesamten Streuung der y_k-Werte um den Mittelwert vorliegt. Der angeführte Zusammenhang zwischen Gesamtstreuung, erklärter und nicht erklärter Streuung kann auch wie folgt ausgedrückt werden[620]:

$$\sum_{k=1}^{K}(y_k - \bar{y})^2 = \sum_{k=1}^{K}(\hat{y}_k - \bar{y})^2 + \sum_{k=1}^{K}(y_k - \hat{y}_k)^2$$

Aus dieser Darstellung ergibt sich das Bestimmtheitsmaß r^2 als das Verhältnis zwischen erklärter Streuung und Gesamtstreuung.

$$r^2 = \frac{\sum_{k=1}^{K}(\hat{y}_k - \bar{y})^2}{\sum_{k=1}^{K}(y_k - \bar{y})^2}$$

Das Bestimmtheitsmaß nimmt einen Wert zwischen Null und Eins an, wobei bei einem Wert von Eins die gesamte Streuung erklärt wird. Allerdings wird der Wert durch die Zahl der Regressoren derart beeinflußt, daß bei gegebener Stichprobengröße mit jedem hinzukommenden Regressor ein mehr oder weniger großer Erklärungsanteil hinzugefügt wird, der möglicherweise nur zufällig bedingt ist. Insbesondere bei kleiner Zahl von Freiheitsgraden aber verschlechtern sich mit steigender Anzahl an Regressoren die Schätzeigenschaften des Modells[621]. Dieser Tatbestand findet im korrigierten Bestimmtheitsmaß Berücksichtigung, welches das einfache Bestimmtheitsmaß um eine Korrekturgröße vermindert, die um so größer ist, je größer die Zahl der Regressoren und je klei-

---

620 Vgl. *Kraft/ Landes,* Methoden 1996, S. 30-31.

621 Vgl. *Sen/ Srivastava,* Regression 1990, S. 40.

ner die Zahl der Freiheitsgrade sind. Im Gegensatz zum einfachen Bestimmtheitsmaß kann diese Größe daher durch die Aufnahme weiterer Regressoren auch abnehmen[622]:

$$r_{KORR}^2 = r^2 - \frac{J(1-r^2)}{K-J-1}$$

wobei K: Zahl der Beobachtungswerte,

J: Zahl der Regressoren und

K-J-1: Zahl der Freiheitsgrade.

(b) Prüfung der gesamten Regressionsfunktion

Das Bestimmtheitsmaß drückt den Anteil der erklärten Abweichungen der Beobachtungswerte vom Mittelwert der Stichprobe aus. Es könnte nun sein, daß sich der Wert des Bestimmtheitsmaßes nur aufgrund zufälliger Einflüsse ergeben hat und eine Veränderung der Y-Werte in Wirklichkeit gar nicht auf eine lineare Veränderung der X_j-Werte zurückzuführen ist[623]. Das Verfahren zur Prüfung der Regressionsfunktion als ganze ist der F-Test, der wie folgt vorgeht[624]:

---

622 Vgl. *Wonnacott/ Wonnacott*, Regression 1981, S. 181.

623 Vgl. *Eckey/ Kosfeld/ Dreger*, Ökonometrie 1995, S. 55-56.

624 Vgl. *Janssen/ Laatz*, Datenanalyse 1997, S. 374-375.

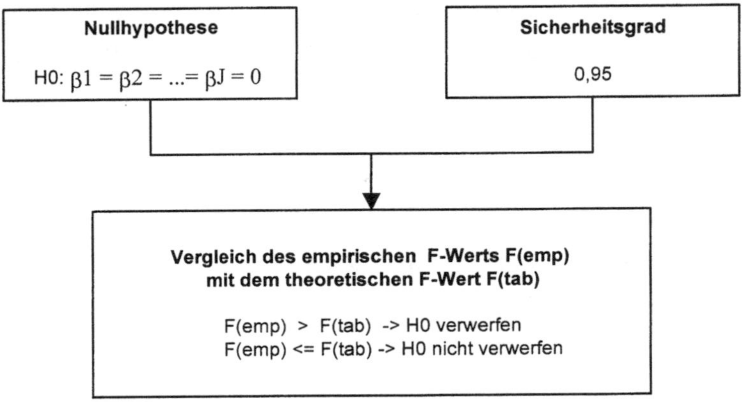

Abbildung 16: F-Test zur Prüfung der Regressionsfunktion als ganze

Der Test besteht in seinem Kern darin, daß aufgrund der Stichprobenwerte ein empirischer F-Wert ermittelt wird, der mit einem theoretischen F-Wert anhand einer Tabelle verglichen wird. Das Ergebnis des Vergleichs erlaubt die Annahme oder Ablehnung der Nullhypothese und somit eine Beurteilung der Frage, ob die Regressionsgleichung als ganze zu verwerfen ist[625]. Die Formel zur Errechnung des empirischen F-Werts lautet

$$F_{emp} = \frac{\frac{r^2}{J}}{\frac{1-r^2}{K-J-1}}$$

wobei F_{emp}: errechneter F-Wert der Stichprobe,

r^2: Bestimmtheitsmaß der Stichprobe,

J: Zahl der Regressoren und

625 Vgl. *Greene,* Analysis 1990, S. 123-124.

K: Stichprobenumfang[626].

(c) Prüfung der einzelnen Regressionskoeffizienten

Wenn die Prüfung der Regressionsfunktion als ganze durch den F-Test nicht zum Verwerfen des Gesamtansatzes führt, wird im folgenden Schritt eine Prüfung der einzelnen Regressionskoeffizienten vorgenommen. Auf der Grundlage der Stichprobenergebnisse wird geprüft, ob die Regressionskoeffizienten in der Grundgesamtheit einen ganz bestimmten Wert annehmen, wobei in der Regel der Wert $\beta_j = 0$ getestet wird[627].

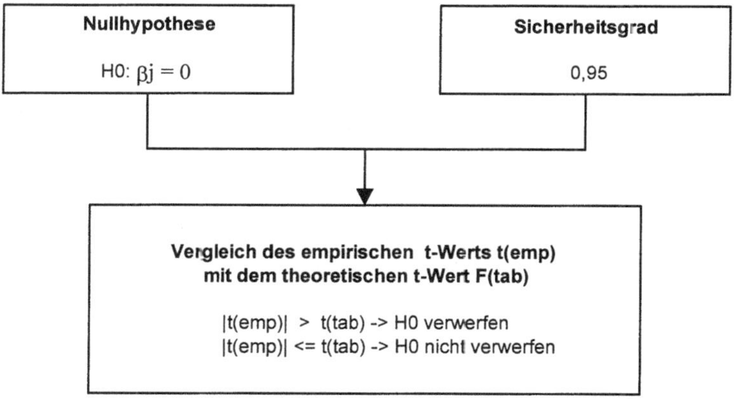

Abbildung 17: t-Test zur Prüfung der Regressionskoeffizienten

Der zu errechnende Testwert ermittelt sich wie folgt

---

626 Vgl. *Eckey/ Kosfeld/ Dreger,* Ökonometrie 1995, S. 78-79.

627 Vgl. *Saville/ Wood,* Methods 1991, S. 387-388.

$$t_{emp} = \frac{b_j - \beta_j}{s_{bj}},$$

wobei t_{emp}: errechneter t-Wert des j-ten Regressors,

β_j: unbekannter, wahrer Regressionskoeffizient,

b_j: Regressionskoeffizient des j-ten Regressors und

s_{bj}: Standardfehler des Regressionskoeffizienten des j-ten Regressors[628].

Aus diesem Zusammenhang ergibt sich für $\beta_j = 0$

$$t_{emp} = \frac{b_j}{s_{bj}}.$$

Der errechnete t-Wert wird verglichen mit dem theoretischen t-Wert, der sich aus der Student-t-Verteilung nach Festlegung einer Vertrauenswahrscheinlichkeit und der Bestimmung der Freiheitsgrade ergibt. Für die Anzahl der Freiheitsgrade beim t-Test gilt:

$$DF = K - J - 1,$$

wobei DF: Anzahl der Freiheitsgrade,

K: Zahl der Beobachtungen und

J: Zahl der unabhängigen Variablen.

Das nunmehr zu ermittelnde Konfidenzintervall des Regressionskoeffizienten[629] gibt an, um wieviel der Betrag des Regressionskoeffizienten der Stichprobe b_j

---

628 Vgl. *Rodeghier,* Marktforschung 1997, S. 155-157.

629 Vgl. *Eckey/ Kosfeld/ Dreger,* Ökonometrie 1995, S. 74-76.

vom Betrag des Regressionskoeffizienten der Grundgesamtheit β_j abweichen kann[630]:

$$b_j - t\, s_{bj} \leq \beta_j \leq b_j + t\, s_{bj}$$

wobei β_j: unbekannter, wahrer Regressionskoeffizient,

b_j: Regressionskoeffizient der Stichprobe,

t: Wert aus der Student-t-Verteilung und

s_{bj}: Standardfehler des Regressionskoeffizienten.

Je größer das Konfidenzintervall ist, desto unzuverlässiger ist die gefundene Regressionsfunktion im Hinblick auf diesen Parameter. Dies gilt insbesondere dann, wenn innerhalb des Konfidenzintervalls ein Vorzeichenwechsel liegt, sich die Richtung des vermuteten Einflusses also umkehren kann.

(3) Prüfung auf Verletzung der Prämissen der linearen Regression

Die Ergebnisse einer durchgeführten Regressionsanalyse setzen die Erfüllung verschiedener Modellannahmen voraus[631], deren Überprüfung durch eine ex post-Analyse der Residuen möglich ist. So beruht das statistische Modell der linearen Regression auf Annahmen über die Verteilung der Variablen in der Grundgesamtheit. Hierzu gehört die Annahme über die Normalverteilung der abhängigen Variablen[632]. Wenn diese Bedingung verletzt ist, können die noch darzustellenden Testverfahren des t- und des F-Tests nicht angewendet werden. Zur Überprüfung der Normalverteilungsannahme kann eine Varianzanalyse mit einem Kolmogorov-Smirnov- oder einem χ^2-Test angestellt werden[633]. Eine

---

630 Vgl. *Bleymüller/ Gehlert/ Gülicher,* Statistik 1996, S. 151.

631 Vgl. *Kraft/ Landes,* Methoden 1996, S. 153.

632 Vgl. *Bleymüller/ Gehlert/ Gülicher,* Statistik 1996, S. 158-160.

633 Vgl. *Siegel,* Methoden 1997, S. 42-50.

graphische Alternative besteht in einem Normal-Probability-Plot[634]. Bei einem Normal-Probability-Plot werden die erwarteten Werte unter Annahme der Normalverteilung und die beobachteten Werte geplottet[635]. Liegen die Punkte auf der Winkelhalbierenden, stimmen die empirische und die theoretische Verteilung überein.

Vernachlässigte Nichtlinearitäten im aufgestellten Zusammenhang können zu einer Verzerrung der Schätzergebnisse bei der abhängigen Variablen führen. Für die Aufdeckung von Nichtlinearitäten, die unter Umständen das Verwerfen des gewählten linearen Ansatzes und den Übergang auf ein nichtlineares Modell begründen können, kann ein Streudiagramm der unabhängigen Variablen und der Residuen herangezogen werden[636]. Da bei einer Schätzung der Koeffizienten nach der Methode der Kleinsten Quadrate die Summe der Residuen und damit auch deren arithmetisches Mittel Null beträgt, läuft die Nullachse immer so durch das Streudiagramm, daß die Summe der positiven Residuen gleich der Summe der negativen Residuen ist. Streuen die Residuen mit einem tendenziell gleichen Mittelwert von Null und tendenziell gleicher Varianz um die x-Achse, kann geschlossen werden, daß der gewählte lineare Ansatz für die Regressionsfunktion angemessen ist.

Eine weitere Prämisse des linearen Regressionsmodells umfaßt die Forderung, daß die Regressoren nicht exakt linear voneinander abhängig sind. Allerdings besteht bei empirischen Daten immer ein gewisser Grad an Multikollinearität[637], die jedoch erst bei starken Abhängigkeiten zum Problem wird. Mit zunehmen-

---

634 Vgl. *Schnell,* Datenanalyse 1994, S. 263.

635 Vgl. *Lewis / Orav,* Simulation 1989, die die theoretischen Werte entlang der Y-Achse plotten und zum umgekehrten Vorgehen *Chambers/ Freeny/ Heiberger,* Analysis 1983 und *Wilk/ Gnanadesikan,* Biometrika 1968, Biometrika 1968, S. 1-17.

636 Vgl. *Fox,* Regression 1997, S. 310.

637 Vgl. *Sen/ Srivastava,* Regression 1990, S. 218-222.

den linearen Zusammenhängen werden die Standardfehler der Regressionskoeffizienten größer und damit deren Schätzung unzuverlässiger. Im Extremfall exakter linearer Abhängigkeiten kann keine Regressionsanalyse durchgeführt werden. Um diesen Problemen zu begegnen, muß zunächst festgestellt werden, welche Variablen betroffen sind und wie stark das Ausmaß an Multikollinearität ist. Einen ersten Anhaltspunkt kann die Untersuchung der Korrelationsmatrix liefern. Zwar bedeuten hohe, absolute Werte nach diesem paarweisen Vergleich ernsthafte Multikollinearitäten. Darüber hinaus sind aber auch hochgradige Abhängigkeiten trotz durchgängig niedriger Werte für die Korrelationskoeffizienten der unabhängigen Variablen möglich. Um dem Dilemma zu begegnen, entweder abhängige Variablen in der Gleichung zu belassen und damit die Folgen der Abhängigkeiten in Form unzuverlässiger Schätzwerte in Kauf zu nehmen oder theoretisch als erklärungsstark erachtete Variablen zu entfernen, können die Variablen durch unabhängige Faktoren ersetzt werden, die mit Hilfe einer Faktorenanalyse entwickelt werden.

Darüber hinaus wird angenommen, daß die Residuen in der Grundgesamtheit unkorreliert sind. Wenn diese Bedingung nicht erfüllt ist, spricht man von Autokorrelation, die zu erheblichen Verzerrungen bei der Ermittlung des Standardfehlers der Regressionskoeffizienten und demnach auch bei der Ermittlung des Konfidenzintervalls für die Regressionskoeffizienten führen kann.

Die rechnerische Methode, eine Reihe von Beobachtungen auf Autokorrelation zu untersuchen, bietet der Durbin-Watson-Test[638]. Bei diesem werden die Reihenfolge der Residuen der Beobachtungswerte zum Gegenstand der Analyse gemacht und die Nullhypothese geprüft, daß die Beobachtungswerte nicht autokorreliert sind[639]. Dazu wird ein empirischer Wert d ermittelt, der die Differen-

---

638 Vgl. *Gruber,* Ökonometrie 1997, S. 117-121.

639 Vgl. *Durbin/ Watson,* Biometrika 1951, S. 159-178.

zen zwischen den Residuen von aufeinanderfolgenden Beobachtungswerten aggregiert:

$$d = \frac{\sum_{k=2}^{K}\left(e_k - e_{k-1}\right)^2}{\sum_{k=1}^{K} e_k{}^2}$$

wobei e_k: Residualgröße für die Beobachtungswerte und

d: Indexwert für die Prüfung der Autokorrelation

Wenn nun die Residuen zweier aufeinander folgender Beobachtungswerte nahezu gleich sind, ist auch der Wert d klein. Niedrige Ausprägungen von d deuten auf eine positive Autokorrelation hin. Umgekehrt führen starke Sprünge in den Residuen zu hohen Werten von d und damit zur Annahme negativer Autokorrelation.

Ist die Streuung der Residuen in einer Reihe von Werten der prognostizierten abhängigen Variablen nicht konstant, liegt Heteroskedastizität vor[640]. Damit ist eine Prämisse des linearen Regressionsmodells verletzt, wonach die Varianz der Fehlervariablen e für alle k homogen ist[641]. Die Residualgröße darf in ihrer Streuung nicht vom Betrag oder der Reihenfolge der Beobachtungen der unabhängigen Variablen beeinflußt werden. Heteroskedastizität verfälscht den Standardfehler des Regressionskoeffizienten und verzerrt damit die Schätzung des Konfidenzintervalls. Eine Methode zur Aufdeckung bietet der Geldfeld-Quandt-Test an, der die Varianz der Residuen in zwei Unterstichproben gegeneinander vergleicht[642]. Dazu werden die Beobachtungen so in zwei Gruppen aufgeteilt, daß die T_1 Elemente mit der vermutlich kleineren Varianz die erste Gruppe bil-

---

640 Vgl. *Kähler,* SPSS 1996, S. 371.

641 Vgl. *Backhaus/ Erichson/ Plinke/ Weiber,* Analysemethoden 1996, S. 35.

642 Vgl. *Gruber*, Ökonometrie 1997, S. 127-128.

den, während die zweite Gruppe die restlichen K-T_1 Elemente enthält. Im Anschluß daran wird für jede der beiden Gruppen eine Kleinste Quadrate-Schätzung durchgeführt. Die Teststatistik

$$F_{emp} = \frac{\dfrac{\sum_{t=1}^{T_2} u_t}{T_2 - J}}{\dfrac{\sum_{t=1}^{T_1} u_t}{T_1 - J}}$$

ist F-verteilt mit T_2-J und T_1-J Freiheitsgraden, wobei J die Anzahl der abhängigen Variablen bezeichnet. Die Hypothese, wonach von Heteroskedastizität ausgegangen wird, wird verworfen, wenn $F > F(1-\alpha; T_2-J; T_1-J)$ gilt[643]. Einen Hinweis auf Heteroskedastizität gibt auch das Streudiagramm der unabhängigen Variablen und der Residuen[644]. In der folgenden Tabelle werden die wichtigsten Prämissen des linearen Regressionsansatzes und die Konsequenzen ihrer Verletzung zusammengefaßt[645].

Betrachtete Variable	Prämissen	Prämissen-verletzung	Konsequenzen
Residuen	Normalverteilung	nicht normalverteilt	Ungültigkeit der Prüfergebnisse von F- und t-Test
abhängige und unabhängige	Linearität	Nichtlinearität	Verzerrung der Schätzwerte
unabhängige und unabhängige	keine lineare Abhängigkeit	Multikollinearität	Ineffizienz
Residuum und Residuum	keine Korrelation	Autokorrelation	Ineffizienz
unabhängige Streuung der Residuen	keine Korrelation	Heteroskedastizität	Ineffizienz

Tabelle 52: Prämissen des linearen Regressionsmodells

643 Vgl. *Goldfeld/ Quandt,* Journal of the American Statistical Association 1965, S. 539-547.

644 Vgl. *Bleymüller/ Gehlert/ Gülicher,* Statistik 1996, S. 158-159.

645 Vgl. *Kmenta,* Elements 1986, S. 260-341, S. 430-455.

2. Modelle auf der Basis der univariat trennenden Variablen

a) Die allgemeine Bedeutung von Struktur und Strategie für das Fehlerrisiko

Im Rahmen der Untersuchungen zu univariaten Erklärungsbeiträgen einzelner Risikomerkmale wurden zehn Kenngrößen aufgedeckt, die einen eindeutigen Zusammenhang zum Fehlerrisiko des Jahresabschlusses aufweisen[646]. Diese Variablen bilden nunmehr die Grundlage für die Aufstellung eines ersten linearen Regressionsmodells. Dazu sind zunächst alle anderen Risikomerkmale aus dem Datensatz der Trainingsstichprobe zu entfernen, bevor eine Überprüfung der Prämissen einer linearen Regressionsanalyse erfolgen kann.

Normalverteilung

Die Überprüfungen der Modellannahmen des Regressionsmodells basieren auf einer Analyse der empirischen Residualwerte e_i, da bei einem angemessenen Regressionsmodell die empirischen Residualwerte e_i ähnliche Eigenschaften aufweisen wie die ε_i in der Grundgesamtheit. Zur Überprüfung der Normalverteilung der Residualwerte erhält man für den Fall eines Regressionsmodells auf der Grundlage der zehn als univariat trennfähig ermittelten Risikomerkmale den folgenden Normalverteilungsplot:

---

[646] Vgl. für eine Zusammenstellung dieser univariat trennfähigen Variablen Tabelle 50, S. 207.

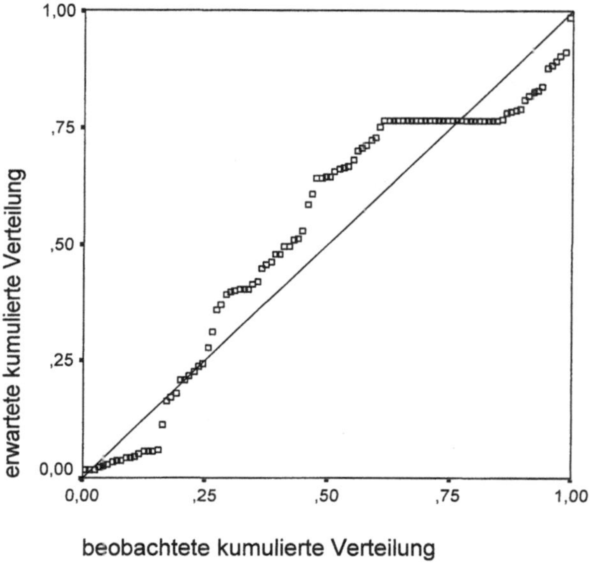

Abbildung 18: Beobachtete kumulierte Verteilung der Residuen gegen deren erwartete Verteilung bei Normalverteilung

Diese Abbildung zeigt eine Verteilung der Residuen, die fast auf der Winkelhalbierenden liegt. Lägen die Punkte der Verteilung exakt auf dieser Geraden, wäre eine perfekte Normalverteilung gegeben. Im vorliegenden Fall ist keine auffällige Abweichung von der Geraden ersichtlich und demnach von einer hinreichend guten Annäherung an eine Normalverteilung auszugehen.

Multikollinearitäten

Die Stärke eventueller Multikollinearitäten, d.h. von Abhängigkeiten der erklärenden Variablen untereinander, wird die Maßgröße der Toleranz herangezogen[647]. Hat eine Variable eine kleine Toleranz, so ist sie fast eine Linearkombination der anderen erklärenden Variablen. Als Grenzwert gilt ein Wert von 0,01, ab dem das Merkmal nicht mehr in die Regressionsgleichung aufzunehmen ist. Eine andere Maßgröße, der „Condition Index“, ergibt sich aus den Eigenwerten der Korrelationsmatrix. Als Faustregel gilt, daß bei einem Condition Index zwischen 10 und 30 moderate bis starke und über 30 sehr starke Multikollinearität vorliegt.

Risikomerkmale	Toleranz
Aufwendungen für F+E	0,885
Investmentintensität (Working Capital)	0,893
Investmentintensität (Sachanlagen)	0,981
Fehlerhafte Spezifikationen	0,944
Auslastungsgrad	0,949
Aufwendungen für Marketing	0,855
Schulungsaufwendungen	0,830
Eigenkapitalrentabilität	0,950
Produktbedeutung	0,846
Marktanteilsrang	0,909

Tabelle 53: Toleranzen der univariat trennfähigen Variablen

Keines der Merkmale ist durch eine kleine Toleranz gekennzeichnet. Es bestehen demnach keine linearen Abhängigkeiten zwischen den unabhängigen Merkmalen. Dieses Ergebnis wird auch durch die ermittelten Werte des Condition Index bestätigt, der maximal den Wert 16,157 annimmt.

647 Vgl. *Janssen/ Laatz,* Datenanalyse 1997, S. 381-382.

Autokorrelation der Residualwerte

Mit Hilfe des Durbin-Watson-Tests wird untersucht, ob Autokorrelation des Residualwerte besteht oder nicht. Die zu ermittelnde Prüfgröße kann zwischen den Werten Null und Vier schwanken. Besteht keine Korrelation aufeinanderfolgender Residualwerte, nimmt sie einen Wert in der Nähe von Zwei an. Bei positiver Autokorrelation liegen e_i und e_{i-1} nahe beieinander mit der Konsequenz, daß die Prüfgröße unter den Wert Zwei sinkt. Werte, die signifikant größer sind als Zwei, zeigen negative Korrelation an, wonach auf positive Werte für die Residuen negative folgen und umgekehrt. Autokorrelation der Residualwerte ist häufig eine Konsequenz einer falsch spezifizierten Regressionsgleichung, wobei zwei Gründe zu unterscheiden sind. Zum einen kann die lineare Gleichungsform falsch sein oder aber zum anderen eine wichtige erklärende Variable in der Gleichung fehlen.

Durch Vergleich der empirisch ermittelten Prüfgröße mit den von *Durbin* und *Watson* vorgelegten tabellierten Werten können für die vorgegebene Irrtumswahrscheinlichkeit von 5 v.H. die Residualwerte auf Autokorrelation untersucht werden. Aus diesen Tabellen sind für die Anzahl der Beobachtungen n, die Anzahl der erklärenden Reihen m sowie die Irrtumswahrscheinlichkeit α jeweils die kritische Untergrenzen d_u sowie die kritische Obergrenze d_o für die Prüfgröße d ablesbar[648]. Es ergeben sich folgende fünf Entscheidungsbereiche:

H_0 ablehnen → <u>positive</u> Autokorrelation	*Indifferenzbereich*	H_0 annehmen → <u>keine</u> Autokorrelation	*Indifferenzbereich*	H_0 ablehnen → <u>negative</u> Autokorrelation

0 d_u d_o 2 $4-d_0$ $4-d_u$ 4

Tabelle 54: Entscheidungsbereiche des Durbin-Watson-Tests

---

648 Vgl. *Durbin/ Watson*, Biometrika 1951, S. 173-174.

Im vorliegenden Fall liegt der Wert der Teststatistik bei 1,832 und demnach innerhalb des Bereichs, für den die Nullhypothese anzunehmen ist und demnach von Residuen ohne Autokorrelation auszugehen ist. Zudem wird die richtige Spezifikation des Modells bestätigt, wonach auch ohne weitere Tests von linearen Zusammenhängen ausgegangen werden kann.

Homoskedastizität

Das im folgenden aufgezeigte Streudiagramm, in dem die standardisierten Vorhersagewerte und die Residuen in standardisierter Form abgetragen werden, gibt Hinweise darauf, ob die Bedingung der Homoskedastizität erfüllt ist oder nicht.

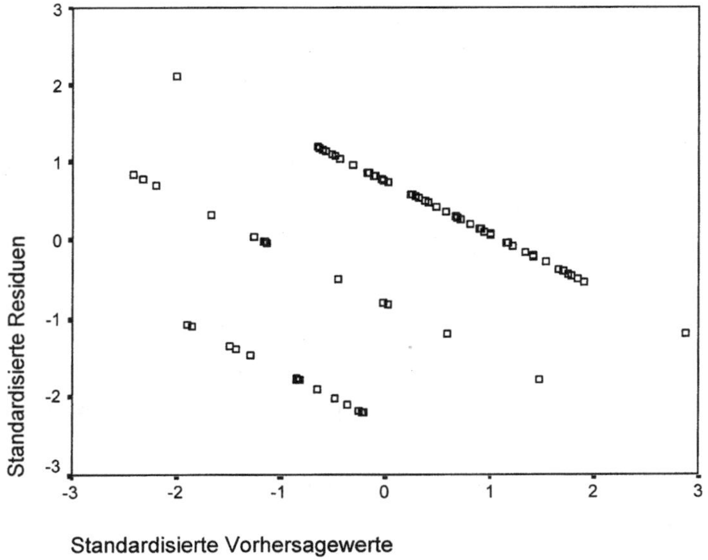

Abbildung 19: Streudiagramm der standardisierten Vorhersagewerte und Residuen des Regressionsmodells auf univariat trennenden Risikomerkmalen

Die Streuung der Residualwerte variiert systematisch mit der Höhe der Vorhersagewerte. Es ist folglich nach dem Eindruck des Streudiagramm nicht gerechtfertigt, von Homoskedastizität auszugehen. Allerdings wird dieser Eindruck durch die Ergebnisse des Geldfeld-Quandt-Test auf einem Signifikanzniveau von 10 v.H. widerlegt.

Risikomerkmal	Koeffizienten b_i	Zuordnung
Investmentintensität (Sachanlagevermögen)	-0,177	Produktion
Fehlerhafte Spezifikationen	-0,148	Produktion
Auslastungsgrad	-0,195	Produktion
Aufwendungen für Marketing	+0,236	Marketing/ Vertrieb
Produktbedeutung	-0,308	extern

Tabelle 55: Allgemeine Regressionsfunktion auf der Basis der univariat trennenden Variablen

Lineare Regression

Die durchgeführte lineare Regressionsanalyse ergab obigen Zusammenhang, in dem die Koeffizienten aus Gründen der Vergleichbarkeit in ihrer standardisierten Form aufgeführt sind. In dieser Darstellungsform erschient auch kein konstantes Glied. Die ermittelte Regressionsfunktion setzt sich aus fünf Risikomerkmalen zusammen, wovon drei dem Produktionsbereich entstammen. Zudem geht ein Risikomerkmal aus dem Bereich „Marketing/ Vertrieb" und ein unternehmensexternes Merkmal in die Regressionsfunktion ein. Das Vorzeichen, mit dem das Merkmal in die Regressionsgleichung eingeht, gibt an, ob eine risikomindernde oder risikoerhöhende Wirkung mit dem Anstieg der Merkmalsausprägung verbunden ist.

Für eine Beurteilung der Güte der ermittelten Regressionsfunktion wird zunächst das Bestimmtheitsmaß r^2 herangezogen, welches für den oben aufgezeigten Regressionszusammenhang einen Wert von 0,568 annimmt.

Die Untersuchung der Regressionsfunktion in ihrer Gesamtheit mit Hilfe des F-Tests erbrachte einen empirischen Wert für die Teststatistik F von 9,731. Dieser Wert übersteigt den tabellierten Vergleichswert deutlich, so daß die Nullhypothese zu verwerfen ist. Nach dieser Nullhypothese wird kein Zusammenhang zwischen den erklärenden und dem erklärten Merkmale angenommen. Im Fall ihrer Verwerfung kann jedoch mit einem Sicherheitsgrad von 95 v.H. vom Bestehen des aufgestellten Zusammenhangs ausgegangen werden.

Nach dem Vorgehen zur Prüfung des aufgestellten Regressionsmodells werden für den Fall, daß die Regressionsfunktion als ganze angenommen werden kann, in einem zweiten Schritt die einzelnen Regressionskoeffizienten auf ihren jeweiligen Beitrag zur Erklärung des Fehlerrisikos getestet. Die Ergebnisse des t-Tests für die Risikomerkmale in der Regressionsgleichung sind in der folgenden Tabelle zusammengestellt.

Risikomerkmal	Wert der Teststatistik	Irrtumswahrscheinlichkeit
Investmentintensität (Sachanlagevermögen)	-2,115	0,037
Fehlerhafte Spezifikationen	-1,765	0,050
Auslastungsgrad	-2,334	0,022
Aufwendungen für Marketing	2,682	0,009
Produktbedeutung	-3,443	0,001

Tabelle 56: Ergebnisse der t-Tests der Regressionskoeffizienten

Die Nullhypothese, wonach der Wert des Regressionskoeffizienten in der Grundgesamtheit den Wert Null annimmt, ist für alle Risikomerkmale der Regressionsgleichung zu verwerfen.

Hinweise auf die Güte der Regressionsfunktion gibt auch der beobachtete Anteil der richtig klassifizierten Unternehmen in der Validierungsstichprobe. Es wurden 62 v.H. der Fälle der richtigen Gruppe zugeordnet.

b) Die branchenabhängige Bedeutung von Struktur und Strategie für das Fehlerrisiko

(1) Verdichtung der Situationsvariablen zu Branchen

Eines der wichtigsten Kriterien zur Klassifikation von Unternehmen ist sicherlich die Branche[649], da die Unternehmen letztlich ihre gesamte Struktur und Strategie an den Besonderheiten ihrer Branche ausrichten müssen, um erfolgreich zu sein. Dieser Zusammenhang könnte für die Bestimmung des Fehlerrisikos aus Risikomerkmalen von Nutzen sein, wenn sich Branchen identifizieren ließen, für die jeweils eigene, spezifische Risikenzusammenhänge bestimmt werden können, die im jeweiligen Kontext genauere und treffsicherere Prognosen zulassen. Vor diesem Hintergrund wurde der vorliegende Datensatz schließlich mit Hilfe der Clusteranalyse auf typisierende Gruppen innerhalb der Situationsvariablen untersucht, die intern möglichst homogen und extern möglichst gut voneinander zu unterscheiden sind[650].

Im Gegensatz zu den Ausgangsdaten für die Ableitung der Risikoklassen liegen bei den Informationen zur externen Unternehmenssituation metrische Skalierungen vor. Demnach sind in diesem Fall Proximitätsmaße zu wählen, die insbesondere für diesen Anwendungsfall geeignet erscheinen. Konkret handelt es sich dabei um Distanzmaße, die im Gegensatz zu Ähnlichkeitsmaßen den Grad der Unterschiedlichkeit bewerten und nicht nur bloße Unterschiede in den Mustern durch relative Häufigkeiten aufdecken, die sich einer metrischen Interpretation entziehen[651].

---

649 Vgl. *Poensgen/ Hort,* ZfB 1981, S. 8.

650 Vgl. *Pirktl,* Probleme 1983, S. 107.

651 Vgl. *Backhaus/ Erichson/ Plinke/ Weiber,* Analysemethoden 1996, S. 287.

Werden zur Abbildung der Ähnlichkeit Distanzmaße herangezogen, bietet das Verfahren nach *Ward* einen Algorithmus, der sehr gute Partitionen findet und die Elemente richtig den Gruppen zuordnet[652]. Die Gruppenbildung erfolgt durch eine Analyse der Zuwächse in den Fehlerquadraten, wodurch gewährleistet wird, daß keine zu kleinen oder zu großen Unterschiede zur Gruppenbildung herangezogen werden[653]. Die Clusteranalyse auf der Grundlage der standardisierten Variablen[654] ergab eine Unterteilung der Stichprobe in fünf Gruppen, wobei die Festlegung der Clusterzahl nach dem Vorgehen von *Mojena/ Wishart* zur Ermittlung der optimalen Klassenzahl vorgenommen wurde[655]. In der monoton ansteigenden Folge der bei allen Fusionen auftretenden Fehlerquadrate wird die Stelle aufgedeckt, bei der erstmalig ein signifikanter Anstieg auftritt. Wie sich die insgesamt 144 Unternehmensfälle der Gesamtstichprobe auf die fünf gebildeten Gruppierungen verteilen, ist aus der nächsten Abbildung ersichtlich.

---

652 Vgl. *Bergs*, Optimalität 1981, S. 96-97.

653 Vgl. *Tücke,* Methoden 1976, S. 22-24.

654 Vgl. *Tücke,* Methoden 1976, S. 33. *Cattell/ Coulter/ Tsujioka* schlagen eine Hauptkomponentenanalyse zur Aufbereitung der Daten im Vorfeld der Clusteranalyse vor; vgl. *Cattell/ Coulter/ Tsujioka*, Recognition 1966.

655 Vgl. *Mojena/ Wishart,* Rules 1980.

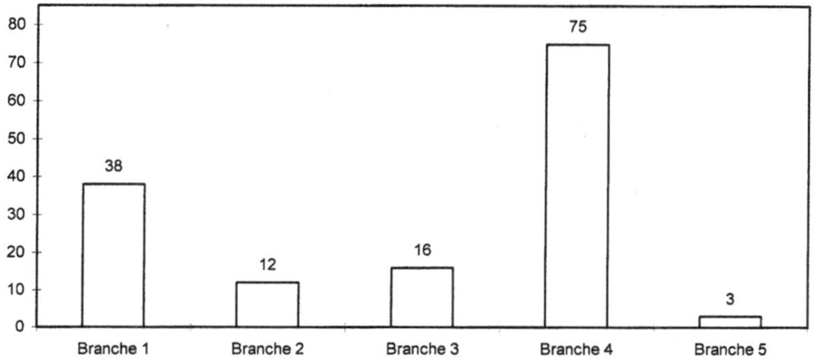

Abbildung 20: Verteilung der Unternehmensfälle auf die fünf Branchen

Zur Beschreibung dieser Gruppierungen werden im folgenden nur die Variablen herangezogen, für die signifikante Unterschiede zwischen den Clustern festgestellt werden konnten. Abbildung 21 zeigt die normierten Unterschiede dieser Variablen in den Clustermittelwerten.

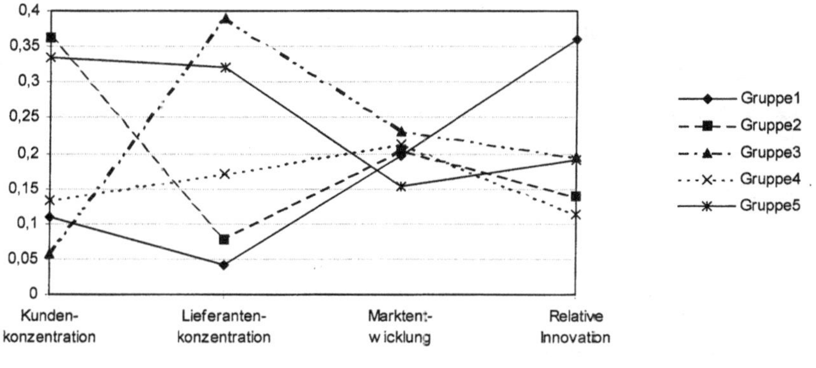

Abbildung 21: Clustermittelwerte in den signifikanten Situationsvariablen

Die auffälligsten Unterschiede zwischen den gebildeten Gruppierungen bestehen in den beiden Kennzahlen, die die Konzentration auf den Beschaffungs- und Absatzmärkten messen. Diese Größen geben wieder, auf welchen Anteil der Kunden oder Lieferanten 50 v.H. der Umsätze oder Einkäufe der Unternehmung entfallen. Niedrige Werte geben an, daß jeweils nur wenige bedeutsame Lieferanten oder Kunden gegeben sind, die 50 v.H. der gesamten Menge liefern oder abnehmen, während hohe Werte, die im Extremfall 50 v.H. erreichen, darauf hinweisen, daß sich die Bezugsmengen oder Umsätze gleichmäßig auf viele Lieferanten oder Kunden verteilen, so daß der Einfluß des einzelnen gering ist. In der Gruppe 1 herrschen für beide Kennzahlen jeweils niedrige Ausprägungen vor. Diese Branche ist durch hohe Konzentrationen sowohl im Beschaffungs- als auch im Absatzbereich gekennzeichnet. Auffallend ist überdies der hohe Wert für die Kennziffer „relative Innovationstätigkeit". Konkret handelt es sich hierbei im wesentlichen um Zulieferbetriebe für Grundstoffe oder Bauteile, die für nur eine begrenzte Anzahl von Kunden produzieren, hohe Qualitätsstandards zu erfüllen haben und starkem Kostendruck ausgesetzt sind.

Fast vollständig entgegengerichtet verläuft die Kurve für die Gruppe 5. Da sich in dieser Gruppe jedoch lediglich die drei Datensätze eines einzigen Unternehmens versammeln, das sich gegenüber allen anderen Unternehmen der Stichprobe durch eine starke Dienstleistungskomponente auszeichnet, ist die Ermittlung einer spezifischen Regression weder sinnvoll noch in diesem Fall konkret durchführbar.

Die Gruppen 2 und 3 nehmen im Hinblick auf die Kennzahlen zur Konzentration im Beschaffungs- und Absatzbereich konträre Positionen ein. Während sich die Gruppe 2 durch einen großen Kundenstamm bei wenigen Lieferanten auszeichnet, sind für die Gruppe 3 geringe Lieferanten- aber hohe Kundenkonzentrationen festzustellen. Im übrigen weisen beide Gruppen einen vergleichbar entwickelten Markt sowie durchschnittliche Innovationstätigkeit auf. In der Gruppe 2 finden sich Unternehmen aus dem Investitionsgüterbereich. Gruppe 3 produziert Commodities, die über wenige Abnehmer vertrieben werden. Die

Gruppe 4 schließlich nimmt in fast allen Ausprägungen eine Mittelstellung ein. Hier ist das Gros der Datensätze versammelt, so daß eine knappe Charakterisierung aus diesem Grunde nicht möglich ist.

(2) Branchenabhängige Risikenzusammenhänge

Die Clusteranalyse zur Identifikation einzelner Branchen ergab eine Unterteilung der Stichprobe in fünf Unternehmensgruppen, die in ihrer Zusammensetzung jeweils homogener als der gesamte Datensatz sind. Um zu prüfen, ob sich die Prognosegüte durch branchenspezifische Regressionen verbessern läßt, wurde die Regressionsanalyse von daher auf die nach Branchen differenzierten Datensätze der Stichprobe angewendet. Allerdings konnten nur für die ersten vier Branchen Regressionszusammenhänge aufgestellt werden, da sich die Unternehmensfälle in Gruppe 5 durch einen einheitlichen Risikowert auszeichnen. Zudem wurden die Merkmale der unternehmensexternen Situation nicht in die Analyse einbezogen, da diese bereits durch die Branchenbetrachtung berücksichtigt sind.

Für die Aufstellung der Regressionszusammenhänge wurden jeweils die Prämissen der linearen Regressionsanalyse untersucht. Dazu wurden die bereits beschriebenen Tests für jede Teilstichprobe der Unternehmen durchgeführt. Diese Untersuchungen führten für alle vier Branchen zu dem Ergebnis, daß ein hinreichend linearer Zusammenhang zwischen den univariat trennenden Risikomerkmalen und dem Fehlerrisiko unterstellt werden kann. Zudem waren auch die Annahmen zur Normalverteilung, Homoskedastizität und Multikollinearität auf dem vorgegebenen Signifikanzniveau von 5 v.H. erfüllt.

Beispielsweise für die Toleranzen zur Aufdeckung eventuell vorhandener starker linearer Abhängigkeiten ergaben sich die folgenden Werte, die allesamt zur Ablehnung der Annahme führen, daß in den jeweiligen Teilstichproben stark linear voneinander abhängige Merkmale enthalten sind.

Risikomerkmal	Toleranz			
	Branche 1	Branche 2	Branche 3	Branche 4
Aufwendungen für F+E	0,854	0,003	0,250	0,958
Investmentintensität (Working Capital)	1,117	0,012	0,392	0,669
Investmentintensität (Sachanlagen)	1,115	0,229	0,010	1,320
Fehlerhafte Spezifikationen	0,854	0,022	1,407	1,425
Auslastungsgrad	1,254	0,023	1,074	1,072
Aufwendungen für Marketing	1,363	0,073	0,062	0,723
Schulungsaufwendungen	1,049	0,413	0,208	0,579
Eigenkapitalrentabilität	1,056	0,553	0,344	1,041

Tabelle 57: Toleranzen der univariat trennfähigen Variablen für die branchenspezifischen Regressionszusammenhänge

Nachdem auch für die branchenspezifischen Stichproben die Voraussetzungen zur Durchführung linearer Regressionsanalysen erfüllt waren, ergaben sich die im folgenden zusammengestellten Regressionszusammenhänge:

Risikomerkmal	Koeffizient			
	Branche 1	Branche 2	Branche 3	Branche 4
Aufwendungen für F+E	-0,649	13,109	0,322	
Investmentintensität (Working Capital)		12,018		
Investmentintensität (Sachanlagen)		2,524		
Fehlerhafte Spezifikationen	-0,302	5,802	-0,414	-0,569
Auslastungsgrad			-0,871	-0,300
Marketingaufwendungen			0,833	
Schulungsaufwendungen		-6,741		
Eigenkapitalrentabilität		-0,787	0,186	0,202

Tabelle 58: Branchenspezifische Regressionszusammenhänge aus univariat trennfähigen Variablen

Die Tabelle zeigt, daß die branchenspezifischen Regressionen lediglich zwei bis maximal sechs der univariat trennenden, unternehmensinternen Risikomerkmale zur Prognose des Fehlerrisikos heranziehen.

Diese Regressionsfunktionen halten als ganze alle einer Überprüfung ihrer Erklärungsbeiträge stand, da sich für diese Untersuchung Werte ergaben, wonach die Annahme nicht vorhandener Zusammenhänge zwischen den unabhängigen und der abhängigen Variablen abzulehnen war.

	F-Wert	Ablehnungsniveau	Entscheidung
Branche 1	7,101	0,004	Es bestehen signifikante Zusammenhänge zwischen den abhängigen und der unabhängigen Variablen
Branche 2	102,588	0,010	
Branche 3	$1{,}4 * 10^{16}$	0,000	
Branche 4	12,800	0,000	

Tabelle 59: F-Test zur Überprüfung der branchenspezifischen Regressionszusammenhänge als ganze

Auch die anschließende Überprüfung der einzelnen Regressionskoeffizienten bestätigte das Bestehen signifikanter Zusammenhänge zwischen den Risikomerkmalen und dem Risiko. In der folgenden Tabelle sind - vergleichbar der Zusammenfassung der Regressionsfunktionen - für die einzelnen Koeffizienten der branchenspezifischen Regressionsfunktionen die zugehörigen Ablehnungsniveaus angegeben. Für den Fall, daß ein solches Niveau den vorgegebenen Grad annimmt oder gar unterschreitet, ist die Hypothese abzulehnen, wonach die getestete Variable keinen Einfluß auf die interessierende Größe hat.

Risikomerkmal	Ablehnungsniveau			
	Branche 1	Branche 2	Branche 3	Branche 4
Aufwendungen für F+E	0,001	0,005	0,021	
Investmentintensität (Working Capital)		0,004		
Investmentintensität (Sachanlagen)		0,006		
Fehlerhafte Spezifikationen	0,043	0,006	0,007	0,000
Auslastungsgrad			0,000	0,004
Marketingaufwendungen			0,000	
Schulungsaufwendungen		0,021		
Eigenkapitalrentabilität		0,005	0,047	0,049

Tabelle 60: t-Test zur Überprüfung der einzelnen Koeffizienten der branchenspezifischen Regressionszusammenhänge

Für sämtliche in den Regressionsfunktionen enthaltenen Risikomerkmale wurden signifikante Zusammenhänge zum Risiko aufgedeckt. Folglich sind diese Merkmale nicht aus den Gleichungen zu entfernen, sondern vielmehr wegen ihres Einflusses für Prognosezwecke heranzuziehen.

Als Maßzahlen für die Güte der aufgestellten Regressionen ergaben sich zum einen Werte für die Bestimmtheitsmaße im Bereich von 60 bis 100 v.H.:

	Bestimmtheitsmaß r^2	Anteil der richtig klassifizierten Fälle in der Validierungsstichprobe
Branche 1	0,602	75 v.H.
Branche 2	0,994	100 v.H.
Branche 3	1,000	100 v.H.
Branche 4	0,749	69,9 v.H.

Tabelle 61: Güte der branchenspezifischen Regressionszusammenhänge

Vergleicht man die Klassifikationsleistungen des allgemeinen Regressionsmodells, welches 62 v.H. der Fälle in der Validierungsstichprobe der richtigen Gruppierung zuordnete, mit den branchenspezifischen Modellen, stellt man fest, daß durchweg bessere Ergebnisse erzielt wurden. Durch die Schichtung der Unternehmensfälle konnte demnach eine homogenere Struktur erreicht werden, was sich auch in den effizienteren Schätzungen widerspiegelt.

3. Modelle auf der Basis aller Risikofaktoren

a) Reduktion des Merkmalskatalogs auf unabhängige Faktoren

Die beschriebene Reduktion des Merkmalskatalogs auf univariat klassifizierende Variablen besitzt den Vorteil, daß die Regression auf der Grundlage von Merkmalen durchgeführt wird, die nach den Ergebnissen der Stichprobe in einem eindeutigen Zusammenhang zum Fehlerrisiko stehen. Allerdings werden bei dieser Vorgehensweise die Erklärungsbeiträge der restlichen Variablen allein aus dem Grunde ignoriert, weil zumeist ein u-förmiger Zusammenhang mit dem Risiko festgestellt wurde. Es wurde jedoch auch festgestellt, daß solche Verläufe als typisch für qualitative Kenngrößen anzusehen sind. Darüber hinaus wurde in verschiedenen Studien die Erklärungskraft dieser Größen bestätigt, so daß ein Ausschluß solcher Informationen dem Untersuchungsziel wohl kaum zuträglich sein kann. Vielmehr sind die Beziehungen, die zwischen den Merkmalen bestehen und die sie im Verbund auf das Risiko wirken lassen, durch geeignete Analyseverfahren zu berücksichtigen.

Sollen jedoch bei dieser nun vorzunehmenden Analyse sämtliche Risikomerkmale zur Prognose herangezogen werden, stellt sich die Frage, inwieweit der Merkmalssatz Redundanzen enthält. So wird zum Beispiel die Motivation der Mitarbeiter in den Arbeitsausfällen durch Krankheit und der Fluktuation zum Ausdruck gebracht. Hier ist nicht auszuschließen, daß sich die beiden Variablen gleichförmig verhalten, so daß die zweite Variable keinen zusätzlichen Erklärungsbeitrag zum Risiko leistet. Diese Redundanzen führen in der Regel zu starken Abhängigkeiten innerhalb des Merkmalskatalogs, wonach die Erklärungsbeiträge einzelner Variablen bereits in anderen Merkmalen berücksichtigt werden. Für den Fall, daß Abhängigkeiten bestehen, wird die Prämisse der Regressionsanalyse nicht erfüllt, wonach keine starken linearen Zusammenhänge vorhanden sein dürfen[656]. Vielmehr ist im Vorfeld der Analyse zu gewährleisten, daß zwischen den erklärenden Variablen keine oder wenn überhaupt nur schwache Abhängigkeiten bestehen[657]. Im Falle hochkorrelierter Kenngrößen wird der Informationsbereich, den die verschiedenen, voneinander abhängigen Größen widerspiegeln, in ihrer Gesamtheit repräsentiert[658]. Zudem kann die Korrelation der Grund dafür sein, daß die Kennzahlengewichte in der Gesamtfunktion Vorzeichen aufweisen, die den aufgestellten Hypothesen widersprechen[659].

Im einfachsten Fall sind verschiedene Größen exakt linear voneinander abhängig, was zu einer Elimination der redundanten Information führen sollte[660]. Aber auch wenn keine exakte lineare Abhängigkeiten vorhanden sind, wird empfohlen, lediglich schwach oder nicht korrelierte Daten für weitere Analysen heranzuziehen[661].

Die Stärke des linearen Zusammenhangs zwischen einzelnen Informationen läßt sich durch den Bravais-Pearsonschen Korrelationskoeffizienten messen[662]. Der Koeffizient nimmt Werte zwischen -1 und +1 an, wobei positive Ausprägungen zum Ausdruck bringen, daß mit dem Anstieg der einen Kenngröße auch ein An-

---

656 Vgl. *Lachenbruch,* Discriminant Analysis 1975, S. 75-76.

657 Vgl. *Weinrich,* Kreditwürdigkeitsprognosen 1978, S. 109.

658 Vgl. *Blum,* JoAR 1974, S. 10.

659 Vgl. *Kayser,* BB 1983, S. 419.

660 Vgl. *Anders,* Netze 1997, S. 100.

661 Vgl. *Mensah,* JoAR 1984, S. 392.

662 Vgl. *Hartung/ Elpelt/ Klösner,* Statistik 1995, S. 546.

stieg der anderen verbunden ist. Bei einem Wert von Null, besteht zwischen den Kenngrößen kein linearer Zusammenhang.

Hohe Korrelationen deuten darauf, daß solche Kenngrößen ähnliche Sachverhalte wiedergeben[663]. Daher könnten für weitere Untersuchungen nur noch Kenngrößen herangezogen werden, die eine bestimmte maximale Korrelation nicht überschreiten. Allerdings ist eine solche Vorgehensweise nicht nur wegen der subjektiven Festlegung dieses Grenzwerts abzulehnen. Vielmehr stellt sich auch die Frage, welche von zwei stark korrelierten Kennzahlen beibehalten und welche ausgesondert werden soll[664].

Ein anderes Verfahren, mit dem der Wirkungszusammenhang zwischen verschiedenen Kennzahlen untersucht werden kann, bietet die Faktorenanalyse, die auf der Korrelationsanalyse aufbaut. In der Faktorenanalyse wird unterstellt, daß hinter den Kenngrößen wenige zentrale, voneinander unabhängige Größen, die sogenannten Faktoren, stehen, auf die sich die Kennzahlen zurückführen lassen[665]. Jeder Kennzahlenwert x_{ji} eines Unternehmensfalls i zur Kennzahl j kann demnach als Linearkombination mehrerer hypothetischer Faktoren beschrieben werden[666]:

$$x_{ij} = a_{j1}p_{1i} + a_{j2}p_{2i} + \ldots + a_{jQ}p_{Qi} = \sum_{q=1}^{Q} a_{jq}p_{qi} \quad \textit{für alle i und j,}$$

wobei Q die Anzahl der Faktoren zum Ausdruck bringt.

---

663 Vgl. *Grenz,* Dimensionen 1987, S. 152.

664 Vgl. *Feidicker,* Kreditwürdigkeitsprüfung 1992, S. 116.

665 Vgl. *Überla,* Faktorenanalyse 1971, S. 85.

666 Vgl. *Backhaus/ Erichson/ Plinke/ Weiber,* Analysemethoden 1996, S. 208-210.

Diese Gleichung besagt, daß die unternehmensspezifischen Ausprägungen p_{qi} der Faktoren p_1 bis p_Q mit den jeweiligen Faktorladungen a_{jq} sämtliche Kennzahlenwerte erklären. Je größer die Faktorladung ist, desto besser erklärt ein Faktor die Kennzahl, wodurch die Faktorladung eine Maßzahl für den Zusammenhang zwischen Kennzahl und Faktor liefert. Sie gibt gerade den Korrelationskoeffizienten zwischen Kennzahl und Faktor an.

Die Eignung der Ausgangsdaten für Zwecke einer Faktorenanalyse spiegelt sich in der Korrelationsmatrix wider. Allerdings wird die Höhe der Korrelationskoeffizienten durch die Verteilung der Variablen in der Erhebungsgesamtheit derart beeinflußt, daß eine heterogene Datenstruktur zu vielen kleinen Werten in der Korrelationsmatrix führt. Zudem weist die errechnete Korrelationsmatrix neben sehr kleinen Werten auch große Korrelationen auf, so daß die Korrelationsmatrix selbst kein eindeutiges Urteil über die Eignung der Daten zuläßt. Daher werden im folgenden andere Kriterien herangezogen, die insbesondere die Korrelationskoeffizienten auf Eignung zur Faktorenanalyse untersuchen.

Die Eignung einer Korrelationsmatrix für die Faktorenanalyse läßt sich an der Struktur der Inversen der Korrelationsmatrix erkennen. Wenn die Inverse eine Diagonalmatrix darstellt und ihre Nicht-Diagonalelemente möglichst nahe bei Null liegen, wird von Eignung ausgegangen. Da jedoch kein allgemeingültiges Kriterium dafür existiert, wie stark und wie häufig die Nicht-Diagonalelemente von Null abweichen dürfen[667], wird mit Hilfe des Bartlett-Tests untersucht, ob die Stichprobe aus einer Grundgesamtheit stammt, in der die Variablen unkorreliert sind[668]. Im vorliegenden Fall wurde für die Prüfgröße ein Wert von 4618,909 bei einem Signifikanzniveau von 0,000 ermittelt. Setzt man die kritische Irrtumswahrscheinlichkeit auf 5 v.H., ist die Nullhypothese zu verwerfen.

---

667 Vgl. *Backhaus/ Erichson/ Plinke/ Weiber,* Analysemethoden 1996, S. 204.

668 Vgl. *Dziuban/ Shirkey,* Psychological Bulletin 1974, S. 358-360.

Die Korrelationsmatrix unterscheidet sich demnach nicht nur zufällig von einer Einheitsmatrix, und die Variablen der Erhebungsgesamtheit sind korreliert.

In der Literatur wird das Kaiser-Meyer-Olkin-Kriterium als das beste zur Verfügung stehende Verfahren zur Prüfung der Korrelationsmatrix angesehen[669]. Dieses Kriterium gibt die „measure of sampling adequacy (MSA)"-Prüfgröße vor, anhand derer entschieden werden kann, in welchem Umfang die Ausgangsvariablen zusammengehören. Der Wertebereich liegt zwischen Null und Eins, die in die folgenden Urteile transformiert werden[670]:

Wert der Prüfgröße	Urteil
MSA ≥ 0,9	marvelous („erstaunlich")
MSA ≥ 0,8	meritorious („verdienstvoll")
MSA ≥ 0,7	middling („ziemlich gut")
MSA ≥ 0,6	mediocre („mittelmäßig")
MSA ≥ 0,5	miserable („kläglich")
MSA < 0,5	unacceptable („untragbar")

Tabelle 62: Einstufungen nach dem Kaiser-Mayer-Olkin-Kriterium

Kaiser sieht einen Wert größer 0,8 als wünschenswert an[671]. Für den vorliegenden Fall wurde ein MSA-Wert in Höhe von 0,733 errechnet, der in Anlehnung an die obige Tabelle als „ziemlich gut" eingestuft wird.

Nachdem festgestellt wurde, daß auf der Grundlage der Ausgangsdaten sinnvollerweise eine Faktorenanalyse durchgeführt werden kann, ist die Zahl der zu

---

669 Vgl. *Stewart*, Journal of Marketing Research 1981, S. 57-58; *Dziuban/ Shirkey,* Psychological Bulletin 1974, S. 360-361.

670 Vgl. *Kaiser/ Rice*, Educational and Psychological Measurement 1974, S. 111-120.

671 Vgl. *Kaiser,* Psychometrica 1970, S. 405.

bildenden Faktoren festzulegen. In empirischen Untersuchungen wird hierzu häufig das Kaiser-Kriterium herangezogen, wonach die Zahl der zu extrahierenden Faktoren gleich der Zahl der Faktoren mit Eigenwerten größer Eins entspricht[672]. Durch dieses Kriterium werden ausschließlich Faktoren berücksichtigt, die mehr Varianz erklären als eine einzelne Variable, da die Varianz einer standardisierten Variable gerade Eins beträgt. Die Anwendung des beschriebenen Kaiser-Kriteriums führt im Anwendungsfall zur Extraktion von insgesamt 16 Faktoren.

Die daraufhin durchgeführte Faktorenanalyse ergab, daß die gesamte, durch den Merkmalssatz aus internen und externen Unternehmensinformationen beschriebene Struktur durch die bereits extrahierten 16 Linearkombinationen aus insgesamt 39 der ursprünglich 47 Risikomerkmale besteht. Im Ergebnis wurden acht Merkmale ausgesondert, die im folgenden wegen ihrer starken Abhängigkeit von anderen Kenngrößen keine Berücksichtigung finden. Im einzelnen handelt es sich hierbei um die Größen „Integrationsgrad", „Personalintensität", „Krankheitsquote", „Eigenkapitalrentabilität", „Relative Innovationstätigkeit", „Anbieterkonzentration", „Relativer Marktanteil" und „Marktanteilsrang", die der Produktion, dem unterstützenden und dem externen Unternehmensbereich entstammen.

b) Die allgemeine Bedeutung von Struktur und Strategie für das Fehlerrisiko

Die Variablen, deren weitgehende, lineare Unabhängigkeit durch die Faktorenanalyse hergestellt wurde, bilden nunmehr die Grundlage für die Aufstellung eines weiteren linearen Regressionsmodells, welches im Unterschied zu den bislang angestellten Untersuchungen nicht ausschließlich auf Risikomerkmalen

---

672 Vgl. *Guttmann*, Psychometrica 1954, S. 149-151.

basiert, für die bereits ein univariater Zusammenhang zum Fehlerrisiko nachgewiesen werden konnte.

Für Zwecke der Überprüfung der Normalverteilung der Residualwerte wird abermals ein Normalverteilungsplot herangezogen. Wie aus der nachstehenden Abbildung ersichtlich, liegt nur eine geringe Abweichung der beobachteten Verteilung von der unterstellten Normalverteilung vor. Tatsächlich kann auf einem hochsignifikanten Niveau von normalverteilten Residuen ausgegangen werden.

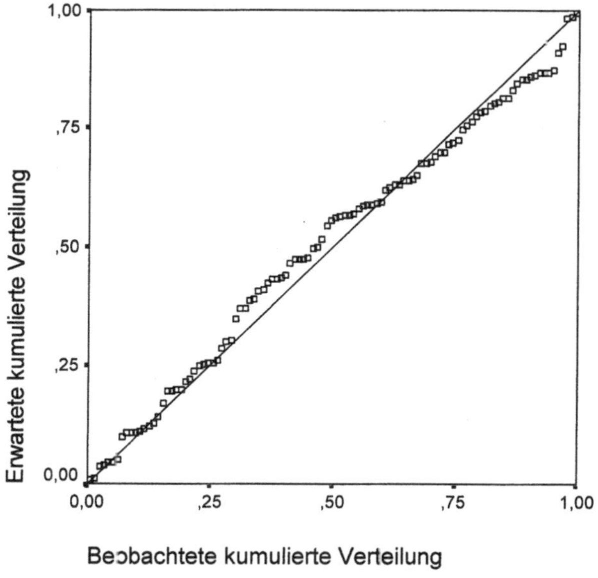

Abbildung 22: Beobachtete kumulierte Verteilung der Residuen gegen deren erwartete Verteilung bei Normalverteilung

Eine Überprüfung der linearen Abhängigkeiten kann jedoch unterbleiben, da durch die bereits angestellte Faktorenanalyse gewährleistet ist, daß eben die Erfüllung der Prämisse, wonach keine starken Abhängigkeiten zwischen den erklärenden Variablen bestehen sollen, gewährleistet wurde.

Der für die Untersuchung eventueller Autokorrelationen angestellte Durbin-Watson-Test ergab als Ausprägung der Teststatistik den Wert 2,077. Nachdem der Wert Zwei anzeigt, daß keine Korrelation vorliegt, ist auch bei dieser geringen Abweichung signifikant davon auszugehen, daß keine autokorrelierten Residualwerte vorhanden sind.

Die abschließende Untersuchung der Varianzhomogenität erfolgte wiederum in zwei Schritten. Während das Streudiagramm den Eindruck vermittelt, daß systematische Variationen der Residuen mit den Vorhersagewerten vorliegen, mußte nach den Ergebnissen des Geldfeld-Quandt-Tests dieser Eindruck verworfen werden. Es ist vielmehr von Homoskedastizität auszugehen.

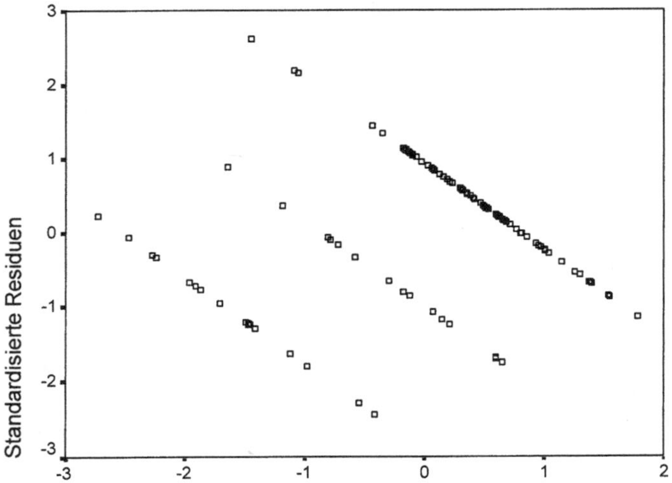

Abbildung 23: Streudiagramm der standardisierten Vorhersagewerte und Residuen des Regressionsmodells

Nachdem die Prämissen der linearen Regressionsanalyse hinreichend erfüllt sind, ergab die durchgeführte Analyse den folgenden funktionalen Zusammenhang, der aus Gründen der Vergleichbarkeit der Einflüsse einzelner Risikomerkmale auf die Risikoeinschätzung in standardisierter Form angegeben wird. Die ermittelte Regressionsfunktion setzt sich aus 16 Risikomerkmalen zusammen, die die gesamte Wertschöpfungskette und den unternehmensexternen Bereich beschreiben.

Risikomerkmal	Koeffizienten b_i	Zuordnung
Umsatzanteil neuer Produkte	-0,203	Forschung und Entwicklung
Investmentintensität (Working Capital)	0,179	Beschaffung/ Logistik
Abschreibungsintensität	0,375	Produktion
Materialintensität	-0,678	Produktion
Auslastungsgrad	-0,552	Produktion
Fehlerhafte Spezifikationen	-0,354	Produktion
Bekanntheitsgrad	-0,323	Marketing/ Vertrieb
Distributionskosten	-0,309	Marketing/ Vertrieb
Fehler in der Distribution	-0,179	Marketing/ Vertrieb
Häufigkeit von Produktänderungen	-0,481	Marketing/ Vertrieb
Stellenauf-/ -abbau	-0,354	unterstützender Bereich
Fluktuation	0,581	unterstützender Bereich
Typische Auftragsgröße	0,286	extern
Produktbedeutung	-0,214	extern
Lieferantenkonzentration	-0,561	extern
Markteintritt	-0,255	extern

Tabelle 63: Allgemeine Regressionsfunktion

Nachdem der F-Test auf einem hochsignifikanten Niveau das Ergebnis brachte, daß von einem linearen Zusammenhang zwischen den erklärenden Variablen und dem erklärten Risiko auszugehen ist, werden in einem zweiten Schritt die Regressionskoeffizienten getestet. Für die einzelnen Regressionskoeffizienten ergaben sich die folgenden Irrtumswahrscheinlichkeiten.

Risikomerkmal	Irrtums-wahrscheinlichkeit	Entscheidung
Umsatzanteil neuer Produkte	0,021	Nullhypothese verwerfen
Investmentintensität (Working Capital)	0,033	Nullhypothese verwerfen
Abschreibungsintensität	0,000	Nullhypothese verwerfen
Materialintensität	0,000	Nullhypothese verwerfen
Auslastungsgrad	0,050	Nullhypothese verwerfen
Fehlerhafte Spezifikationen	0,001	Nullhypothese verwerfen
Bekanntheitsgrad	0,010	Nullhypothese verwerfen
Distributionskosten	0,000	Nullhypothese verwerfen
Fehler in der Distribution	0,045	Nullhypothese verwerfen
Häufigkeit von Produktänderungen	0,000	Nullhypothese verwerfen
Stellenauf-/ -abbau	0,000	Nullhypothese verwerfen
Fluktuation	0,028	Nullhypothese verwerfen
Typische Auftragsgröße	0,000	Nullhypothese verwerfen
Produktbedeutung	0,000	Nullhypothese verwerfen
Lieferantenkonzentration	0,001	Nullhypothese verwerfen
Markteintritt	0,037	Nullhypothese verwerfen

Tabelle 64: Ergebnisse der t-Tests der Regressionskoeffizienten

Die Nullhypothese, wonach der Wert des Regressionskoeffizienten in der Grundgesamtheit den Wert Null annimmt, ist für alle Risikomerkmale der Regressionsgleichung zu verwerfen. Vielmehr beeinflussen alle 16, in der Regressionsgleichung enthaltenen Risikomerkmale signifikant das Fehlerrisiko.

Das Bestimmtheitsmaß r^2 als Gütekriterium des aufgestellten Regressionszusammenhangs hat den als sehr hoch zu erachtenden Wert von 0,826. Diese Ausprägung drückt aus, daß durch den funktionalen Zusammenhang mehr als 80 v.H. der Varianz im Datensatz erklärt werden und entsprechend weniger als 18 v.H. nicht erklärt werden. Der Eindruck, wonach die aufgestellte Regressionsgleichung gute Klassifikationsergebnisse erwarten läßt, bestätigt auch ihre Überprüfung an der Validierungsstichprobe. Im Anwendungsfall wurden nämlich 72 v.H. der in dieser Stichprobe enthaltenen Fälle der richtigen Gruppe zugeordnet.

c) Die branchenabhängige Bedeutung von Struktur und Strategie für das Fehlerrisiko

Bereits im Fall der Klassifikation auf der Grundlage der univariat trennenden Merkmale konnten die Klassifikationsergebnisse durch eine Branchenbetrachtung verbessert werden. Nachdem die Regressionen anhand der weitgehend unabhängigen Risikomerkmale schon gute Ergebnisse erzielen konnten, soll im folgenden untersucht werden, inwieweit hier noch eine Steigerung durch branchenspezifische Regressionszusammenhänge zu erreichen ist.

Dazu ist es nötig, zunächst die Datensätze getrennt nach den vier Branchen einer faktoranalytischen Aufbereitung zu unterziehen. Allerdings bleiben hierbei die unternehmensexternen Situationsvariablen außer Betracht, die bereits zur Ableitung der Branchen herangezogen wurden. Wie bereits bei der Aufstellung der branchenspezifischen Regressionszusammenhänge ist im Vorfeld der Regressionsanalyse die Einhaltung der Prämissen für jede branchenspezifische Teilstichprobe zu überprüfen. Lediglich Multikollineariaritäten sind nicht weiter zu untersuchen, da diese bereits im Rahmen der angestellten Faktorenanalyse aufgedeckt und beseitigt wurden. Die Testverfahren führten zu dem Ergebnis, daß für alle vier Branchen hinreichend normalverteilte Residuen ohne Autokorrelation gegeben sind. Darüber hinaus ist auch von Varianzhomogenität auszugehen.

Risikomerkmal	Koeffizient			
	Branche 1	Branche 2	Branche 3	Branche 4
Aufwendungen für F+E	-1,501			-0,631
Innovationsgrad	-3,133			-0,425
Lizenzgebühren		1,211	0,160	
Integrationsgrad	1,039		0,015	
Investmentintensität (Sachanlagen)	-1,011	-0,408		
Abschreibungsintensität	3,936			-0,711
Auslastungsgrad	0,186			
Transportzeiten		0,419		-0,781
Fehlerhafte Spezifikationen				-0,493
Marketingaufwendungen		1,052		0,411
Bekanntheitsgrad	0,954			0,377
Preisspielraum				-0,244
Distributionskosten	1,790			
Fehler in der Distribution				0,506
Häufigkeit von Produktänderungen				-0,368
Stellenauf-/ -abbau		0,686		
Schulungsaufwendungen		1,111		0,966
Personalintensität			0,724	0,513

Betriebliche Weiterbildung		-0,474	0,434	-3,538
Fluktuationsrate	-1,907			
Eigenkapitalrentabilität	-0,283			
Gesamtkapitalrentabilität			-0,079	0,322
Liquidität			-0,119	
Eigenkapitalquote	-1,941		-0,012	
Dynamischer Verschuldungsgrad	-2,070			

Tabelle 65: Branchenspezifische Regressionszusammenhänge

Die Tabelle zeigt, daß die branchenspezifischen Regressionen sieben bis maximal 14 der ursprünglich 34 unternehmensinternen Risikomerkmale zur Prognose des Fehlerrisikos heranziehen. Verglichen mit den Branchenregressionen auf der Grundlage univariat trennender Risikomerkmale bedeutet dies eine deutlich vergrößerte Datenbasis, die zur Ableitung der Risikoeinschätzung benötigt wird.

	F-Wert	Ablehnungsniveau	Entscheidung
Branche 1	5131,343	0,000	Es bestehen signifikante Zusammenhänge zwischen den abhängigen und der unabhängigen Variablen
Branche 2	403,370	0,030	
Branche 3	15052,192	0,000	
Branche 4	10,283	0,000	

Tabelle 66: F-Test zur Überprüfung der branchenspezifischen Regressionszusammenhänge als ganze

Die angestellten F-Tests führten zu dem Ergebnis, daß zwischen den Regressionsfunktionen und dem Risiko signifikante Zusammenhänge bestehen. Nachdem also davon auszugehen ist, daß nicht alle Regressionskoeffizienten eigentlich den Wert Null haben, wurden die einzelnen Koeffizienten auf ihre Signifikanz getestet. Wie der folgenden Tabelle entnommen werden kann, wurden für sämtliche, in den Regressionsfunktionen enthaltenen Koeffizienten auf dem 5 v.H.-Niveau signifikante Einflüsse auf das Risiko nachgewiesen.

Risikomerkmal	Ablehnungsniveau			
	Branche 1	Branche 2	Branche 3	Branche 4
Aufwendungen für F+E	0,000			0,000
Innovationsgrad	0,000			0,011
Lizenzgebühren		0,020	0,000	
Integrationsgrad	0,001		0,055	
Investmentintensität (Sachanlagen)	0,000	0,050		
Abschreibungsintensität	0,000			0,000
Auslastungsgrad	0,041			
Transportzeiten		0,046		0,001
Fehlerhafte Spezifikationen				0,000
Marketingaufwendungen		0,024		0,007
Bekanntheitsgrad	0,002			0,027
Preisspielraum				0,040
Distributionskosten	0,001			
Fehler in der Distribution				0,001
Häufigkeit von Produktänderungen				0,003
Stellenauf-/ -abbau		0,030		
Schulungsaufwendungen		0,024		0,000
Personalintensität			0,000	0,001
Betriebliche Weiterbildung		0,040	0,000	0,001
Fluktuationsrate	0,000			
Eigenkapitalrentabilität	0,004			
Gesamtkapitalrentabilität			0,001	0,000
Liquidität			0,000	
Eigenkapitalquote	0,001		0,043	
Dynamischer Verschuldungsgrad	0,001			

Tabelle 67: t-Test zur Überprüfung der einzelnen Koeffizienten der branchenspezifischen Regressionszusammenhänge

Die Güte der aufgestellten Regressionen kommt zunächst in den jeweiligen Bestimmtheitsmaßen zum Ausdruck, die im Bereich von 92,5 bis 100 v.H. liegen. Darüber hinaus klassifizierten die Funktionen für die ersten drei Branchen sämtliche Fälle in der Validierungsstichprobe korrekt, während die Unternehmen der Branche 4 zu immerhin 87,5 v.H. der richtigen Gruppierung zugeordnet wurden.

	Bestimmtheitsmaß r^2	Anteil der richtig klassifizierten Fälle in der Validierungsstichprobe
Branche 1	1,000	100 v.H.
Branche 2	1,000	100 v.H.
Branche 3	1,000	100 v.H.
Branche 4	0,925	87,5 v.H.

Tabelle 68: Güte der branchenspezifischen Regressionszusammenhänge

Vergleicht man die Klassifikationsleistungen dieser branchenspezifischen Regressionsmodelle mit denen der Modelle auf den univariat trennenden Merkmalen, ist eine weitere Steigerung festzustellen. Tatsächlich ergaben sich für die Regressionen auf den univariat trennenden Variablen Anteile richtig klassifizierter Unternehmensfälle im Bereich von 70 bis 100 v.H., während nunmehr nur in einem Fall nicht die 100 v.H.-Marke erreicht wurde.

4. Modellierung von Globalzusammenhängen mit Hilfe Neuronaler Netze

In den vorstehenden Abschnitten wurden Abbildungsvorschriften entwickelt, die es erlauben, für einen unbekannten Unternehmensfall aus seinen spezifischen Kenngrößenausprägungen durch Gewichtung und arithmetische Verknüpfung den zugehörigen Risikowert zu ermitteln. Das analytische Instrumentarium lieferte hierbei das Verfahren der linearen Regressionsanalyse, wobei darauf hingewiesen wurde, daß dies den ersten Schritt der Untersuchung der Risikenzusammenhänge ausmacht. Ist nämlich von der Annahme linearer Zusammenhänge Abstand zu nehmen, erfolgt ein Übergang zu nichtparametrischen Verfahren, die eigenständig aus der Summe der Beobachtungen auf die zugrunde liegende Verteilung schließen und daraus eine funktionale Abbildung ermitteln.

Zum einen bieten demnach die aufgestellten linearen Zusammenhänge Ausgangspunkte für weitere Modellierungen. Zum anderen ist in der betriebswirtschaftlichen Literatur zu beobachten, daß immer häufiger nichtparametrische Verfahren zur Bearbeitung von Problemstellungen herangezogen werden, die bislang mit linearen Modellen bearbeitet wurden, weil man beispielsweise bessere Klassifikationsleistungen erwartet[673]. Ziel der Regressionsanalyse ist es, einen wahren funktionalen Zusammenhang nachzubilden, wobei in der Regel eine funktionale Form vorgegeben und lediglich die zugehörigen Parameter geschätzt werden. Allerdings ist es auch möglich, den funktionalen Zusammenhang ohne Annahme über seine Form nur mit Hilfe der Beobachtungen anzunähern. Nachdem neben anderen *Hornik/ Stinchcombe/ White* den Nachweis erbracht haben, daß Neuronale Netze einer bestimmten Form jede beliebige, meßbare Funktion auf einer kompakten Teilmenge des $\Re^n$ beliebig genau annähern

---

[673] Vgl. *Odom/ Sharda,* Network 1990, S. 163-168, die eine der ersten vergleichenden empirischen Studien präsentierten, in der sowohl die lineare Diskriminanzanalyse als auch Künstliche Neuronale Netze auf die Eignung zur Klassifikation von Unternehmen anhand von Jahresabschlußdaten untersucht wurden oder vgl. *Tam/ Kiang,* Applied Artificial Intelligence 1990, S. 265-282, die zwei Typen Neuronaler Netze mit anderen, herkömmlichen Verfahren verglichen.

Vgl. *Bischoff/ Bleile/ Graalfs,* Wirtschaftsinformatik 1991, S. 375-385 für eine der ersten Studien hierzu im deutschsprachigen Raum. Zu weiteren Studien siehe auch *Baetge/ Schmedt/ Hüls/ Krause/ Uthoff,* DB 1994, S. 337-343; *Krause,* Kreditwürdigkeitsprüfung 1993; *Erxleben/ Baetge/ Feidicker/ Koch/ Krause/ Mertens,* ZfB 1992, S. 1237-1262; *Erxleben/ Koch,* Früherkennung 1991.

Für einen Überblick neuronaler Anwendungen in der Wirtschaft vgl. *Dietz/ Füser/ Schmidtmeier,* DB 1996, S. 1296-1299; *Schnabl,* WiSt 1995, S. 317-319; *Rehkugler/ Zimmermann,* Netze 1994; *Steiner/ Wittkemper,* DBW 1993, S. 447-448.

können[674], sollen diese Verfahren Neuronaler Netze auch in der vorliegenden Untersuchung Anwendung finden.

a) Grundlagen Neuronaler Netze

Die Entwicklung Neuronaler Netze entsprang dem Versuch, die Leistungsfähigkeit biologischer Nervensysteme nachzubilden, die insbesondere bei Problemstellungen der Abstraktion und der Klassifikationen traditionellerweise sequentiell arbeitenden Rechnern überlegen sind. Von den verschiedenen Anwendungsgebieten, in denen Neuronale Netze typischerweise eingesetzt werden[675], geht es auch im vorliegenden Fall um die Approximation funktionaler Zusammenhänge.

Neuronale Netz können als Baukastensysteme interpretiert werden, die fast beliebig kombinierbar sind und in dementsprechend vielen Ausgestaltungen zum Einsatz kommen. Dabei besitzen sie zum einen kleine Verarbeitungseinheiten, die einfache Rechenoperationen ausführen und üblicherweise als Neuronen bezeichnet werden sowie zum anderen Verbindungen zwischen diesen Einheiten. Der grundsätzliche Informationsfluß in einem künstlichen Neuron wird anhand der folgenden Abbildung dargestellt[676].

Ein einzelnes Neuron j ist mit anderen Neuronen verbunden und empfängt in Form der Eingangswerte x_i von diesen Signale[677]. Diese Signale werden mit den Gewichten multipliziert und durch die Eingangsfunktion zum effektiven Nettoinput zusammengefaßt. In Abhängigkeit dieses Werts und der Aktivität des Zeitpunkts t-1 wird die aktuelle Aktivität der Zelle zum Zeitpunkt t ermittelt,

---

674 Vgl. *Hornik/ Stinchcombe/ White,* Neural Networks 1989, S. 359-366.

675 Vgl. *Anders*, Netze 1996, S. 2-3.

676 Vgl. *Kinnebrock,* Netze 1994, S. 16; *Nauck/ Klawonn/ Kruse,* Netze 1994, S. 19-20.

677 Vgl. *Kruse/ Mangold/ Mechler/ Penger,* Netze 1991, S. 26.

die sodann durch die Ausgabefunktion in den Ausgabewert transformiert und unter Umständen seinerseits an andere Neuronen übermittelt wird. In Anlehnung an das natürliche Vorbild biologischer Neuronen, welche nur dann Informationen an nachgelagerte Zellen weitergeben, wenn ihre Aktivation eine bestimmte Schwelle überschreitet[678], bestimmt sich die Aktivität eines künstlichen Neurons in der Regel anhand einer monoton steigenden Funktion.

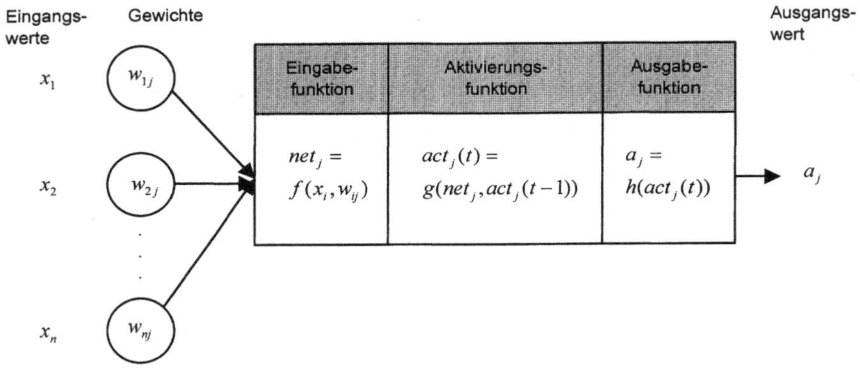

Abbildung 24: Informationsverarbeitung im künstlichen Neuron

Im einfachsten Fall wird der innere Aktivierungszustand gleich dem Nettoinput gesetzt. Allerdings ist es als vorteilhaft anzusehen, wenn bei sehr kleinen oder sehr großen Nettoinputs der resultierende Aktivationszustand auf ein bestimmtes Intervall beschränkt wird. Starke Ähnlichkeit mit dem natürlichen Vorbild weist eine Schwellenwertfunktion auf, die bis zum Erreichen eines bestimmten Werts den Ruhestand wiedergibt und erst beim Überschreiten der vorgegebenen Schwelle ein Signal weiterleiten läßt[679]. Ähnliches Verhalten zeigen auch die

---

678 Vgl. *Kinnebrock,* Netze 1994, S. 15.

679 Vgl. *Hoffmann,* Simulation 1991, S. 24; *Kratzer,* Netze 1990, S. 25.

Sigmoidfunktionen, die im Vergleich zur Schwellenwertfunktion jedoch den Vorteil haben, stetig und damit differenzierbar zu sein[680]. Ein einfaches Beispiel für eine solche Ausgabefunktion ist die Fermi-Funktion, deren Wertebereich im offenen Intervall zwischen Null und Eins liegt. Dadurch können auch Sättigungseffekte natürlicher Neuronen nachgebildet werden, wonach bei einem Neuron mit großer innerer Aktivität zusätzliche Eingangssignale nur noch zu einer geringen zusätzlichen Verstärkung des Aktivationsgrads führen[681]. Oftmals wird jedoch statt der Fermi-Funktion der hyperbolische Tangens angewendet, weil für diesen zum einen die Ableitung einfacher zu errechnen ist und zum anderen wegen seiner Symmetrie zum Ursprung die Berechnungen vereinfacht werden[682]. Der im Anschluß an die Aktivation zu ermittelnde Ausgangswert wird in der Regel dem inneren Aktivationsgrad gleichgesetzt[683].

Der strukturelle Aufbau eines Netzwerks läßt sich im wesentlichen durch die Anzahl der Schichten und die Verbindungsstruktur untereinander beschreiben. Allerdings werden die daran anknüpfenden Abgrenzungen der Netzwerktypen in der Literatur nicht einheitlich getroffen[684]. Einen Rahmen zur Klassifikation dieser Formen entwickelten *Rumelhart/ McClelland* in ihrem „general framework for parallel distributed processing"[685]. Durch die Topologie eines Netzwerks wird demnach zum Ausdruck gebracht,

- wie die Neuronen strukturiert werden,
- wie sich die Aktivation im System ausbreitet und

---

680 Vgl. *Brause*, Netze 1995, S. 47.

681 Vgl. *Stanley/ Bak*, Netze 1991, S. 80.

682 Vgl. *Anders*, Netze 1996, S. 5.

683 Vgl. *Kruse/ Mangold/ Mechler/ Penger*, Netze 1991, S. 27.

684 Vgl. z.B. *Mechler*, Entscheidungsunterstützungssysteme 1994, S. 71; *Seraphin*, Netze 1994, S. 28-35; *Stanley/ Bak*, Netze 1991, S. 75-88.

685 Vgl. *Rumelhart/ Hinton/ McClelland*, Framework 1986 S. 1-25.

- inwiefern die Verbindungsstruktur angepaßt werden kann[686].

In geschichteten Modellen werden Neuronen mit einheitlichen Aufgaben zu sogenannten Neuronenschichten zusammengefaßt, wobei es eine Schicht von Eingabeneuronen gibt, die zur Aufnahme von extern an das System angelegten Mustern dient und eine Schicht von Ausgabeneuronen, an denen das Ergebnis der Verarbeitungsvorgänge im System abgelesen werden kann. Daneben sind regelmäßig eine oder mehrere Schichten mit verdeckten, von außen nicht direkt beeinflußbaren Neuronen vorhanden[687]. Voraussetzung für die Anordnung der Neuronen in Schichten ist eine hierarchische Struktur des Netzes[688]. Im Gegensatz dazu findet beispielsweise im Extremfall vollvernetzter Strukturen keine Zusammenfassung der einzelnen Neuronen zu Schichten statt[689]. Die Eingabemuster werden an alle Neuronen angelegt und nach Ende der Verarbeitung an allen Neuronen abgelesen[690].

Im Hinblick auf die Ausbreitung der Aktivation entlang der Verbindungsstruktur werden Neuronale Systeme danach unterschieden, in welche Richtungen sich die einzelnen Neuronen beeinflussen können. Existiert zwischen zwei Neuronen ein Informationsfluß nur in eine Richtung, so wird dies als unidirektionale Verbindung bezeichnet, während bei bidirektionalen Verbindungen gegenseitige Beeinflussungen der Neuronen möglich sind, weil Informationen in beide Richtungen weitergegeben werden. Neuronale Netze, bei denen die Signalausbreitung unidirektional von der Eingabe- zur Ausgabeschicht erfolgt, werden als feedforward-Netze bezeichnet. Im Vergleich zu den sogenannten feedback-

---

686 Vgl. *Niedereichholz/ Kruse/ Mechler,* Kombination 1993, S. 106-107.

687 Vgl. *Anderson,* Introduction 1995, S. 255.

688 Vgl. *Lohrbach,* Einsatz 1994, S. 17.

689 Ein solches (Hopfield-) Netz wurde zur Ergänzung unvollständiger Datensätze eingesetzt; vgl. S. 134.

690 Vgl. *Anderson,* Introduction 1989, S. XVIII.

Netzwerken haben sie eine größere Verbreitung erreicht. Zur Schätzung funktionaler Zusammenhänge kommen in der Regel adaptive Netze zum Einsatz, welche in einem iterativen Prozeß solche Abbildungsvorschriften entwickeln, während in fixierten Modellen die Parameter nach heuristischen Überlegungen festlegt werden. Adaptive Netzwerke modifizieren die Gewichte zwischen den Neuronen in einem eigenständigen Prozeß, der üblicherweise als Lernphase bezeichnet wird. Es erfolgt eine zielgerichtete Anpassung der Verbindungsgewichte[691].

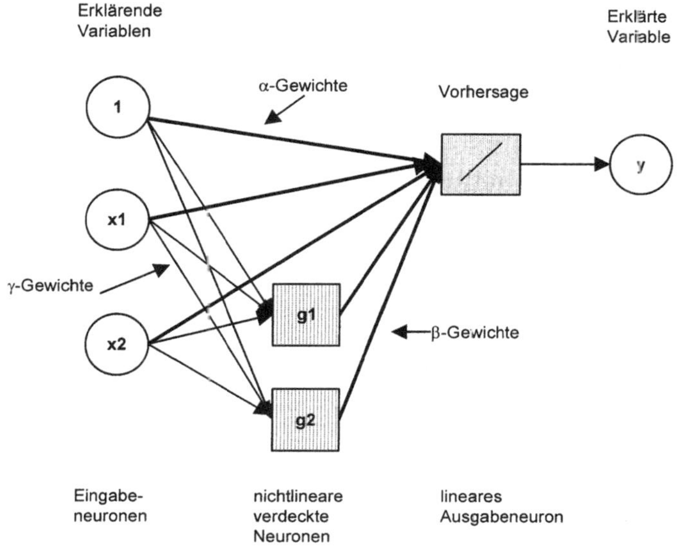

Abbildung 25: Vorwärtsgerichtetes Neuronales Netz mit drei Schichten

Diese Lernphase bildet einen der beiden Schritte bei der Anwendung Neuronaler Netze[692]. Während in der abschließenden Verarbeitungsphase das Netz zur

---

[691] Vgl. *Köhle,* Netze 1990, S. 84.

[692] Vgl. *Schöneburg/ Hansen/ Gawelczyk,* Netzwerke 1990, S. 29-30.

Problemlösung eingesetzt wird, werden in der Lernphase die dazu nötigen Zusammenhänge erarbeitet. Dazu werden dem Netz Datenmuster präsentiert, anhand derer es die Einstellungen der Verbindungsgewichte vornimmt. Nach einer Initialisierung der Gewichte werden diese auf der Grundlage spezieller Lernregeln wiederholt mit dem Ziel verändert, daß das Netz nach Abschluß der Lernphase auf ein angelegtes Eingangsmuster mit einer geeigneten Ausgabe reagiert.

In Abhängigkeit der Problemstellung werden verschiedene Lernregeln angewendet, die zunächst danach differenziert werden, ob sie dem überwachten oder nicht überwachten Lernen zuzuordnen sind[693]. Beim überwachten Lernen werden dem Netz neben den Eingabemustern auch die Zielwerte präsentiert, so daß die Gewichtsanpassungen in Abhängigkeit von der Abweichung zwischen der gewünschten und der erreichten Ausgabe vorgenommen werden[694]. Unüberwachte Lernverfahren sind hingegen mit strukturenentdeckenden Verfahren der Statistik vergleichbar, da dem Netz keine Zielwerte vorgegeben werden, sondern das Netz vielmehr in den Eingangsinformationen Abhängigkeiten und Regelmäßigkeiten entdecken soll[695].

Jedes Neuronale Netz läßt sich durch eine Funktion der erklärenden Variablen X und der zu schätzenden Netzwerkgewichte w beschreiben[696]:

$$f(X,w) = X\alpha + \sum_{h=1}^{H} \beta_h g_h \left(\sum_{i=0}^{I} \gamma_{hi} x_i \right)$$

---

693 Vgl. *Rehkugler/ Kerling,* BFuP 1995, S. 312; *Schnabl,* WiSt 1995, S. 317.

694 Vgl. *Anderson*, Introduction 1995, S. 176-179 und zur Anwendung unüberwachter Lernverfahren für Zwecke der Bilanzanalyse vgl. z.B. *Oestreicher/ Piotrowski-Allert,* ZfbF 1996, S. 335-371.

695 Vgl. *Anderson*, Introduction 1995, S. 209-210.

696 Vgl. *Anders/ Szczesny,* Prognose 1996, S. 8.

wobei *X*: erklärende Variablen $x_0, x_1, \ldots, x_I$ mit $x_0 \equiv 1$

w: zu schätzende Netzwerkgewichte $\alpha_0, \ldots, \alpha_I, \beta_0, \ldots, \beta_H, \gamma_{10}, \ldots, \gamma_{HI}$

I: Anzahl der verdeckten Neuronen.

Auch die bislang aufgestellten linearen Regressionsmodelle können als Neuronales Netz formuliert werden. Die folgende Abbildung gibt den Aufbau eines solchen Neuronalen Netzes zur linearen Regressionsanalyse wieder.

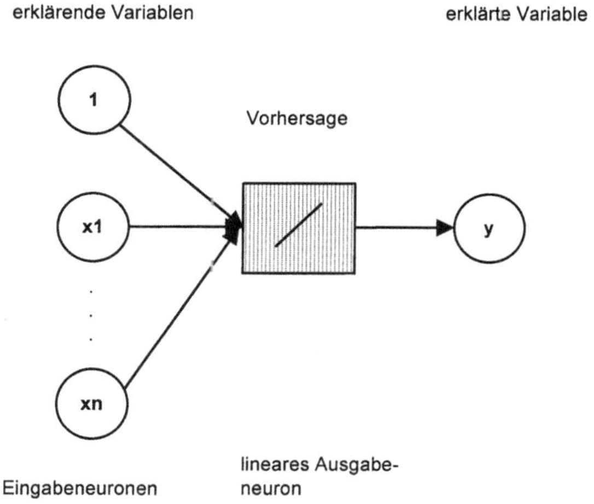

Abbildung 26: Lineares Regressionsmodell als Neuronales Netz

b) Netzwerkspezifikation

Um eine für ein spezifisches Problem geeignete Netzwerkarchitektur zu spezifizieren, müssen die relevanten Eingabeneuronen und die Anzahl der verdeckten Neuronen bestimmt werden. In diesem Zusammenhang erfolgt die Auswahl der erklärenden Daten genau wie bei herkömmlichen Modellierungsverfahren.

Demnach sind wie bereits im Rahmen der linearen Regressionsanalyse Multikollinearitäten zu untersuchen und gegebenenfalls zu beseitigen[697]. Nach der Aufbereitung der Daten ergibt sich die Zahl der Eingabeneuronen in Abhängigkeit von den zur Erklärung herangezogenen Daten.

Die Bestimmung der Anzahl der verdeckten Neuronen birgt jedoch mehrere Probleme. Zum einen steigt mit der Zahl dieser Neuronen die Flexibilität des Modells. Während ein kleines Modell sehr unflexibel ist und tendenziell zu großen Abweichungen zwischen der Modellschätzung und der wahren Funktion führen kann, paßt sich ein zu großes Modell im Extremfall exakt an die beobachteten Daten an[698]. Zum anderen haben aber irrelevante verdeckte Neuronen zur Folge, daß der wahre Wert des Parametervektors nicht eindeutig ist. Besitzt ein Netzwerk ein irrelevantes verdecktes Neuron, dann ist der wahre Wert des entsprechenden β-Gewichts zwischen den verdeckten und dem Ausgabeneuron Null. Die Ausgangssignale des verdeckten Neurons sind demnach bedeutungslos, da sie ohnehin mit Null multipliziert werden, und die zugehörigen γ-Gewichte, die in das verdeckte Neuron führen, können jeden beliebigen Wert annehmen. Ist es aber nicht möglich, den wahren Parametervektor zu identifizieren, können keine Hypothesentests auf die Signifikanz der Parameter auf der Grundlage deren Normalverteilung angestellt werden[699]. Das Neuronale Netz darf daher keine irrelevanten Neuronen beinhalten. Wegen der nur schwierigen Aufdeckung irrelevanter Neuronen soll nur dann ein zusätzliches Neuron in das Modell aufgenommen werden, wenn dieses signifikant zur Erklärung des Risikos beiträgt und damit nicht irrelevant sein kann.

Man kann eine gute Netzwerkarchitektur dadurch erreichen, daß sie gerade groß genug ist, die gewünschte Funktion approximieren zu können. So wird eine un-

---

697 Vgl. *Judge/ Hill/ Griffiths/ Lütkepohl/ Lee,* Introduction 1988, S. 868-874.

698 Vgl. *Brause,* Netze 1995, S. 253; *Hertz/ Krogh/ Palmer,* Introduction 1992, S. 147.

699 Vgl. *White,* Neural Computation 1989, S. 425-464.

verzerrte Schätzung bei infolge der geringen Parameterzahl vergleichsweise geringer Varianz erreicht[700]. Das Netzwerk ist so klein, daß es das Rauschen nicht approximiert und groß genug, den funktionalen Anteil der Beobachtungen abzubilden. Den Ausgangspunkt der folgenden Modellierung bilden demnach die aufgestellten Regressionsmodelle, die in ein Netzwerk eingebettet und um eine nichtlineare Komponente erweitert werden.

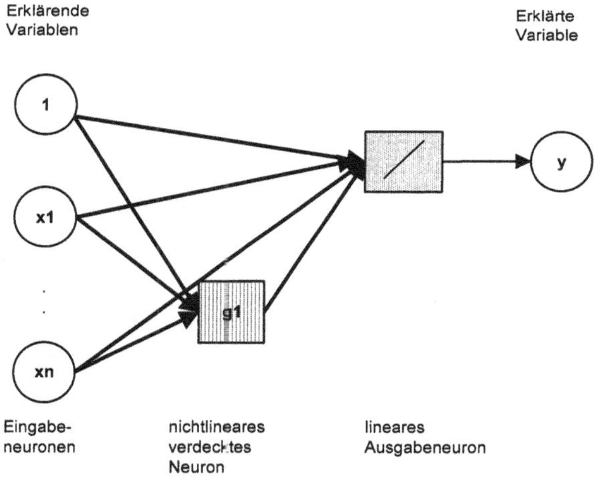

Abbildung 27: Lineares Regressionsmodell in einem Neuronalen Netz

Der lineare Teil des Netzwerks wird mit den Parametern der durchgeführten Kleinsten Quadrate-Schätzung initialisiert. Anschließend ist das Neuronale Netz in der Lage, auch nichtlineare Zusammenhänge abzubilden. Es bildet demnach die Grundlage für Tests zur Aufdeckung von im eingebetteten Modell vernachlässigten Nichtlinearitäten[701].

---

700 Vgl. zum Bias-Varianz-Dilemma *Geman/ Bienenstock/ Doursat,* Neural Computation 1992, S. 1-58.

701 Vgl. *Teräsvirta/ Lin/ Granger,* Journal of Time Series Analysis 1993, S. 209-220.

Wenn das verdeckte Neuron im Netzwerk in Abbildung 27 irrelevant ist, haben die β- oder die γ-Gewichte den wahren Wert Null. Zur Überprüfung, ob das verdeckte Neuron irrelevant ist, kann man einen Hypothesentest auf die Signifikanz von β ausführen. Unterscheidet sich β signifikant von Null, ist das verdeckte Neuron relevant. Im Fall, daß die Nullhypothese zutrifft, sind dagegen weder das β- noch die γ-Gewichte identifiziert. Darüber hinaus muß berücksichtigt werden, daß ein angemessenes Verhältnis zwischen der Zahl der Beobachtungen und der Zahl der freien Parameter erreicht wird. Als zuverlässig können nämlich nur Aussagen über Parameter eines Modells angesehen werden, die anhand einer Anzahl an Beobachtungen getroffen wurden, welche die Zahl verwendeter freier Parameter um einen Faktor von ungefähr zehn übersteigt[702].

In Anbetracht der Größe der gesamten Trainingsstichprobe von 98 Unternehmensfällen ergibt sich demnach eine Obergrenze der freien Parameter von ungefähr zehn. Von einer Branchenbetrachtung ist wegen der relativ kleinen Anzahl an Beispieldaten bereits im Vorfeld abzusehen. Auch das allgemeine Regressionsmodell auf der Grundlage der faktoranalytisch aufbereiteten Merkmale ist wegen der in der Gleichung enthaltenen 16 Variablen zu groß, um zur Initialisierung eines Neuronalen Netzes herangezogen werden zu können. Vielmehr wird lediglich das allgemeine Regressionsmodelle aus univariat trennfähigen Risikomerkmalen für die Aufstellung eines nichtlinearen Zusammenhangs herangezogen. Zunächst werden die fünf Inputmerkmale[703] und das zu erklärende Risiko als Outputvariable um Mittelwert und Standardabweichung bereinigt, um durch die standardisierte Form wiederum Vergleichbarkeit in den Größenordnungen herzustellen. Zudem werden Vorteile für die Durchführung der numeri-

---

[702] Vgl. *White,* Networks 1992.

[703] Die erklärenden Risikomerkmale sind die dem unternehmensinternen Bereich zuzurechnenden Variablen der Investmentintensität (Sachanlagevermögen), der Auslastungsgrad, der Anteil fehlerhafter Spezifikationen, die Marketingaufwendungen und die unternehmensexterne Produktbedeutung.

schen Schätzverfahren erwartet[704]. Das zu schätzende Netz besteht aus sechs Neuronen in der ersten Schicht, wovon fünf die beschreibenden Merkmale und eines den konstanten Wert aufnehmen. In der verdeckten Schicht befindet sich ein einzelnes Neuron, welches die bislang vernachlässigten Nichtlinearitäten abbilden soll. Für Zwecke der Ermittlung und Ausgabe des Zielwerts befindet sich ebenfalls ein Neuron in der dritten Schicht. Die Gestalt und die im einzelnen zu schätzenden Gewichte an den Verbindungen können aus der folgenden Abbildung ersehen werden.

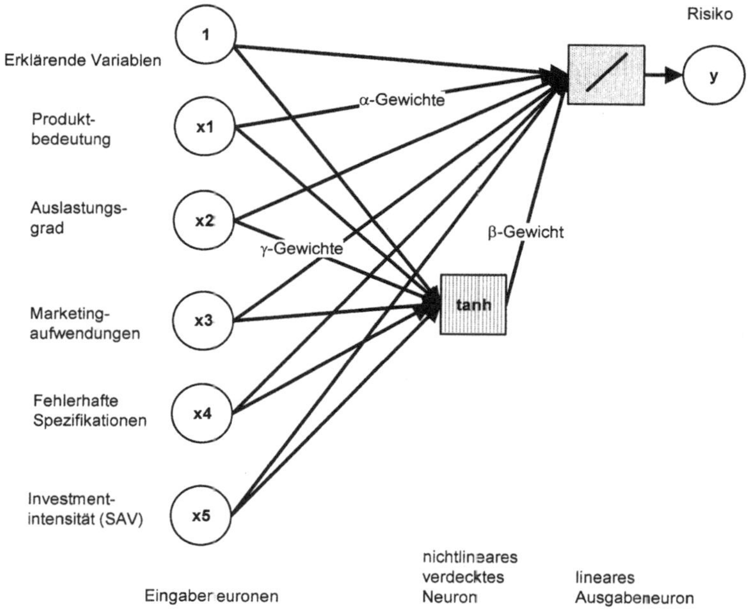

Abbildung 28: Neuronales Netz zur Abbildung des Risikozusammenhangs zwischen den univariat trennenden Merkmalen und dem Fehlerrisiko

---

[704] Vgl. *Anders*, Netze 1996, S. 29-30.

Als Aktivierungsfunktion des verdeckten Neurons wurde der hyperbolische Tangens (tanh) und als Ausgabefunktion die Identitätsfunktion für alle Neuronen bestimmt, während das Ausgabeneuron lediglich lineare Transformationen auf den Zielwert vornimmt.

Es ergeben sich insgesamt 13 zu schätzende, aktive Gewichte, wobei als α-Gewichte diejenigen zwischen den Eingabeneuronen und dem linearen Ausgabeneuron, als γ-Gewichte die zwischen den Eingabeneuronen und dem verdeckten Neuron und schließlich als β–Gewicht das zwischen dem verdeckten und dem Ausgabeneuron bezeichnet werden und der Index die Nummer des Eingabeneurons angibt. Die Ergebnisse der Parameterschätzung sind der folgenden Tabelle zusammen mit den hierzu ermittelten Irrtumswahrscheinlichkeiten zu entnehmen:

Bezeichnung des Gewichts	Wert des Gewichts	Irrtumswahrscheinlichkeit
a0	-0,4971	0,0825
a1	-0,0313	0,0423
a2	-0,0617	0,0455
a3	0,0030	0,0008
a4	0,0667	0,0201
a5	0,0559	0,0201
b1	-0,9468	0,0242
g0	-82,4093	0,000
g1	60,4652	0,000
g2	29,5883	0,000
g3	-110,0473	0,000
g4	24,2937	0,000
g5	117,2723	0,000

Tabelle 69: Ergebnisse der Parameterschätzung des Neuronalen Netzes

Für dieses Netzwerk ergibt sich ein Bestimmtheitsmaß in Höhe von 0,7906. Vergleicht man diesen Wert mit dem linearen Referenzmodell, für das ein Bestimmtheitsmaß von 0,568 errechnet wurde, zeigt sich, daß durch die Aufnahme des nichtlinearen Elements eine bessere Modellanpassung erreicht werden konnte. Diese Einschätzung bestätigte sich auch in den Überprüfungen der Klassifikationseigenschaften des Neuronalen Netzes an der Validierungsstichprobe, für die ebenfalls eine verglichen mit den 62 v.H. des linearen Modells höhere Trefferquote von 84 v.H. erzielt wurde.

V. Bedeutung der Risikenzusammenhänge für die Durchführung einer handelsrechtlichen Jahresabschlußprüfung

Im vorstehenden Abschnitt wurden Risikenzusammenhänge zwischen unternehmensinternen und -externen Merkmalen und dem Fehlerrisiko eines Jahresabschlusses aufgestellt und auf ihre Güte hin getestet. Wie zu Beginn der Untersuchung erläutert, soll mit dem vorliegenden empirischen Design ein dreiteiliges Konzept umgesetzt werden. So wurde zunächst in einem deskriptiven Schritt die Unternehmung in ihrem Aufbau und ihren Wettbewerbsbeziehungen anhand der Wertschöpfungskette und dem Wettbewerbsmodell beschrieben und aus den Ergebnissen der empirischen Erfolgsfaktorenforschung mögliche Zusammenhänge zwischen den beschreibenden Merkmalen der internen sowie externen Unternehmenssituation und dem Risiko abgeleitet. Diese hypothetischen Beziehungen wurden in einem zweiten Schritt auf der Grundlage des vorhanden Datenmaterials statistisch auf ihre Existenz und Signifikanz untersucht. Hierbei konnten verschiedene univariate und multivariate Zusammenhänge mit nur sehr geringen Irrtumswahrscheinlichkeiten nachgewiesen werden, wobei insbesondere die multivariaten Analysen zu guten Klassifikationsergebnissen führten. Im abschließenden instrumentellen Schritt stellt sich nun die Frage, wie diese Beziehungen für Zwecke der handelsrechtlichen Jahresabschlußprüfung eingesetzt oder genutzt werden können. Die Behandlung dieser Frage orientiert sich im folgenden an den verschiedenen Phasen einer handelsrechtlichen Jahresabschlußprüfung.

A. Überblick über die Phasen des Prüfungsprozesses

Während die Prüfungsgegenstände, auf die sich die Abschlußprüfung mindestens zu erstrecken hat, und die Normen, nach denen diese Gegenstände zu beurteilen sind, gesetzlich in § 317 HGB geregelt sind[705], ist die Gestaltung des Prüfungsprozesses weitgehend in das pflichtgemäße Ermessen des Abschlußprüfers gestellt. Einschränkungen ergeben sich für das pflichtgemäße prüferische Ermessen allerdings dadurch, daß sich die Prüfungsdurchführung in dem durch die Grundsätze ordnungsmäßiger Abschlußprüfung gesetzten Rahmen bewegen muß[706], die somit ein System überindividueller Normen zur Steuerung des Verhaltens des Prüfers darstellen[707]. Einer groben Unterteilung jedoch folgend besteht der Prüfungsprozeß aus den Phasen der Prüfungsplanung, Prüfungsdurchführung und Berichterstattung[708], die sich in der Realität jedoch weder sachlich noch zeitlich voneinander trennen lassen[709].

Die an erster Stelle des Prüfungsprozesses stehende und im Fachgutachten 1/1988 verbindlich vorgeschriebene[710] Prüfungsplanung hat die Aufgabe, die Sicherheit des Prüfungsurteils und die Wirtschaftlichkeit der Prüfungsdurchführung zu gewährleisten[711]. Das Fachgutachten normiert auch die für Planungszwecke und für die damit zu verbindende Risikobeurteilung mindestens einzu-

---

705 Vgl. *Adler/ Düring/ Schmaltz*, Rechnungslegung 1987, § 317 HGB, Rn. 10 und 118.

706 Vgl. *Müller/ Kropp*, DB 1992, S. 149; *Ewert*, Wirtschaftsprüfung 1990, S. 165-166.

707 Vgl. *Ewert*, Wirtschaftsprüfung 1990, S. 176-177 mit seinem Verweis auf die Studie von *Ko*; *Wysocki*, Grundlagen 1988, S. 24-25.

708 Vgl. *Dörner*, Audit 1992, Sp. 84. Ähnlich unterscheidet *Buchner* die Prüfungsplanung, Prüfungsdurchführung, Prüfungskontrolle und Dokumentation der Teilprozesse der Prüfung; vgl. *Buchner*, Prüfungswesen 1997, S. 158.

709 Vgl. *Drexl*, Planung 1988, S. 47.

710 Vgl. *IDW*, WPg 1989a, Abschnitt D.I..

711 Vgl. *Bönkhoff*, Prüfungsplanung 1992, Sp. 1520; *Adler/ Düring/ Schmaltz*, Rechnungslegung 1987, § 317 HGB, Rn. 132-139.

holenden Informationen[712]. Aufbauend auf dieser Informationsgrundlage ist im einzelnen festzulegen[713],

- welche Prüfungshandlungen vorzunehmen sind (Prüfungsprogrammplanung),
- welcher Prüfer welche Arbeitsgebiete zu übernehmen hat (Personaleinsatzplanung) und
- wie der zeitliche Ablauf der Prüfung zu gestalten ist (Prüfungszeitplanung).

Nachdem von der Prüfungsprogrammplanung im allgemeinen der stärkste Einfluß auf die Planung der gesamten Abschlußprüfung ausgeht, werden die Personal- und die Zeitplanung im Anschluß an und unter Berücksichtigung der Vorgaben aus der Programmplanung vorgenommen[714].

Soweit die notwendigen Informationen über das Unternehmen und die prüfungsrelevanten Bereiche nach Maßgabe der vorzunehmenden Risikobeurteilung beschafft wurden, ist der Ausgangspunkt der Programmplanung die Festlegung der Prüfungsstrategie[715]. Darauf folgen die mit der Prüfungsstrategie eng zusammenhängenden Festlegungen in Bezug auf die Einteilung des Prüfungsgebiets und die vorzunehmenden Prüfungshandlungen.

Unter Prüfungsstrategie kann die grundsätzliche Vorgehensweise bei einer Abschlußprüfung verstanden werden[716], wobei die Strategien der ergebnisorien-

---

712 Vgl. *IDW*, WPg 1989a, Abschnitt D.I..

713 Vgl. *Buchner*, Prüfungswesen 1997, S. 160-161; *Kupsch*, Prüfungsplanung 1990, S. 954; *Sperl*, Prüfungsplanung 1978, S. 19-21.

714 Zur Personal- und Zeitplanung vgl. *Salewski*, Personaleinsatzplanung 1995, S. 2; *Drexl*, ZfbF 1989, S. 294-296.

715 Vgl. *Gans*, Prüfungen 1986, S. 385-388.

716 Vgl. *Buchner*, Prüfungswesen 1997, S. 164-165; *Stibi*, Prüfungsrisikomodell 1995, S. 34-35; *Knop*, WPg 1984, S. 314-315.

tierten und der systemorientierten Prüfung zu unterscheiden sind. Während erstere den Schwerpunkt auf die zeitpunktbezogene Prüfung von Verarbeitungsergebnissen legt, wie sie in Konten und letztlich in Jahresabschlußposten zum Ausdruck kommen, steht bei einer systemorientierten Prüfung die zeitraumbezogene Prüfung des diese Ergebnisse erzeugenden Verarbeitungs- und Kontrollsystems im Vordergrund.

Wurde eine Entscheidung für die Strategie der ergebnisorientierten Prüfung getroffen, erfolgt die Bildung von Prüffeldern zweckmäßigerweise nach den Posten der Bilanz sowie der Gewinn- und Verlustrechnung in Anlehnung an die handelsrechtlichen Gliederungsschemata der §§ 266 und 275 HGB[717]. Die auf diese Weise gebildeten Prüffelder sind durch solche zu ergänzen, die sich nach den Grundsätzen ordnungsmäßiger Abschlußprüfung verpflichtend ergeben wie z.B. das rechnungslegungsrelevante Interne Kontrollsystem[718]. Im Gegensatz hierzu orientiert sich die Prüffelderbildung bei der systemorientierten Prüfungsstrategie an Tätigkeitskreisen wie dem Ein- und dem Verkauf[719]. Zu einem Prüffeld werden dann all diejenigen Konten der Bilanz und der Gewinn- und Verlustrechnung zusammengefaßt, die mit dem jeweiligen Tätigkeitskreis in Beziehung stehen. Im Beispiel des Verkaufskreises wäre hierbei etwa an die Forderungen aus Lieferungen und Leistungen, Umsatzerlöse und Erlösschmälerungen zu denken.

Gerade die zielentsprechende Festlegung von Art und Umfang der vorzunehmenden Prüfungshandlungen stellt das hauptsächliche Problem der Prüfungsprogrammplanung dar. Es ist darüber zu entscheiden, durch welche Prüfungshandlungen die zur Urteilsbildung erforderlichen Informationen zu beschaffen

---

717 Vgl. *Buchner*, Prüfungswesen 1997, S. 164-167.

718 Vgl. *Adenauer*, Berücksichtigung 1989, S. 55.

719 Vgl. *Buchner*, Prüfungswesen 1997, S. 164-166; *Adenauer*, Berücksichtigung 1989, S. 55.

sind[720]. Dies bedingt eine Festlegung dahingehend, durch welche Art und welches Ausmaß an Prüfungshandlungen die Prüfungsinformationen zu beschaffen sind, damit die geforderte Urteilsqualität unter Beachtung der Grundsätze der Wirtschaftlichkeit und der Wesentlichkeit erreicht wird[721].

An die Planungsphase schließt die Phase der Prüfungsdurchführung an, in der die geplanten Prüfungshandlungen unter Dokumentation ihrer Ergebnisse und Ableitung von Teilurteilen zu den jeweiligen Prüffeldern in den Arbeitspapieren[722] durchgeführt werden. Aus den gewonnenen Einzelurteilen bildet der Abschlußprüfer durch Verdichtung sein Gesamturteil, das in Form des Prüfungsberichts und des Bestätigungsvermerks, eventuell ergänzt um einen vor allem an die Geschäftsleitung gerichteten „Management letter", den jeweiligen Urteilsadressaten mitgeteilt wird[723].

B. Prüfungsplanung

Durch eine der eigentlichen Prüfung vorgeschaltete Planung soll erreicht werden, daß die Anforderungen im Hinblick auf Wirtschaftlichkeit der Prüfungsausführung und hinreichende Sicherheit des Urteils durch die Prüfung gewährleistet werden[724]. Unter dem Sicherheitsaspekt soll durch den Planungsprozeß erreicht werden, daß alle urteilsrelevanten Sachverhalte in der Prüfung unter-

---

720 Vgl. *Wiedmann*, WPg 1993, S. 18-19; *Bönkhoff*, Prüfungsplanung 1992, Sp. 1522-1523.

721 Vgl. *IDW*, WP-Handbuch 1996, Abschnitt P., Tz. 20.

722 Vgl. *IDW*, HFA 2/1981 1994, Abschnitt B.I., wonach Arbeitspapiere alle Aufzeichnungen und Unterlagen sind, die der Prüfer im Zusammenhang mit der Planung und Durchführung der Prüfung und zur Herleitung des Prüfungsergebnisses selbst erstellt oder vom geprüften Unternehmen sowie von Dritten erhält.

723 Vgl. *Bönkhoff*, Beurteilungsprozeß 1992, Sp. 263; *Steskal*, Prüfungsrichtlinien 1992, Sp. 1530-1531.

724 Vgl. *Buchner*, Prüfungswesen 1997, S. 156.

sucht werden, damit das Prüfungsurteil einen zutreffenden Eindruck vom Zustand der geprüften Rechnungslegung vermittelt. Charakterisiert ein Prüfungsurteil das geprüfte Rechnungswesen unzutreffend, liegt ein Fehlurteil vor, das für die Urteilsadressaten wertlos ist und für den Fall, daß sie darauf vertrauen, zu Schäden führen kann. Das Risiko eines Fehlurteils ist im allgemeinen durch eine Erhöhung des Prüfungsumfangs zu verringern. Allerdings stehen dem Interesse der Urteilsadressaten an einer möglichst hohen Urteilssicherheit die Gesichtspunkte der Wirtschaftlichkeit entgegen. Mit jeder durch die Prüfung gewonnenen Information erhöht sich zwar das Wissen des Prüfers über den Zustand der geprüften Rechnungslegung, aber gleichzeitig steigen auch die Prüfungskosten.

Die gedankliche Vorwegnahme aller Prüfungsaktivitäten ist mit mehreren Vorteilen verknüpft. So ermöglicht sie eine rationelle Gestaltung des Prüfungsablaufs sowie Zeitersparnisse, da mögliche Engpässe rechtzeitig erkannt und Lösungsmöglichkeiten gesucht werden. Des weiteren erleichtert die Prüfungsplanung eine sinnvolle Bestimmung der Prüfer nach Qualifikationsgesichtspunkten und die Überwachung der Tätigkeit der eingesetzten Mitarbeiter durch den Prüfungsleiter. Ohne ein planvolles Vorgehen besteht hingegen die Gefahr, daß Prüfer die Übersicht verlieren, zu prüfende Sachverhalte übersehen, mehrfach prüfen oder wegen Zeitknappheit nicht mit der nötigen Sorgfalt prüfen. Aus diesem Grund wird eine sachgerechte Prüfungsplanung verlangt, die einen den tatsächlichen Verhältnissen des zu prüfenden Unternehmens angemessenen und ordnungsgemäßen Prüfungsablauf in sachlicher, personeller und zeitlicher Hinsicht gewährleistet[725].

Damit ein planmäßiger Ablauf der Prüfung sichergestellt werden kann, sind die für die Prüfung wichtigen Daten rechtzeitig und vollständig zu beschaffen und sinnvoll aufzubereiten. Umfang und Güte der Informationen bestimmen mit

---

725 Vgl. *IDW*, WPg 1989a, S. 12.

über den Planungserfolg. Zu den für eine umfassende Planung benötigten Informationen gehören allgemeine Merkmale der Unternehmung, ihrer Umwelt sowie der einzelnen Prüfungsbereiche[726]. Die Prüfungsplanung ist dem eigentlichen Beurteilungsprozeß vorgelagert und hat zum Ziel, diesen zweckmäßig zu gestalten und vorzubereiten[727]. Mit der Prüfungsprogramm-, der Personaleinsatz- und der Prüfungszeitplanung werden drei Teilaufgaben der Prüfungsplanung unterschieden. Zwischen den einzelnen Teilaufgaben bestehen wechselseitige Beziehungen, da einerseits Personal- und Zeitbedarf vom Schwierigkeitsgrad der Prüfung abhängen und andererseits die Entscheidungen über mögliche Vorgehensweisen auch durch Anzahl und Qualifikation der verfügbaren Prüfer sowie durch eventuelle Terminrestriktionen beeinflußt werden[728]. Da eine vollständige Berücksichtigung aller Beziehungen demnach kaum zu bewältigen ist, wird zweckmäßigerweise mit der Prüfungsprogrammplanung die Teilaufgabe als Ausgangspunkt des Planungsprozesses gewählt, von der der stärkste Einfluß auf die übrigen Planungsaufgaben ausgeht.

Ausgangspunkt der Prüfungsprogrammplanung ist die Festlegung der prinzipiellen Vorgehensweise. Ist das Ziel der Prüfung die Feststellung der Ordnungsmäßigkeit der Rechnungslegung, so werden durch die Begriffe des balance sheet audit und des transaction audit zwei Prüfungsstrategien unterschieden, die auch zu verschiedenen Prüfungsprogrammen führen[729]. Die Vorgehensweise des balance sheet audit orientiert sich strikt am zu prüfenden Jahresabschluß[730]. Sie beinhaltet die Überprüfung der Existenz der Aktiva und Passiva sowie die Überprüfung der wirtschaftlichen Zugehörigkeit und der Bewertung von Jahres-

---

726 Vgl. *Buchner*, Prüfungswesen 1997, S. 159.

727 Vgl. *Wysocki,* Grundlagen 1988, S. 256-258.

728 Vgl. *Bönkhoff,* Prüfungsplanung 1992, Sp. 1520.

729 Vgl. *Knop*, WPg 1984, S. 313-315; *Knop*, Möglichkeit 1983, S. 61-67; *Mottershead*, 1978, S. 78.

730 Vgl. *Kroneberger,* Auswertung 1980, S. 212.

abschlußpositionen, wobei vor allem ergebnisorientiert vorgegangen wird. Die ergebnisorientierte Prüfung knüpft an die Ist-Objekte in Form der Verarbeitungsergebnisse an, die sich im Jahresabschluß niedergeschlagen haben und stellt deren Ordnungsmäßigkeit durch Vergleich mit einem vom Prüfer zu konstruierenden Sollobjekt fest[731]. Demnach ist die Prüfungsstrategie des balance sheet audit durch eine Dominanz ergebnisorientierter Prüfungshandlungen charakterisiert.

Im Rahmen der eher zeitraumbezogenen Prüfungsstrategie des transaction audit hingegen wird der Schwerpunkt der Ordnungsmäßigkeitsprüfung der Rechnungslegung auf die korrekte Erfassung der angefallenen Geschäftsvorfälle im abgelaufenen Geschäftsjahr gerichtet. Im Beurteilungsprozeß wird der Schwerpunkt nicht auf die Prüfung der Verarbeitungsergebnisse, sondern auf die Gestaltung, Wirksamkeit und Funktionsfähigkeit des im Unternehmen vorhandenen Verarbeitungs- und Kontrollsystem gelegt. Da das Funktionieren eines Systems aber vom Prüfer nicht über einen längeren Zeitraum beobachtet werden kann, ist auf Basis einer systemorientierten Prüfung ein abschließendes Urteil über die Ordnungsmäßigkeit nicht möglich. Deshalb werden auch bei der Prüfungsstrategie des transaction audit ergebnisorientierte Prüfungshandlungen ergänzend herangezogen. Auf der Grundlage der Ergebnisse der Systemprüfung werden detaillierte Prüfungshandlungen für die Bereiche des Verarbeitungs- und Kontrollsystems vorgesehen, die als besonders fehlerhaft eingestuft wurden. Führen die systemorientierten Prüfungshandlungen dagegen zum Ergebnis, daß Verarbeitungs- und Kontrollregelungen im zu beurteilenden Prüfungsfeld ausreichend wirksam konstruiert sind und wie geplant funktionieren, wird auf detaillierte Prüfungshandlungen weitgehend verzichtet. Vielmehr werden dann primär globale Prüfungshandlungen angestellt.

---

731 Vgl. *Wysocki,* Soll-Ist-Vergleich 1992, Sp. 1764-1765.

Unter einem Prüfungsgebiet wird ein Kreis von Betriebsvorgängen verstanden, die einer Prüfung unterliegen. Diese werden im allgemeinen in übersichtlichere Prüfungsfelder unterteilt, die sodann Zusammenfassungen von gleichartigen oder ähnlichen Teilgesamtheiten der Grundgesamtheit aller prüfungspflichtigen Geschäftsvorfälle darstellen. Die Einteilung der Prüfungsfelder wird neben der verfolgten Prüfungsstrategie vom Umfang des Prüfungsstoffs und vom Prüfungszweck bestimmt. Orientiert sich die Prüfungsdurchführung an der Strategie des balance sheet audit, werden die Prüfungsfelder im Regelfall anhand der Positionen und Unterpositionen des Jahresabschlusses, des Lageberichts oder des Prüfungsberichts gebildet. Im Gegensatz zum balance sheet audit orientiert sich die Prüfungsfelderbildung im Rahmen des transaction audit unmittelbar an den im Unternehmen auftretenden unterschiedlichen Arten von Geschäftsvorfällen und nicht an den Positionen des Jahresabschlusses. Hierzu ist zunächst die gesamte Geschäftstätigkeit des Unternehmens in eine begrenzte Zahl von Tätigkeitskreisen zu unterteilen.

Von besonderer Bedeutung für die Prüfungsplanung ist jedoch das Prüfungsrisiko, welches in der Regel mit Hilfe des beschriebenen Risikomodells gesteuert wird[732]. Hier stellt das Entdeckungsrisiko die durch eine Modifikation des Prüfungsprogramms zu kontrollierende Größe dar. Allerdings ist es zuerst nötig für die Einschätzung dieses Risikos Urteile über die anderen Bestimmungsgrößen zu fällen. Während das Prüfungsrisiko in der Regel fest mit einem Maximalwert von 5 v.H. vorgegeben ist[733], ist das Fehlerrisiko durch eine Risikoanalyse zu bestimmen. Die Einschätzung des Kontrollrisikos erfolgt anhand einer Analyse des Internen Kontrollsystems oder aber wird bei einem konservativen Ansatz auf den Wert Eins gesetzt. Für die Analyse des Inhärenten Risikos hingegen können die entwickelten Risikomodelle herangezogen werden, die mit dem Ri-

---

[732] Vgl. zum Prüfungsrisikomodell S. 36 ff.

[733] Vgl. z.B. *Boritz/ Gaber/ Lemon,* CA-Magazine 1987, S. 36.

sikowert eine Risikoeinschätzung liefern, die in eine quantitative Wahrscheinlichkeit umgesetzt werden kann.

In den Risikogleichungen werden Indikatoren geliefert, anhand denen die zu prüfende Unternehmung bereits im Vorfeld der Prüfung auf ihre Risikolastigkeit untersucht werden kann. Zudem sind die Größen nicht stichtagsgebunden, sondern bilden vielmehr strategische Eigenschaften des Unternehmens ab. Die Erfassung der Größen wäre demnach frühzeitig und relativ unabhängig vom Stichtag, zu dem die Prüfung durchzuführen ist, möglich. Durch das Einsetzen der Werte in die Risikogleichung ergibt sich der spezifische Risikowert für das Unternehmen. Bei einem hohen Wert und der damit einhergehenden hohen Wahrscheinlichkeit für materielle Fehler ist die Intensität der Prüfung zu erhöhen. Würde demnach in der konkreten Anwendung ein interessierender Fall einer Klasse zugeordnet, mit der ein niedriges Fehlerrisiko verbunden ist, bedeutet dies, daß mit einer hohen Wahrscheinlichkeit keine wesentlichen Fehler im vorgelegten Jahresabschluß enthalten sind. Umgekehrt führt eine Einstufung als Fall der kritischsten Gruppe zu dem Ergebnis, daß es sich bei dem vorliegenden Fall um ein Unternehmen handelt, bei dem typischerweise bedeutsame Fehler zu erwarten sind. Wegen der damit verbundenen Korrekturen und außerplanmäßigen Prüfungshandlungen ist eine entsprechend intensive Prüfung zu planen[734].

Für die Auswahl der Bereiche, die bei erhöhtem Risiko verstärkt zu untersuchen sind, bieten die univariaten und die multivariaten Risikozusammenhänge in Abhängigkeit von der festgelegten, prinzipiellen Vorgehensweise Vorschläge für die Prüffelderbildung, indem sie die relativen Einflüsse einzelner Kenngrößen auf das Risiko zum Ausdruck bringen. Die Indikatoren beschreiben spezifische Unternehmensbereiche, deren Bedeutung für die jeweilige Branche zum einen dadurch abgebildet wird, daß mindestens eine Kenngröße aus dem Unternehmensbereich in die Gleichung Eingang gefunden hat. Zum anderen findet durch

---

[734] Vgl. auch *Ewert*, ZfbF 1993, S. 730-731.

das relative Gewicht einer Größe in der Gleichung auch eine Bewertung des Einflusses innerhalb des Gesamtzusammenhangs statt. Wie aus Tabelle 71 ersichtlich, können sodann aus der Verknüpfung der durch die Kenngrößen repräsentierten Funktionsbereiche mit den Jahresabschlußpositionen Prüffelder gebildet werden. Darüber hinaus kann die Risikobeurteilung anhand der univariaten Risikozusammenhänge für Zwecke einer einzelner Funktionsbereiche und auch im Rahmen der Prüfung des Internen Kontrollsystems operationalisiert werden.

Die univariaten Risikobeziehungen liefern einen Katalog von Kenngrößen, die bereits allein in einem signifikanten Zusammenhang zum Risiko stehen. Da sie die unterschiedlichen Bereiche des Unternehmens beschreiben, kann aus der Ausprägung eines bestimmten Merkmals auf die Risikolastigket des interessierenden Falls geschlossen werden.

Der Anstieg von ...	wirkt auf das Risiko	Unternehmensbereich
F+E-Aufwendungen	vermindernd	Forschung und Entwicklung
Investmentintensität (Working Capital)	verstärkend	Beschaffung/ Logistik
Investmentintensität (Sachanlagen)	vermindernd	Produktion
fehlerhafte Spezifikationen	vermindernd	Produktion
Auslastungsgrad	vermindernd	Produktion
Aufwendungen für Marketing	verstärkend	Marketing/ Vertrieb
Schulungsaufwendungen	verstärkend	unterstützender Bereich
Eigenkapitalrentabilität	verstärkend	unterstützender Bereich
Produktbedeutung	vermindernd	unternehmensextern
Marktanteilsrang	verstärkend	unternehmensextern

Tabelle 70: Einfache Risikowirkungen

Um zudem eine Urteilsbildung vorzubereiten, die nicht auf Einzelbeobachtungen basiert, sondern vielmehr die Wechselwirkungen zwischen den Unternehmensbereichen und die Branchenausrichtung berücksichtigt, können die branchenspezifischen, multivariaten Risikozusammenhänge herangezogen werden. Diese Zusammenhänge bestehen aus den Merkmalen, die für die Prognose des Fehlerrisikos die höchsten Erklärungsbeiträge liefern und in Abhängigkeit von ihrem Erklärungsbeitrag und Wirkungsrichtung in einer Gesamtgleichung zusammengefaßt wurden.

C. Prüfungsdurchführung

1. Ist- und Sollobjektermittlung

Für eine systematische Gewinnung des Prüfungsurteils sind im Zeitablauf weitere Teilprozesse erforderlich, die im einzelnen im Ist- und Sollobjektermittlungs-, Vergleichs- und Urteilsbildungs- sowie dem Urteilsmitteilungsprozeß bestehen.

Mit den Feststellungen im Istobjektermittlungsprozeß nimmt der eigentliche Beurteilungsprozeß seinen Anfang, da vor einem Vergleich mit dem Sollzustand oder dem Sollobjekt und der anschließenden Urteilsfällung der Istzustand des zu prüfenden Sachverhalts ermittelt werden muß[735]. Es ist die Aufgabe des Prüfers, anhand von Normen festzustellen, ob der vorgefundene Istzustand auch dem Vollkommenheitszustand entspricht. Neben den gesetzlichen und internen Normen über die Erstellung von Prüfungsobjekten sind Normen über die Prüfungsdurchführung für die Prüfer von Bedeutung. Für eine Prüfung sind ein oder mitunter mehrere Sollobjekte zu ermitteln und mit dem vorgefundenen Istzustand zu vergleichen.

---

[735] Vgl. *IDW*, WP-Handbuch 1996, Abschnitt P, Tz. 257.

Bei einer direkten Sollobjektermittlung werden ausgehend vom zu prüfenden Sachverhalt anhand von Prüfungsnormen Sollobjekte ermittelt. Insofern stellt der Prüfer bei der Konstruktion des Sollobjekts die gleichen Überlegungen an, wie sie bereits bei der Buchung erfolgten. Im Gegensatz dazu erfolgt eine indirekte Sollobjektermittlung im Rahmen sogenannter Globalprüfungen, die eine Gegenüberstellung von agglomerierten Rechengrößen und deduktiv oder induktiv ermittelten Vergleichsgrößen umfaßt. Diese Vergleichsobjekte werden nicht wie bei der direkten Sollobjektermittlung unmittelbar mit Hilfe von Prüfungsnormen aus dem zu prüfenden Sachverhalt heraus ermittelt, sondern vielmehr als sogenannte Ersatz-Sollobjekte gesucht. Ersatz-Sollobjekte sind Tatbestände, die mit dem zu prüfenden Istobjekt in einem bekannten oder angenommenen Zusammenhang stehen und die einen Rückschluß auf die Normgerechtigkeit des Istobjekts erlauben. Verprobungen liefern beispielsweise Prüfungshandlungen, die auf wirtschaftlichen Abhängigkeiten und sachlogischen Zusammenhängen basieren. Voraussetzung einer solchen Prüfungshandlung ist, daß Istobjekt und der als Sollobjekt benutzte Sachverhalt zumindest in einer Plausibilitätsbeziehung zueinander stehen. In diesem Zusammenhang finden betriebswirtschaftliche Kennzahlen Verwendung, wobei grundsätzlich auf Einzelkennzahlen, Kennzahlensysteme und -kombinationen zurückgegriffen werden kann[736].

Aus der üblichen Verwendung von Kennzahlen im Rahmen der indirekten Sollobjektermittlung wird die Einsatzmöglichkeit der Regressionsfunktionen deutlich. Auch die Regressionsgleichungen liefern Kennzahlensysteme, die in einem nachgewiesenen Zusammenhang mit der Normgerechtigkeit des Prüfungsgegenstands stehen. Durch das Erheben der unternehmensspezifischen Ausprägungen zu den Kenngrößen erhält man die einzelnen Ist-Objekte, welche durch Einsetzen in die Regressionsgleichung zu einem weiteren Ist-Objekt verdichtet werden. Dieses verdichtete Ist-Objekt ermöglicht eine Aussage über die

---

[736] Vgl. *Reichmann*, Controlling 1997, S. 19-38.

Wahrscheinlichkeit der Fehlerfreiheit des betrachteten Jahresabschlusses. Das Soll-Objekt stellt in diesem Fall der Risikowert 1 dar, welcher mit der Einschätzung verbunden ist, wonach für den Jahresabschluß kein Fehlerrisiko besteht.

Zudem können einzelne Sachverhalte anhand der Kenngrößen beurteilt werden, für die auch univariate Beziehungen zum Risiko nachgewiesen wurden. Diese Beziehungen erlauben eine unmittelbare Aussage zum Risiko anhand einer einzelnen Kenngröße, da für diese nachgewiesen wurde, daß bei direkten Zusammenhängen mit steigenden Werten ein wachsendes Risiko oder bei indirekten Zusammenhängen mit sinkenden Werten ein wachsendes Risiko zu beobachten ist. Für die Durchführung des Soll-Ist-Vergleichs stellt der festgestellte Wert das Isr-Objekt dar, wohingegen die Mittelwerte der Kenngrößen, welche für Unternehmen der Risikoklasse 1 beobachtet wurden, den Katalog an Soll-Objekten darstellen.

2. Vergleich und Fehlerfeststellung

Während des Vergleichs- und Fehlerfeststellungsprozesses sollen Übereinstimmungen oder qualitative und quantitative Abweichungen von vorgegebenen Vorschriften und Regelungen ermittelt werden. Im Rahmen einer indirekten Vorgehensweise bei der Sollobjektermittlung werden nicht die einzelnen Vorgänge, sondern Aggregationen von Vorgängen geprüft. Diese Prüfung erfolgt in der Weise, daß ein Vergleich zwischen dem zu prüfenden Istobjekt und dem auf getrennte Weise ermittelten repräsentativen Ersatz-Sollobjekt vorgenommen wird. Bei Übereinstimmung oder nur unwesentlichen Abweichungen der Vergleichsobjekte wird gefolgert, daß die in dem Istobjekt erfaßten Vorgänge im wesentlichen fehlerfrei abgebildet worden sind.

Wie bereits dargestellt, liefern beispielsweise die univariat klassifizieren Kenngrößen Sollobjekte, welche für Vergleichsoperationen herangezogen werden können. Durch die statistische Aufbereitung und Untersuchung der Signifikanz von Mittelwertunterschieden ist zudem gewährleistet, daß mit den unterschiedlichen Ausprägungen auch tatsächlich differierende Risikowirkungen verbunden sind. Die Idee der Wesentlichkeit einer Abweichung findet Berücksichtigung in den univariaten Diskriminanzfunktionen, die eine Zuordnung zu einer der drei Risikoklassen anhand des aufgestellten funktionalen Zusammenhangs ermöglichen. Innerhalb einer bestimmten Schwankungsbreite der Kenngrößenausprägung ändert sich das ordinale Urteil in Form des Risikoklassenwerts nicht. Für eine Änderung der Risikoenschätzung ist vielmehr eine deutliche Veränderung in der Kenngröße nötig.

Soweit sich die globalen Prüfungshandlungen auf wirtschaftliche Zusammenhänge stützen, für die kein funktionaler Zusammenhang bekannt ist, können diese Prüfungshandlungen nur einen allgemeinen Eindruck von der Ordnungsmäßigkeit der Rechnungslegung vermitteln. Auch ohne sichere Aussagen über die Richtigkeit des geprüften Sachverhalts bieten sie Anhaltspunkte für die Fehlervermutung und die Abgrenzung von Fehlergebieten. Signalisieren globale Prüfungshandlungen Fehlermöglichkeiten, kann durch eine detaillierte Prüfung die Richtigkeit der Verarbeitungsergebnisse in dem durch die globale Prüfung abgegrenzten Fehlergebiet untersucht werden. Globale Prüfungshandlungen unterstützen auf diese Weise die Auditing by exception-Konzeption, wonach sich ein Prüfer auf intensive Prüfungshandlungen zu den Prüfungsfeldern beschränkt, die zuvor definierte Merkmale aufweisen[737].

Allerdings liefern die Regressionsgleichungen eine Reihe weiterer funktionaler Zusammenhänge für globale Prüfungshandlungen, welche in Abhängigkeit von der Verfügbarkeit der Daten oder Informationen über die Branche unterschiedliche Ausgestaltungen der Risikobeziehungen zum Ausdruck bringen. Sie unterstützen die Auditing by exception durch die relativen Gewichte der einzelnen Kenngrößen, die insbesondere Hinweise auf die unternehmerischen Risikobereiche geben. Vor allem bei einer branchenspezifischen Betrachtung werden

---

737 Vgl. *McRae,* Impact 1964, S. 180-181; *Toan*, JoA 1960, S. 45.

nicht mehr alle Unternehmensbereiche in den Zusammenhängen abgebildet. Vielmehr spiegeln sich die Besonderheiten eines bestimmten Wirtschaftszweigs wider, welche auch in der Abschlußprüfung zu berücksichtigen sind. Die Reduktion des allgemeinen Modells auf einzelne Kernbereiche kann dazu herangezogen werden.

Vor allem aber wird auch durch die multivariaten Zusammenhänge die Bedeutung einzelner Veränderungen im Hinblick auf das Gesamturteil bewertet. Zu einem werden ausschließlich Indikatoren mit einem nachweisbaren und statistisch abgesicherten Einfluß auf das Risiko herangezogen. Zum anderen führen auch bei diesen Größen erst signifikante Änderungen zu einer veränderten Risikoeinschätzung. Systematische Änderungen, die den gesamten Merkmalssatz betreffen, stören die Risikoeinschätzung ebenso wenig wie Verzerrungen in Einzelbeobachtungen. Dadurch ist gewährleistet, daß das System robust ist gegenüber leichten Wertschwankungen und Meßungenauigkeiten. Unter Berücksichtigung von Wesentlichkeitsgesichtspunkten kann dies insbesondere dann von Bedeutung sein, wenn die Ermittlung des genauen Werts mit unverhältnismäßig großem Aufwand verbunden wäre.

3. Urteilsbildung und -mitteilung

Der Vergleich zwischen Ist- und Sollobjekten mündet in eine Beurteilung der Übereinstimmungen oder Abweichungen dieser Prüfungsobjekte. Ziel einer Prüfung ist die Abgabe vertrauenswürdiger Urteile, wobei die Vertrauenswürdigkeit eines Urteils von verschiedenen Aspekten abhängt. Die Problematik der Urteilsbildung ist vor allem in der Notwendigkeit der Transformation von Einzelinformationen in ein Gesamturteil zu sehen. So hat die Unterscheidung von Prüfungsfeldern zur Folge, daß bei einer Prüfung zunächst nur Einzelurteile über Geschäftsvorfälle gebildet werden, die sich letztlich in der Erteilung, Einschränkung oder Versagung des Bestätigungsvermerks gemeinsam niederschlagen müssen. Die Urteilsbildung in den Prüfungsfeldern kann daher nicht isoliert gesehen werden, zumal auch zwischen Prüfungsumfang in den einzelnen Prüfungsfeldern und der Bildung des Gesamturteils ein Zusammenhang besteht. Hier tritt ein Allokationsproblem hervor, wonach für die verschiedenen Urteilsbeiträge deren Bedeutung zu ermitteln und ihnen zuzumessen ist[738].

Die Regressionsfunktionen können bei der Lösung dieses Allokationsproblems hilfreich sein, da in ihnen die für die Risikobeurteilung relevanten Informationen zusammengestellt und im Hinblick auf ihre relative Bedeutung bewertet sind. Durch die angestellten Signifikanztests ist gewährleistet, daß die in den Gleichungen enthaltenen Risikomerkmale nachweisbare Beziehungen zum Risiko haben. Eine Orientierung an diesen Zusammenhängen gewährleistet demnach, daß keine Informationen herangezogen werden, die keinen Einfluß auf das Risiko haben.

Von besonderer Bedeutung für die Urteilsbildung ist der Grundsatz der Wesentlichkeit, wonach der Prüfer zu berücksichtigen hat, welche der bei der Prüfung gewonnenen Informationen für die Informationsempfänger wesentlich sein können. Die Prüfung soll sicherstellen, daß die vom Informationsempfänger benötigten Jahresabschlußinformationen nicht soweit verfälscht sind, daß ihre Entscheidungen dadurch beeinflußt werden. Wiederum wird diese Anforderung in den Regressionsmodellen durch die Sensitivität der ermittelten Risikogröße berücksichtigt. Wird für einen interessierenden Unternehmensfall demnach ein Risikowert von 0,8 ermittelt, kann davon ausgegangen werden, daß der Interpretation der Risikoklasse 1 folgend keine wesentlichen Fehler im betreffenden Jahresabschluß enthalten sind. Allerdings ist von einer solchen Einschätzung auch bei einem Zielwert von 1,2 auszugehen. Beide Unternehmen wären gleichermaßen der am wenigsten riskanten Gruppe zuzuordnen.

---

738 Vgl. *Schmid/ Uecker,* ZfbF 1985, S. 981-992; *Buchner/ Breith,* Problem 1981, S. 13-14; *Buchner/ Weinreich,* ZfbF 1979, S. 829-837; *Leffson/ Lippmann/ Baetge,* Sicherheit 1969, S. 40-50.

Eine wenig differenzierte Interpretation des Wesentlichkeitsgrundsatzes in der Prüfung der Rechnungslegung bezieht sich darauf, ob ein Fehler so bedeutend ist, daß er zu einer Einschränkung oder Versagung des Bestätigungsvermerks führt[739]. Bei einer solchen Interpretation wird allerdings außer Acht gelassen, daß der Prüfer nicht nur Teilurteile im Hinblick auf eine Gesamtbeurteilung, sondern auch Beurteilungen für Zwecke des Prüfungsberichts abzuleiten hat. Die Wesentlichkeit ist daher an der Aufgabe der Prüfung zu orientieren, die neben der Gesamturteilsgewinnung auch die Aufgaben der Prüfungsdurchführung und der Berichterstattung umfaßt. Durch die Modellierung der Zielgröße aus den aufgedeckten Fehlern und Abweichungen und deren Beziehung zur wirtschaftlichen Lage der Unternehmung beinhalten die Regressionsgleichungen ein Urteil, das weiter als über die bloße Entscheidung über die Erteilung des Testats hinausgeht. Diese Interpretation wäre implementiert, wenn als Zielgröße eine binäre Variable der Art „Testat erhalten“ oder „kein Testat erhalten“ herangezogen worden wäre.

Der Vorschlag, feste Richtgrößen für die Wesentlichkeit vorzugeben, ist deutlicher Kritik ausgesetzt, da zum einen immer eine Berücksichtigung von Eigenheiten des geprüften Unternehmens erfolgen soll und zum anderen durch die Vorgabe von Richtgrößen die Freiheit des Berufsstands und das unabhängige berufliche Urteilsvermögen eingeschränkt werden[740]. Ein anderer Ansatz zur Beseitigung der Subjektivität in der Urteilsbildung geht von der Tatsache aus, daß die Urteilskriterien, anhand derer der Prüfer festlegt, welche Fehler er für wesentlich erachtet, und zum anderen entscheidet, welche Bedeutung einem festgestellten Fehler im Rahmen der Urteilsverdichtung beizumessen ist, unzureichend konkretisiert sind[741]. Die subjektive Einschätzung erfolgt vielmehr auf der Grundlage von vagem, auf Erfahrungen beruhendem und mit Unsicherheit

---

739 Vgl. *Cushing/ Searfoss/ Randall,* JoAR 1979, S. 175.

740 Vgl. *Accountants International Study Group*, Materiality 1974, Tz. 28.

741 Vgl. *Gans,* Prüfungen 1986, S. 474.

behafteten Wissen oder basiert auf einer Verwendung von Heuristiken[742]. Unter solchen Umständen kann durch Erweitern der zweiwertigen Logik, wonach Prüfungsfelder als ordnungsgemäß oder nicht ordnungsgemäß klassifiziert werden, um zusätzliche Informationen die harte Abgrenzung und die damit verbundene Willkürlichkeit aufgehoben werden[743]. Urteile, die über eine Entweder-Oder-Entscheidung hinausgehen, werden ermöglicht[744].

Insgesamt berücksichtigen zumindest die globalen Risikozusammenhänge nicht nur einzelne zu beurteilende Teilbereiche der Unternehmung in separaten Beurteilungsprozessen, sondern bilden durch die Berücksichtigung multipler Informationen entlang der Wertschöpfungskette eine Gesamtsituation ab. In Abhängigkeit von den Beobachtungen zu einem bestimmten Unternehmensfall finden dessen spezifische Gegebenheiten zum einen in der zugehörigen branchenspezifischen Regressionsfunktion und zum anderen durch das Einsetzen der individuellen Kennzahlenausprägungen Berücksichtigung. Es wird demnach zwar eine standardisierte und weitgehend von subjektiven Elemente freie Beurteilung, aber keine von den unternehmensindividuellen Gegebenheiten unabhängige Risikobeurteilung unterstützt.

---

742 Vgl. *Drexl/ Salewski,* ZfB 1991, S. 756-757.

743 Vgl. *Rommelfanger,* Fuzzy Decision 1994, S. 154-155.

744 Vgl. *Müller/ Kropp,* DB 1992, S. 157.

D. Berichterstattung

1. Prüfungsbericht

a) Aufgaben des Prüfungsberichts

Nach § 321 HGB hat der Prüfer im Prüfungsbericht schriftlich über das Ergebnis der Prüfung zu berichten[745]. Erst mit Vorlage des von den Prüfern unterzeichneten Prüfungsberichts ist die Prüfung beendet und kann der Jahresabschluß festgestellt werden[746]. Dem Abschlußprüfer dient der Prüfungsbericht als Nachweis einer ordnungsmäßigen Prüfung, als Informationsinstrument für Folgeprüfungen sowie zur Vereinheitlichung des prüferischen Vorgehens[747]. Die Adressaten des Prüfungsberichts sind nach § 321 Abs. 5 Satz 1 HGB die gesetzlichen Vertreter (Vorstand, Geschäftsführung) und im Fall der Auftragserteilung durch den Aufsichtsrat dieses Kontrollorgan. Seine besondere Aussagekraft läßt ihn zwar auf Basis weiterer Rechtsgrundlagen zum Informationsinstrument für externe Organe werden. Zudem verlangen auch Kreditinstitute regelmäßig Einsicht in den Prüfungsbericht, um den Jahresabschluß z.B. als Grundlage der Kreditwürdigkeitsprüfung sachgerecht beurteilen zu können[748]. Für den Abschlußprüfer sind jedoch vor allem die gesetzlichen Adressaten des Prüfungsberichts relevant, gegenüber denen der Prüfungsbericht neben der originären Informationsfunktion eine Validierungsfunktion erfüllt. Diese besteht darin, daß die Informationen von unabhängiger Seite gegeben werden[749]. Da in Anbetracht des Informationsstands der Unternehmensführung „die Novität der

---

[745] Vgl. zur Rolle des Abschlußprüfers beim unternehmerischen Risikomanagement *Schmalenbach-Gesellschaft*, DB 1998, S. 1576.

[746] Vgl. *Ballwieser*, BFuP 1988, S. 315; *Breycha/ Schäfer*, § 321 HGB 1990a, Rn. 11.

[747] Vgl. *Selchert*, DB 1974, S. 736; *Löw*, Informationsprozesse, S. 318-319.

[748] Vgl. *Söllner*, Informationsprozesse 1988, S. 56.

[749] Vgl. *Söllner*, Informationsprozesse 1988, S. 44-45; *Sieben/ Bretzke/ Raulwig*, BFuP 1976, S. 201.

Berichtsinhalte ... für Leitungsgremien nur gering zu bewerten"[750] ist, liegt die Hauptaufgabe des Prüfungsberichts in der Information der Kontrollorgane[751].

Der erste Adressat, für den der Prüfungsbericht von Interesse ist, ist der Aufsichtsrat der zu prüfenden Unternehmung. Dessen wichtigste Aufgabe besteht in der Kontrolle der Geschäftsführung (§ 111 Abs. 1 AktG) und insbesondere deren Leitungs- und Verwaltungsaufgaben[752]. Aus der Sicht des Aufsichtsrats besteht die Aufgabe des Prüfungsberichts in einer von den gesetzlichen Vertretern unabhängigen und sachverständigen Unterrichtung über den Stand und die Qualität der Rechnungslegung[753]. Darüber hinaus liefert der Prüfungsbericht einen Nachweis über die wirtschaftliche Lage des Unternehmens[754]. Der Prüfungsbericht stellt demnach für den Aufsichtsrat ein Kontrollinstrument dar und unterstützt ihn in seinen Überwachungsaufgaben[755]. Dazu ist es nötig, daß der Prüfungsbericht dem Aufsichtsrat für seine Urteilsbildung geeignete Informationen liefert. Die Prüfungsergebnisse sind ausreichend zu erläutern und weiterzuleiten.

Auf der anderen Seite kann der Prüfungsbericht einen Nachweis für die Geschäftsführung bedeuten, daß diese ihren gesetzlichen und satzungsmäßigen oder gesellschaftsvertraglichen Verpflichtungen in Bezug auf die Rechnungslegung nachgekommen ist[756], wodurch dem Prüfungsbericht eine Entlastungs-

---

750 *Söllner*, Informationsprozesse 1988, S. 51.

751 Vgl. *Egner,* Bedeutung 1989, S. 24. In einer empirischen Untersuchung bezeichneten zwei Drittel der befragten Abschlußprüfer den Aufsichtsrat als wesentlichen Adressaten des Prüfungsberichts; vgl. *Söllner*, Informationsprozesse 1988, S. 239.

752 Vgl. *Potthoff,* WPK-Mitteilungen 1994, S. 82; *Scheffler,* DB 1994, S. 793.

753 Vgl. *Steiner,* Prüfungsbericht 1991, S. 138.

754 Vgl. *Buchner,* Rechnungslegung 1996, S. 21.

755 Vgl. *Ballwieser,* BFuP 1988, S. 315; *Breycha/ Schäfer,* § 321 HGB 1990a, Rn. 4; *Pohlentz,* Prüfungsbericht 1992, Sp. 1503; *Schulze-Osterloh,* Umfang 1985, S. 242.

756 Vgl. *IDW*, WP-Handbuch 1996, Abschnitt O, Tz. 21.

funktion zukommt[757]. Unabhängig vom hohen Informationsstand der Geschäftsführung bieten die Hinweise im Prüfungsbericht auf Schwachpunkte und Mängel Anregungen für Weiterentwicklungen und Verbesserungen[758].

Auch für den Abschlußprüfer selbst ist der Prüfungsbericht als Nachweis der Pflichterfüllung von besonderer Bedeutung[759]. Der Prüfungsbericht enthält nämlich

- sämtliche Pflichtfeststellungen, die der Abschlußprüfer zu treffen hat,
- sämtliche für die Berichtsempfänger wesentlichen Informationen, die der Abschlußprüfer im Rahmen seiner ordnungsgemäß durchgeführten Abschlußprüfung ermittelt hat,
- die Begründungen des Bestätigungsvermerks sowie
- den zu veröffentlichenden Bestätigungsvermerk.

Mit dem Prüfungsbericht legt der Abschlußprüfer also über alle wesentlichen Sachverhalte Rechenschaft ab, die er im Rahmen seiner ordnungsgemäß durchgeführten Abschlußprüfung entdeckt hat. Der Prüfungsbericht besitzt damit eine Rechenschaftsfunktion seitens des Abschlußprüfers. Vor allem enthält der Prüfungsbericht die Urteilsursachen und -begründungen des Abschlußprüfers und macht damit dessen Vorgehensweise und Entscheidungen transparent.

Für Zwecke der Berichterstattung im Prüfungsbericht erscheint eine Anwendung der aufgestellten Risikenzusammenhänge insbesondere bei der Darstellung der Urteilsursachen und der Vorgehensweise bei der Urteilsbildung denkbar. Die Risikomerkmale in den Gleichungen stellen Einflußfaktoren auf das

---

757 Vgl. *Quick*, WiSt 1994, S. 305-307.

758 Vgl. *Steiner*, Prüfungsbericht 1991, S. 140-141.

759 Vgl. *Ballwieser*, BFuP 1988, S. 315.

Risikourteil dar und haben signifikante Wirkung auf das Urteil. Damit bilden ihre Ausprägungen und natürlich insbesondere die dahinter stehenden wirtschaftlichen Sachverhalte Ursachen für die Risikobeurteilung ab. Die Vorgehensweise basiert auf den arithmetischen Verknüpfungen und den darin berücksichtigten Abhängigkeiten der einzelnen Risikomerkmale. Um jedoch zu verhindern, daß die in diesem standardisierten Verfahren gewonnenen Urteile nicht mehr transparent sind und somit nur geringe Akzeptanz erfahren, kann die Risikobeurteilung insbesondere im Rahmen der erweiterten Berichterstattung bei Schlußbesprechungen oder im Management letter durch Variationsrechnungen und Sensitivitätsanalysen verdeutlicht werden. Auf diese Weise können Szenarien aufgezeigt werden, indem auf der Grundlage von Planzahlen oder Informationen aus der Zeit zwischen dem Stichtag und der Jahresabschlußerstellung die Risikobeurteilung nachvollzogen wird.

b) Berichtsgrundsätze

Um die an den Prüfungsbericht gestellten Anforderungen erfüllen zu können, muß dieser nach Grundsätzen erstellt werden, die eine entscheidungsrelevante Informationsübermittlung gewährleisten. Hierbei handelt es sich um die vom *Institut der Wirtschaftsprüfer in Deutschland e.V.* formulierten Grundsätze der Wahrheit, der Klarheit, der Vollständigkeit und der Unparteilichkeit[760].

Der Grundsatz der Wahrheit besagt, daß die Ausführungen des Abschlußprüfers nach dessen Überzeugung den tatsächlichen Gegebenheiten zu entsprechen haben[761]. Auf die Eindeutigkeit und Verständlichkeit der in den Prüfungsbericht

---

760 Vgl. *IDW*, WPg 1998c, S. 867. Dieser IDW Prüfungsstandard ersetzt das Fachgutachten 2/ 1988: Grundsätze ordnungsmäßiger Berichterstattung bei Abschlußprüfungen. Vgl. auch *IDW*, WP-Handbuch 1996, Abschnitt O, Tz. 25-39; *IDW*, WPg 1989b, Abschnitt B..

761 Vgl. *IDW*, WPg 1998c, S. 867; *IDW*, WPg 1989b, Abschnitt B..

aufgenommenen Ausführungen bezieht sich der Grundsatz der Klarheit[762], wonach die Ausführungen so zu gestalten sind, daß das Verständnis der Lagefeststellungen des Abschlußprüfers einschließlich deren Begründung durch den Berichtleser sichergestellt ist[763]. Der Anforderung nach Vollständigkeit wird Rechnung getragen, wenn der Abschlußprüfer alle für das Berichtsobjekt erforderlichen Feststellungen trifft. Eine quantitative Vollständigkeit hinsichtlich des Berichtsgegenstands der wirtschaftlichen Lage kann nicht erreicht werden[764]. Da sich die Vollständigkeit demnach auf eine qualitative Vollständigkeit beschränken muß[765], sind alle diejenigen Sachverhalte in den Prüfungsbericht aufzunehmen, die die Feststellungen des Abschlußprüfers für die Berichtsempfänger nachvollziehbar machen.

Der Mindestumfang der Berichterstattung durch den Abschlußprüfer im Prüfungsbericht ist in § 321 HGB festgelegt. Nach dem Grundsatz der Unparteilichkeit ist für die Berichterstattung eine sachgerechte Wertung der Sachverhalte erforderlich, die zudem unter Berücksichtigung aller verfügbaren Informationen vorzunehmen ist[766]. Daraus ergeben sich personelle und sachliche Bedingungen, denen die Berichterstattung unterliegt[767]. In personeller Hinsicht ist für die sachgerechte Berichterstattung durch den Abschlußprüfer dessen Urteilsfreiheit erforderlich, so daß die Darlegungen im Prüfungsbericht allein an be-

---

[762] Vgl. *IDW*, WPg 1998c, S. 867; *IDW*, WPg 1989b, Abschnitt B; *Moxter,* Fundamentalgrundsätze 1976, S. 93.

[763] Vgl. *Olbrich,* Lage 1992, S. 280. Die Bedeutung dieses Grundsatzes wird auch in der Formulierung des Fachgutachtens 2/1988 deutlich, nach dem der Abschlußprüfer mit der „gebotenen Klarheit“ im Prüfungsbericht zu berichten hat; vgl. *IDW*, WPg 1998c, S. 867 und *IDW*, WPg 1989b, Abschnitt B..

[764] Vgl. *Olbrich,* Lage 1992, S. 279.

[765] Vgl. *Moxter,* Fundamentalgrundsätze 1976, S. 92.

[766] Vgl. § 323 Abs. 1 Satz 1 HGB; § 43 Abs. 1 Satz 2 WPO.

[767] Vgl. *Olbrich,* Lage 1992, S. 277.

triebswirtschaftlichen Aspekten ausgerichtet werden[768]. In sachlicher Hinsicht ist die Berichterstattung so auszulegen, daß eine vertrauenswürdige Aussage über die wirtschaftliche Lage gegeben wird und somit nur begründbare, nachvollziehbare Ausführungen in den Prüfungsbericht aufgenommen werden[769].

Gemäß des § 321 Abs. 1 HGB ist im Prüfungsbericht über Art und Umfang sowie über das Ergebnis der durchgeführten Prüfung schriftlich und mit der gebotenen Klarheit zu berichten. Zusätzlich zu diesen handelsrechtlichen Berufspflichten stellt das *Institut der Wirtschaftsprüfer in Deutschland e.V.* weitere berufsständische Anforderungen an die Berichterstattung des Abschlußprüfers[770]. Dabei handelt es sich um Ausführungen zu

- Prüfungsauftrag und Auftragsdurchführung sowie
- Bestellung durch die Gesellschafter oder das zuständige Organ nach § 318 Abs. 1 Satz 1, 2 HGB oder gerichtlichen Bestellung nach § 318 Abs. 3, 4 HGB und Auftragserteilung durch den Aufsichtsrat bzw. die gesetzlichen Vertreter[771].

Diese berufsständischen Berichtspflichten bewirken die Aufnahme formeller Rahmenbedingungen der Abschlußprüfung in den Prüfungsbericht. Im Rahmen der grundsätzlichen Feststellungen hingegen hat der Abschlußprüfer Stellung zu nehmen zur Lage des Unternehmens und zu Gegenstand, Art und Umfang der Prüfung. Darüber hinaus sind die Feststellungen zur Rechnungslegung und zum Risikofrüherkennungssystem darzulegen[772].

---

768 Vgl. *Schade,* Konkretisierung 1982, S. 35.

769 Vgl. *Schade,* Konkretisierung 1982, S. 74.

770 Vgl. *IDW*, WPg 1998c, S. 866-877.

771 Vgl. *IDW*, WPg 1998c, S. 868.

772 Vgl. *IDW*, WPg 1998c, S. 868.

c) Grundsätzliche Feststellungen im Prüfungsbericht

Die Darstellung der wirtschaftlichen Situation des geprüften Unternehmens ist ein Pflichtbestandteil des Prüfungsberichts. Im Rahmen der „grundsätzlichen Feststellungen“ hat der Abschlußprüfer auf die Beurteilung der Lage durch die gesetzlichen Vertreter des Unternehmens sowie auf entwicklungsbeeinträchtigende oder bestandsgefährdende Tatsachen einzugehen[773].

Die Feststellungen und Erläuterungen zur Rechnungslegung dienen im wesentlichen der Darstellung der Resultate der Ordnungsmäßigkeitsprüfung. Nach § 321 Abs. 2 Satz 1 HGB ist insbesondere festzustellen, ob die Buchführung, der Jahresabschluß und der Lagebericht den gesetzlichen Anforderungen entsprechen und ob die gesetzlichen Vertreter die verlangten Aufklärungen und Nachweise erbracht haben[774]. Dazu ist es nötig, die einzelnen Posten des handelsrechtlichen Jahresabschlusses im Prüfungsbericht aufzugliedern und ausreichend zu erläutern, wobei sich die Berichtspflicht aus Gründen der Klarheit und der Übersichtlichkeit auf die wesentlichen Inhalte der Bilanz und der Gewinn- und Verlustrechnung beschränken muß[775]. Nur wenn die wesentlichen Sachverhalte nicht in einer Fülle nachrangiger Aspekte untergehen, kann den Berichtsempfängern eine aussagefähige und unabhängige Stellungnahme zur Rechnungslegung der geprüften Unternehmung geliefert werden[776]. Hinweise auf die Wesentlichkeit eines Postens können wiederum die Regressionsgleichungen geben, in denen eine Bewertung der Kenngrößen im Hinblick auf ihre Erklärungsstärke für das Risiko erfolgt ist. Über die Hypothesen der Erfolgsfaktoren-

---

773 Vgl. *IDW*, WPg 1998c, S. 868-869.

774 Vgl. *Adler/ Düring/ Schmaltz*, Rechnungslegung 1987, § 321 HGB, Rn. 74.

775 Vgl. *IDW*, WPg 1998c, S. 871; *IDW*, WPg 1989b, Abschnitt C.II..

776 Vgl. *Budde/ Kunz,* § 321 1995, Rn. 29; *IDW*, WP-Handbuch 1996, Abschnitt O, Tz. 57; *Adler/ Düring/ Schmaltz*, Rechnungslegung 1987, § 321 HGB, Rn. 93; *Forster,* WPg 1979, S 651.

forschung läßt sich eine Schlußfolgerung auf die dadurch betroffenen, nunmehr als wesentlich zu erachtenden Jahresabschlußpositionen erreichen.

Durch die Branchenbetrachtung in den aufgestellten Risikenzusammenhängen wird zum Ausdruck gebracht, welche Bedeutung den einzelnen Geschäftsbereichen für das beobachtete Risiko zukommt. Nachdem sich bestimmte Unternehmensbereiche mit ganz spezifischen Jahresabschlußpositionen verbunden sind, geben die Regressionsgleichungen Hinweise auf diejenigen Positionen, die für das geprüfte Unternehmen wesentlich und die daher im Prüfungsbericht in detaillierter Form darzustellen sind. Weitere Hinweise könnten sich auch aus der Veränderung einer Position im Vergleich zum Vorjahr ergeben.

Es ist zu beachten, daß die Aufgliederung und Erläuterung einzelner Posten zwar zwingende Bestandteile der Berichterstattung sind, die aber keinen Selbstzweck darstellen. Vielmehr sind Strukturen der wirtschaftlichen Situation herauszuarbeiten und zu erläutern[777]. Solche Strukturen bieten die komplexen Risikenzusammenhänge, die neben den einzelnen Einflußfaktoren auch deren Wechselwirkungen zu den anderen Indikatoren umfassen. Der einzelne Indikator kann nicht losgelöst von den anderen Merkmalen betrachtet werden, sondern das Gesamtbild der Risikoeinschätzung erhält man erst durch die arithmetische Verknüpfung.

Vor allem aber hat der Abschlußprüfer gemäß § 321 Abs. 1 Satz 2 HGB im Prüfungsbericht zur Darstellung der Lage des Unternehmens im Jahresabschluß durch die gesetzlichen Vertreter Stellung zu nehmen. Dazu muß der Abschlußprüfer im Prüfungsbericht diejenigen Angaben der gesetzlichen Vertreter hervorheben, die für die Berichtsadressaten zur Beurteilung der Lage des Unternehmens wesentlich sind. Die wesentlichen Bereiche können sich aus den komplexen, branchenspezifischen Risikenzusammenhängen ergeben. Nachdem je

---

777 Vgl. *Wolz*, Krisenwarnfunktion 1996, S. 45.

nach Ausrichtung der Branche nicht alle Unternehmensbereiche Niederschlag finden, sondern vielmehr nur zum Teil das Risiko erklären, sind die erklärungsstarken Bereiche auf jeden Fall zu untersuchen und im Rahmen der Berichterstattung grundsätzlichen auch zu erläutern. Wenn jedoch von Seiten der gesetzlichen Vertreter nicht über einen bestimmten Unternehmensbereich berichtet wurde, der Eingang in die Risikogleichung gefunden hat, ist anhand der beobachteten Ausprägungen für die Kenngrößen in einem weiteren Schritt zu untersuchen, ob auch für die vorliegende Unternehmung in diesem Bereich ein Risiko vorliegt. Abweichende Einschätzungen wären im Rahmen der vertiefenden Erläuterungen zur Lagedarstellung durch die gesetzlichen Vertreter im Prüfungsbericht darzulegen, da eine Divergenz in den der Einschätzung zugrunde liegenden Annahmen aufgedeckt wurde. Eine eigene Prognose durch den Abschlußprüfer wird an dieser Stelle nicht angestellt.

Im Rahmen der Darstellung von während der Abschlußprüfung festgestellten Tatsachen nach § 321 Abs. 1 Satz 3 HGB ist auf solche einzugehen, die die Entwicklung des Unternehmens wesentlich beeinträchtigen oder seinen Bestand gefährden können. Hierunter fallen auch solche künftigen Krisensituationen, die sich im abgelaufenen Geschäftsjahr noch nicht auf die Vermögens-, Finanz- und Ertragslage der Unternehmung ausgewirkt haben, sondern sich vielmehr im unternehmensexternen Bereich infolge veränderter Markt- und Wettbewerbsbedingungen und den nicht angemessenen Aktionen des betroffenen Unternehmens manifestieren. Für eine Risikobeurteilung ist es daher insbesondere nötig, Indikatoren und Kenngrößen zu diesen Bereichen in die Betrachtung miteinzubeziehen, um so beispielsweise anhand der aufgestellten Regressionsfunktionen Aussagen über die Position des interessierenden Unternehmens am Markt treffen zu können[778].

---

[778] Vgl. zur Bedeutung von Umweltfaktoren für die Prüfung *Wiedmann*, WPg 1998, S. 344.

2. Bestätigungsvermerk

Beim Bestätigungsvermerk im Sinne des § 322 HGB handelt es sich um das zusammenfassende Urteil des Rechnungslegungsprüfers über das Ergebnis einer durchgeführten Jahresabschlußprüfung, welches zusammen mit dem Jahresabschluß und dem Lagebericht der geprüften Unternehmung zu veröffentlichen ist[779]. Wenn der Prüfer keine Einwendungen hat, erklärt er, daß die von ihm nach § 317 HGB durchgeführte Prüfung zu keinen Einwendungen geführt hat und der von den gesetzlichen Vertretern der Gesellschaft aufgestellte Jahresabschluß aufgrund der bei der Prüfung gewonnenen Erkenntnisse nach seiner Beurteilung ein den tatsächlichen Verhältnissen entsprechendes Bild der Vermögens-, Finanz- und Ertragslage des Unternehmens vermittelt. Auf Risiken, die den Fortbestand des Unternehmens gefährden, ist gesondert einzugehen.

Allerdings ergibt sich das mit dem Bestätigungsvermerk verbundene Gesamturteil nicht lediglich als Summe der Teilurteile zu den einzelnen Prüfungsgegenständen, sondern erfordert wiederum eine Gewichtung der Einzelfeststellungen durch den Abschlußprüfer[780]. Da eine solche Gewichtung oftmals von der persönlichen Wertung des Abschlußprüfers abhängt, wird offensichtlich, daß das subjektive Ermessen des Prüfers auch bei der Abfassung des Bestätigungsvermerks von nicht zu unterschätzender Bedeutung ist. Ebenfalls wird deutlich, wie im Zusammenhang mit der Erteilung des Bestätigungsvermerks eine Unterstützung der Urteilsbildung durch die vorlegten Risikenzusammenhänge erreicht werden kann. Auch hier ermöglichen sie eine empirisch-statistisch objektivierte Aggregation von Teilurteilen zu einer Gesamteinschätzung.

---

779 Vgl. *Lück,* Wirtschaftsprüfung 1991, S. 184; *Breycha/ Schäfer,* § 322 HGB 1990b, Rn. 3.

780 Vgl. *IDW*, WPg 1989c, Abschnitt B; *Raff/ Brandl,* Prüfungsbericht 1988, Rn. 83.

VI. Zusammenfassung der Ergebnisse

Den Ausgangspunkt der vorliegenden Untersuchung bildete das Modell des risikoorientierten Prüfungsansatzes, nach dem der Prüfungsumfang und die Intensität der Prüfungshandlungen in Abhängigkeit des erwarteten Fehlerrisikos so zu planen sind, daß ein gegebenes Prüfungsrisiko nicht überschritten wird. Zentrale Bestimmungsfaktoren für die Planung der handelsrechtlichen Jahresabschlußprüfung sind insoweit die Höhe des erwarteten Fehlerrisikos und die Bereiche, für die im Zuge der Bestimmung des Fehlerrisikos besondere Risiken identifiziert wurden. Vor diesem Hintergrund wurden im Rahmen dieser Analyse die empirischen Zusammenhänge erarbeitet, die zwischen der Struktur und Strategie von Unternehmen und dem Fehlerrisiko bestehen, um auf dieser Grundlage das Fehlerrisiko aus den dafür bedeutsamen Risikomerkmalen des Unternehmens intersubjektiv nachprüfbar ableiten zu können.

Die Regression der Risikomerkmale auf das Fehlerrisiko ergab im wesentlichen die folgenden Ergebnisse[781]:

1. Die vorgelegten Zwischen den Risikomerkmalen aus der Erfolgsfaktorenforschung und dem Fehlerrisiko bestehen weitgehend lineare Zusammenhänge.
2. Das Fehlerrisiko kann allgemein auf der Grundlage von Risikomerkmalen mit einer Wahrscheinlichkeit von mehr als 70 v.H. zutreffend prognostiziert werden.
3. Die Regression auf der Basis von multivariat abhängigen, aber faktoranalytisch aufbereiteten Risikomerkmalen ergab mit einem Anteil richtig klassifizierter Unternehmensfälle in Höhe von 72 v.H. im Vergleich zu der Prognosegüte anhand der univariat trennenden Merkmale von 62 v.H. eine deutliche Verbesserung der Treffergenauigkeit.

---

781 Vgl. hierzu und im folgenden *Jacobs/ Oestreicher/ Piotrowski-Allert*, ZfbF.

4. Die Aufnahme einer nichtlinearen Komponente in das Regressionsmodell brachte eine Verbesserung der Prognoseergebnisse gegenüber dem linearen Referenzmodell.

5. Eine Auflösung der u-förmigen Zusammenhänge der qualitativen Risikomerkmale und dem Risiko kann durch die Berücksichtigung einer relativ großen Zahl von beschreibenden Merkmalen erreicht werden. Im Regressionsmodell auf der Grundlage solcher Größen werden die Nebenbedingungen und Konstellationen durch die Beziehungen zwischen den Variablen berücksichtigt.

6. Die auf die Verhältnisse einzelner Branchen zugeschnittenen Regressionsfunktionen sind der allgemeinen Regressionsfunktion in der Klassifikationsgüte deutlich überlegen.

Die Ergebnisse untermauern, daß das Fehlerrisiko im Jahresabschluß mit Hilfe statistischer Verfahren überschneidungsfrei aus Merkmalen des Wettbewerbsmodells abgeleitet werden kann, welche die Struktur und Strategie von Unternehmen ganzheitlich abbilden. Nach dieser Vorgehensweise wird das Fehlerrisiko in Form eines standardisierten Vorhersagewerts für die Einstufung von Unternehmen in Risikogruppen erreicht, welcher zur Bestimmung des Entdeckungsrisikos und der hiermit verbundenen Planung des Prüfungsumfangs im Rahmen des Prüfungsrisikomodells linear in eine Wahrscheinlichkeitsziffer zu transformieren ist. Aufgrund der in dieser Untersuchung analysierten Stichprobe bewegt sich das Spektrum der Vorhersagewerte im Intervall zwischen 0,5 und 3,5 Punkten. Markiert man den unteren Fixpunkt für das Fehlerrisiko zum Beispiel mit zehn v.H. und den oberen Wert mit 90 v.H. ergeben sich aus einer solchen Transformation der Vorhersagewerte definierte Wahrscheinlichkeiten für das Fehlerrisiko, die dem subjektiven Empfinden des Prüfers weitgehend entzogen sind[782]. Für eine unmittelbare Anwendung der im Rahmen dieser Untersu-

---

[782] Zur Transformation von qualitativen Risikoeinschätzungen in Wahrscheinlichkeitsmaße siehe z.B. *Vasarhelyi/ Lin*, Auditing 1988, S. 457; *Carmichael/ Willingham*, Auditing 1987, S. 204.

chung vorgelegten Ergebnisse in der Prüfungspraxis ist der zugrundeliegende Stichprobenumfang möglicherweise etwas klein, so daß die gefundenen Regressionsgleichungen gegebenenfalls in einem größeren Datensatz zu überprüfen sind. Der hinreichend lineare Zusammenhang zwischen den verwendeten Risikovariablen und dem Fehlerrisiko sowie die besondere Bedeutung einzelner Risikovariablen für das Fehlerrisiko können gleichwohl als empirisch bestätigt gelten.

Für die der vorliegenden Untersuchung zugrunde liegende Stichprobe enthält die allgemeine Regressionsfunktion auf der Basis der faktoranalytisch aufbereiteten Risikomerkmale 16 Variablen. Hierbei entstammen je vier Merkmale den Bereichen „Produktion", „Marketing/ Vertrieb" sowie der Unternehmensumwelt, zwei Merkmale dem „unterstützenden Bereich", hier insbesondere dem Personalbereich, und jeweils ein Risikomerkmal der „Forschung und Entwicklung" und „Beschaffung/ Logistik".

Aufgrund dieser Funktion sind für das Risiko, daß der handelsrechtliche Jahresabschluß wesentliche Fehler enthält, viele zumindest schwach miteinander verknüpfte Kenngrößen bedeutsam, die entlang der gesamten Wertschöpfungskette verteilt sind und sowohl Kernfunktionen messen als auch die Arbeitsbedingungen oder die Fähigkeit, mit der die Unternehmen ihre Produkte am Markt verwerten. Besondere Bedeutung haben in diesem Zusammenhang die Materialintensität, die Fluktuationsrate und die Konzentration im Lieferantenbereich. In der Summe haben die Regressionskoeffizienten des Bereichs „Produktion" ein relatives Gewicht, das in etwa 33 v.H. der gesamten Variation erklärt, während die Merkmale zu „Marketing/ Vertrieb" sowie der unternehmensexternen Situation jeweils etwa ein Fünftel der Varianz beschreiben.

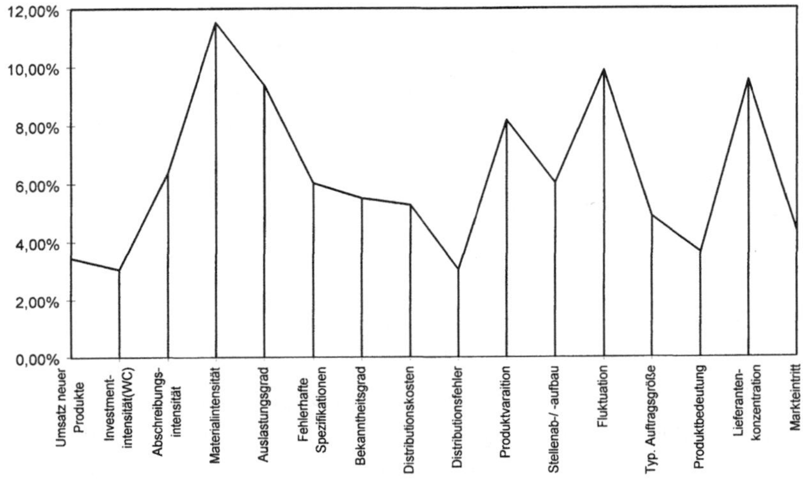

Abbildung 29: Relatives Gewicht der Koeffizienten in der allgemeinen Regressionsfunktion

Der Beitrag einer Variablen zum Risiko wird durch ihr Gewicht wiedergegeben, das der Regressionskoeffizient zum Ausdruck bringt. Insoweit vermindern nach dieser Funktion hohe Materialintensitäten das Risiko mehr als hohe Distributionskosten. Umgekehrt besteht allerdings zwischen der Höhe dieser Aufwendungen und dem Fehlerrisiko kein direkter Zusammenhang. Das Fehlerrisiko ist nicht allein deshalb kleiner, weil das Unternehmen mehr für die Distribution seiner Produkte aufwendet. Schließlich können diese Aufwendungen ineffizient sein und an den Bedürfnissen des Kunden vorbei gehen. Aus einem paarweisen Vergleich dieser Kennzahlen der Regressionsfunktion kann von daher nicht direkt auf die Risikolastigkeit eines Jahresabschlusses geschlossen werden.

Im Gegensatz dazu wurde die Regressionsfunktion auf der Basis der univariat klassifizierenden Variablen so bestimmt, daß die jeweilige Ursache für das als hoch oder gering eingestufte Fehlerrisiko aus den Komponenten der Regressionsfunktion einzeln abgeleitet werden kann. So gehen in die aufgestellte Regressionsgleichung fünf Risikomerkmale ein, von denen drei dem Produktionsbereich und je eines dem Bereich „Marketing/ Vertrieb“ sowie der Unternehmensumwelt entstammen. Die drei Kenngrößen zum Produktionsbereich erklären gemeinsam knapp die Hälfte der Varianz, während die andere Hälfte durch lediglich zwei Merkmale abgebildet wird.

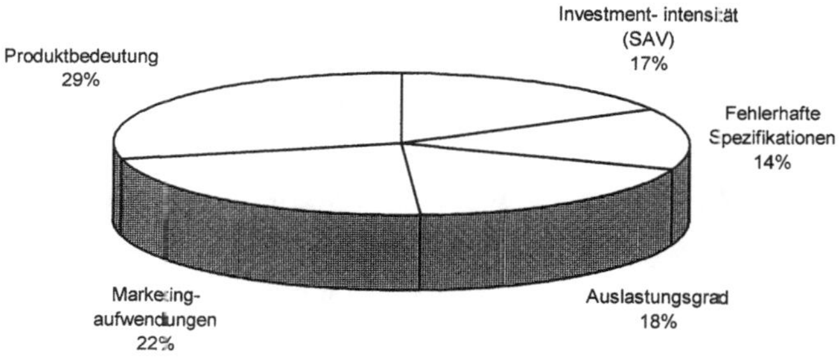

Abbildung 30: Relatives Gewicht der Koeffizienten in der allgemeinen Regressionsfunktion auf der Grundlage univariat trennender Risikomerkmale

Aus dem vorliegenden Zusammenhang ergibt sich, daß das Fehlerrisiko zum Beispiel mit zunehmenden Marketingaufwendungen steigt oder mit einem steigendem Auslastungsgrad der Anlagen fällt. Den größten Einfluß hat allerdings die Bedeutung des Produkts für den Kunden, gefolgt von den Marketingaufwendungen und dem Auslastungsgrad. Am wenigsten bedeutsam ist dagegen der Anteil Reklamationen infolge fehlerhafter Produktspezifikation an den gesamten Reklamationen.

In der allgemeinen Regressionsfunktion auf Basis der faktoranalytisch aufbereiteten Informationen können als Orientierungshilfen für die Schlüsse auf einzelne Jahresabschlußpositionen die oben dargestellten Hypothesen der empirischen Erfolgsfaktorenforschung dienen, die mit den verwendeten Kenngrößen verbunden sind. So gilt etwa im Zusammenhang mit der Fluktuationsrate, daß sich erfolgreiche Unternehmen grundsätzlich durch niedrige Ausprägungen in dieser Kenngröße auszeichnen, da erfolgreiche Unternehmen in der Regel motivierte und zufriedene Mitarbeiter haben. Ähnlich gilt für den Bereich der „Forschung und Entwicklung", der durch die Größe „Umsatzanteil neuer Produkte" repräsentiert wird, daß hier große Ausprägungen risikomindernd wirken. Die Bemühungen erfolgreicher Unternehmen um die Produktentwicklung gehen mit zeitgemäßen Produkten einher, die den neuesten technischen und modischen Entwicklungen entsprechen, den steigenden Anforderungen der Kunden entgegenkommen und demnach auch vom Markt angenommen werden[783].

Aufgrund solcher Zusammenhänge wäre zu erwarten, daß in einer Branche, in der den Forschungs- und Entwicklungsaufwendungen große Risikobeiträge zukommen, Unternehmen mit geringen Aufwendungen Risiken in den Vorräten und den Rückstellungen aufweisen. Die Risiken können darin bestehen, daß veraltete Produkte Abwertungen erforderlich machen oder daß im Falle technischer Überalterung mit Gewährleistungsansprüchen zu rechnen ist, die ihren Niederschlag in entsprechenden Rückstellungen finden müßten. Ähnlich sind die Beziehungen aus den univariat trennenden Merkmalen zu interpretieren. Allerdings werden hier wesentlich weniger Kenngrößen zur Risikoprognose herangezogen, wodurch nur eine dementsprechend weniger differenzierte Betrachtung der einzelnen Einflüsse möglich ist.

Wie soeben aufgezeigt, kann in Anlehnung an die Hypothesen, welche Zusammenhänge zwischen den Stationen der Wertschöpfungskette und dem Wettbewerb auf der einen Seite und dem Geschäftsrisiko sowie dem Fehlerrisiko des zugehörigen Jahresabschlusses auf der anderen Seite postulieren, versucht werden, Verbindungen zwischen den betrieblichen Funktionsbereichen und möglichen Prüffeldern abzuleiten. Die nachstehende Tabelle zeigt solche Beziehungen auf.

---

[783] Vgl. *Braun*, Struktur 1991, S. 38-44.

Betriebliche Funktionsbereiche/ Wertschöpfungskette	Prüfungsfelder und -gegenstände
Forschung und Entwicklung	• Immaterielle Vermögensgegenstände • Sachanlagen • Abschreibungen • unfertige und fertige Erzeugnisse • Rückstellungen • Bestandsveränderungen
Beschaffung/ Logistik	• Roh-, Hilfs- und Betriebsstoffe • Bestandveränderungen • Materialaufwand • Abschreibungen • Verbindlichkeiten • Rückstellungen
Produktion	• Immaterielle Vermögensgegenstände • Sachanlagen • Abschreibungen • unfertige und fertige Erzeugnisse • Rückstellungen • Bestandsveränderungen
Marketing/ Vertrieb	• Forderungen • Rückstellungen • Umsatzerlöse
Unterstützende Bereiche	• Eigenkapital • Verbindlichkeiten • Rechnungsabgrenzung • Finanzanlagen • Wertpapiere • Sachanlagen • Finanzanlagen • aktivierte Eigenleistungen • sonstige Aufwendungen und Erträge, • außerordentliche Aufwendungen und Erträge • Personalaufwand • Pensionsrückstellungen • Internes Überwachungssystem

Tabelle 71: Zusammenhang zwischen betrieblichen Funktionsbereichen und Prüfungsfeldern

Ein anderer Weg, den Zusammenhang zwischen dem Fehlerrisiko und den fehlerbehafteten Jahresabschlußpositionen herzustellen, besteht darin, auch für die für die Vergangenheit beobachteten Feststellungen eine empirische Auswertung anzustellen. Dazu wurden in der vorliegenden Stichprobe die Bereiche des Jahresabschlusses identifiziert, für die bei der Prüfung Fehler dokumentiert wurden. Auf dieser Grundlage wurde mit Hilfe einer einfaktoriellen Varianzanalyse die Wahrscheinlichkeit ermittelt, mit der die Fehler in den einzelnen Bereichen des Jahresabschlusses aufgetreten sind. Abbildung 31 gibt diese Wahrscheinlichkeiten für die drei ermittelten Risikoklassen wieder.

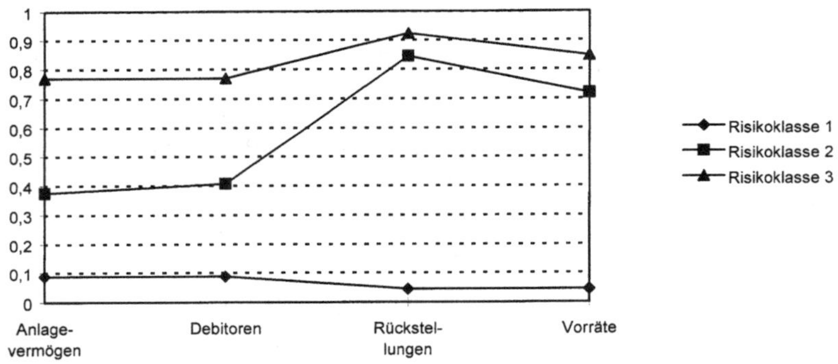

Abbildung 31: Clustermittelwerte in den signifikanten Jahresabschlußpositionen

Nach dieser Grafik unterscheiden sich die drei Risikoklassen signifikant in den Bereichen Anlagevermögen, Debitoren, Rückstellungen und Vorräte. Während die Jahresabschlüsse der mit dem höchsten Risiko für die Prüfung behafteten Gruppe 3 durch eine hohe Feststellungsdichte in allen vier zentralen Jahresabschlußpositionen gekennzeichnet sind, weisen die Jahresabschlüsse, die der Klasse 2 zuzurechnen sind, hohe Fehlerwahrscheinlichkeiten nur in den Bereichen Rückstellungen und Vorräte auf. Für die Bereiche Anlagevermögen und Debitoren sind hier die Fehlerwahrscheinlichkeiten nur halb so groß, wie das bei der Gruppe 3 der Fall ist. Die Jahresabschlüsse der Gruppe 1 schließlich zeigen in allen vier Positionen nur geringe Fehlerwahrscheinlichkeiten. Danach sind in den Jahresabschlüssen, die mit Hilfe der Regressionsanalyse in die Gruppe 3 eingestuft werden, mit hoher Wahrscheinlichkeit Fehler in den Bereichen Anlagevermögen, Debitoren, Rückstellungen und Vorräte zu erwarten. Demgegenüber weist die Gruppe 2 hohe Fehlerwahrscheinlichkeiten nur für Rückstellungen und Vorräte auf, während Anlagevermögen und Debitoren nur in etwa der Hälfte aller Fälle fehlerbehaftet waren. Die Einstufung in Gruppe 1 läßt erwarten, daß nur wenige Fehler im Jahresabschluß enthalten sind.

Literaturverzeichnis

Aaker, David A. (Markt-Management 1989): Strategisches Markt-Management, Wiesbaden 1989

Abell, Derek F./ Hammond, J.S. (Market 1979): Strategic Market Planning - Problems and Analytical Approaches, Englewood Cliffs, New Jersey 1979

Aberle, Gerd (Wettbewerbstheorie 1980): Wettbewerbstheorie und Wettbewerbspolitik, Stuttgart 1980

Accountants International Study Group (Materiality 1974): Materiality in Accounting. Current Practices in Canada, the United Kingdom and the United States, New York 1974

Adamer, Manfred M./ Hinterhuber, Hans H./ Kaindl, Günter (der markt 1993): Markt- und Weltmarktführer: Was zeichnet diese Unternehmen aus? Eine Analyse vor dem Hintergrund der Erfolgsfaktorenforschung, in: der markt 1993, S. 6-11

Adamer, Manfred M./ Hinterhuber, Hans H./ Kaindl, Günter (Markenartikel 1993): Erfolgsfaktoren erfolgreicher Unternehmen, in: Markenartikel 1993, S. 457-459

Adams, Roger (Accountancy 1989): Risks in the Foreground, in: Accountancy März 1989, S. 101-104

Adenauer, Patrick, (Berücksichtigung 1989): Berücksichtigung des Internen Kontrollsystems bei der Jahresabschlußprüfung, Köln 1989

Adler, Hans/ Düring, Walther/ Schmaltz, Kurt (Rechnungslegung 1987): Rechnungslegung und Prüfung der Unternehmen: Kommentar zum HGB, AktG, GmbHG, PublG nach den Vorschriften des Bilanzrichtlinien-Gesetzes, bearbeitet von *Forster, Karl-Heinz u.a.*, 5. Auflage, Stuttgart 1995

Adrian, Wolfgang (Unternehmensführung 1989): Strategische Unternehmensführung und Informationssystemgestaltung auf der Grundlage kritischer Erfolgsfaktoren: ein anwendungsorientiertes Konzept für mittelständische Unternehmen, Bergisch Gladbach/ Köln 1989

AICPA (Codification 1990): Codification of Statements on Auditing Standards (Including Statement on Financial Forecasts and Projections and Statements on Standards for Attestation Engagements) Numbers 1 to 63, New York 1990

AICPA (JoA 1973): Statement on Auditing Procedure No. 54: The Auditor's Study and Evaluation of Internal Control, in: JoA 1973, März, S. 56-71

AICPA (JoA 1981): Statement on Auditing Standards No. 39 - Audit Sampling, in: JoA 1981, August, S. 106-110

AICPA (JoA 1984): Statement on Auditing Standards No. 47 - Audit Risk and Materiality in Conducting an Audit, in: JoA 1984, Februar, S. 143-146

AICPA (Statement 1995): Statement on Auditing Standards No. 31: Evidential Matter, in: *AICPA (Hrsg.)*: AICPA Professional Standards, Volume 1, Chicago 1995, AU Sec. 326

Albach, Horst (Qualitätsmanagement 1992): Qualitätsmanagement in der Wirtschaftsprüfungsgesellschaft, in: *Moxter, Adolf/ Müller, Hans-Peter/ Windmöller, Rolf/ Wysocki, Klaus von (Hrsg.)*: Rechnungslegung. Entwicklungen bei der Bilanzierung und Prüfung von Kapitalgesellschaften, Festschrift zum 65. Geburtstag von Professor Dr. Dr. h.c. Karl-Heinz Forster, Düsseldorf 1992, S. 1-26

Albach, Horst (Unternehmenserfolg 1988): Maßstäbe für den Unternehmenserfolg, in: *Henzler, Herbert (Hrsg.)*: Handbuch Strategische Führung, Wiesbaden 1988, S. 69-83

Albach, Horst (Versorgung 1983): Zur Versorgung der deutschen Wirtschaft mit Risikokapital, Bonn 1983

Albach, Horst/ Bock, Kurt/ Warnke, Thomas (Wachstumsschwellen 1985): Kritische Wachstumsschwellen in der Unternehmensentwicklung, Schriften zur Mittelstandsforschung Nr. 7 NF, Stuttgart 1985

Albach, Horst/ Hunsdiek, Detlef/ Kokalj, Ljuba (Finanzierung 1986): Finanzierung mit Risikokapital, Stuttgart 1986

Albach, Horst/ May-Strobl, Eva (Die Bank 1986): Erfolgsfaktoren neugegründeter Unternehmen, in: Die Bank 1986, S. 84-86

Albers, Sönke/ Bauer, Hans H./ Eggert, Karin (Kundennähe 1987): Kundennähe: Ergebnisse einer empirischen Studie bei Großunternehmen des verarbeitenden Gewerbes, Arbeitspapier, Wissenschaftliche Hochschule für Unternehmensführung Koblenz 1987

Albers, Sönke/ Bauer, Hans H./ Eggert, Karin (Kundennähe 1988): Kundennähe: Ergebnisse einer empirischen Studie bei Großunternehmen des verarbeitenden Gewerbes in den Kammerbezirken der IHK Koblenz und der IHK Lüneburg-Wolfsburg, Arbeitspapier, Universität Lüneburg 1988

Albers, Sönke/ Eggert, Karin (Marketing 1988): Kundennähe - Strategie oder Schlagwort?, in: Marketing - Zeitschrift für Forschung und Praxis 1988, S. 5-16

Aldermann, C. Wayne/ Tabor, Richard H. (JoA 1989): The Case of Risk-Driven Audits, in: JoA 1989, März, S. 55-61

Alewell, Dorothea (Arbeitsmärkte 1993): Interne Arbeitsmärkte - Eine informationsökonomische Analyse, Hamburg 1993

Altman, Edward I. (Journal of Finance 1968): Financial Ratios, Discriminant Analysis and the Prediction of Corporate Bankruptcy, in: Journal of Finance 1968, S. 589-609

Ambrosi, Klaus/ Lauwerth, Werner (Sensitivitätsbetrachtungen 1983): Sensitivitätsbetrachtungen in der Clusteranalyse, Arbeitspapier Nr. 69 des Instituts für Statistik und Mathematische Wirtschaftstheorie der Universität Augsburg, Augsburg 1983

Anders, Ulrich (Netze 1997): Statistische Neuronale Netze, München 1997

Anders, Ulrich/ Szczesny, Andrea (Prognose 1996): Prognose von Insolvenzwahrscheinlichkeiten mit Hilfe logistischer neuronaler Netzwerke - Eine Untersuchung von kleinen und mittleren Unternehmen, Zentrum für Europäische Wirtschaftsforschung ZEW Discussion Paper No. 96-27, Mannheim 1996

Anderson, C.R./ Paine, F.T. (The Academy of Management Review 1978): PIMS: A Reexamination, in: The Academy of Management Review 1978, S. 602-612

Anderson, James A. (Introduction 1989): General Introduction, in: *Anderson, James A./ Rosenfeld, Edward (Hrsg.)*: Neurocomputing: Foundations of Research, 3. Auflage, Cambridge/ London 1989, S. XIII-XXI

Anderson, James A. (Introduction 1995): An Introduction to Neural Networks, Cambridge/ London 1995

Anderson, Rodney J. (External Audit 1977): The External Audit 1. Concepts and Techniques, Toronto 1977

Anderson, Rodney J. (Interrelationship 1977): The Interrelationship of Compliance and Substantive Verification in Auditing, in: *Cushing, Barry E./ Krogstad, Jack L. (Hrsg.)*: Frontiers of Auditing Research, University of Texas at Austin 1977, S. 69-137

Anderson, T.W./ Goodman, Leo A. (The Annals of Mathematical Statistics 1957): Statistical Inference about Markov Chains, in: The Annals of Mathematical Statistics 1957, S. 89-100

Andreae, Clemens (Machtkonflikt 1966): Machtkonflikt und Machtkonkurrenz in der Marktwirtschaft, in: *Andreae, Clemens/ Glahe, Werner (Hrsg.)*: Das Gegengewichtsprinzip in der Wirtschaftsordnung, Bd. I: Wirtschaftliche Macht und Wettbewerb, Köln 1966, S. 27-71

Andrews, F.C. (The Annals of Mathematical Statistics 1954): Asymptotic Behavior of some rank tests for analysis of variance, in: Ann. Math. Statist. 1954, S. 724-736

Arens, Alvin A./ Loebbecke, James K. (Auditing 1991): Auditing. An Integrated Approach, 5. Auflage, Englewood Cliffs 1991

Arnold, Ulli (Beschaffung aktuell 1989): Ziele, Aufgaben und Instrumente des Materialmanagements, in: Beschaffung aktuell 1989, Heft 5, S. 47-54

Aschinger, Gerhard (WiSt 1984): Contestable Markets. Ein neuer Weg zur Charakterisierung des Wettbewerbs und der Industriestruktur, in: WiSt 1984, S. 217-223

Astley, W. Graham/ Van de Ven, Andrew H. (Administrative Science Quarterly 1983): Central Perspectives and Debates in Organization Theory, in: Administrative Science Quarterly 1983, S. 245-273

Backhaus, Klaus/ Erichson, Bernd/ Plinke, Wulff/ Weiber, Rolf (Analysemethoden 1996): Multivariate Analysemethoden. Eine anwendungsorientierte Einführung, 8. Auflage, Berlin/ Heidelberg/ New York 1996

Baetge, Jörg (BFuP 1985): Eine Zielvorschrift für Rationalisierungsansätze bei der Prüfung, in: BFuP 1985, S. 277-290

Baetge, Jörg (Bilanzen 1996): Bilanzen, 4. Auflage, Düsseldorf 1996

Baetge, Jörg (Möglichkeiten 1970): Möglichkeiten der Objektivierung des Jahreserfolgs, in: *Leffson, Ulrich (Hrsg.)*: Schriftenreihe des Instituts für Revisionswesen der Westfälischen Wilhelms-Universität Münster, Band 2, Düsseldorf 1970

Baetge, Jörg (Vermögens- und Finanzlage 1992): Vermögens- und Finanzlage, Prüfung der, in: *Coenenberg, Adolf Gerhard/ Wysocki, Klaus von (Hrsg.)*: Handwörterbuch der Revision, 2. Auflage, Stuttgart 1992, Sp. 1641-1662

Baetge, Jörg (WPg 1980): Früherkennung negativer Unternehmensentwicklungen der zu prüfenden Unternehmung mit Hilfe von Kennzahlen, in: WPg 1980, S. 651-665

Baetge, Jörg (WPg 1994): Rating von Unternehmen anhand von Bilanzen, in: WPg 1994, S. 1-10

Baetge, Jörg (ZfbF 1989): Möglichkeiten der Früherkennung negativer Unternehmensentwicklungen, in: ZfbF 1989, S. 792-811

Baetge, Jörg/ Beuter, Hubert, B./ Feidicker, Markus (WPg 1992): Kreditwürdigkeitsprüfung mit Diskriminanzanalyse, in: WPg 1992, S. 749-761

Baetge, Jörg/ Mochty, Ludwig (Zuverlässigkeit 1980): Die Zuverlässigkeit und Wirtschaftlichkeit „Interner Kontrollsysteme", in: *Hauptmann, Harry/ Schenk, Karl-Ernst (Hrsg.)*: Anwendung der Systemtheorie und Kybernetik in Wirtschaft und Verwaltung, Berlin 1980, S. 1-63

Baetge, Jörg/ Schmedt, Ulrich/ Hüls, Dagmar/ Krause, Clemens/ Uthoff, Carsten (DB 1994): Bonitätsbeurteilung von Jahresabschlüssen nach neuem Recht (HGB 1985) mit Künstlichen Neuronalen Netzen auf der Basis von Clusteranalysen, in: DB 1994, S. 337-343

Baetge, Jörg/ Schulze, Dennis (DB 1998): Möglichkeiten der Objektivierung der Lageberichterstattung über „Risiken der künftigen Entwicklung", in: DB 1998, S. 937-948

Baetge, Jörg/ Siefke, Michael (BBK 1996): Analyse der horizontalen Bilanzsstruktur, in: BBK 1996, Fach 19, S. 349-352

Bain, Joe S. (Organization 1968): Industrial Organization, 2. Auflage, New York 1968

Bain, Joe S./ Qualls, P. David (Organization 1987): Industrial Organization: A Treatise, Greenwich/ London 1987

Ballwieser, Wolfgang (BFuP 1988): Zur Berichterstattung des Abschlußprüfers nach dem neuen Recht, in: BFuP 1988, S. 313-329

Ballwieser, Wolfgang (WPg 1987): Die Analyse von Jahresabschlüssen nach neuem Recht, in: WPg 1987, S. 47-66

Bamberg, Günter/ Baur, Franz (Statistik 1996): Statistik, 9. Auflage, München/ Wien 1996

Bankmann, Jörg (WPg 1963): Möglichkeiten der Beurteilung betrieblicher Kontrollsysteme unter besonderer Berücksichtigung des Internal-Control-Fragebogens, in: WPg 1963, S. 395-396

Bartling, Hartwig (Leitbilder 1980): Leitbilder der Wettbewerbspolitik, München 1980

Barzen, Dietmar/ Wahle, Peter (HARVARDmanager 1990): Das PIMS-Programm - was es wirklich wert ist, in: HARVARDmanager 1990, S. 100-109

Bass, Frank M./ Cattin, Philippe/ Wittink, Dick R. (Journal of Marketing Research 1978): Firm Effects and Industry Effects in the Analysis of Market Structure and Profitability, in: Journal of Marketing Research 1978, Februar, S. 3-10

Baumol, William J. (The American Economic Review 1982): Contestable Markets: An Uprising in the Theory of Industry Structure, in: The American Economic Review 1982, S. 1-15

Baumol, William J./ Panzar, John C./ Willig, Robert D. (Contestable Markets 1982): Contestable Market and the Theory of Industry Structure, New York 1982

Baumol, William J./ Willig, Robert D. (Contestability 1986): Contestability: Developments since the Book, in: *Morris, Derek/ Sinclair, P.J.N./ Slater, M.D.E./ Vickers, J.S. (Hrsg.)*: Strategic Behaviour and Industrial Competition, Oxford 1986, S. 9-36

Bausch, Thomas (Stichprobenverfahren 1990): Stichprobenverfahren in der Marktforschung, München 1990

Beaver, William H. (Empirical Reasearch in Accounting 1966): Financial Ratios as Predictors of Failure, in: Empirical Reasearch in Accounting: Selected Studies, Supplement to Journal of Accounting Research 1966, S. 71-111

Becker, Jochen (Marketing-Konzeption 1997): Marketing-Konzeption, 6. Auflage, München 1988

Bedard, Jean C./ Graham, Lynford E. Jr. (Auditing: A Journal of Practice and Theory 1994): Auditor's Knowledge Organization: Observations from Audit Practice and Their Implications, in: Auditing: A Journal of Practice and Theory, Frühling 1994, S. 73-83

Beermann, Klaus (Prognosemöglichkeiten 1976): Prognosemöglichkeiten von Kapitalverlusten mit Hilfe von Jahresabschlüssen, in: *Leffson, Ulrich (Hrsg.)*: Schriften des Instituts für Revisionswesen der Westfälischen Wilhelms-Universität Münster, Düsseldorf 1976

Bergs, Siegfried (Optimalität 1981): Optimalität bei Clusteranalysen, Dissertation Münster 1981

Berthel, Jürgen (ZfbF 1973): Determinanten menschlicher Leistungseffizienz im Betrieb, in: ZfbF 1973, S. 383-397

Betz, Stefan (DBW 1996): Gestaltung der Leistungstiefe als strategisches Problem, in: DBW 1996, S. 399-412

Binner, Hartmut F. (Arbeitsvorbereitung 1993): Erfolgsfaktoren im Griff, in: Arbeitsvorbereitung 1993, S. 206-208

Binz, Hans-Bert (Kritik 1984): Kritik an deutschen Wirtschaftsprüfern - ein Glaubwürdigkeitsproblem, Bergisch Gladbach 1984

Bischof, Peter (Produktlebenszyklen 1976): Produktlebenszyklen im Investitionsgüterbereich, Göttingen 1976

Bischoff, Rainer/ Bleile, Clemens/ Graalfs, Jürgen (Wirtschaftsinformatik 1991): Der Einsatz Neuronaler Netze zur betriebswirtschaftlichen Kennzahlenanalyse, in: Wirtschaftsinformatik 1991, S. 375-385

Bittlingmayer, George (Wirtschaft und Wettbewerb 1987): Die wettbewerbspolitischen Vorstellungen der Chicago School, in: Wirtschaft und Wettbewerb 1987, S. 709-718

Blattner, Niklaus (Theorie 1977): Volkswirtschaftliche Theorie der Firma. Firmenverhalten, Organisationsstruktur, Kapitalmarktkontrolle, Berlin 1977

Bleymüller, Josef/ Gehlert, Günther/ Gülicher, Herbert (Statistik 1996): Statistik für Wirtschaftswissenschaftler, 10. Auflage, München 1996

Blum, James D./ Antonio, Angelo E. di (JoA 1979): Sequence for Studying, Evaluation and Testing Internal Control, in: JoA 1979, Dezember, S. 53-56

Blum, Marc (JoAR 1974): Failing Company Discriminant Analysis, in: JoAR 1974, S. 1-25

Boatsman, James R./ Crooch, Michael G. (The Accounting Review 1975): An Example of Controlling the Risk of a Type II Error for Substantive Test in Auditing, in: The Accounting Review, Juli 1975, S. 610-615

Böbel, Ingo (Wettbewerb 1984): Wettbewerb und Industriestruktur - Industrial Organization - Forschung im Überblick, Heidelberg 1984

Bock, Hans H. (Klassifikation 1974): Automatische Klassifikation, Göttingen 1974

Böcker, Franz (Marketing 1996): Marketing, 6. Auflage, Stuttgart 1987

Böcker, Franz (Marketing-Kontrolle 1988): Marketing-Kontrolle, Stuttgart 1988

Böcking, Hans-Joachim/ Orth, Christian (DB 1998): Neue Vorschriften zur Rechnungslegung und Prüfung durch das KonTraG und das KapAEG, in: DB 1998, S. 1241-1246

Bodnar, George (The Accounting Review 1975): Reliability Modeling of Internal Control Systems, in: The Accounting Review 1975, Oktober, S. 747-757

Boehler, Heymo (Marktforschung 1985): Marktforschung, Stuttgart 1985

Bokranz, Rainer/ Graeve, M. von (Nutzwertanalyse 1981): Nutzwertanalyse, in: REFA-Institut - Verband für Arbeitsstudien und Betriebsorganisation e.V., Darmstadt, Juli 1981

Bollmann, Peter (Beschreibung 1979): Beschreibung des Koeffizienten von Jaccard durch Transformationen, in: *Bock, Hans H.* (Hrsg.): Klassifikation und Erkenntnis, 3. Auflage, Frankfurt am Main 1979, S. 64-78

Bombach, Gottfried/ Gahlen, Bernhard/ Ott, Alfred E. (Hrsg.) (Industrieökonomik 1985): Industrieökonomik: Theorie und Empirie, Tübingen 1985

Bönkhoff, Franz J. (Beurteilungsprozeß 1992): Beurteilungsprozeß bei der Revision, in: *Coenenberg, Adolf Gerhard/ Wysocki, Klaus von (Hrsg.)*: Handwörterbuch der Revision, 2. Auflage, Stuttgart 1992, Sp. 262-268

Bönkhoff, Franz J. (Prüfungsplanung 1992): Prüfungsplanung, in: *Coenenberg, Adolf Gerhard/ Wysocki, Klaus von (Hrsg.)*: Handwörterbuch der Revision, 2. Auflage, Stuttgart 1992, Sp. 1519-1526

Booz. Allen & Hamilton (Products 1982): New Products Management for the 1980s, New York

Borchert, Dierk (Transaction 1989): Transaction Flow Auditing, in: *Coenenberg, Adolf G./ Wysocki, Klaus von (Hrsg.)*: Handwörterbuch der Revision, 2. Auflage, Stuttgart 1989, Sp. 1939-1959

Boritz, J. Efrim/ Gaber, Brian G./ Lemon, W. Morley (CA-Magazine 1987): Managing Audit Risk, in: CA-Magazine 1987, Januar, S. 36-41

Bortz, Jürgen (Statistik 1993): Statistik für Sozialwissenschaftler, 4. Auflage, Berlin/ Heidelberg/ New York 1993

Boulding, William/ Staelin, Richard (Marketing Science 1993): A Look on the Cost Side: Market Share and the Competitive Environment, in: Marketing Science 1993, S. 144-166

Boynton, Andrew C./ Zmud, Robert W. (Sloan Management Review 1984): An Assessment of Critical Success Factors, in: Sloan Management Review 1984, Sommer, S. 17-27

Bratschitsch, Rudolf/ Schnellinger, Wolfgang (Hrsg.) (Unternehmenskrisen 1981): Unternehmenskrisen - Ursachen, Frühwarnung, Bewältigung, Stuttgart 1981

Braulke, Michael (Wirtschaft und Wettbewerb 1983): Contestable Markets - Wettbewerbskonzept mit Zukunft, in: Wirtschaft und Wettbewerb 1983, S. 945-954

Braun, Ingolf A. (Struktur 1991): Struktur und Einsatz eines diagnostischen Instrumentariums zur Aufdeckung von Marketingdefiziten - DIAM, München 1991

Brause, Rüdiger (Netze 1995): Neuronale Netze. Eine Einführung in die Neuroinformatik, 2. Auflage, Stuttgart 1995

Brewer, Carl William (Nature 1981): The Nature of Audit Risk Indicators and their Effect on the Intensity of Audit Work Performed, Dissertation, University of Houston, 1981

Breycha, Ottokar/ Schäfer, Wolf (§ 321 HGB 1990a): § 321 HGB - Prüfungsbericht, in: *Küting, Karlheinz/ Weber, Claus-Peter (Hrsg.)*: Handbuch der Rechnungslegung - Kommentar zur Bilanzierung und Prüfung, 3. Auflage, Stuttgart 1990

Breycha, Ottokar/ Schäfer, Wolf (§ 322 HGB 1990b): § 322 HGB - Bestätigungsvermerk, in: *Küting, Karlheinz/ Weber, Claus-Peter (Hrsg.)*: Handbuch der Rechnungslegung - Kommentar zur Bilanzierung und Prüfung, 3. Auflage, Stuttgart 1990

Brockhoff, Klaus (Forschung 1994): Forschung und Entwicklung. Planung und Kontrolle, München/ Wien 1994

Brown, Gene R. (JoA 1962): Objective Internal Control Evaluation, in: JoA 1962, November, S. 50-56

Brumfield, Craig A./ Elliott, Robert K./ Jacobson, Peter D. (JoA 1983): Business Risk and the Audit Process, in: JoA 1983, April, S. 60-68

Buchner, Robert (Markov-Kette 1989): Markov-Kette, in: *Lück, Wolfgang (Hrsg.)*: Lexikon der Rechnungslegung und Abschlußprüfung, 2. Auflage, Marburg 1989, S. 506-507

Buchner, Robert (Prüfungswesen 1997): Wirtschaftliches Prüfungswesen, 2. Auflage, München 1997

Buchner, Robert (Rechnungslegung 1996): Rechnungslegung und Prüfung der Kapitalgesellschaft, 3. Auflage, Stuttgart 1996

Buchner, Robert (Statistik 1985): Finanzwirtschaftliche Statistik und Kennzahlenrechnung, München 1985

Buchner, Robert/ Breith, Eva (Problem 1981): Das Problem der optimalen Allokation von Urteilsbildungsbeiträgen unter Kostenaspekt im Rahmen einer Buchprüfung, in: *Seicht, Gerhard (Hrsg.)*: Management und Kontrolle, Festschrift für Erich Loitlsberger, Berlin 1981, S. 13-46

Buchner, Robert/ Weinreich, Jürgen (ZfbF 1979): Zum Optimierungsproblem Urteilsbildung und Prüfungskosten im Rahmen einer stichprobenweisen Buchprüfung, in: ZfbF 1979, S. 829-837

Buckless, Frank Alan Orth (Evaluations 1989): Modeling External Auditors' Evaluations of Audit Risk and the Effect of Task Environment on Consensus, Dissertation Michigan State University 1989

Budde, Wolfgang Dieter/ Kunz, Karlheinz (§ 321 1995): § 321 HGB, in: *Budde, Wolfgang Dieter u.a. (Hrsg.)*: Beck'scher Bilanzkommentar - Handels- und Steuerrecht - §§ 238 bis 339, 3. Auflage, München 1995

Bühl, Achim/ Zöfel, Peter (SPSS 1997): SPSS für Windows Version 7.5, Bonn/ Reading 1997

Bungard, Walter/ Lück, Helmut E. (Forschungsartefakte 1974): Forschungsartefakte und nicht-reaktive Meßverfahren, Stuttgart 1974

Bungard, Walter/ Wiendieck, Gerd (Effizienz 1986): Zur Effizienz von Qualitätszirkeln, in: *Bungard, Walter/ Wiendieck, Gerd (Hrsg.)*: Qualitätszirkel als Instrument zeitgemäßer Betriebsführung, Landsberg am Lech 1986, S. 281-305

Büning, Herbert/ Trenkler, Götz (Methoden 1994): Nichtparametrische statistische Methoden, Berlin/ New York 1994

Burke, Terry/ Genn-Bash, Angela/ Haines, Brian (Competition 1988): Competition in Theory and Practice, London 1988

Burkhardt, Rainer (Industriemagazin 1990): Meister des Mehrwerts unter der Lupe, in: Industriemagazin 1990, Heft 1, S. 16-22

Burkhardt, Rainer/ Maier, Friedrich (TopBusiness 1993): Die der Krise trotzen, in: TopBusiness 1993, Februar, S. 16-20

Burrell, Gibson/ Morgan, Gareth (Paradigms 1979): Social Paradigms and Organizational Analysis, London/ Exeter 1979

Buzzell, Robert D./ Gale, Bradley T. (PIMS-Programm 1989): Das PIMS-Programm. Strategien und Unternehmenserfolg, Wiesbaden 1989

Buzzell, Robert D./ Gale, Bradley T./ Sultan, R.G.M. (Harvard Business Review 1975): Market Share - A Key to Profitability, in: Harvard Business Review 1975, Nr. 1; S. 97-106

Carmichael, Douglas R./ Willingham, John (Auditing 1987): Auditing Concepts and Methods: A Guide to Current Auditing Theory and Practice, 4. Auflage, New York 1987

Carroll, Daniel T. (Harvard Business Review 1983): A Disappointing Search for Excellence, in: Harvard Business Review 1983, Nr. 6, S. 78-88

Cattell, Raymond B./ Coulter, M.A./ Tsujioka, B. (Recognition 1966): The taxonometric recognition of types and functional emergents, in: *Cattell, Raymond B. (Hrsg.):* Handbook of multivariate experimental psychology, Chicago 1966

Caves, Richard E. (Journal of Economic Literature 1980): Industrial Organization, Corporate Strategy and Structure, in: Journal of Economic Literature 1980, März, S. 64-92

Caves, Richard E./ Porter, Michael E. (Quarterly Journal of Economics 1977): From Entry Barriers to Mobility Barriers, in: Quarterly Journal of Economics 1977, S. 241-261

Chambers, J.M./ Freeny, A.E./ Heiberger, Richard M. (Analysis 1983): Analysis of Variance; Designed Experiments, in: *Chambers, John M./ Hastie, Trevor J. (Hrsg.):* Statistical Models in S, London 1983

Charles, Ian (Accountancy 1990): Audit Risk, Materiality and the Examiner, in: Accountancy 1990, April, S. 98-100

Child, John (Organization and Administrative Sciences 1977/78): Organizational Design and Performance: Contingency Theory and Beyond, in: Organization and Administrative Sciences 1977/78, S. 169-183

Christians, Uwe (Entwicklung 1986): Entwicklung und empirische Überprüfung eines konjunkturgerechten Erfolgsprognosemodells zur Unterstützung der Kreditwürdigkeitsprüfung. Eine Untersuchung unter besonderer Berücksichtigung wissenschaftstheoretischer Aspekte, München 1986

Chrubasik, Bodo/ Zimmermann, Hans-Jürgen (DBW 1987): Evaluierung der Modelle zur Bestimmung strategischer Schlüsselfaktoren, in: DBW 1987, S. 426-450

Churchman, C. West/ Ackoff, Russel L. (Operations Research 1954): An Approximate Measure of Value, in: Operations Research 1954, Mai, S. 172-187

Chussil, Mark J. (R&D 1978): How Much to Spend on R&D?, in: *Strategic Planning Institute (Hrsg.)*: The PIMSLETTER on Business Strategy, Nr. 13, Cambridge/ Massachusetts 1978

CICA (CICA Handbook 1988): Knowledge of the Client's Business, in: CICA Handbook, Toronto 1988

CICA (Extent 1980): Extent of Audit Testing. A Research Study, Toronto 1980

Claessens, Alphons M.J.A. (Assessment 1992): The Assessment of Inherent Risk and Management Quality by Dutch Auditors, working paper, Maastricht 1992

Clark, John M. (American Economic Review 1940): Toward a Concept of Workable Competition, in: American Economic Review 1940, S. 241-256

Clark, John M. (Competition 1961): Competition as a Dynamic Process, Washington, D.C. 1961

Clarke, R. (Economics 1985): Industrial Economics, Oxford 1985

Clauß, Günther/ Ebner, Heinz (Grundlagen 1989): Grundlagen der Statistik, 6. Auflage, Zürich 1989

Clement, Michel/ Litfin, Thorsten/ Vanini, Sven (ZfB 1998): Ist die Pionierrolle ein Erfolgsfaktor? Eine kritische Analyse der empirischen Forschungsergebnisse, in: ZfB 1998, S. 205-226

Clifford, Donald K./ Cavanagh, Richard E. (Spitzengewinner 1986): Spitzengewinner. Strategien erfolgreicher Unternehmen, Düsseldorf/ Wien 1986

Coenenberg, Adolf Gerhard (Jahresabschluß 1997): Jahresabschluß und Jahresabschlußanalyse: betriebswirtschaftliche und steuerrechtliche Grundlagen, 16. Auflage, Landsberg/ Lech 1994

Cogoy, Mario (Österreichische Zeitschrift für Soziologie 1984): Risiko und Akzeptanz technologiepolitischer Entscheidungen, in: Österreichische Zeitschrift für Soziologie 1984, S. 220-230

Colbert, Janet L. (Internal Auditor 1987): Use the Concept of Inherent Risk - It Helps!, in: Internal Auditor, April 1987, S. 45-48

Corsten, Hans/ Will, Thomas (Konzept 1995) Das Konzept generischer Wettbewerbsstrategien. Kennzeichen und kritische Analyse, in: *Corsten, Hans (Hrsg.)*: Produktion als Wettbewerbsfaktor. Beiträge zur Wettbewerbs- und Produktionsstrategie, Wiesbaden 1995, S. 119-129

Cowley, P.R. (Strategic Management Journal 1988): Market Structure and Business Performance: An Evaluation of Buyer/ Seller Power in the PIMS Database, in: Strategic Management Journal 1988, S. 271-278

Cox, Helmut/ Hübener, Harald (Wettbewerb 1981): Wettbewerb. Eine Einführung in die Wettbewerbstheorie und Wettbewerbspolitik, in: *Cox, Helmut/ Jens, Uwe/ Markert, Kurt (Hrsg.)*: Handbuch des WettbewerbS. Wettbewerbstheorie, Wettbewerbspolitik, Wettbewerbsrecht, München 1981, S. 1-48

Cushing, Barry E. (The Accounting Review 1974): A Mathematical Approach to the Analysis and Design of Internal Control Systems, in: The Accounting Review 1974, Januar, S. 24-41

Cushing, Barry E./ Loebbecke, James K. (Auditing: A Journal of Practice and Theory 1983): Analytical Approaches to Audit Risk: A Survey and Analysis, in: Auditing: A Journal of Practice and Theory 1984, Herbst 1983, S. 23-41

Cushing, Barry E./ Searfoss, Gerald D./ Randall, Reed H. (JoAR 1979): Materiality Allocation in Audit Planning: A Feasibility Study, in: JoAR 1979, Supplement, S. 172-216

Cyert, Richard M./ March, James G. (Behavioral Theory 1963): A Behavioral Theory of the Firm, Englewood Cliffs/ New York 1963

Daniel, Stephen J. (Auditing: A Journal of Practice and Theory 1988): Some Empirical Evidence about the Assessment of Audit Risk in Practice, in: Auditing: A Journal of Practice and Theory, Spring 1988, S. 174-181

Day, George S. (Approaches 1981): Analytical Approaches to Strategic Marketing Planning, in: *Eni, B.M./ Roering, J.Kenneth (Hrsg.)*: Review of Marketing, Chicago/ Illinois 1981

Day, George S./ Montgomery, David B. (Journal of Marketing 1983): Diagnosing the Experience Curve, in: Journal of Marketing 1983, S. 44-58

Deindl, Josef (BB 1982): Die Quantifizierung der Anforderungen an die Genauigkeit und Sicherheit einer Stichprobenprüfung, in: BB 1982, S. 1641-1647

Dellmann, Klaus (Einflußgrößen 1991): Einflußgrößen der Erfolgsdynamik, in: *Kistner, Klaus-Peter/ Schmidt, Reinhard* (Hrsg.): Unternehmensdynamik, Wiesbaden 1991, S. 419-442

Demsetz, Harold (Journal of Law and Economics 1976): Economics as a Guide to Antitrust Regulation, in: Journal of Law and Economics 1976, S. 371-384

Demsetz, Harold (Market 1973): The Market Concentration Doctrine, Washington, D.C. 1973

Denk, Robert (Diagnosemethoden 1979): Diagnosemethoden und Entscheidungshilfen in der Bonitätsprüfung, Wien 1979

Deutscher Bundestag (BT-Drucksache 1998): Entwurf eines Gesetzes zur Kontrolle und Transparenz im Unternehmensbereich, in: BT-Drucksache 1998 13/9712 vom 28.1.1998

Dichtl, Erwin (Rolle 1975): Die Rolle der Erfolgskontrolle im Rahmen des Marketing Management, in: *Böcker, Franz/ Dichtl, Erwin (Hrsg.)*: Erfolgskontrolle im Marketing, Berlin 1975, S. 11-21

Diehl, Carl-Ulrich (Abschlußprüfung 1993): Risikoorientierte Abschlußprüfung - Gedanke zur Umsetzung in der Praxis, in: Deutsches Steuerrecht 1993, S. 1114-1121

Diehl, Carl-Ulrich (Prüfungsvorgehen 1991): Strukturiertes Prüfungsvorgehen durch risikoorientierte Abschlußprüfung, in: *Schitag Ernst & Young-Gruppe (Hrsg.)*: Aktuelle Fachbeiträge aus Wirtschaftsprüfung und Beratung, Festschrift zum 65. Geburtstag von Professor Dr. Hans Luik, Stuttgart 1991, S. 187-215

Dietrich, J. Richard/ Kaplan, Robert S. (The Accounting Review 1982): Empirical Analysis of the Commercial Loan Classification Decision, in: The Accounting Review 1982, S. 18-38

Dietz, Jürgen/ Füser, Karsten/ Schmidtmeier, Susanne (DB 1996): Neuronale Netze - Quo Vadis?. Einsatzgebiete Neuronaler Netze in der Finanzwirtschaft, in: DB 1996, S. 1296-1299

Dirsmith, Mark W./ Haskins, Mark E. (Accounting, Organizations and Society 1991): Inherent Risk Assessment and Audit Firm Technology: A Contrast in World Theories, in: Accounting, Organizations and Society 1991, S. 61-90

Dirsmith, Mark W./ McAllister, John P./ Twargoski, Stanley (Pennsylvania CPA Journal 1987): Inherent Risk: A Practical Perspective, in: Pennsylvania CPA Journal 1987, Frühling, S. 10-14

Dörner, Dietrich (Abschlußprüfung 1989): Risikoorientierte Abschlußprüfung, in: Risiken erkennen, Risiken bewältigen. Eine Aufgabe für Unternehmen, Berater und Prüfer, Bericht über die IDW-Fachtagung vom 26. bis 28.10.1988 in Hamburg, Düsseldorf 1989, S. 339-350

Dörner, Dietrich (Audit 1992): Audit Risk, in: *Coenenberg, Adolf Gerhard/ Wysocki, Klaus von (Hrsg.)*: Handwörterbuch der Revision, 2. Auflage, Stuttgart 1992, Sp. 81-96

Dörner, Dietrich (Blick durch die Wirtschaft 1996): Schon bald Harmonisierung der Rechnungslegung? - Auf der Suche nach einem Konsens für die Zukunft der Wirtschaftsprüfung/ 10 Thesen, in: Blick durch die Wirtschaft 31.10.1996, S. 9

Dörner, Dietrich (DB 1998): Ändert das KonTraG die Anforderungen an den Abschlußprüfer?, in: DB 1998, S. 1-8

Dörner, Dietrich (WPg 1998): Von der Wirtschaftsprüfung zur Unternehmensberatung, in: WPg 1998, S. 302-318

Dreier, Volker (Datenanalyse 1994): Datenanalyse für Sozialwissenschaftler, München/ Wien 1994

Drexl, Andreas (Planung 1988): Planung des Ablaufs von Unternehmensprüfungen, Darmstadt 1988

Drexl, Andreas (ZfbF 1989): Zuordnung von Prüfern zu Prüffeldern unter Beachtung von Reihenfolge-, Kapazitäts- und Terminrestriktionen, in: ZfbF 1989, S. 294-317

Drexl, Andreas/ Salewski, Frank (ZfB 1991): Grundlage für eine expertensystembasierte Beurteilung des Internen Kontrollsystems bei Abschlußprüfungen, in: ZfB 1991, S. 755-776

Dreyer, Arend (ZfB 1974): Scoring-Modelle bei Mehrfachzielsetzungen, in: ZfB 1974, S. 255-274

Durbin, J./ Watson, G.S. (Biometrika 1951): Testing for Serial Correlation in Least Squares Regression, in: Biometrika 1951, S. 159-178

Dürr, Ernst (Konjunktur 1981): Konjunktur-, Struktur- oder Wachstumskrise?, in: *Bratschitsch, Rudolf/ Schnellinger, Wolfgang (Hrsg.)* (Unternehmenskrisen 1981): Unternehmenskrisen - Ursachen, Frühwarnung, Bewältigung, Stuttgart 1981, S. 25-42

Dziuban, Charles D./ Shirkey, Edwin C. (Psychological Bulletin 1974): When is a Correlation Matrix Appropriate for Factor Analysis?, in: Psychological Bulletin 1974, S. 358-361

Ebers, Mark (Organisationskultur 1985): Organisationskultur: Ein neues Forschungsprogramm, Wiesbaden 1985

Eckey, Hans-Friedrich/ Kosfeld, Reinhold/ Dreger, Christian (Ökonometrie 1995): Ökonometrie. Grundlagen - Methoden - Beispiele, Wiesbaden 1995

Eckstein, Peter P. (Repetitorium 1995): Repetitorium Statistik: Deskriptive Statistik - Wahrscheinlichkeitsrechnung - induktive Statistik, Wiesbaden 1995

Egner, Henning (Bedeutung 1989): Die Bedeutung des Prüfungsberichtes für den Aufsichtsrat, in: *Müller, Hans-Erich (Hrsg.)*: Wirtschaftsprüfung und Mitbestimmung - Der Jahresabschluß nach dem Bilanzrichtlinien-Gesetz, Stuttgart 1989, S. 19-27

Elliott, Robert K. (Concepts 1977): Basis Concepts of Statistics and Hypothesis Testing for Auditing, in: *Davidson, Sidney/ Weil, Roman L./ u.a.* (Hrsg.): Handbook of Modern Accounting, 2. Auflage, New York 1977, Chapter 9, S. 9/1-9/31

Elliott, Robert K. / Rogers, John R. (JoA 1972): Relating Statistical Sampling to Audit Objectives, in: JoA 1972, Juli, S. 46-55

Elmendorff, Wilhelm (Erkenntniswert 1950): Erkenntniswert der Jahresabschlusses und Aussagewert des Bestätigungsvermerks, in: Wirtschaftsprüfung, Rechnungslegung und Besteuerung, Vorträge und Diskussionen der Münchner Fachtagung des Instituts der Wirtschaftsprüfer 1950, Schriftenreihe des Instituts der Wirtschaftsprüfer, Band 1, Düsseldorf 1950

Erickson, G.M./ Jacobson, Robert (Management Science 1992): Gaining Comparative Advantage Through Discretionary Expenditures: The Returns to R&D and Advertising, in: Management Science 1992, S. 1264-1279

Erxleben, Karsten/ Baetge, Jörg/ Feidicker, Markus/ Koch, Heidi/ Krause, Clemens/ Mertens, Peter (ZfB 1992): Klassifikation von Unternehmen. Ein Vergleich von Neuronalen Netzen und Diskriminanzanalyse, in: ZfB 1992, S. 1237-1262

Erxleben, Karsten/ Koch, Heidi (Früherkennung 1991): Früherkennung von Unternehmenskrisen. Ein Vergleich von Neuronalen Netzen und Diskriminanzanalyse, in: *Bodendorf, Freimut/ Mertens, Peter (Hrsg.)*: Arbeitspapier Nr. 4/ 1991

Ewert, Ralf (BFuP 1992): Controlling, Interessenkonflikte und asymmetrische Information, S. 277-303

Ewert, Ralf (Wirtschaftsprüfung 1990): Wirtschaftsprüfung und asymmetrische Information, Berlin/ Heidelberg/ New York 1990

Ewert, Ralf (ZfbF 1993): Rechnungslegung, Wirtschaftsprüfung, rationale Akteure und Märkte, in: ZfbF 1993, S. 715-747

Ewert, Ralf/ Wagenhofer, Alfred (ZfB 1992): Unternehmenspublizität und Konkurrenzwirkungen, in: ZfB 1992, S. 297-324

Fahrmeier, Ludwig/ Häußler, Walter/ Tutz, Gerhard (Diskriminanzanalyse 1984): Diskriminanzanalyse, in: *Fahrmeier, Ludwig/ Hamerle, Alfred (Hrsg.)*: Multivariate statistische Verfahren, Berlin/ New York 1984, S. 301-370

Fahrmeier, Ludwig/ Kredler, Christian (Modelle 1984): Verallgemeinerte lineare Modelle, in: *Fahrmeier, Ludwig/ Hamerle, Alfred (Hrsg.)*: Multivariate statistische Verfahren, Berlin/ New York 1984, S. 257-299

Farris, Paul W./ Reibstein, David J. (Harvard Business Review 1979): How prices, ad expenditures, and profits are linked, in: Harvard Business Review 1979, S. 173-184

Feidicker, Markus (Kreditwürdigkeitsprüfung 1992): Kreditwürdigkeitsprüfung - Entwicklung eines Bonitätsindikators dargestellt am Beispiel von Kreditversicherungsunternehmen, in: *Baetge, Jörg (Hrsg.)*: Schriften des Instituts für Revisionswesen der Westfälischen Wilhelms-Universität Münster, Düsseldorf 1992

Feldman, Julian/ Kanter, Herschel E. (Decision 1976): Organizational Decision Making, in: *March, James G. (Hrsg.)*: Handbook of Organizations, Bergen 1976, S. 614-649

Fell, Markus (Kreditwürdigkeitsprüfung 1994): Kreditwürdigkeitsprüfung mittelständischer Unternehmen. Entwicklung eines neuen Ansatzes auf der Basis von Erfolgsfaktoren, Wiesbaden 1994

Ferschl, Franz (Markovketten 1970): Markovketten, Berlin 1970

Fleischmann, Gerd (HJfWGP 1972): Wettbewerb und Innovation, in: HJfWGP 1972, S. 31-44

Flippo, Edwin B./ Munsinger, Gary M. (Management 1982): Management, 5. Auflage, Boston 1982

Flohr, Bernd (Fungibilität 1984): Fungibilität und Elastizität von Personal, Göttingen 1984

Forschungsinstitut für Wirtschaftsverfassung und Wettbewerb (Hrsg.) (Konzept 1970): Das Konzept der „Workable Competition“ in der angelsächsischen Literatur, Köln 1970

Forster, Karlheinz (WPg 1979): Einige Thesen zum Prüfungsbericht, in: WPg 1979, S 650-653

Fouquet, Klaus Peter (Sanierungswürdigkeitsanalyse 1987): Sanierungswürdigkeitsanalyse - Die Beurteilung der Vorteilhaftigkeit von Unternehmenssanierungen aus Sicht des Sanierungskreditgebers, Gelsenkirchen 1987

Fox, John (Regression 1997): Applied Regression Analysis, Linear Models, and Related Methods, Thousand Oaks/ London/ New Delhi 1997

Freeman, R. Edward (Strategic Management 1984): Strategic Management: A Stakeholder Approach, Boston 1984

Frese, Erich (DBW 1985): Exzellente Unternehmungen - Konfuse Theorien, Kritisches zur Studie von Peters und Waterman, in: DBW 1985, S. 604-606

Frese, Erich (Unternehmungsführung 1987): Unternehmungsführung, Landberg/ Lech 1987

Friedemann, Jens (WPK-Mitteilungen 1989): Das Wirtschaftsprüfertestat: Ein Qualitätssiegel mit beschränkter Haftung?, in: WPK-Mitteilungen 1989, S. 18-19

Friedrichs, Jürgen (Methoden 1998): Methoden empirischer Sozialforschung, 15. Auflage, Opladen 1998

Fritz, Wolfgang (DBW 1990): Ansätze der Wettbewerbstheorie aus der Sicht der Marketingwissenschaft, in: DBW 1990, S. 491-512

Fritz, Wolfgang (Einflußgrößen 1985): Einflußgrößen der Produktinnovationsstrategie von Industrieunternehmen. Eine empirische Untersuchung, Arbeitspapier Nr. 32 des Instituts für Marketing, Universität Mannheim, Mannheim 1985

Fritz, Wolfgang (Erfolgsfaktoren 1995): Erfolgsfaktoren im Marketing, in: *Tietz, Bruno/ Köhler, Richard/ Zentes, Joachim (Hrsg.)*: Handwörterbuch des Marketing, 2. Auflage, Stuttgart 1995, Sp. 594-607

Fritz, Wolfgang (Erfolgsfaktoren 1997): Erfolgsfaktoren der Unternehmensführung und des Marketing im Lichte empirischer Forschung, in: *Fritz, Wolfgang (Hrsg.)*: Erfolgsursache Marketing. Warum marktorientiert geführte Unternehmen erfolgreich sind, Stuttgart 1997, S. 9-46

Fritz, Wolfgang (Marketing 1989): Marketing - Ein Schlüsselfaktor des Unternehmenserfolges? Eine kritische Analyse vor dem Hintergrund der empirischen Erfolgsfaktorenforschung, Arbeitspapier Nr. 32 des Instituts für Marketing, Universität Mannheim, Mannheim 1989

Fritz, Wolfgang (Marketing 1990): Marketing - ein Schlüsselfaktor des Unternehmenserfolges? Eine kritische Analyse vor dem Hintergrund der empirischen Erfolgsfaktorenforschung, in: Marketing - Zeitschrift für Forschung und Praxis 1990, S. 91-110

Fritz, Wolfgang (Marketing-Management 1995): Marketing-Management und Unternehmenserfolg. Grundlagen und Ergebnisse einer empirischen Untersuchung, 2. Auflage, Stuttgart 1992

Fritz, Wolfgang (Marketingwissenschaft 1989): Marketingwissenschaft und Wettbewerbstheorie, in: *Specht, Günter/ Silberer, Günter/ Engelhardt, Werner H. (Hrsg.)*: Marketing-Schnittstellen, Stuttgart 1989, S. 51-68

Fritz, Wolfgang (Warentest 1984): Warentest und Konsumgüter-Marketing. Forschungskonzeption und Ergebnisse einer empirischen Untersuchung, Wiesbaden 1984

Fritz, Wolfgang (Wettbewerbstheorie 1989): Ansätze der Wettbewerbstheorie in marketingwissenschaftlicher Perspektive, Arbeitspapier Nr. 71 des Instituts für Marketing, Universität Mannheim, Mannheim 1989

Fritz, Wolfgang (WiSt 1988): Der kartellrechtliche Kooperationsspielraum mittelständischer Unternehmen, in: WiSt 1988, S. 58-64

Gäbler, Wolfgang (Investitionen 1989): Investitionen - Ideen und Geld genügen nicht, in: *Apitz, Klaas/ Gäbler, Wolfgang/ Holz, Bodo F./ Poth, Ludwig, G./ Wieczorek, Bernd J.* (Hrsg.): Erfolgsfaktoren von Marktführern, Landsberg/ Lech 1989, S. 69-107

Gaitanides, Michael/ Westphal, Jörg (Gruppen 1995): Strategische Gruppen und Unternehmenserfolg. Ergebnisse einer empirischen Studie, in: *Corsten, Hans (Hrsg.)*: Produktion als Wettbewerbsfaktor. Beiträge zur Wettbewerbs- und Produktionsstrategie, Wiesbaden 1995, S. 99-117

Galbraith, John K. (Anatomie 1987): Anatomie der Macht, München 1987

Galbraith, John K. (Capitalism 1952): American Capitalism, Cambridge/ Massachusetts 1952

Galbraith, John K. (The American Economic Review 1954): Countervailing Power, in: The American Economic Review, Papers and Proceedings No. 2 1954, S. 1-6

Gale, Bradley T./ Branch, Ben (Harvard Business Review 1980): Strategic Determinants of Cash Flow, in: in: *Strategic Planning Institute (Hrsg.)*: The PIMSLETTER on Business Strategy, Nr. 25, Cambridge/ Massachusetts 1980

Gale, Bradley T./ Branch, Ben (Harvard Business Review 1981): Cash flow analysis: more important than ever, in: Harvard Business Review 1981, S. 131-135

Gälweiler, Aloys (Determinanten 1977): Determinanten des Zeithorizonts der Unternehmensplanung, in: *Hahn, Dietger/ Taylor, Bernard (Hrsg.)*: Angewandte Planung, Bd. 1, Würzburg/ Wien 1977, S. 95-106

Gälweiler, Aloys (Unternehmensführung 1990): Strategische Unternehmensführung, 2. Auflage, Frankfurt am Main/ New York 1990

Gans, Christian (Prüfungen 1986): Betriebswirtschaftliche Prüfungen als heuristische Suchprozesse: Der Entwurf einer pragmatisch orientierten Prüfungstheorie auf der Grundlage der angelsächsischen empirischen Prüfungsforschung, Bergisch Gladbach 1986

Gärtner, Michael (DB 1994): Die Anwendung von analytischen Prüfungshandlungen: Ein Grundsatz ordnungsmäßiger Abschlußprüfung im Spannungsfeld zwischen Wirtschaftlichkeit und Qualität der Jahresabschlußprüfung, in: DB 1994, S. 949-951

Gebhardt, Günther (DBW 1981): Die Eignung empirischer Untersuchungen als Grundlage für Kreditwürdigkeitsprüfungen, in: DBW 1981, S. 221-235

Gebhardt, Günther (Insolvenzprognosen 1980): Insolvenzprognosen aus aktienrechtlichen Jahresabschlüssen, Wiesbaden 1980

Gelhausen, Hans-Friedrich (AG 1997): Reform der externen Rechnungslegung und ihrer Prüfung durch den Wirtschaftsprüfer, in: Die Aktienrechtsreform 1997, AG Sonderheft 1997, S. 73-83

Geman, S./ Bienenstock, E./ Doursat, R. (Neural Computation 1992): Neural Networks and the Bias/ Variance Dilemma, in: Neural Computation 1992, S. 1-58

George, Kenneth D. (The Review of Economics and Statistics 1968): Concentration, Barriers to Entry and rates of Return, in: The Review of Economics and Statistics 1968, S. 272-275

Gibbons, Jean D./ Chakraborti, Subhabrata (Inference 1992): Nonparametric statistical inference, 3. Auflage, New York 1992

Gierl, Heribert (absatzwirtschaft 1991): Strategische Erfolgsfaktoren des Produktprogramms, in: absatzwirtschaft 1991, S. 86-90

Gleim, Irvin N./ Hillison, William A. (Auditing 1988): Auditing & EDP. Objective Questions and Explanations, Florida 1988

Gnedenko, Boris W./ Beljajew, L.K./ Solowjew, A.D. (Methoden 1968): Mathematische Methoden der Zuverlässigkeitstheorie I, Berlin 1968

Goldfeld, Stephen M./ Quandt, Richard E. (Journal of the American Statistical Association 1965): Some tests for homoscedasticity, in: Journal of the American Statistical Association 1965, S. 539-547

Goode, William J./ Hatt, Paul K. (Befragung 1974): Die schriftliche Befragung, in: *König, René (Hrsg.)*: Das Interview, Köln, 9. Auflage 1974, S. 161-177

Göttgens, Olaf (Erfolgsfaktoren 1996): Erfolgsfaktoren in stagnierenden und schrumpfenden Märkten: Instrumente einer erfolgreichen Unternehmenspolitik, Wiesbaden 1996

Gottschlich, Werner (Führung 1989): Strategische Führung in mittleren Unternehmen, Frankfurt am Main/ Bern/ New York 1989

Grabner-Kräuter, Sonja (JfB 1993): Diskussionsansätze zur Erforschung von Erfolgsfaktoren, in: JfB 1993, S. 278-300

Graham, Lynford E. (CPA-Journal 1985a): Audit Risk - Part I, in: CPA-Journal 1985, August, S. 12-21

Graham, Lynford E. (CPA-Journal 1985b): Audit Risk - Part II, in: CPA-Journal 1985, September, S. 34-40

Graham, Lynford E. (CPA-Journal 1985c): Audit Risk - Part IV, in: CPA-Journal 1985, November, S. 38-46

Granger, Clive W./ Teräsvirta, Timo (Modelling 1993): Modelling nonlinear economic relationships, Oxford 1993

Gray, O. Ronald (The Internal Auditor 1983): Audit Project Evaluation Methodology, in: The Internal Auditor, Juni 1983, S. 31-34

Green, D.H./ Barcley, D.W./ Ryans, A.B. (Journal of Marketing 1995): Entry Strategy and Long-Term Performance: Conceptualisation and Empirical Examination, in: Journal of Marketing 4/1995, S. 1-16

Green, Paul E./ Tull, Donald S. (Methoden 1982): Methoden und Techniken der Marketingforschung, 4. Auflage, Stuttgart 1982

Greene, William (Analysis 1990): Econometric Analysis, New York 1990

Grenz, Thorsten (Dimensionen 1987): Dimensionen und Typen der Unternehmenskrise. Analysemöglichkeiten auf der Grundlage von Jahresabschlußinformationen, Frankfurt am Main/ Bern/ New York 1987

Grewe, Wolfgang (§ 317 HGB 1986): Kommentierung zu § 317 HGB, in: *Hofbauer, Max A./ u.a. (Hrsg.)*: Bonner Handbuch Rechnungslegung, Anmerkung 27 zu § 317 HGB, Bonn 1986

Grobstein, M./ Craig, Paul W. (Auditing: A Journal of Practice and Theory 1984): A Risk Analysis Approach to Auditing, in: Auditing: A Journal of Practice and Theory 1984, Frühling, S. 1-16

Grochla, Erwin (Grundlagen 1992): Grundlagen der Materialwirtschaft : das materialwirtschaftliche Optimum im Betrieb, 3. Auflage, Wiesbaden 1992

Gruber, Josef (Ökonometrie 1997): Ökonometrie. Band 1: Einführung in die multiple Regression und Ökonometrie, München 1997

Grunert, Klaus G./ Ellegaard, C. (Concept 1993): The Concept of Key Success Factors: Theory and Method, in: *Baker, Michael J. (Hrsg.)*: Perspectives on Marketing Management, Bd. 3, New York 1993, S. 245-274

Grünig, Rudolf / Heckner, Frank/ Zeuss, A. (Die Unternehmung 1996): Methoden zur Identifikation strategischer Erfolgsfaktoren, in: Die Unternehmung 1996, S. 3-12

Gutenberg, Erich (Grundlagen 1983): Grundlagen der Betriebswirtschaftslehre. Erster Band: Die Produktion, 24. Auflage, Berlin 1983

Guttmann, Louis (Psychometrica 1954): Some necessary conditions for common factor analysis, in: Psychometrica 1954, S. 149-151

Guy, Dan M. (Introduction 1981): An Introduction to Statistical Sampling in Auditing, New York/ Chichester/ Brisbane/ Toronto 1981

Hafermalz, Otto (Befragung 1976): Schriftliche Befragung - Möglichkeiten und Grenzen, Wiesbaden 1976

Hagerty, Michael R./ Carman, James M./ Russell, Gary J. (Journal of Marketing Research 1988): Estimating Elasticities with PIMS Data: Methodological Issues and Substantive Implications, in: Journal of Marketing Research 1988, S. 1-9

Haller, Matthias (SzU 1986): Risiko-Management - Eckpunkte eines integrierten Konzepts, in: SzU 33/ 1986, S. 7-43

Hamlen, Susan S. (The Accounting Review 1980): A Chance-Constrained Mixed Integer Programming Model for Internal Control Design, in: The Accounting Review 1980, Oktober, S. 578-593

Hansen, Herbert (AG 1992a): Der Ymos-Skandal, in: Die Aktiengesellschaft, 37. Jg., 1992, S. R 278

Hansen, Herbert (AG 1992b): Fehler bei der Rechnungslegung und der Abschlußprüfung, in: Die Aktiengesellschaft 1992, S. R 260-R 264

Hartung, Joachim/ Elpelt, Bärbel/ Klösner, Karl-Heinz (Statistik 1995): Statistik. Lehr- und Handbuch der angewandten Statistik, 10. Auflage, München/ Wien 1995

Hasitschka, Werner (Krisenprophylaxe 1988): Betriebswirtschaftliche Krisenprophylaxe, Stuttgart 1988

Hauschildt, Jürgen (Entwicklungslinien 1987): Entwicklungslinien in der Organisationstheorie, Hamburg 1987

Hauschildt, Jürgen (Goals 1986): Goals and Problem-Solving in Innovative Decisions, in: *Witte, E./ Zimmermann, H.J. (Hrsg.)*: Empirical Research on Organizational Decision-Making, Amsterdam 1986, S. 3-19

Hauschildt, Jürgen (manager magazin 1983): Aus Schaden klug, in: manager magazin 1983, Nr. 10, S. 142-152

Hauschildt, Jürgen (ZfB 1991): Zur Messung des Innovationserfolgs, in: ZfB 1991, S. 451-476

Hay, Donald A./ Morris, Derek J. (Economics 1991): Industrial Economics and Organization, 2. Auflage, Oxford 1991

Hays, William L. (Statistics 1994): Statistics, 5. Auflage, Fort Worth 1994

Heemann, K./ Spegel, H. (Focus 1994): Alles im Angebot, in: Focus 34/1994, S. 130-133

Heinen, Edmund/ Dietel, Bernhard (Ziele 1987): Ziele der Führung, in: *Kieser, Alfred/ Reber, Gerhard/ Wunderer, Rolf (Hrsg.)*: Handwörterbuch der Führung, Stuttgart 1987, Sp. 2073-2083

Henderson, Bruce D. (Erfahrungskurve 1974): Die Erfahrungskurve in der Unternehmensstrategie, Frankfurt am Main/ New York 1974

Heno, Rudolf (Kreditwürdigkeitsprüfung 1983): Kreditwürdigkeitsprüfung mit Hilfe von Verfahren der Mustererkennung, Bern/ Stuttgart 1983

Henry, Andreas/ Schweer, Dieter (WirtschaftsWoche 1994): Leichen im Keller, in: WirtschaftsWoche Nr. 19/ 6.5.1994, S. 38-48

Hentze, Joachim/ Brose, Peter/ Kammel, Andreas (Unternehmensplanung 1993): Unternehmensplanung: eine Einführung, 2. Auflage, Bern/ Stuttgart/ Wien 1993

Herdzina, Klaus (Wettbewerbstheorie 1975): Wettbewerbstheorie, Köln 1975

Hermanson, Roger H./ Strawser, Jerry R./ Strawser, Robert H. (Auditing 1987): Auditing Theory and Practice, 4. Auflage, Homewood, Illinois 1987

Hertz, John/ Krogh, Anders/ Palmer, Richard G. (Introduction 1992): Introduction to the Theory of Neural Computation, 5. Auflage, Redwood City/ Menlo Park 1992

Heubeck, Klaus/ Löcherbach, Gerhard/ Rößler, Norbert (BB 1987): Berücksichtigung der wirtschaftlichen Lage des Arbeitgebers im Rahmen der Anpassungsprüfung nach § 16 BetrAVG, in: BB 1987, Beilage 3, S. 1-16

Hildebrandt, Lutz (Erfolgsfaktoren 1992): Erfolgsfaktoren, in: *Diller, Hermann (Hrsg.)*: Vahlens großes Marketinglexikon, München 1992, S. 272-274

Hildebrandt, Lutz (Erfolgsfaktorenforschung 1986): Erfolgsfaktorenforschung im Handel, in: *Trommsdorf, Volker (Hrsg.)*: Handelsforschung, Heidelberg, Berlin 1986, S. 37-52

Hildebrandt, Lutz (Journal of Business Research 1988): Store Image and the Prediction of Performance in Retailing, in: Journal of Business Research 1988, S. 91-100

Hildebrandt, Lutz (ZfB 1992): Wettbewerbssituation und Unternehmenserfolg. Empirische Analysen, in: ZfB 1992, S. 1069-1084

Hildebrandt, Lutz/ Annacker, Dirk (ZfB 1996): Panelanalysen zur Kontrolle „unbeobachtbarer“ Einflußfaktoren in der Erfolgsfaktorenforschung, in: ZfB 1996, S. 1409-1426

Hildebrandt, Lutz/ Strasser, Helge (HARVARDmanager 1990): PIMS in der Praxis - ein Controllingsystem, in: HARVARDmanager 1990, S. 127-132

Hinterhuber, Hans H. (Unternehmensführung 1992): Strategische Unternehmensführung, Band I: Strategisches Denken, Vision, Unternehmungspolitik, Strategie, 5. Auflage, Berlin/ New York 1992

Hinton, G.E./ Sejnowski, T.J. (Inference 1983): Optimal perceptual inference, in: *Institute of Electrical and Electronics Engineers (Hrsg.)*: Proceedings of the IEEE Conference on Computer Vision and Pattern Recognition, Washington 1983, S. 448-453

Hippe, Alan (Interdependenzen 1997): Interdependenzen von Strategie und Controlling in Unternehmensnetzwerken, Wiesbaden 1997

Hippler, Hans-J. (Planung und Analyse 1988): Methodische Aspekte schriftlicher Befragungen: Probleme und Forschungsperspektiven, in: Planung und Analyse 1988, S. 244-248

Hirschman, Albert O. (Abwanderung 1974): Abwanderung und Widerspruch, Tübingen 1974

Hitt, M.A./ Ireland, D.R. (Academy of Management EXECUTIVE 1987): Peters and Waterman Revisted: The Unended Quest for Excellence, in: Academy of Management EXECUTIVE 1987, Nr. 2, S. 91-98

Hofer, Charles W./ Schendel, Dan (Strategy 1978): Strategy Formulation: Analytical Concepts, St. Paul 1978

Hoffmann, Friedrich (Führungsorganisation 1980): Führungsorganisation, Band I: Stand der Forschung und Konzeption, Tübingen 1980

Hoffmann, Friedrich (ZfbF 1986): Kritische Erfolgsfaktoren - Erfahrungen in großen und mittelständischen Unternehmungen, in: ZfbF 1986, S. 831-843

Hoffmann, Norbert (Simulation 1991): Simulation neuronaler Netze. Grundlagen, Modelle, Programme in Turbo Pascal, Braunschweig 1991

Hofmann, Günter (ZIR 1990): Neue Herausforderungen an die Interne Revision, die durch Prüfungsplanungsgestaltung unter Beachtung von Risiken und Kosten zu lösen sind, in: ZIR 1990, S. 217-226

Hoitsch, Hans-Jörg (Controlling 1989): Strategisches Produktionscontrolling bei Einführung neuer Technologien, in: Controlling 1989, S. 158-165

Hoitsch, Hans-Jörg/ Lignau, Volker (WiSt 1995): Differenzierungsstrategie und Variantenvielfalt, in: WiSt 1995, S. 390-395

Holz, Bodo F. (Innovation 1989): Innovation - Die Gratwanderung zwischen Erfolg und Pleite, in: *Apitz, Klaas/ Gäbler, Wolfgang/ Holz, Bodo F./ Poth, Ludwig, G./ Wieczorek, Bernd J.* (Hrsg.): Erfolgsfaktoren von Marktführern, Landsberg/ Lech 1989, S. 15-67

Hömberg, Reinhold (DB 1989): Das IDW-Fachgutachten über die „Grundsätze ordnungsmäßiger Durchführung von Abschlußprüfungen“ - Kritische Analyse wichtiger Prüfungsnormen und Vergleich mit amerikanischen Prüfungsgrundsätzen, in: DB 1989, S. 1781-1788

Hömberg, Reinhold (Grundlagen 1994): Grundlagen der Prüfungstechnik, in: Handbuch des Jahresabschlusses in Einzeldarstellungen, Abt. VI/3, Köln 1994

Homburg, Christian/ Werner, Harald/ Englisch, Michael (DBW 1997): Kennzahlengestütztes Benchmarking im Beschaffungsbereich: Konzeptionelle Aspekte und empirische Befunde, in: DBW 1997, S. 48-64

Hopfield, John J. (Proceedings of the National Academy of Science 1982): Neural networks and physical systems with emergent collective computational abilities, in: Proceedings of the National Academy of Science 1982, S. 2554-2558

Hoppenstedt Verlag GmbH (Bilanzdaten 1996): Hoppenstedt Bilanzdaten - Deutsche Bilanzen, Darmstadt 1996

Hörner, Walter (Zurechnung 1993): Zurechnung, in: *Grochla, Erwin/ Wittmann, Waldemar (Hrsg.)*: Handwörterbuch der Betriebswirtschaft, 5. Auflage, Stuttgart 1993, Sp. 4752-4767

Hornik, K./ Stinchcombe, M./ White, H. (Neural Networks 1989): Multilayer Feedforward Networks are Universal Approximators, in: Neural Networks 1989, S. 359-366

Houghton, Clarence W./ Fogarty, John A. (Auditing: A Journal of Practice and Theory 1991): Inherent Risk, in: Auditing: A Journal of Practice and Theory, Frühling 1991, S. 1-21

Howard, Michael L./ Reidy, William/ Severns, William C. (Government Finance Review 1991): The Audit Approach: Ohio´s Risk-Based Audit Methodology, in: Government Finance Review 1991, S. 15-19

Hüttche, Tobias (Prüfung 1994): Die Prüfung der wirtschaftlichen Lage von Unternehmen in den neuen Bundesländern. Grundsätze und Schwerpunkte im Rahmen der handelsrechtlichen Jahresabschlußprüfung, München 1994

Hüttner, Manfred (Grundzüge 1989): Grundzüge der Marktforschung, 4. Auflage, Berlin/ New York 1989

Hylas, Robert E./ Ashton, Robert H. (The Accounting Review 1982): Audit Detection of Financial Statement Errors, in: The Accounting Review 1982, S. 751-765

IDW (HFA 2/1981 1994): HFA 2/1981: Arbeitspapiere des Abschlußprüfers, in: *IDW (Hrsg.)*: Die Fachgutachten und Stellungnahmen des Instituts der Wirtschaftsprüfer auf den Gebiete der Rechnungslegung und Prüfung, Stand: 11. Ergänzungslieferung September 1994, Düsseldorf 1994

IDW (IDW-Fachnachrichten 1988): Stellungnahme HFA 1/1988: Zur Anwendung stichprobengestützter Prüfungsmethoden in der Jahresabschlußprüfung, in: IDW-Fachnachrichten Nr. 4 1988, S. 105-111

IDW (WPg 1989a): Hauptfachausschuß-Fachgutachten 1/1988. Grundsätze ordnungsmäßiger Durchführung von Abschlußprüfungen, in: WPg 1989, S. 9-19

IDW (WPg 1989b): Hauptfachausschuß-Fachgutachten 2/ 1988 - Grundsätze ordnungsmäßiger Berichterstattung bei Abschlußprüfungen, in: WPg 1989, S. 20-27

IDW (WPg 1989c): Hauptfachausschuß-Fachgutachten 3/ 1988 - Grundsätze für die Erteilung von Bestätigungsvermerken bei Abschlußprüfungen, in: WPg 1989, S. 27-36

IDW (WPg 1998a): HFA: IDW Rechnungslegungsstandard: Aufstellung des Lageberichts, IDW RS HFA 1, Stand 26.6.1998, S. 653-662

IDW (WPg 1998b): HFA: IDW Prüfungsstandard: Prüfung des Lageberichts, IDW PS 350, Stand 26.6.1998, S. 663-666

IDW (WPg 1998): HFA: Entwurf eines IDW Prüfungsstandards: Grundsätze ordnungsmäßiger Berichterstattung bei Abschlußprüfungen, IDW EPS 450; Stand 19.8.1998, in: WPg 1998, S. 866-877

IDW (WP-Handbuch 1996): WP-Handbuch 1996 - Handbuch für Rechnungslegung, Prüfung und Beratung, Band 1, 11. Auflage, Düsseldorf 1996

IFAC (IDW-Fachnachrichten 1986): Proposed International Auditing Guideline (IFAC/ Auditing ED) 25: Materiality and Audit Risk, in: IDW-Fachnachrichten Nr. 5 1986, S. 143-145

IFAC (IDW-Fachnachrichten 1989): Proposed International Auditing Guideline (IFAC/ Auditing ED) 31: The Assessment of Inherent and Control Risk and ist Impact on Substantive Procedures, in: IDW-Fachnachrichten Nr. 4 1989, S. 114-117

IFAC (Handbook 1997): IFAC Handbook, New York 1997

IFAC, Financial Management Accounting Committee (Introduction 1995): An introduction to Strategic Financial Management. Study 3, New York 1995

IFAC, International Auditing Practices Committee (Standard 1991): International Standard on Auditing: Risk Assessment and Internal Control, New York 1991

IKB (Hrsg.) (Geschäftsbericht 1984): Geschäftsbericht 1983/ 84

Jacob, Herbert (Aufgaben 1983): Die Aufgaben der strategischen Planung - Möglichkeiten und Grenzen, Teil 2, in: *Jacob, Herbert* (Hrsg.): Strategisches Management 2, Schriften zur Unternehmensführung, Band 30, Wiesbaden 1983, S. 55-86

Jacob, Herbert (WISU 1983): Das PIMS-Programm, in: WISU 1983, S. 262-266

Jacobs, Otto H. (Hrsg.) (Bilanzanalyse 1994): Bilanzanalyse. EDV-gestützte Jahresabschlußanalyse als Planungs- und Entscheidungsrechnung, 2. Auflage, München 1994

Jacobs, Otto H./ Oestreicher, Andreas/ Piotrowski-Allert, Susanne (ZfbF): Die Einstufung des Fehlerrisikos im handelsrechtlichen Jahresabschluß anhand der Regressionen aus empirisch bedeutsamen Erfolgsfaktoren, erscheint in ZfbF

Jacobs, Siegfried (Erfolgsfaktoren 1991): Erfolgsfaktoren der Diversifikationsstrategie. Eine empirische Untersuchung der Einflußgrößen des Diversifikationserfolgs von Industrieunternehmen, Dissertation Universität Mannheim 1991

Jacobson, Robert/ Aaker, David A. (Journal of Marketing 1985): Is Market Share all that it´s Cracked Up to be?, in: Journal of Marketing 1985, Herbst, S. 11-22

Jacobson, Robert/ Aaker, David A. (Journal of Marketing 1987): The Strategic Role of Product Quality, in: Journal of Marketing 1987, Oktober, S. 31-44

Jahnke, Hermann (Clusteranalyse 1988): Clusteranalyse als Verfahren der schließenden Statistik, Göttingen 1988

Janke, Günter (ZIR 1997): Gute Chance zur Stärkung der Internen Revision, in: ZIR 1997, S. 313-322

Janssen, Jürgen/ Laatz, Wilfried (Datenanalyse 1997): Statistische Datenanalyse mit SPSS für Windows. Eine anwendungsorientierte Einführung in das Basissystem und das Modul Exakte Tests, 2. Auflage, Berlin/ Heidelberg/ New York 1997

Jiambalvo, J./ Waller, W. (Auditing: A Journal of Practice and Theory 1984): Decomposition and Assessments of Audit Risk, in: Auditing: A Journal of Practice and Theory, Spring 1984, S. 80-88

Johnson, B.W./ Natarajan, A./ Rappaport, Alfred (The Journal of Business Strategy 1985): Shareholder Returns and Corporate Excellence, in: The Journal of Business Strategy 1985, Herbst, S. 52-62

Johnson, Raymond (Accountancy 1987): Evaluating Audit Risk Components, in: Accountancy, Februar 1987, S. 124-125

Johnson, Van E./ Kaplan, Steven, E. (Auditing: A Journal of Practice and Theory 1991): Experimental Evidence of the Effects of Accountability on Auditor Judgements, in: Auditing: A Journal of Practice and Theory 1991, Supplement, S. 96-107

Judge, George G./ Hill, R. Carter/ Griffiths, William E./ Lütkepohl, Helmut/ Lee, Tsoung-Chao (Introduction 1988): Introduction to the Theory and Practice of Econometrics, New York 1988

*Kähler, Wolf-Michael (*Datenanalyse 1993): Statistische Datenanalyse mit SPSS/PC+, 3. Auflage, Wiesbaden 1993

Kähler, Wolf-Michael (SPSS 1996): SPSS für Windows: eine Einführung in die Datenanalyse für die aktuellen Versionen, 3. Auflage, Braunschweig/ Wiesbaden 1996

Kaiser, Henry F. (Psychometrica 1970): A Second Generation Little Jiffy, in: Psychometrica 1970, S. 401-405

Kaiser, Henry F./ Rice, John (Educational and Psychological Measurement 1974): Little Jiffy, Mark IV, in: Educational and Psychological Measurement 1975, S. 111-120

Kallfass, Hermann H. (Wirtschaft und Wettbewerb 1980): Die Chicago School - eine Skizze des „neuen“ amerikanischen Ansatzes für die Wettbewerbspoitik, in: Wirtschaft und Wettbewerb 1980, S. 596-601

Kalyanaram, G./ Robinson, W.T./ Urban, G.L. (Marketing Science 1995): Order of Market Entry: Established Empirical Generalizations, Emerging

Empirical Generalizations, and Future Research, in: Marketing Science 1995, S. G212-221

Kanodia, Chandra/ Mukherji, Arijit (The Accounting Review 1994): Audit Pricing, Lowballing and Auditor Turnover: A Dynamic Analysis, in: The Accounting Review 1994, S. 593-615

Kanter, Howard A./ McEnroe, John E./ Kyes, Mary C. (Internal Auditor 1990): Developing and Installing an Audit Risk Model, in: Internal Auditor 1990, Dezember, S. 51-55

Kantzenbach, Erhard (Funktionsfähigkeit 1967): Die Funktionsfähigkeit des Wettbewerbs, 2. Auflage, Göttingen 1967

Kantzenbach, Erhard/ Kallfass, Hermann H. (Konzept 1981): Das Konzept des funktionsfähigen Wettbewerbs, in: *Cox, Helmut/ Jens, Uwe/ Markert, Kurt (Hrsg.)*: Handbuch des Wettbewerbs 1981, S. 103-148

Kanuk, Leslie/ Berenson, Conrad (Journal of Marketing Research 1975): Mail Surveys and Response Rates: A Literature Review, in: Journal of Marketing Research 1975, S. 440-453

Kaplan, Robert S./ Norton, David P. (HARVARDmanager 1992): In Search of Excellence - der Maßstab muß neu definiert werden, in: HARVARDmanager 1992, S. 37-46

Kartte, Wolfgang/ Holtschneider, Rainer (Ansätze 1981): Konzeptionelle Ansätze und Anwendungsprinzipien im Gesetz gegen Wettbewerbsbeschränkungen, in: *Cox, Helmut/ Jens, Uwe/ Markert, Kurt (Hrsg.)*: Handbuch des Wettbewerbs 1981, S. 193-224

Kaufer, Erich (Industrieökonomik 1980): Industrieökonomik, München 1980

Kaufer, Erich (Industrieökonomik 1988): Alternative Ansätze der Industrieökonomik. Theoretische Grundlagen und empirische Bewährung, in: *Freimann, Karsten D./ Ott, Alfred E. (Hrsg.)*: Theorie und Empirie der Wirtschaftsforschung, Tübingen 1988, S. 115-132

Kawlath, Arnold (Jahresabschluß 1997): Reichen Jahresabschluß und Lagebericht, um auf künftige Unternehmenserfolge zu schließen?, in: *Fischer, Thomas R./ Hömberg, Reinhold (Hrsg.)*: Jahresabschluß und Jahresabschlußprüfung: Probleme, Perspektiven, internationale Einflüsse. Festschrift zum 60. Geburtstag von Jörg Baetge, Düsseldorf 1997, S. 189-213

Kayser, Georg (BB 1983): Sanierungsfähigkeitsprüfung insolventer Unternehmen, in: BB 1983, S. 415-419

Kempf, Dieter (Einsatz 1991): Einsatz mathematisch-statistischer Stichprobenverfahren im Hinblick auf einen risikoorientierten Prüfungsansatz, in: *Schitag Ernst & Young-Gruppe (Hrsg.)*: Aktuelle Fachbeiträge aus Wirtschaftsprüfung und Beratung, Festschrift zum 65. Geburtstag von Professor Dr. Hans Luik, Stuttgart 1991, S. 237-262

Kerin, Roger A./ Varadarajan, Rajan P./ Peterson, Robert A. (Journal of Marketing 1992): First-Mover Advantage: A Synthesis, Conceptual Framework, and Research Propositions, in: Journal of Marketing 1992, S. 235-250

Kicherer, Hans-Peter (Grundsätze 1970): Grundsätze ordnungsmäßiger Abschlußprüfung, Berlin 1970

Kieser, Alfred (Organisationsstruktur 1989): Organisationsstruktur, empirische Befunde, in: *Macharzina, Klaus/ Welge, Martin K. (Hrsg.)*: Handwörterbuch Export und Internationale Unternehmung, Stuttgart 1989, Sp. 1574-1590

Kieser, Alfred/ Kubicek, Herbert (Organisation 1992): Organisation, 3. Auflage, Berlin/ New York 1983

Kieser, Alfred/ Kubicek, Herbert (Organisationstheorien 1978a): Organisationstheorien I, Stuttgart 1978

Kieser, Alfred/ Kubicek, Herbert (Organisationstheorien 1978b): Organisationstheorien II, Stuttgart 1978

King, Barry Goodwin (Statistical Basis 1964): A Statistical Basis for Audit Reliance on Internal Control, Dissertation, The Ohio State University 1964

Kinnebrock, Werner (Netze 1994): Neuronale Netze. Grundlagen, Anwendungen, Beispiele, 2. Auflage, München/ Wien 1994

Kinney, William R. Jr. (Auditing: A Journal of Practice and Theory 1983): A Note on Compounding Probabilities in Auditing, in: Auditing: A Journal of Practice and Theory 1983, Frühling, S. 13-22

Kirkpatrick, S./ Gelatt, C.D./ Vecchi, M.P. (Science 1983): Optimization by simulated annealing, in: Science 1983, S. 671-680

Kirsch, Werner (Entscheidungsprozesse 1971): Entscheidungsprozesse, Bd. III: Entscheidungen in Organisationen, Wiesbaden 1971

Kirsch, Werner (Unternehmenspolitik 1990): Unternehmenspolitik und strategische Unternehmensführung, Herrsching 1990

Kirsch, Werner/ Esser, Werner-Michael/ Gabele, Eduard (Management 1979): Das Management des geplanten Wandels von Organisationen, Stuttgart 1979

Kirsch, Werner/ Grebnec, Herbert (WISU 1986): Strategisches Management, in: WISU 1986, S. 33-37, S. 74-79

Kirzner, Israel M. (Wettbewerb 1978): Wettbewerbs und Unternehmertum, Tübingen 1978

Kliege, Helmut (ZIR 1997): Der KonTraG-Gesetzentwurf aus Sicht der Internen Revision, in: ZIR 1997, S. 222-230

Kmenta, Jan (Elements 1986): Elements of Econometrics, 2. Auflage, London/ New York 1986

Knop, Wolfgang (Möglichkeit 1983): Eine Möglichkeit zur optimalen Planung einer einzelnen Jahresabschlußprüfung unter besonderer Berücksichtigung der Beurteilung des internen Kontrollsystems, Thun/ Frankfurt am Main 1983

Knop, Wolfgang (WPg 1983): Die Prüfung des Internen Kontrollsystems (IKS) als Basis zur Planung ergebnisorientierter Prüfungshandlungen, in: WPg 1983, S. 413-419

Knop, Wolfgang (WPg 1984): Eine Prüfungsstrategie zur Prüfung des Internen Kontrollsystems (IKS) einer Unternehmung durch den Abschlußprüfer, in: WPg 1984, S. 313-319, S. 348-355

Ködel, Wilhelm (Abschlußprüfung 1997): Risikoorientierte Abschlußprüfung, Wiesbaden 1997

Köhle, Monika (Netze 1990): Neuronale Netze, Wien/ New York 1990

Köhler, R. (Informationen 1987): Informationen für die strategische Planung von Produktinnovationen, in: *Klein-Blenkers, Fritz (Hrsg.)*: Distributionspolitik - Festgabe für Edmund Sundhoff zum 75. Geburtstag, Köln 1987, S. 79-102

Konrath, Larry F. (Auditing 1996): Auditing Concepts and Applications: A Risk-Analysis Approach, 3. Auflage, St. Paul/ New York/ Los Angeles/ San Francisco 1996

Konrath, Larry F. (The Woman CPA 1990): Audit Risk Assessment. A Discussion and Illustration of the Interrelated Nature of Statements on Auditing Standards, in: The Woman CPA 1990, S. 14-18

Koppelmann, Udo (Beschaffungsmarketing 1993): Beschaffungsmarketing, Heidelberg 1993

Koppelmann, Udo (Beschaffungsmarketing 1997): Beschaffungsmarketing für die Praxis. Ein strategisches Handlungskonzept, Berlin/ Heidelberg 1997

Koppelmann, Udo (Marketing 1997): Marketing, Düsseldorf 1997

Köster, Heinrich (Prüfungsmethoden 1974): Computergestützte Prüfungsmethoden, in: *Leffson, Ulrich (Hrsg.)*: Schriftenreihe des Instituts für Revisionswesen der Westfälischen Wilhelms-Universität Münster, Band 10, Düsseldorf 1974

Kotler, P./ Bliemel, F. (Marketing-Management 1992): Marketing-Management, 7. Auflage, Stuttgart 1992

Kotzbauer, Norbert (Jahrbuch der Absatz- und Verbrauchsforschung 1992): Erfolgsfaktoren neuer Produkte - Synopsis der empirischen Forschung, in: Jahrbuch der Absatz- und Verbrauchsforschung 1992, S. 4-20, S. 108-128

Kraft, Manfred/ Landes, Thomas (Methoden 1996): Statistische Methoden. Eine Einführung für das Grundstudium in den Wirtschafts- und Sozialwissenschaften, 3. Auflage, Heidelberg 1996

Kratzer, Klaus Peter (Netze 1990): Neuronale Netze. Grundlagen und Anwendungen, München/ Wien 1990

Krause, Clemens (Kreditwürdigkeitsprüfung 1993): Kreditwürdigkeitsprüfung mit Neuronalen Netzen, in: *Baetge, Jörg (Hrsg.)*: Schriften des Instituts für Revisionswesen der Westfälischen Wilhelms-Universität Münster, Düsseldorf 1993

Kreilkamp, Edgar (Management 1987): Strategisches Management und Marketing, Berlin 1987

Kreutzfeldt, Richard W./ Wallace, Wanda A. (Auditing: A Journal of Practice and Theory 1986): Error Characteristics in Audit Populations: Their Profile and Relationship to Environmental Factors, in: Auditing: A Journal of Practice and Theory, Herbst 1986, S. 20-43

Kromrey, Helmut (Sozialforschung 1994): Empirische Sozialforschung, 6. Auflage, Opladen 1980

Kroneberger, Wolf (Auswertung 1980): Die Auswertung des Internen Kontrollsystems im Rahmen der Jahresabschlußprüfung - Vorgehensweise und Probleme in der Praxis, in: Wirtschaftsprüfung und Wirtschaftsrecht. Beiträge zum 75jährigen Bestehen der Treuhandvereinigung Aktiengesellschaft, Stuttgart 1980, S. 201-234

Krüger, Wilfried (DBW 1988): Die Erklärung von Unternehmenserfolg: Theoretischer Ansatz und empirische Ergebnisse, in: DBW 1988, S. 27-43

Krüger, Wilfried/ Schwarz, Gunther (Analyse 1990): Konzeptionelle Analyse und praktische Bestimmung von Erfolgsfaktoren und Erfolgspotentialen, in: *Bleicher, Knut/ Gomez, Peter (Hrsg.)*: Zukunftsperspektiven der Organisation, Festschrift für Robert Staerkle, Bern 1990, S. 179-209

Krüger, Wilfried/ Schwarz, Gunther (Stimmigkeit 1997): Strategische Stimmigkeit von Erfolgsfaktoren und Erfolgspotentialen, in: *Hahn, Dietger/ Taylor, Bernard (Hrsg.)*: Strategische Unternehmensplanung - Strategische Unternehmensführung. Stand und Entwicklungstendenzen, 7. Auflage, Heidelberg 1997, S. 75-104

Krulis-Randa, Jan S. (Die Unternehmung 1984): Reflexionen über die Unternehmenskultur, in: Die Unternehmung 1984, S. 358-372

Kruse, Hilger/ Mangold, Roland/ Mechler, Bernhard/ Penger, Oliver (Netze 1991): Programmierung Neuronaler Netze. Eine Turbo Pascal Toolbox, Bonn/ München 1991

Krystek, Ulrich (Unternehmungskrisen 1987): Unternehmungskrisen - Beschreibung, Vermeidung und Bewältigung überlebenskritischer Prozesse in Unternehmungen, Wiesbaden 1987

Kubicek, Herbert/ Welter, Günter (Messung 1985): Messung der Organisationsstruktur. Eine Dokumentation von Instrumenten zur quantitativen Erfassung von Organisationsstrukturen, Stuttgart 1985

Küffner, Peter (Europa 1987): Warum sind mittelständische Unternehmen erfolgreich?, in: Europa 1987, Heft 6, S. 31-32

Kühn, Manfred (Insolvenzindikatoren 1991): Insolvenzindikatoren und Unternehmenskrise, Bergisch Gladbach/ Köln 1991

Kupsch, Peter (Prüfungsplanung 1990): Prüfungsplanung, in: *Lück, Wolfgang (Hrsg.)*: Lexikon der Betriebswirtschaft, 4. Auflage, Landsberg am Lech 1990, S. 953-955

Küting, Karlheinz/ Hütten, Christpoh (AG 1997): Die Lageberichterstattung über Risiken der künftigen Entwicklung. Annäherung an die geplante Änderung der §§ 289, 315 HGB durch das KonTraG, in: AG 1997, S. 250-256

Küting, Karlheinz/ Weber, Claus-Peter (Bilanzanalyse 1997): Die Bilanzanalyse. Lehrbuch zur Beurteilung von Einzel- und Konzernabschlüssen, 3. Auflage, Stuttgart 1997

Lachenbruch, Peter A. (Biometrics 1967): An Almost Unbiased Method of Obtaining Confidence Intervals for the Probability of Misclassification in Discriminant Analysis, in: Biometrics 1967, S. 639-645

Lachenbruch, Peter A. (Discriminant Analysis 1975): Discriminant Analysis, New York/ London 1975

Lambert, Joyce C./ Lambert, S.J. (The Michigan CPA 1987): Audit Risk and Materiality, in: The Michigan CPA 1987, S. 46-49

Lambkin, Mary (Strategic Management Journal 1988): Order of Entry and Performance in New Markets, in: Strategic Management Journal, Sonderheft 1988, S. 5-22

Lange, Bernd (Die Unternehmung 1982): Bestimmung strategischer Erfolgsfaktoren und Grenzen ihrer empirischen Fundierung, in: Die Unternehmung 1982, S. 27-41

Läuter, Jürgen (Verfahren 1992): Stabile multivariate Verfahren: Diskriminanzanalyse - Regressionsanalyse - Faktoranalyse, Berlin 1992

Leder, Thomas (Blick durch die Wirtschaft 1991): Geschwindigkeit als Wettbewerbsfaktor. Wachsende Anforderungen an Unternehmen in ausgereiften Märkten, in: Blick durch die Wirtschaft 1991, Nr. 41, 20.2.1991, S. 7

Lee, T.C./ Judge, G.C./ Cain, R.L. (Management Science Theory 1968/1969): A Sampling Study of the Properties of Estimators of Transition Probabilities, in: Management Science Theory 1968/1969, S. 374-398

Leffson, Ulrich (Wirtschaftsprüfung 1995): Wirtschaftsprüfung, 4. Auflage, Wiesbaden 1995

Leffson, Ulrich (WPg 1976): Erkenntniswert der Jahresabschlusses und Aussagewert des Bestätigungsvermerks, in: WPg 1976, S. 4-9

Leffson, Ulrich/ Bönkhoff, Franz J. (WPg 1982): Zu Materiality-Entscheidungen bei Jahresabschlußprüfungen, in: WPg 1982, S. 389-397

Leffson, Ulrich/ Lippmann, Klaus/ Baetge, Jörg (Sicherheit 1969): Zur Sicherheit und Wirtschaftlichkeit der Urteilsbildung bei Prüfungen 1969

Lehner, Johannes M. (DBW 1990): Kontingenz, in: DBW 1990, S. 129-131

Lehner, Susanna W. (Unternehmensanalyse 1984): Unternehmensanalyse. Vorschlag für ein umfassendes Informationssystem zur Beurteilung und laufenden Beobachtung des Bonitätsrisikos, Wien 1984

Leichti, Janet L. (The Practical Accountant 1986): How to Evaluate Inherent Risk - and Improve Your Audits, in: The Practical Accountant 1986, März, S. 59-64

Leidecker, J.K./ Bruno, A.V. (Long Range Planning 1984): Identifying and Using Critical Success Factors, in: Long Range Planning 1984, S. 23-32

Lenk, Hans/ Maring, Matthias/ Fulda, Ekkehard (Aspekte 1985): Wissenschaftstheoretische Aspekte einer anwendungsorientierten Betriebswirtschaftslehre, in: *Probst, Gilbert J.B./ Siegwart, Hans (Hrsg.)*: Integriertes Management, Bern/ Stuttgart 1985, S. 165-178

Lenz, R.T. (Strategic Management Journal 1980): Environment, Strategy, Organization Structure and Performance: Patterns in One Industry, in: Strategic Management Journal 1980, S. 209-226

Leontiades, Milton (Mischkonzerne 1987): Mischkonzerne verändern die Welt. Der Synergie-Faktor jenseits der Monopole, Düsseldorf 1987

Leslie, Donald A. (Materiality 1985): Materiality. The Concept and its Application to Auditing: A Research Study, Toronto 1985

Leslie, Donald A./ Teitlebaum, Albert D./ Anderson, Rodney J. (Sampling 1980): Dollar-unit Sampling. A Practical Guide for Auditors, London 1980

Levin, Richard C./ Klevorick, Alvin K./ Nelson, Richard R./ Winter, Sidney G. (Brookings Papers on Economic Activity 1987): Appropriating the Returns from Industrial Research and Development, in: Brookings Papers on Economic Activity 1987, S. 783-831

Lewis, P.A.W./ Orav, E.J. (Simulation 1989): Simulation Methodology for Statisticians, Operation Analysts and Engineers, Belmont 1989

Libby, Larry F./ Artman, James T./ Willingham, John J. (The Accounting Review 1985): Process Susceptibility, Control Risk, and Audit Planning, in: The Accounting Review 1985, April, S. 212-214

Lieberman, M.B./ Montgomery, D.B. (Strategic Management Journal 1988): First-Mover Advantage, in: Strategic Management Journal, Sonderheft 1988, S. 41-58

Lingenfelder, Michael (Marketingorientierung 1990): Die Marketingorientierung von Vertriebsleitern als strategischer Erfolgsfaktor, Berlin 1990

Link, Jörg (Organisation 1985): Organisation der strategischen Planung, Heidelberg/ Wien 1985

Litz, Hans-Peter (Methoden 1997): Statistische Methoden in den Wirtschafts- und Sozialwissenschaften, München/ Wien 1997

Lohrbach, Thomas (Einsatz 1994): Einsatz von Künstlichen Neuronalen Netzen für ausgewählte betriebswirtschaftlichen Aufgabenstellungen und Vergleich mit konventionellen Lösungsverfahren, Dissertation Göttingen 1994

Loitlsberger, Erich (Problembestand 1993): Problembestand und gesellschaftliche Bedeutung der Abschlußprüfung - bisherige Entwicklung und zukünftige Aspekte, in: *Baetge, Jörg (Hrsg.)*: Rechnungslegung und Prüfung - Perspektiven für die neunziger Jahre, Jubiläumsveranstaltung 25 Jahre Institut für Revisionswesen, Schriften des Instituts für Revisionswesen der westfälischen Wilhelms-Universität Münster, Düsseldorf 1993, S. 17-39

Loitlsberger, Erich (Treuhand- und Revisionswesen 1966): Treuhand- und Revisionswesen, 2. Auflage, Stuttgart 1966

Loomis, C.J. (Fortune 1989): Secrets of the Superstars, in: Fortune, 24.4.1989, S. 50-62

Löw, Herbert (Informationsprozesse 1982): Informationsprozesse bei betriebswirtschaftlichen Prüfungen, Dissertation Universität Saarbrücken 1982

Luchs, Robert H./ Müller, Rainer (Strategische Planung 1985): Das PIMS-Programm - Strategien empirisch fundieren, in: Strategische Planung, Band 1, 1985, Heft 2, S. 79-98

Lück, Wolfgang (Jahresabschlußprüfung 1993): Jahresabschlußprüfung: Grundsätze für eine umfassende Prüfung der Rechnungslegung, Stuttgart 1993

Lück, Wolfgang (Wirtschaftsprüfung 1991): Wirtschaftsprüfung und Treuhandwesen, 2. Auflage, Stuttgart 1991

Ludewig, Rainer (Darstellung 1955): Die Darstellung der wirtschaftlichen Lage im Bericht über die aktienrechtliche Jahresabschlußprüfung, Düsseldorf 1955

Macharzina, Klaus (Unternehmensführung 1993): Unternehmensführung: das internationale Managementwissen; Konzepte - Methoden - Praxis, Wiesbaden 1993

Marr, Rainer (Betrieb 1984): Betrieb und Umwelt, in: *Baetge, Jörg et al. (Hrsg.)*: Vahlens Kompendium der Betriebswirtschaftslehre, Band 1, München 1984, S. 47-100

Marr, Rainer/ Stitzel, Michael (Personalwirtschaft 1979): Personalwirtschaft: ein konfliktorientierter Ansatz, München 1979

Martin, Albert (Forschung 1989): Empirische Forschung in der Betriebswirtschaftslehre, Stuttgart 1989

McGee, John (Strategic Groups 1985): Strategic Groups: A Bridge between Industry Structure and Strategic Management, in: *Thomas, Howard/*

Gardner, David (Hrsg.): Strategic Marketing and Management, Chichester 1985, S. 293-313

McRae, T.W. (Impact 1964): The Impact of Computer on Accounting, London/ New York/ Sydney 1964

Mechler, Bernhard (Entscheidungsunterstützungssysteme 1994): Lernfähige, rechnergestützte Entscheidungsunterstützungssysteme, Dissertation Mannheim 1994

Mednick, Robert (Financial Executive 1979): Transaction Flow Auditing, in: Financial Executive 1979, Juli, S. 58-64

Meffert, Heribert (Erfolgsfaktoren 1987): Erfolgsfaktoren im Einzelhandelsmarketing, in: *Bruhn, Manfred (Hrsg.)*: Marketing-Erfolgsfaktoren im Handel, Frankfurt/ New York 1987, S. 14-45

Meffert, Heribert (Marketingstrategien 1985): Wettbewerbsorientierte Marketingstrategien im Zeichen schrumpfender und stagnierender Märkte, in: *Raffée, Hans/ Wiedmann, Klaus-Peter (Hrsg.)*: Strategisches Marketing, Stuttgart 1985, S. 475-490

Meffert, Heribert (Unternehmensführung 1988): Strategische Unternehmensführung und Marketing, Wiesbaden 1988

Meltzer, Heinrich (Deutscher Revisoren-Spiegel): Deutscher Revisoren-Spiegel, 4. Auflage, Berlin 1929

Mensah, Yah M. (JoAR 1984): An Examination of the Stationarity of Multivariate Bankruptcy Prediction Models: A Methodological Study, in: JoAR 1984, S. 380-395

Miller, A./ Guiniven, J./ Camp, B. (Keys 1985): Keys to Success for Adolescent Business, in: *Strategic Planning Institute (Hrsg.)*: The PIMSLETTER on Business Strategy, Nr. 35, Cambridge/ Massachusetts 1985

Mills, Kathleen Darby (Assessment 1992): Auditors' Inherent Risk Assessment: The Relationships among ask Experience, Inferability of Conditioning Information, Second-Order Uncertainty and Extent of Testing, Dissertation University of Arizona 1992

Miltz, David/ Calomme, Guy J./ Willekens, Marleen (Auditing: A Journal of Practice and Theory 1991): A Risk-Based Allocation of Internal Audit Time: A Case Study, in: Auditing: A Journal of Practice and Theory 1991, Herbst, S. 49-61

Miner, John B. (Academy of Management Review 1984): The Validity and Usefulness of Theories in an Emerging Organizational Science, in: Academy of Management Review 1984, S. 296-306

Mini, Donald L. (Evaluation 1964): Internal Control Evaluation and Audit Program Planning, Dissertation University of Illinois 1964

Mintzberg, Henry (Power 1983): Power In and Around Organizations, Englewood Cliffs/ New York 1983

Mojena, Richard/ Wishart, David (Rules 1980): Stopping rules for Ward's clustering method, Wien 1980

Möller, Wolf-Peter (Erfolg 1983): Der Erfolg von Unternehmenszusammenschlüssen. Eine empirische Untersuchung, München 1983

Monroe, Gary S./ Ng, Juliana K.L./ Woodliff, David R. (Australian Accounting Review 1993): The Importance of Inherent Risk Facotors: Auditors' Perceptions, in: Australian Accounting Review 1993, No. 2, S. 34-36

Moore, Michael J./ Boulding, William/ Goodstein, R.C. (Journal of Marketing Research 1991): Pioneering and Market Share: Is Entry Time Endogenous and does it Matter?, in: Journal of Marketing Research 1991, S. 97-104

Morgan, Gareth (Administrative Science Quarterly 1980): Paradigms, Metaphors, and Puzzle Solving in Organization Theory, in: Administrative Science Quarterly 1980, S. 605-622

Mottershead, Arthur (Accountancy 1978): The small company audit - the answer?, in: Accountancy 1978, Februar, S. 78-82

Moxter, Adolf (BB 1997): Die Vorschriften zur Rechnungslegung und Abschlußprüfung im Referentenentwurf eines Gesetzes zur Kontrolle und Transparenz im Unternehmensbereich, in: BB 1997, S. 722-730

Moxter, Adolf (Fundamentalgrundsätze 1976): Fundamentalgrundsätze ordnungsmäßiger Rechenschaft, in: *Baetge, Jörg/ Moxter, Adolf/ Schneider, Dieter (Hrsg.)*: Bilanzfragen, Festschrift zum 65. Geburtstag von *Ulrich Leffson*, Düsseldorf 1976, S. 87-100

Mroch, Chris A. (The Internal Auditor 1987): Practical Audit-risk Analysis, in: The Internal Auditor, August 1987, S. 41-43

Müller, Christian/ Kropp, Manfred (DB 1992): Die Überprüfung der Plausibilität von Jahresabschlüssen, in: DB 1992, S. 149-158

Müller, Rainer (Krisenmanagement 1986): Krisenmanagement in der Unternehmung. Vorgehen, Maßnahmen und Organisation, 2. Auflage, Frankfurt am Main/Bern 1986

Müller, Wolfgang (Blick durch die Wirtschaft 1991): Wettbewerbsvorteile durch Service-Management, in: Blick durch die Wirtschaft 1991, Nr. 147, 2.8.1991, S. 7

Müller-Ganz, Jörg (Kennzahlen 1992): Kennzahlen zur Bonitätsbeurteilung im Quervergleich unter besonderer Berücksichtigung von Klein- und Mittelunternehmungen, Bern/ Stuttgart/ Wien 1992

Müller-Stewens, Günter (DBW 1989): Krisenmanagement, in: DBW 1989, S. 639-645

Munter, Paul/ McCaslin, Thomas E. (CPA-Journal 1984): Risk and Materiality in an Audit, in: CPA-Journal, November 1984, S. 34-44

Murray, Mark F. (JoA 1992): When a Client is a Liability, in: JoA 1992, September, S. 54-58

Nagel, Kurt (Erfolgsfaktoren 1986): Die 6 Erfolgsfaktoren des Unternehmens: Strategie, Organisation, Mitarbeiter, Führungssystem, Informationssystem, Kundennähe, Landsberg/ Lech 1986

Nagel, Thomas (Jahresabschlußprüfung 1997): Risikoorientierte Jahresabschlußprüfung. Grundsätze für die Bewältigung des Prüfungsrisikos des Abschlußprüfers, Sternenfels/ Berlin 1997

Nauck, Detlef/ Klawonn, Frank/ Kruse, Rudolf (Netze 1994): Neuronale Netze und Fuzzy-Systeme. Grundlagen des Konnektionismus, Neuronaler Fuzzy-Systeme und der Kopplung mit wissensbasierten Methoden, Braunschweig/ Wiesbaden 1994

Neubauer, Franz-Friedrich (Manager Magazin 1979): Strategien besser absichern, in: ManagerMagazin 1979, Heft 12, S. 154-159

Neubauer, Franz-Friedrich (PIMS-Programm 1997): Das PIMS-Programm und Portfolio-Management, in: *Hahn, Dietger/ Taylor, Bernard (Hrsg.)*:

Strategische Unternehmensplanung - Strategische Unternehmensführung. Stand und Entwicklungstendenzen, 7. Auflage, Heidelberg 1997, S. 436-463

Neumann, Manfred (ZfB 1979): Industrial Organization. Ein Überblick über die quantitative Forschung, in: ZfB 1979, S. 645-660

Niedereichholz, Joachim/ Kruse, Hilger/ Mechler, Bernhard (Kombination 1993): Kombination symbolischer und subsymbolischer Systeme in Entscheidungsunterstützungssystemen, in: *Niedereichholz, Joachim/ Schuhmann, Werner (Hrsg.)*: Wirtschaftsinformatik - Beiträge zur modernen Unternehmensführung, Frankfurt/ New York 1993, S. 99-130

Niehaus, Hans-Jürgen (Früherkennung 1987): Früherkennung von Unternehmenskrisen. Die statistische Jahresabschlußanalyse als Instrument der Abschlußprüfung, in: *Baetge, Jörg (Hrsg.)*: Schriften des Instituts für Revisionswesen der Westfälischen Wilhelms-Universität Münster, Düsseldorf 1987

Nieschlag, Robert/ Dichtl, Erwin/ Hörschgen, Hans (Marketing 1997): Marketing, 18. Auflage, Berlin 1997

Nonnenmacher, Rolf (Aufgaben 1987): Aufgaben und Umfang der Jahresabschlußprüfung, in: *Wysocki, Klaus v./ Schulze-Osterloh, Joachim (Hrsg.)*: Handbuch des Jahresabschlusses in Einzeldarstellungen, Abt. VI/1, Köln 1987

Nötzel, Rötger (Planung und Analyse 1987): Erfahrungen mit der schriftlichen Umfrage, in: Planung und Analyse 1987, S. 151-155

Nowitzki, Klaus-Dieter (Konzepte 1993): Konzepte zur Risiko-Abschätzung und -Bewertung, in: *Beckmann, Gotthard (Hrsg.)*: Risiko und Gesellschaft. Grundlagen und Ergebnisse interdisziplinärer Risikoforschung, Opladen 1993, S. 125-144

o.V. (absatzwirtschaft 1985): Studienergebnisse auf der Suche nach Erfolgsfaktoren. Die Informationsindustrie auf dem Prüfstand, in: absatzwirtschaft 1985, Sonderheft 10, S. 136-143

o.V. (Blick durch die Wirtschaft 1989): Was macht erfolgreiche Marken erfolgreich?, in: Blick durch die Wirtschaft, 15.12.1989, S. 7

o.V. (Journal of Marketing 1981): Special Section on Product Life Cycles, in: Journal of Marketing, Herbst 1981

o.V. (Wirtschaftswoche 1984): Schumpeter auf der Spur, in: Wirtschaftswoche 1984, Heft 30, S. 56-58

Odom, Marcus D./ Sharda, Ramesh (Network 1990): A Neural Network Model for Bankruptcy Prediction, in: *Institute of Electrical and Electronics Engineers (Hrsg.)*: International Joint Conference on Neural Networks, Band 2, San Diego 1990, S. 163-168

Oestreicher, Andreas (Jahresabschlußanalyse 1995): Jahresabschlußanalyse, dv-gestützte, in: *Zilahi-Szabó, Miklós (Hrsg.)*: Kleines Lexikon der Informatik und Wirtschaftsinformatik, München/ Wien 1995, S. 301-306

Oestreicher, Andreas/ Piotrowski-Allert, Susanne (ZfbF 1996): Klassifikation und Beurteilung von Unternehmen mit Hilfe von Selbstorganisierenden Neuronalen Netzen, in: ZfbF 1996, S. 335-371

Olbrich, Thomas (Lage 1992): Die wirtschaftliche Lage der Kapitalgesellschaft, Düsseldorf 1992

Opitz, Otto (Taxonomie 1980): Numerische Taxonomie, Grundwissen der Ökonomik, Stuttgart 1980

Oppenländer, Karl H./ Pilgrim, Eberhard von (Branchenanalyse 1989): Branchenanalyse, in: *Szyperski, Norbert (Hrsg.)*: Handwörterbuch der Planung, Stuttgart 1989, Sp. 169-175

Orgler, Yair E. (Journal of Money, Credit and Banking 1970): A Credit Scoring Model for Commercial Loans, in: Journal of Money, Credit and Banking 1970, S. 435-445

Oster, Sharon M. (Analysis 1990): Modern Competitive Analysis, New York 1990

Paqué, Karl-Heinz (KYKLOS 1985): How far is Vienna from Chicago?, in: KYKLOS 1985, S. 412-434

Paris, Oskar (Accountancy 1990): New Wine in Old Bottles, in: Accountancy 1990, April, S. 82-86

Paschke, Jörg-Volker (Wettbewerb 1977): Wettbewerb und Wirtschaftspolitik. Analyse der Bedeutung des Wettbewerbs in der Wirtschaftspolitik am

Beispiel der sozialen Marktwirtschaft Erhards und der globalgesteuerten Marktwirtschaft Schillers, Frankfurt am Main 1977

Patt, Paul-Josef (Erfolgsfaktoren 1988): Strategische Erfolgsfaktoren im Einzelhandel. Eine empirische Analyse am Beispiel des Bekleidungsfachhandels, Frankfurt am Main 1988

Paul, Günter (Bedürfnisberücksichtigung 1977): Bedürfnisberücksichtigung durch Mitbestimmung, München 1977

Peemöller, Volker H. (Bilanzanalyse 1993): Bilanzanalyse und Bilanzpolitik, Wiesbaden 1993

Peemöller, Volker H. (WiSt 1993): Entwicklung von Prüfungsstrategien, in: WiSt 1993, S. 701-709

Perlitz, Manfred (ZfB 1979): Empirische Bilanzanalyse, in: ZfB 1979, S. 835-849

Pernicky, Rudolf (Wirtschaftswoche 1987): Rendite für Angreifer, in: Wirtschaftswoche 1987, Nr. 39, S. 95-97

Peters, James Milton (Model 1989): A Knowledge-Based Model of Inherent Audit Risk Assessment, Dissertation University of Pittsburgh 1989

Peters, Thomas J. (Chaos 1988): Kreatives Chaos, Hamburg 1988

Peters, Thomas J. (Wirtschaftswoche 1991): Die mächtigen Zwerge. Tom Peters über den deutschen Mittelstand, in: Wirtschaftswoche 1991, Heft 49, S. 70

Peters, Thomas J./ Austin, Nancy (Leistung 1993): Leistung aus Leidenschaft : über Management und Führung, Hamburg, 1993

Peters, Thomas J./ Waterman, Robert H. (Search 1995): In Search of Excellence: lessons from America's best-run companies, New York 1995

Peters, Thomas J./ Waterman, Robert H. (Suche 1997): Auf der Suche nach Spitzenleistungen: was man von den bestgeführten US-Unternehmen lernen kann, 16. Auflage, Landsberg/Lech 1993

Pfeffer, Jeffrey (Organizations 1982): Organizations and Organization Theory, Boston 1982

Philipps, Almarin (Market 1962): Market Structure, Organization and Performance, Cambridge/ Massachusetts 1962

Philipps, Lynn W./ Chang, Dae R./ Buzzell, Robert D. (Journal of Marketing 1983): Product Quality, Cost Position, and Business Performance: A Test of Some Key Hypotheses, in: Journal of Marketing 1983, Frühling, S. 26-43

Picot, Arnold (Umweltbeziehungen 1977): Betriebswirtschaftliche Umweltbeziehungen und Umweltinformationen. Grundlage einer erweiterten Erfolgsanalyse für Unternehmungen, Berlin 1977

Pirktl, Lennart (Probleme 1983): Probleme und Algorithmen der Clusteranalyse unter besonderer Berücksichtigung der Anwendung auf die landwirtschaftliche Typisierung, Dissertation Eidgenössische technische Hochschule Zürich 1983

Plendl, Martin (Berichterstattung 1990): Die Berichterstattung des Abschlußprüfers über nachteilige Lageveränderungen und wesentliche Verluste nach § 321 Abs. 1 Satz 4 HGB - Ein Beitrag zur Warnfunktion des Abschlußprüfers, Düsseldorf 1990

Plesser, Daniel (The CPA Journal 1984): Audit Risk and Materiality, in: The CPA Journal, Juli 1984, S. 83-85

Poeche, Jürgen (Leitbild 1970): Workable Competition als wettbewerbspolitisches Leitbild, in: *Forschungsinstitut für Wirtschaftsverfassung und Wettbewerb (Hrsg.)*: Das Konzept der „Workable Competition" in der angelsächsischen Literatur, Köln 1970

Poensgen, Otto H./ Hort, Helmut (ZfB 1981): Die situativen Einflüsse auf die unternehmerische Planung, in: ZfB 1981, S. 1-31

Pohlentz, Heinz (Prüfungsbericht 1992): Prüfungsbericht, in: *Coenenberg, Adolf Gerhard/ Wysocki, Klaus von (Hrsg.)*: Handwörterbuch der Revision, 2. Auflage, Stuttgart 1992, Sp. 1499-1513

Porter, Michael E. (Academy of Management Review 1981): The Contributions of Industrial Organization to Strategie Management, in: Academy of Management Review 1981, S. 609-620

Porter, Michael E. (Advantage 1990): Competitive Advantage of Nations, New York 1990

Porter, Michael E. (The Review of Economics and Statistics 1974): Consumer Behavior, Retailer Power and Market Performance in Consumer

Goods Industries, in: The Review of Economics and Statistics 1974, S. 419-436

Porter, Michael E. (The Review of Economics and Statistics 1979): The Structure Within Industry and Companies' Performance, in: The Review of Economics and Statistics 1979, S. 214-227

Porter, Michael E. (Wettbewerbsstrategie 1995): Wettbewerbsstrategie (Competitive Strategy): Methoden zur Analyse von Branchen und Konkurrenten, Frankfurt 1995

Porter, Michael E. (Wettbewerbsvorteile 1992): Wettbewerbsvorteile (Competitive Advantage): Spitzenleistungen erreichen und behaupten, 3. Auflage, Frankfurt 1992

Porter, Michael E. (Wettbewerbsvorteile 1993): Nationale Wettbewerbsvorteile: erfolgreich konkurrieren auf dem Weltmarkt, Wien 1993

Posner, Richard A. (University of Pennsylvania Law Review 1979): The Chicago School of Antitrust Analysis, in: University of Pennsylvania Law Review 1979, S. 925-948

Potthast, Ulrich (Verwaltungsmanagement 1995): Leistungsmessung und Leistungsbewertung in der öffentlichen Verwaltung, in: Verwaltungsmanagement 1995, Fach C 7.6, S. 1-26

Potthoff, Erich (WPK-Mitteilungen 1994): Überwachung der Geschäftsleitung durch externe Prüfung des Jahresabschlusses und der Geschäftsführung, in: WPK-Mitteilungen 1994, S. 77-82

Pushkin, Ann B. (The Accounting Review 1980): Presenting Beta Risk to Students, in: The Accounting Review 1980, Januar, S. 117-122

Pyttlik, Peter (Business Computing 1995): Analysieren, verändern, handeln, in: Business Computing 1995, Heft 3, S. 32-33

Quick, Reiner (Betrieb und Wirtschaft 1991): Der Grundsatz der Inventurbeobachtung, in: Betrieb und Wirtschaft 1991, S. 253-256 und S. 300-304

Quick, Reiner (Risiken 1996): Die Risiken der Jahresabschlußprüfung, Düsseldorf 1996

Quick, Reiner (WiSt 1994): Entlastung von Aufsichtsratsmitgliedern, in: WiSt 1994, S. 305-307

Raff, Ingo/ Brandl, Rainer (Prüfungsbericht 1988): Prüfungsbericht, Bestätigungsvermerk, Bescheinigungen und Schlußbesprechung, in: *Wysokki, Klaus von/ Schulze-Osterloh, Joachim (Hrsg.)*: Handbuch des Jahresabschlusses in Einzeldarstellungen, Köln 1988, Abt. VI/5, S. 1-104

Ramanujam, V./ Venkatraman, N. (Academy of Management Review 1984): An Inventory and Critique of Strategy Research Using the PIMS Database, in: Academy of Management Review 1984, S. 138-151

Rehkugler, Heinz (WISU 1989): Erfolgsfaktoren der mittelständischen Unternehmen, in: WISU 1989, S. 626-632

Rehkugler, Heinz/ Kerling, Matthias (BFuP 1995): Einsatz Neuronaler Netze für Analyse- und Prognosezwecke, in: BFuP 1995, S. 306-324

Rehkugler, Heinz/ Zimmermann, Hans-Georg (Hrsg.) (Netze 1994): Neuronale Netze in der Ökonomie. Grundlagen und finanzwirtschaftliche Anwendungen, München 1994

Reichert, Rainer (Entwurf 1984): Entwurf und Bewertung von Strategien, München 1984

Reichmann, Thomas (Controlling 1997): Controlling mit Kennzahlen und Managementberichten, 5. Auflage, München 1997

Reutner, Friedrich (ZfB 1987): Determinanten des Unternehmenserfolgs, in: ZfB 1987, S. 747-762

Rhoades, Stephen A. (Journal of Industrial Economics 1970): Concentration, Barriers and Rates of Return: A Note, in: Journal of Industrial Economics 1970, S. 82-88

Riley, Anne C. (Framework 1987): An Analytical Framework for the Evaluation of Inherent Audit Risk, Dissertation The George Washington University 1987

Roberts, Donald M. (JoA 1974): A Statistical Interpretation of SAP No 54, in: JoA 1974, März, S. 47-53

Roberts, Donald M. (Statistical Auditing 1978): Statistical Auditing, New York 1978

Roberts, Keith (Capital 1981): Hard-Working Capital, in: in: *Strategic Planning Institute (Hrsg.)*: The PIMSLETTER on Business Strategy, Nr. 27, Cambridge/ Massachusetts 1981

Robinson, W.T./ Fornell, C./ Sullivan, M. (Strategic Management Journal 1992): Are Market Pioneers Intrinsically Stronger than later Entrants?, in: Strategic Management Journal 1992, S. 609-624

Rockart, John F. (Harvard Business Review 1979): Chief Executives Define their own Data Needs, in: Harvard Business Review 1979, S. 81-93

Rodeghier, Mark (Marktforschung 1997): Marktforschung mit SPSS. Analyse, Datenerhebung und Auswertung, Bonn 1997

Rommelfanger, Heinrich (Fuzzy Decision 1994): Fuzzy Decision Support-Systeme, Entscheidungen bei Unschärfe, 2. Auflage, Berlin/ Heidelberg 1994

Rönz, Bernd/ Förster, Erhard (Regressionsanalyse 1992): Regressions- und Korrelationsanalyse, Wiesbaden 1992

Ropella, Wolfgang (Synergie 1989): Synergie als strategisches Ziel der Unternehmung, Berlin/ New York 1989

Rossa, Gerd (VOP 1993): Strategische Erfolgsfaktoren im Controlling und im Personalmanagement, in: VOP 1993, S. 385-392

Round, David K. (International Journal of Industrial Organization 1983): Intertemporal Profit Margin Variability and Market Structure in Australian Manufacturing, in: International Journal of Industrial Organization 1983, S. 189-210

Round, David K. (Journal of Law and Economics 1975): Industry Structure, Market Rivalry, and Public Policy: Some Australian Evidence, in: Journal of Law and Economics 1975, S. 273-281

Rückle, Dieter (Grundsätze 1983): Grundsätze ordnungsmäßiger Abschlußprüfung, in: *Coenenberg, Adolf G./ Wysocki, Klaus von (Hrsg.)*: Enzyklopädie der Betriebswirtschaftslehre, Band 8, Stuttgart 1983, Sp. 554-571

Rühli, Edwin (Führungsmodelle 1995): Führungsmodelle, in: *Kieser, Alfred/ Reber, Gerhard/ Wunderer, Rolf (Hrsg.)*: Handwörterbuch der Führung, 2. Auflage, Stuttgart 1995, Sp. 760-772

Rumelhart, D./ Hinton, G./ McClelland, J. (Framework 1986): A General Framework for Parallel Distributed Processing, in: *Rumelhart, D./ McClelland, J. (Hrsg.)*: Parallel distributed processing: Explorations in the microstructure of cognition, Vol. 1: Foundations, Cambridge, 1986, S. 1-25

Rumelt, Richard P./ Wensley, Robin (Search 1981): In Search of the Market Share Effect, in: Proceedings of the 41st Annual Meeting of the Academy of Management, San Diego, California 1981, S. 2-6

Rummler, Geary A./ Brache, Alan P. (Improving 1990): Improving Performance. How to Manage the White Space on the Organization Chart, San Francisco/ Oxford 1990

Rüßmann, Karl H. (manager magazin 1983): Acht Regeln für den Erfolg, in: manager magazin 1983, Nr. 4, S. 144-155

Ruud, T. Flemming (Revisjon og Regnskap 1990): Ekstern revisors risiko - og vesentlighetsvurderinger (del 1), in: Revisjon og Regnskap, Nr. 3/90, S. 135-141

Saatay, Thomas L. (Process 1980): The Analytic Hierarchy Process, New York 1980

Sabel, Hermann (Produktpolitik 1971) Produktpolitik in absatzwirtschaftlicher Sicht. Grundlagen und Entscheidungsmodelle, Wiesbaden 1971

Sachs, Lothar (Statistik 1992) Angewandte Statistik. Anwendung statistischer Methoden, 7. Auflage, Berlin/ Heidelberg 1992

Sadowski, Dieter (Bildung 1980): Berufliche Bildung und betriebliches Bildungsbudget - Zur ökonomischen Theorie der Personalbeschaffungs- und Bildungsplanung im Unternehmen, Stuttgart 1980

Salewski, Frank (Personaleinsatzplanung 1995): Hierarchische Personaleinsatzplanung in Wirtschaftsprüfungsgesellschaften, Heidelberg 1995

Sanders, Michael (Analyse 1987): Quantitative Analyse Interner Kontrollsysteme. Modellbildung und empirische Anwendung, Berlin 1987

Sauerbrey, Gerhard (ERFOLG-magazin 1993): Bleiben Sie im Rennen! Erfolgsfaktoren für das Überleben der deutschen Industrie, in: ERFOLG-magazin 1993, Heft 9/10, S. 18

Saunders, J./ Wong, V. (Journal of Marketing Management 1985): In Search of Excellence in the UK, in: Journal of Marketing Management 1985, S. 119-137

Saville, David J./ Wood, Graham R. (Methods 1991): Statistical Methods: The Geometric Approach, New York/ Berlin/ Heidelberg 1991

Schade, Gerd (Konkretisierung 1982): Zur Konkretisierung des Gebots sorgfältiger Abschlußprüfung, Düsseldorf 1982

Schanz, Günther (Organisationsgestaltung 1994): Organisationsgestaltung. Management von Arbeitsteilung und Koordination, München 1994

Scheffler, Eberhard (DB 1994): Die Überwachungsaufgabe des Aufsichtsrats im Konzern, in: DB 1994, S. 793-799

Schendel, Dan E./ Patton, G. (Management Science 1978): A Simultaneous Equation Model of Corporate Strategy, in: Management Science 1978, S. 1611-1621

Scherer, Frederic M. (Stand 1985): Stand und Perspektiven der Industrieökonomik, in: *Bombach, Gottfried/ Gahlen, Bernhard/ Ott, Alfred E. (Hrsg.)* (Industrieökonomik 1985): Industrieökonomik: Theorie und Empirie, Tübingen 1985, S. 3-19

Scherer, Frederic M. (Structure 1980): Industrial Market Structure and Economic Performance, 2. Auflage, Chicago 1980

Scherhorn, Gerhard (Verbraucherinteresse 1975): Verbraucherinteresse und Verbraucherpolitik, Göttingen 1975

Scheuch, Erwin K. (Interview 1974): Das Interview in der Sozialforschung, in: *König, René (Hrsg.)*: Handbuch der empirischen Sozialforschung, Band 2: Grundlegende Methoden und Techniken der empirischen Sozialforschung, Erster Teil, 3. Auflage, Stuttgart 1974, S. 66-190

Schewe, Gerhard (Imitationsmanagement 1992): Imitationsmanagement: Nachahmung als Option des Technologiemanagements, Stuttgart 1992

Schimke, Ernst/ Töpfer, Armin (Hrsg.) (Krisenmanagement 1986): Krisenmanagement und Sanierungsstrategien, 2. Auflage, Landsberg/ Lech 1986

Schlittgen, Rainer (Einführung 1996): Einführung in die Statistik. Analyse und Modellierung der Daten, 6. Auflage, München/ Wien 1996, S. 400-403

Schmalenbach-Gesellschaft (DB 1998): Grundsätze risikoorientierter Unternehmensüberwachung, in: DB 1998, S. 1573-1576

Schmalholz, Heinz/ Scholz. Lothar/ Gürtler, J. (Innovationen 1985): Innovationen in der Industrie - Struktur und Entwicklung der Innovationsaktivitäten 1979-1982, München 1985

Schmid, Reinhold (ZIR 1989): Durchführung einer Prioritätenanalyse im Rahmen der Jahresprogrammplanung der Internen Revision, in: ZIR 1989, S. 145-159

Schmid, Reinhold/ Uecker, Peter (ZfbF 1985): Zusammenfassung von Teilurteilen zu einem Gesamturteil bei Jahresabschlußprüfungen, in: ZfbF 1985, S. 981-992

Schmidt, Ingo/ Rittaler, Jan B. (Chicago School 1986): Die Chicago School of Antitrust Analysis, Baden-Baden 1986

Schmidt, Ingo/ Rittaler, Jan B. (WiSt 1986): Chicago School of Antitrust Analysis. Ökonomische Analyse des Wettbewerbsrechts, in: WiSt 1986, S. 283-290

Schmidt, Johannes G. (Unternehmensbewertung 1997): Unternehmensbewertung mit Hilfe strategischer Erfolgsfaktoren, Frankfurt am Main 1997

Schmidt, Reinhard (BFuP 1980): Quantitative Ansätze zur Beurteilung der wirtschaftlichen Lage von Unternehmen, in: BFuP 1980, S. 544-555

Schnabl, Hermann (WiSt 1995): Neuronale Netze in der Ökonometrie, in: WiSt 1995, S. 317-319

Schnabl, Hermann (WiSt 1995): Neuronale Netze in der Ökonomie, in: WiSt 1995, S. 317-319

Schnedlitz, Peter (Jahrbuch der Absatz- und Verbrauchsforschung 1985): Ein ganzheitlicher Ansatz zur Selektion von Produktinnovationen, in: Jahrbuch der Absatz- und Verbrauchsforschung 1985, S. 138-166

Schneeweiß, Christoph (Planung 1991): Planung 1. Systemanalytische und entscheidungstheoretische Grundlagen, Berlin 1991

Schneider, Dieter J.G. (Marktforschung & Management 1989): Corporate Identity, Corporate Culture and Corporate Image als strategische Erfolgsfaktoren, in: Marktforschung & Management 1989, S. 103-109

Schnell, Rainer (Datenanalyse 1994): Graphisch gestützte Datenanalyse, München/ Wien 1994

Schnell, Rainer/ Hill, Paul B./ Esser, Elke (Methoden 1995): Methoden der empirischen Sozialforschung, 5. Auflage, München 1995

Schoeffler, Sidney (Findings 1977): Nine Basic Findings on Business Strategy, in: in: *Strategic Planning Institute (Hrsg.)*: The PIMSLETTER on Business Strategy, Nr. 1, Cambridge/ Massachusetts 1977

Schoeffler, Sidney (PIMS 1983): The PIMS Program, in: *Albert, Kenneth J. (Hrsg.)*: The Strategic Management Handbook, New York 1983, S. 23/2-23/10.

Schoeffler, Sidney (Productivity 1979): Good Productivity vs. Bad Productivity, in: in: *Strategic Planning Institute (Hrsg.)*: The PIMSLETTER on Business Strategy, Nr. 11, Cambridge/ Massachusetts 1979

Schoeffler, Sidney / Buzzell, Robert D./ Heany, Donald F. (Harvard Business Review 1974): Impact of Strategic Planning on Profit Performance, in: Harvard Business Review 1974, Nr. 2, S. 137-145

Scholz, Christian (Personalmanagement 1994): Personalmanagement. Informationsorientierte und verhaltenstheoretische Grundlagen, 4. Auflage, München 1994

Schöneburg, Eberhard/ Hansen, Nikolaus/ Gawelczyk (Netzwerke 1990): Neuronale Netzwerke. Einführung, Überblick und Anwendungsmöglichkeiten, Haar bei München 1990

Schreyögg, Georg (ZfbF 1989): Zu den problematischen Konsequenzen starker Unternehmenskulturen, in: ZfbF 1989, S. 94-113

Schröder, Hendrik (Marketing 1995): Erfolgsfaktoren im Handel. Stand der Forschung und kritische Würdigung der Ergebnisse, in: Marketing - Zeitschrift für Forschung und Praxis 1995, S. 89-105

Schruff, Lothar (Struktur 1985): Struktur und Inhalt der geänderten Konzeption eines Bilanzrichtlinie-Gesetzes, in: *Baetge, Jörg (Hrsg.)*: Das neue Bilanzrecht - ein Kompromiß divergierender Interessen?, Düsseldorf 1985, S. 29-80

Schulte, Elmar B. (Methoden 1970): Quantitative Methoden der Urteilsgewinnung bei Unternehmensprüfungen, in: *Leffson, Ulrich (Hrsg.)*: Schriftenreihe des Instituts für Revisionswesen der Westfälischen Wilhelms-Universität Münster, Band 3, Düsseldorf 1970

Schulze-Osterloh, Joachim (Umfang 1985): Zum Umfang der Berichtspflicht des Abschlußprüfers, in: *Gross, Gerhard (Hrsg.)*: Der Wirtschaftsprüfer im Schnittpunkt nationaler und internationaler Entwicklungen, Festschrift zum 65. Geburtstag von Klaus von Wysocki, Düsseldorf 1985, S. 239-251

Schwalbach, Joachim (ZfB 1988): Marktanteil und Unternehmensgewinn, in: ZfB 1988, S. 535-549

Schwartz, Marius (Nature 1986): The Nature and Scope of Contestability Theory, in: *Morris, Derek/ Sinclair, P.J.N./ Slater, M.D.E./ Vickers, J.S. (Hrsg.)*: Strategic Behaviour and Industrial Competition, Oxford 1986, S. 37-57

Schwarze, Jochen (Grundlagen 1988): Grundlagen der Statistik I: Beschreibende Verfahren, Herne/ Berlin 1988

Seidmann, William L./ Lee, Bernard Z. (Management 1992): Management of a CPA Practice: Expectation and Innovation, in: *Boysen, Kurt (Hrsg.)*: Der Wirtschaftsprüfer vor innovativen Herausforderungen, Festschrift für Hans-Heinrich Otte, Stuttgart 1992, S. 131-166

Seitz, Hubert (DBW 1987): Die Berücksichtigung von Unternehmensrisiken bei der Jahresabschlußprüfung, in: DBW 1987, S. 644-646

Selchert, Friedrich W. (DB 1974): Zu Form und Inhalt des Berichts über aktienrechtliche Jahresabschlußprüfungen, in: DB 1974, S. 733-738

Selchert, Friedrich W. (Jahresabschlußprüfung 1996): Jahresabschlußprüfung der Kapitalgesellschaften, 2. Auflage, Wiesbaden 1996

Sen, Ashish/ Srivastava, Muni (Regression 1990): Regression Analysis. Theory, Methods, and Applications, New York/ Berlin/ Heidelberg 1990

Seraphin, Marco (Netze 1994): Neuronale Netze und Fuzzy-Logik. Verknüpfung der Verfahren, Anwendungen, Vor- und Nachteile, Simulationsprogramm, München 1994

Sieben, Günter/ Bretzke, Wolf-Rüdiger/ Raulwig, Helmut (BFuP 1976): Zur Problematik einer Prüfung von Managementleistungen, in: BFuP 1976, S. 181-201

Siegel, Sidney (Methoden 1997): Nichtparametrische statistische Methoden, Frankfurt am Main 1997

Simeonoff, Peter (ÖBA 1992): Modell eines Expertensystems zur Unternehmensbeurteilung mittels Erfolgsfaktoren, in: ÖBA 1992, S. 54-63

Simon, Hermann (Management 1995): Management strategischer Wettbewerbsvorteile, in: *Corsten, Hans (Hrsg.)*: Produktion als Wettbewerbsfaktor. Beiträge zur Wettbewerbs- und Produktionsstrategie, Wiesbaden 1995, S. 37-58

Simon, Hermann (ZfB 1988): Management strategischer Wettbewerbsvorteile, in: ZfB 1988, S. 461-480

Simon, Hermann (ZfB 1989): Die Zeit als strategischer Erfolgsfaktor, in: ZfB 1989, S. 70-93

Simon, J.L. (KYKLOS 1970): The Concept of Causality in Economics, in: KYKLOS 1970, S. 226-254

Smart, Carolyne F./ Stanbury, William T. (Hrsg.) (Studies 1978): Studies on Crisis Management, Toronto 1978

Sokal, Robert R./ Sneath, Peter H. (Principles 1963): Principles of numerical taxonomy, San Francisco/ London 1963

Söllner, Helmut (Informationsprozesse 1988): Informationsprozesse zwischen Abschlußprüfer und Aufsichtsrat in deutschen Aktiengesellschaften - Eine empirische Untersuchung, Frankfurt am Main 1988

Sparberg, Lothar F.W. (DBW 1985): Exzellente Unternehmen - Praxiserfahrungen, in: DBW 1985, S. 606-608

Späth, Helmuth (Cluster-Analyse-Algorithmen 1977): Cluster-Analyse-Algorithmen zur Objektklassifizierung und Datenreduktion, 2. Auflage, München/ Wien 1977

Specht, Günter (Macht 1979): Die Macht aktiver Konsumenten. Aktive Einflußnahme von Konsumenten auf das Marketing privater Konsumgüteranbieter unter wirkungsorientiertem Aspekt, Stuttgart 1979

Spengler, Thomas (ZfB 1996): Personalentwicklungsplanung in der Rezession, in: ZfB 1996, S. 283-302

Sperl, Andreas (Prüfungsplanung 1978): Prüfungsplanung, Düsseldorf 1978

Srivastava, Rajendra P. (The Accounting Review 1985): A Note on Internal Control Systems with Control Components in Series, in: The Accounting Review 1985, Juli, S. 504-507

Staehle, Wolfgang H. (Management 1994): Management: eine verhaltenswissenschaftliche Perspektive, 7. Auflage, München 1994

Staehle, Wolfgang H./ Stoll, Edgar (Hrsg.) (Betriebswirtschaftslehre 1984): Betriebswirtschaftslehre und ökonomische Krise, Wiesbaden 1984

Staerkle, Robert (Organisationskonzeptionen 1988): Organisationskonzeptionen erfolgreicher mittlerer Industrieunternehmen, St. Gallen 1988

Staerkle, Robert/ Perich, Robert (Die Unternehmung 1987): Exzellenzfaktoren schweizerischer mittelgrosser Industrieunternehmungen, in: Die Unternehmung 1987, S. 315-326

Stahl, Herbert (Clusteranalyse 1985): Clusteranalyse großer Objektmengen mit problemorientierten Distanzmaßen, Frankfurt am Main 1985

Stalk, G./ Hout, T.M. (Zeitwettbewerb 1990): Zeitwettbewerb - Schnelligkeit entscheidet auf den Märkten der Zukunft, Frankfurt am Main 1990

Stanley, Jeanette/ Bak, Evan (Netze 1991): Neuronale Netze. Computersimulation biologischer Intelligenz, München 1991

Statistisches Bundesamt (Gewerbe 1997): Produzierendes Gewerbe, Fachserie 4, Reihe 4.2.1.: Beschäftigte, Umsatz und Investitionen der Unternehmen und Betriebe im Bergbau und im Verarbeitenden Gewerbe 1996, Stuttgart 1997

Statistisches Bundesamt (Jahrbuch 1997): Statistisches Jahrbuch 1996 für die Bundesrepublik Deutschland, Stuttgart 1997

Staudt, Erich, (Forschung 1993): Forschung und Entwicklung, in: *Wittmann, Waldemar u.a.* (Hrsg.): Handwörterbuch der Betriebswirtschaft, Bd.1, 5. Auflage, Stuttgart 1993, Sp. 1185-1198

Staudt, Erich/ Bock, Jürgen/ Mühlemeyer, Peter (DBW 1990): Information und Kommunikation als Erfolgsfaktoren für die betriebliche Forschung und Entwicklung, in: DBW 1990, S. 759-773

Staudt, Erich/ Bock, Jürgen/ Mühlemeyer, Peter / Kriegesmann, Bernd (ZfB 1990): Anreizsysteme als Instrument des betrieblichen Innovationsmanagements, in: ZfB 1990, S. 1183-1204

Stein, Johann Heinrich von (B.Bl. 1984): Zur Weiterentwicklung der Kreditbeurteilung, in: B.Bl. 1984, S. 218-222

Steiner, Bertram (Prüfungsbericht 1991): Der Prüfungsbericht des Abschlußprüfers - Bedeutung, Inhalt und Entwicklung eines „adressatenbezogenen" Prüfungsberichts gemäß § 321 HGB als Grundlage für die Unternehmenskontrolle und -führung - Zugleich ein Plädoyer für eine prüfungsbezogene Beratung durch den Abschlußprüfer, Köln 1991

Steiner, Bertram (WPg 1991): Der Abschlußprüfer als externer Controller, in: WPg 1991, S. 470-482

Steiner, George A. (Factors 1969): Strategic Factors in Business Success, New York 1969

Steiner, J. (Die Bank 1992): Akquisition von Führungskräftenachwuchs - ein Pilotprojekt, in: Die Bank 1992, S. 216-223

Steiner, Manfred/ Wittkemper, Hans-Georg (DBW 1993): Neuronale Netze. Ein Hilfsmittel für betriebswirtschaftliche Probleme, in: DBW 1993, S. 447-463

Steinhausen, Detlef/ Langer, Klaus (Clusteranalyse 1977): Clusteranalyse 1977, Berlin/ New York 1977

Steinhausen, Detlef/ Langer, Klaus (Clusteranalyse 1977): Clusteranalyse. Einführung in Methoden und Verfahren der automatischen 1977

Steinmann, Horst/ Schreyögg, Georg (Management 1990): Management, Wiesbaden 1990

Steskal, Hans L. (Prüfungsrichtlinien 1992): Prüfungsrichtlinien, in: *Coenenberg, Adolf Gerhard/ Wysocki, Klaus von (Hrsg.)*: Handwörterbuch der Revision, 2. Auflage, Stuttgart 1992, Sp. 1526-1532

Stettler, Howard F. (Evidence 1986): Evidence and Testing, in: *Cashin, James A./ Neuwirth, Paul D./ Levy, John F. (Hrsg.)*: Cashin´s Handbook for Auditors, von, New York 1986, S. 18/1-18/23

Stewart, David W. (Journal of Marketing Research 1981): The Application and Misapplication of Factor Analysis in Marketing Research, in: Journal of Marketing Research 1981, S. 57-62

Stibi, Bernd (Jahresabschlußanalyse 1994): Statistische Jahresabschlußanalyse als Instrument der steuerlichen Betriebsprüfung - Entwicklung eines

Indikators für die Auswahl prüfungspflichtiger Betriebe, in: *Baetge, Jörg (Hrsg.)*: Schriften des Instituts für Revisionswesen der Westfälischen Wilhelms-Universität Münster, Düsseldorf 1994

Stibi, Eva-Marie (Prüfungsrisikomodell 1995): Prüfungsrisikomodell und Risikoorientierte Abschlußprüfung, Düsseldorf 1995

Stoy Hayward (Audit 1991): Audit Guide, 2. Auflage, London/ Dublin/ Edinburgh 1991

Strawser, Jerry R. (Accounting and Business Research 1990): Human Information Processing and the Consistency of Audit Risk Judgements, in: Accounting and Business Research 18/ 1990, S. 67-75

Streim, Hannes (Generalnorm 1994): Die Generalnorm des § 264 Abs. 2 HGB, in: *Ballwieser, Wolfgang (Hrsg.)*: Bilanzrecht und Kapitalmarkt, Festschrift zum 65. Geburtstag von Professor Dr. Dr. h.c. Dr. h.c. Adolf Moxter, Düsseldorf 1994, S. 393-406

Stringer, Kenneth W. (JoAR 1975): A Statistical Technique for Analytical Review, in: JoAR, Supplement 1975, S. 1-9

Sullivan, Jerry D./ Gnospelius, Richard A./ Defliese, Philip L./ Jaenicke, Henry R. (Auditing 1985): Montgomery's Auditing, 10. Auflage, New York/ Chichester/ Brisbane/ Toronto, Singapore 1985

Swart, Christoph (Systemprüfung 1988): Systemprüfung in verteilten Abrechnungssystemen unter besonderer Berücksichtigung mikrocomputergestützter Funktionen, Düsseldorf 1988

Tam, Kar Yan/ Kiang, Melody (Applied Artificial Intelligence 1990): Predicting Bank Failures. A Neural Network Approach, in: Applied Artificial Intelligence, S. 265-282

Teräsvirta, Timo/ Lin, C.-F./ Granger, Clive W. (Journal of Time Series Analysis 1993): Power of the Neural Network Linearity Test, in: Journal of Time Series Analysis 1993, S. 209-220

Thiel, Hanspeter (Abschlußprüfung 1989): Risikoorientierte Abschlußprüfung, in: *Helbling, Carl (Hrsg.)*: Revision und Rechnungslegung im Wandel, Festschrift für Andre Zünd, Zürich 1989, S. 161-175

Thiel, Hanspeter (Der Schweizer Treuhänder 1984): Risikoanalyse, in: Der Schweizer Treuhänder 1984, S. 1-5

Thomas, C. William/ Ward, Bart H./ Henke, Emerson O. (Auditing 1991): Auditing, Theory and Practice, 3. Auflage, Boston 1991

Thomas, Howard/ Venkatraman, N. (Journal of Management Studies 1988): Research on Strategic Groups: Progress and Prognosis, in: Journal of Management Studies 1988, S. 537-555

Toan, Arthur B. (JoA 1960): The Auditor and the EDP, in: JoA 1960, S. 42-46

Töpfer, Armin (ZfO 1990a): Insolvenzursachen - Turn-arounds - Erfolgsfaktoren. Über existenzbedrohende Stolpersteine zum Unternehmenserfolg, 1. Teil, in: ZfO 1990, S. 323-329

Töpfer, Armin (ZfO 1990b): Insolvenzursachen - Turn-arounds - Erfolgsfaktoren. Zehn Grundsätze für eine erfolgreiche Unternehmensführung, 2. Teil, in: ZfO 1990, S. 407-414

Tücke, Manfred (Methoden 1976): Taxometrische Methoden unter besonderer Berücksichtigung des WARDschen Algorithmus, in: *Rollett, Brigitte/ Bartram, Mathias (Hrsg.)*: Einführung in der hierarchische Clusteranalyse für Psychologen, Pädagogen und Soziologen, Stuttgart 1976, S. 19-34

Türk, Klaus (Entwicklungen 1989): Neuere Entwicklungen in der Organisationsforschung, Stuttgart 1989

Überla, Karl (Faktorenanalyse 1971): Faktorenanalyse. Eine systematische Einführung für Psychologen, Mediziner, Wirtschafts- und Staatswissenschaftler, 2. Auflage, Berlin/ Heidelberg/ New York 1971

Ulrich, Hans (Unternehmungspolitik 1990): Unternehmungspolitik, Bern/ Stuttgart, 3. Auflage 1990

Ulrich, Hans/ Krieg, Walter (Führungsmodelle 1987): Führungsmodelle - St. Galler Modell, in: *Kieser, Alfred/ Reber, Gerhard/ Wunderer, Rolf (Hrsg.)*: Handwörterbuch der Führung, Stuttgart 1987, Sp. 621-629

Ulrich, Peter/ Fluri, Edgar (Management 1995): Management. Eine konzentrierte Einführung, 7. Auflage, Bern/ Stuttgart 1995

Varadarajan, P. Rajan (Perspectives 1989): Perspectives on Corporate Excellence in Retailing, Paper Presented at the Symposium on Retail Patronage Behavior and Strategic Planning, Louisiana State University, May 4-6 1989, Baton Rouge, Louisiana

Varadarajan, P. Rajan/ Ramanujam, V. (Sources 1989): Strategic and Organizational Sources of Superior Corporate Performance, in: *Glass, H.E. (Hrsg.)*: Handbook of Business Strategy: 1988/1989 Yearbook, New York 1989

Vasarhelyi, Miklos/ Lin, Thomas W. (Auditing 1988): Advanced Auditing. Fundamentals of EDP and Statistical Audit Technology, Reading, Massachusetts 1988

Venohr, Bernd (Marktgesetze 1988): „Marktgesetze" und strategische Unternehmensführung. Eine kritische Analyse des PIMS-Programms, Wiesbaden 1988

Vernon, John M. (Market 1972): Market Structure and Industrial Performance: A Review of Statistical Findings, Boston 1972

Vidal, Miguel (ZfB 1996): Kämpferische und wettbewerbsfriedliche Strategien im Wettbewerb zwischen Pionier und Nachzügler, in: ZfB 1996, S. 147-165

Voigt, Kai-Ingo (Planung 1992): Strategische Planung und Unsicherheit, Wiesbaden 1992

Wächter, Hartmut (DBW 1985): Zur Kritik an Peters und Waterman, in: DBW 1985, S. 600-609

Wakerly, R.G. (Long Range Planning 1984): PIMS: A Tool for Developing Competitive Strategy, in: Long Range Planning 1984, Nr. 3, S. 92-97

Walker, Robert (CA Magazine 1990): Will the real audit risks please stand up!, in: CA Magazine 1990, Nr. 3, S. 44-48

Warren, Carl S. (JoA 1979): Audit Risk, in: JoA 1979, August, S. 66-74

Warren, Carl S. (Journal of Accounting Review 1975): Discussion of: A Statistical Technique for Analytical Review, in: Journal of Accounting Review 1975, Ergänzungsheft, S. 10-14

Waterman, Robert H. (Leistung 1988): Leistung durch Innovation, Hamburg 1988

Waterman, Robert H. (Suche 1996): Die neue Suche nach Spitzenleistungen : Erfolgsunternehmen im 21. Jahrhundert, Düsseldorf 1996

Weede, Erich/ Jagodzinski, Wolfgang (Zeitschrift für Soziologie 1977): Einführung in die konfirmatorische Faktorenanalyse, in: Zeitschrift für Soziologie 1977, S. 315-333

Weinrich, Günter (Kreditwürdigkeitsprognosen 1978): Kreditwürdigkeitsprognosen. Steuerung des Kreditgeschäfts durch Risikoklassen, Wiesbaden 1978

Welge, Martin K. (Unternehmensführung 1987): Unternehmensführung, Bd. 2: Organisation, Stuttgart 1987

White, Halbert (Networks 1992): Artificial Neural Networks: Approximation and Learning Theory, Cambridge 1992

White, Halbert (Neural Computation 1989): Learning in Neural Networks: A Statistical Perspective, in: Neural Computation 1989, S. 425-464

Wickens, Thomas D. (Geometry 1995): The Geometry of Multivariate Statistics, Hillsdale 1995

Wieczorek, Bernd J. (Integration 1989): Integration - Der Mensch entscheidet, in: *Apitz, Klaas/ Gäbler, Wolfgang/ Holz, Bodo F./ Poth, Ludwig, G./ Wieczorek, Bernd J.* (Hrsg.): Erfolgsfaktoren von Marktführern, Landsberg/ Lech 1989, S. 109-155

Wiedmann, Harald (WPg 1993): Der Risikoorientierte Prüfungsansatz, in: WPg 1993, S. 13-25

Wiedmann, Harald (WPg 1998): Ansätze zur Fortentwicklung der Abschlußprüfung, in: WPg 1998, S. 338-350

Wieselhuber, Norbert/ Spannagl, Johannes (Industriemagazin 1988): Die Erfolgsrezepte von Siegertypen, in: Industriemagazin 1988, Heft 10, S. 26-40

Wilde, Klaus D. (Bewertung 1989): Bewertung von Produkt-Markt-Strategien. Theorie und Methoden, Berlin 1989

Wilk, M.B./ Gnanadesikan, Ramanathan (Biometrika 1968): Probability Plotting Methods for the Analysis of Data, in: Biometrika 1968, S. 1-17

Windmöller, Rolf/ Fey, Gerd (MAB 1992): Anforderungen an den Berufsstand der Wirtschaftsprüfer durch den Prozeß der Internationalisierung, in: MAB 1992, S. 560-570

Wittmann, Alois (Systemprüfung 1981): Systemprüfung und ergebnisorientierte Prüfung, Berlin 1981

Wohlgemuth, André C. (Die Unternehmung 1989): Die klippenreiche Suche nach Erfolgsfaktoren. Vorschläge zur Meisterung der methodischen Herausforderungen, in: Die Unternehmung 1989, S. 89-111

Wohlgemuth, André C. (Die Unternehmung 1990): Dem Unternehmungserfolg auf der Spur. Untersuchungsergebnisse als Schlüssel zu übergeordneten Gesetzmäßigkeiten, in: Die Unternehmung 1990, S. 43-55

Wohlgemuth, André C. (Unternehmungsdiagnose 1989): Unternehmungsdiagnose in Schweizer Unternehmungen. Untersuchungen zum Erfolg mit besonderer Berücksichtigung des Humanpotentials, Bern/ Frankfurt/ New York 1989

Wolde, J. ten (MAB 1989): Enkele beschouwingen bij risico-analyse in de accountantscontrole, in: MAB 1989, September, S. 331-340

Wolfe, Donald N./ Smith, Gerald (The CPA Journal 1988): Planning the Audit in a Distressed Industry, in: The CPA Journal 1988, Oktober, S. 46-50

Wolz, Matthias (Krisenwarnfunktion 1996): Die Krisenwarnfunktion des Abschlußprüfers, Wiesbaden 1996

Wonnacott, Thomas H./ Wonnacott, Ronald J. (Regression 1981): Regression: A Second Course in Statistics, New York 1981

Woo, C.Y./ Cooper, A.C. (Settings 1985): Corporate-Settings of Effective Low-Share Businesses, in: *Thomas, Howard/ Gardner, David (Hrsg.)*: Strategic Marketing and Management, Chichester 1985, S. 465-481

Woolf, Emile (Accountancy 1989): Audit Risk Management for Smaller Firms: A high level of claims in a low-risk area must indicate a need for a more systematic approach to the work, in: Accountancy 1989, Oktober, S. 154-156

Würtele, Günther (Operationalisierung 1989): Die Operationalisierung des Grundsatzes der Materiality bei Abschlußprüfungen, Pfaffenweiler 1989

Wysocki, Klaus von (Grundlagen 1988): Grundlagen des betriebswirtschaftlichen Prüfungswesens: Prüfungsordnungen, Prüfungsorgane, Prüfungsverfahren, Prüfungsplanung und Prüfungsbericht, 3. Auflage, München 1988

Wysocki, Klaus von (Soll-Ist-Vergleich 1992): Soll-Ist-Vergleich bei der Revision, in: *Coenenberg, Adolf G./ Wysocki, Klaus von (Hrsg.)*: Handwörterbuch der Revision, 2. Auflage, Stuttgart 1992, Sp. 1763-1772

Wysocki, Klaus von (Wirtschaftlichkeit 1992): Wirtschaftlichkeit von Prüfungen, in: *Coenenberg, Adolf G./ Wysocki, Klaus von (Hrsg.)*: Handwörterbuch der Revision, 2. Auflage, Stuttgart 1992, Sp. 2171-2180

Yip, George S. (Barriers 1982): Barriers to Entry. A Corporate-Strategy Perspective, Lexington/ Toronto 1982

Yu, Seongjae (Markovian Model 1972): A Markovian Model for the Review of the Internal Control System, Dissertation University of Minnesota 1972

Yu, Seongjae/ Neter, John (JoAR 1973): A Stochastic Model of the Internal Control System, in: JoAR 1973, Herbst, S. 273-295

Zangenmeister, Christof (Nutzwertanalyse 1976): Nutzwertanalyse in der Systemtechnik. Eine Methodik zur multidimensionalen Bewertung und Auswahl von Projektalternativen, 4. Auflage, München 1976

Zäpfel, Günther/ Brunner, Johann Kurt (ZfB 1985): Unternehmensstrategien in Wettbewerbssituationen. Anmerkungen zu empirischen Aussagen und offenen Problemen anhand eines Wettbewerbs-Modells, in: ZfB 1985, S. 561-576

Zetterberg, Hans L. (Theorie 1973): Theorie, Forschung und Praxis, in: *König, René (Hrsg.)*: Handbuch der empirischen Sozialforschung, Band 1: Geschichte und Problem der empirischen Sozialforschung, 3. Auflage, Stuttgart 1973, S. 104-160

Ziebart, E. (Strategische Planung 1986): Forschung und Entwicklung (F+E) als strategische Aufgabe der Unternehmensführung, in: Strategische Planung 1986, S. 37-59

Ziegler, Werner (Unternehmerbeurteilung 1984): Die Unternehmerbeurteilung als Instrument zur Früherkennung von Kreditrisiken, Dissertation Stuttgart-Hohenheim 1984

Zöfel, Peter (Statistik 1992): Statistik in der Praxis, 3. Auflage, Stuttgart/ Jena 1992

Zuber, George R./ Akresh, Abraham D. (Statistical Sampling 1986): Statistical Sampling, in: *Cashin, James A./ Neuwirth, Paul D./ Levy, John F. (Hrsg.)*: Cashin's Handbook for Auditors, 2. Auflage, New York 1986, S. 21/1-21/51

FSC
www.fsc.org
MIX
Papier | Fördert
gute Waldnutzung
FSC® C083411

Kolibri 360 GmbH
Ferdinand-Jühlke-Straße 7
99095 Erfurt, Deutschland
produktsicherheit@kolibri360.de

Druck:
CPI Druckdienstleistungen GmbH
im Auftrag der
Kolibri 360 GmbH
Ferdinand-Jühlke-Str. 7
99095 Erfurt